中央高校基本科研基金项目支持成果（2016-2018年）

HISTORICAL GEOGRAPHY EXPLORATION

历史地理学探索

侯甬坚 / 著

第三集

中国社会科学出版社

图书在版编目（CIP）数据

历史地理学探索. 第三集 / 侯甬坚著. —北京：中国社会科学出版社，
2019.3

ISBN 978 - 7 - 5203 - 3799 - 1

Ⅰ.①历…　Ⅱ.①侯…　Ⅲ.①历史地理学—文集　Ⅳ.①K901.9 - 53

中国版本图书馆 CIP 数据核字（2018）第 297606 号

出 版 人	赵剑英
责任编辑	张　林
特约编辑	王家明
责任校对	李　莉
责任印制	戴　宽

出　　版	中国社会科学出版社
社　　址	北京鼓楼西大街甲 158 号
邮　　编	100720
网　　址	http://www.csspw.cn
发 行 部	010 - 84083685
门 市 部	010 - 84029450
经　　销	新华书店及其他书店

印　　刷	北京明恒达印务有限公司
装　　订	廊坊市广阳区广增装订厂
版　　次	2019 年 3 月第 1 版
印　　次	2019 年 3 月第 1 次印刷

开　　本	710 × 1000　1/16
印　　张	25.75
字　　数	409 千字
定　　价	108.00 元

图1 1951年10月，苏联历史地理学权威雅尊斯基的论文在《地理知识》刊出，显示了对中国学界的影响（丁超提供）

图2 第16届国际历史地理学者大会，于2015年7月在英国伦敦皇家地理学会举行（李大海提供）

图 3　游客行进在前往西岳华山西峰顶——
　　　莲花峰（2082.6 米）的石路上

（作者 2016 年 4 月 22 日拍摄）

图 4　西安碑林取字

图 5　从华山峪东侧，攀爬到大方山的梯路

（作者 2016 年 4 月 21 日拍摄）

图6 入山之途

（作者2015年7月5日行进在太白山途中拍摄，前方招手者为研究生邵双龙）

图7 攀爬太白山顶途中，就地取材铺就的石板路

（作者2015年7月5日拍摄）

目　录

理论探索

环境史审视

山地寻踪

长安城初探

人物透视

序文一束

Catalogue

Survey about Environmental History

Trailin Mountains

Exploration of the Ancient City of Chang'an

Character Perspective

Several prefaces

序言：一而再，再而三

胡阿祥

今岁仲春以来，围绕着"求序"与"献序"，有两件颇是"好玩"的事情。

先是，我在写第 50 篇《南京晓庄学院学报》"六朝研究"栏目"主持人语"时，忽然就不想再写"主持人语"了，却想着把这历时 15 年、累计 7 万多字的"主持人语"结集出版，题为其实认真的《"胡"说六朝》。这个忽然冒出来的想法，得到了《晓庄学报》编辑、早年弟子胡晓明博士后的赞同，于是我将"献序"的任务强加给了晓明，经过几句"六朝风流""师徒雅事""好玩"的劝说，这事竟然"说定了"。

再是，自鸣的求序之得意尚未散尽时，年长我五岁、"立德立功立言"亦远胜于我的侯先生甬坚学兄，一番胡乱恭维（不便引述，以免借重之嫌）与"字数、内容悉听尊便"的大度宽容之后，竟然委托我为他的《历史地理学探索（第三集）》写序，我在"吓坏宝宝了，岂敢岂敢啊"的真诚推辞与"吾兄真敢这么玩"的善意提醒之后，还是接受了这份光荣的任务……

转眼，异常忙乱、心思不定的三个月过去了。在这期间，灵性、才情、豪气、儒雅兼具的甬坚学兄，时常浮现在我的面前。比如，以我所读，早在 20 年前，甬坚充满灵性的"小书"《朝宗——黄河与中华文化》（1991 年）即以其文字之温润、思虑之深沉、视野之广大，令我肃然起敬，虽然我并不认同书中将邹衍的"赤县神州"置于"正中正方形之中"的判断，而改在"位于中间的大九州之东南"（拙著《伟哉斯名："中国"古今称谓研究》，2000 年）；又如以我所经，2008 年初夏，屡遭催逼之后，公务繁冗的甬坚短期移驾南京，写作我所策划的"河流文明丛书"之《渭河》（2010 年），此举令我大为叹服，叹服甬坚竟然能在玄武烟柳、秦淮风月之地，凝心聚力地撰述厚重沧桑的渭河文明，其才情之横溢可见一斑；再如以我所感，在会议、沙龙、聚谈一类的场合，甬坚的儒雅随和，透着一股"腹有诗书气自华"的从容镇定，而改变我如此的平常印象者，是 2010 年 7 月 4 日的晚上，在西安大唐通易坊丝路餐厅，我与内人受到甬坚夫妇的热情接待，只是看似斯文的甬坚点菜委实没谱，那种多得不像话、乱得不成样，让我至今记忆犹新，而"老陕"的耿直、胆大、豪气，我也在甬坚的待客之道中，有了形象鲜活的体会。

甬坚是陕西扶风人氏，长成于四川绵阳，听着这样的地名，一股历史的感觉就扑面而来。在周秦汉唐首邑西安、九省通衢都会武汉，甬坚先后求学于陕西师范大学历史系、深造于武汉大学历史系、转向于中国科学院地球环境研究所。川北的灵山秀水、关中的固守传统、江汉的通达博雅，历史学、历史地理学、第四纪地质学的融会贯通，石泉、安芷生两位前辈的耳提面命与史念海先生的言传身教，如此复杂的地域文化浸润、如此优越的专业结构素养、如此幸运的春风化雨机遇，加之甬坚治学既专通坚虚，私淑谭其骧、侯仁之、陈桥驿诸位前辈，为人又或儒雅或豪气，善于切磋中外各方师友同道，其学问遂臻于难得之境界，其见识遂常显独特之状貌，其文章之规模气象遂多有不可以强袭者，而这，是否就是我所景羡的广采百家、师承众家、独成一家的典型？是否就是我所理解的学术内化为人格、人格外化为学术的魅力？

知人然后论书。从甬坚的人格与学术，回到他的《历史地理学探索（第三集）》（以下简称《探索》）。为了完成这份甬坚交给我的作业，我从杂乱的书架上，找到了《探索》及其续集（第二集）。粗粗翻阅这一而再、再而三的三部《探索》，其中的近半文章，我以前曾经细读过或浏览过；而及至拜读《探索》（2004 年）的葛剑雄先生"序言"、《探索（第二集）》（2011 年）的妹尾达彦先生"序言"，则甬坚学术的考据功底、义理寄托、经世济用，甬坚学术成长的天时、地利、人和，这两篇"序言"中已经有了堪称点睛或非常精到的表彰与分析，似乎无需也无容我再置喙。那么我能不重复地啰嗦些什么呢？不妨接着"知人论书"往下说，说说我所理解的"知书论人"，即由探幽索隐的这三部文集，以见甬坚学术的坚守与新变，盖因这样的坚守与新变，不仅具有相当的学术发展的代表意义，而且注解了"因书见人、因人见世"的既深刻又浅显的道理。

甬坚学术的坚守与新变，照抄三部《探索》的类目并且稍作对照，即可一目了然，仿佛跃然纸上了：

第一集类目	第二集类目	第三集类目
理论探索	理论探索	理论探索
学术史讨论	环境史审视	环境史审视
《汉书·地理志》解读	人类家园营造	山地寻踪
交通和区域问题探讨	长安城初探	长安城初探
环境变迁研究	统万城考察	人物透视
	环境变迁研究	序文一束
	纪念和怀念	

这样的类目设置及其变化，着实反映了格致诚正的书生甬坚治学领域的一以贯之，也着实反映了修齐治平的学者甬坚治学领域的拓宽加深。

先说甬坚"一以贯之"的治学领域。从类目看，最突出者无疑是"理论"，这体现了其治学始终遵从理论先行的习惯，以及"知其然"更要"知其所以然"的追求。较突出者是"环境"，并且由地学意义的"环境变迁"向史学意义的"环境史"移动，这又显示了其治学越来越具有"人文关怀"的旨趣；同样突出者还有"学史"，如初集的"学术史讨论"，二集的"纪念和怀念"，三集的"人物透视"，涉及了学者、学派、学说，介绍了论著、期刊、课题，而甬坚对此类"广义"学史的实质性关注，又可谓深明学术进步的"大道"，即学术总是有继承才有发展、有发展才有创新的。

再说甬坚治学领域的"拓宽加深"。如果说 2004 年问世的初集中，对于"葵花宝典"《汉书·地理志》的细密解读，对于丹江、武关之水陆交通的梳理复原，对于中原、关中之区域人文的分析权衡等，还属于历史地理学科的常规课题，那么，到了 2011 年出版的第二集中，甬坚对于山地与流域之人地关系的全面思考，对于中华古都长安的宏观把握，对于边地重镇统万的系统考察，学术视野就明显的更加开阔、学科勾连更加广泛、技术手段更加丰富了，而到了现在即将付梓的第三集中，甬坚有关华岳历史文化蕴义的全程叩问，有关阴山民族战略价值的地理观察，有关汉初长安史事关节的过程查验，有关隋初长安政治生活的换位思考，乃至真切思索着古都长安的政治地理实践与西安城市的现实前途命运等等，那就犹如写真，立体呈现出甬坚对话自然的历史大智慧、关怀人文的哲学高境界了。进而言之，这样的智慧与境界，当然也体现在上述那些甬坚半个甲子以来"一以贯之"的治学领域，如在第三集中，"理论"方面已经进步到了全球视域、万年尺度，"环境"方面已经深潜到了工具、技术、起源、行为，"学史"方面已经跨越到了精神的层面、心境的描摹、科技史家李约瑟的中华情怀、物理学家钱学森的大地情结……

然则行文至此，由这洋洋大观的三部《探索》，由这三部《探索》中结集的近百篇长文短札，由这百柱大成的甬坚学术所呈现出来的专业领域的持续拓宽、渐次加深，我不仅更具体地理解了历史地理学科质朴、求真、有用于世、也因时屡新的属性，而且更感慨于孔老夫子总结的人生经验："三十而立，四十而不惑，五十而知天命，六十而耳顺。"即如侯先生甬坚学兄，三集《探索》所收文章的系年，最早为1985年，那时甬坚年近而立，最晚为2017年，甬坚正当耳顺。

刚过"耳顺"之年的甬坚，对我的这篇可能言不及义、但是真情流露、而且自我感觉"好玩"的所谓"序言"，应该也能豪气、儒雅地做到"耳顺"吧！至于已近"耳顺"之年的我，则满怀好奇地期待着《探索》的第四集、第五集，期待着继续验证夫子的"七十而从心所欲，不逾矩"会在甬坚不断精进的学术里有着怎样的呈现……

2018年6月29日，拟于金陵紫东三栖四喜斋

理论探索

迎接地球和谐时代的到来[*]

摘要：本文试图在人类惯常的思考方式——过去、现在和未来三种时态之间建立连贯性认识，以切入农业、工业和公元 2000 年以来三个时代的内容，集中就每一时态里的时代特征、人类与自然的关系展开近乎白描式的书写，以此来探求人类世概念的内涵、厚待人类的地球生态系统的路径。人类世 I—III 分别为农业时代（农业起源至 1769 年）、工业时代（1769—2000 年）、地球和谐时代（2000 年至今后），有史以来面对自然界的人类活动，已充分体现了人类智能、社会体能所拥有的所有力量。人类及其创造与地球生态系统早已是密不可分，且长期兼具生产者、消费者和分解者多种角色，人类只有恰当地运用科学、技术和工业手段，整个社会才会迎来地球的和谐时代。

关键词：人类世 I—III；地球和谐时代；地球生态系统；历史认知

公元 2000 年，荷兰大气化学家保罗·克鲁岑和他的学术伙伴——生态学家尤金·斯托莫尔，在《全球变化通讯》第 41 期上联名发表《Anthropocene》一文①，这个题目汉译过来就是"人类世"三个字。作者认为从工业革命开始，人类对地球气候、地质和生态的影响力已经超过了一般的地质因素，需要使用"人类世"一词来区别于工业革命前的全新世（Holocene）。参见表 1。

---

* 原载北京大学建筑与景观设计学院编辑《LAF 景观设计学》第 019 号（"人类世生态系统"专号），高等教育出版社 2016 年版，第 22—29 页。

① Crutzen P. J., Stoermer E. F., The "Anthropocene", Global Change Newsletter, 2000 (41), 17 – 18.

表1　第四纪年表/ka B. P.（距今1000年）

资料来源：M. A. J. Williams，etc.，Quatemary Environments. Edward Amold（Publishers）Ltd.，1993.［澳］M. A. J. Williams等著：《第四纪环境》，刘东生等译，科学出版社1997年版，第7页，图1—7第四纪年表。

作者对此深表认同，是因为人类的概念及其内容最为符合全新世概念的本意，而克鲁岑在地质年代表上加入的新认识，则将人类影响自然界的作用提升到前所未有的高度。按其本意，Anthropocene的书写是确定在"世（－cene）"的级别上，如果译为"人类纪"的话，意味着对人类因素作用的估价比克鲁岑还要高（列为地质年代单位宙、代、纪中的第三级），对此，本文将试作评论。

（一）农业时代（农业起源至1769年）

从农业起源至1769年蒸汽机在英国的使用，历时数千年，这是人类文明史的第一个阶段，诸多文明事物的源头及其展开都在这一时期。

1. 时代特征

有人分析，公元前10000年时全世界的人口数量，大约是400万[①]，散布在各大洲中低纬度地带。由于马、牛、羊的驯化和小麦、大麦的种植，近东地区首先出现了"新石器时代农业革命"，这场革命的意义在于人类从此有了新的衣食之源，可以走向稳定的、文明的定居生活。地处中纬度地带的埃及、美索不达米亚、印度和中国，因享有便利的河流灌

————————————

① ［英］科林·麦克伊韦迪、理查德·琼斯：《世界人口历史图集》，陈海宏等译，东方出版社1992年版，第413页。

溉之利，农牧业得到发展后，逐步成长为著名的四大文明古国。

人类通过持续不断的劳动，还将农业、牧业等劳动技能携带到远方，在新旧大陆开辟了成片成片的农田和牧场，以及四处散布的村庄和城市。人类挑选和利用自然资源，制造生产及交通工具和生产物品，修造各式各样的房屋建筑，促使自己的物质生活大为改善。

16 和 17 世纪，近代科学在欧洲各国萌动，科学社团和实验仪器纷纷问世，除自然科学之外各个学科都有新的进步，技术类的发明层出不穷，哥白尼、伽利略、牛顿的名字有若晨星般闪耀，就连社会科学和哲学方面也是人才辈出，文章灿然。①

2. 人类与自然的关系

和自然中的其他物种一样，人类拥有寄身于地球表面的一种生物本能，即必须从自然界获取维持延续生命的食物。在漫长的进化史中，人类智慧逐步增长，在衣、食、住、行诸方面均取得了其他生物难以望其项背的进步。

相对于单纯的采集、狩猎活动，牧业、农业、渔业、林业等生产形式陆续占据了历史舞台，意味着人类逐渐放弃直接依赖于自然界的做法，转变为通过家畜繁殖、鱼苗饲养和作物、树木生长的方式，生产供给自己和社会所需要的物质资料，去满足不计其数的新增人口对食物越来越多的需要。

然而，这是一组人类更加依赖自然界才能生存下去的关系式——农牧业的发明和发展，在客观上保护了众多的天然物种，维护了自然界的生物多样性，却由于人口自身的繁衍，在向千万、万万（亿）数量上增长，单位亩产量长期在较低水平上徘徊，迫使人类自己必须沿着平原河谷走向四方，开垦出更大面积的荒地，去种植和获得更多的谷物，这就意味着又会影响地球上的生物多样性。受到人类重视的生物物种就会大量繁殖发展，相反的话，就会出现物种遭遇困境乃至灭绝的状态。

在世界各国，农业生产在大范围内的开展，势必会导致林木砍伐、

① ［英］亚·沃尔夫：《十六、十七世纪科学、技术和哲学史》，周昌忠等译，商务印书馆1985 年版。

水土流失、河道决徙、灾害频发等环境事件及问题。但我们又必须看到，传统农业是依循自然节律展开的社会生产活动，具有明显的自然特征，反映的是低能耗、基本无污染的生产特点，显现的是地理性质的环境问题。在人类活动的合理调节中，这些环境问题可以得到一步步的改善。

（二）工业时代（1769—2000 年）

从 1769 年蒸汽机在英国的使用，到 2000 年联合国提供的《21 世纪议程》开始在全世界启动，历时 232 年。据研究，1700—1800 年之两端，全世界人口数字分别为 6.1 亿和 9 亿，取其平均数，则 1769 年全世界人口数为 8.101 亿。[①] 这么多人口的每日所需，都是一个巨量的数字。

1. 时代特征

历史进入 18 世纪，终于走上历史舞台的工业生产形式，逐渐在全世界创造了一个面貌全新的工业时代，许多重大的创造和发明都一而再、再而三地刷新了人类文明的记录。

工厂大多聚集在城市及其周边，生产者集中在厂房上班的方式，促使大批人群离开乡村前往城市谋生，造成了城市人口的膨胀，城市的快速发展。甚至可以说，哪里建起了工厂，哪里就成为人口聚集地，哪里就有了新的法律法规制定出来。

人类在 20 世纪创造的另一项惊人成就，是计算机的发明及其推广应用，所以，20 世纪称得上是"计算机的世纪"。这项成就的意义就在于，对于性质复杂而数据庞大的人类社会和生态系统的诸多事务，人类手上已拥有了强大无比的管理系统（平台）。

跟随近代科学技术的发展而来的是人类思想的进步和改变，由于种种成就，整个世界弥漫着"人是世界的中心""人高于自然"的观念，科学技术较为先进的国家和人群试图借助科学发现和发明的成就，去改变地球上的自然面貌，进而主宰世界。

---

① ［英］科林·麦克伊韦迪、理查德·琼斯：《世界人口历史图集》，陈海宏等译，东方出版社 1992 年版，第 422 页，参见图 6.5 1400—2200 年的世界人口。

传统农业生产支撑的是封建主义社会，近代工业生产支撑起来的是资本主义，由于对海外殖民地、自然资源和市场的争夺，在欧洲等主要资本主义国家间爆发了两次规模史无前例的世界战争，战争造成了交战双方及其人民的巨大损失，却促成了新的国际组织——联合国在 1945 年的建立（中国为创始成员国）。这一年，《联合国宪章》向全人类发出的宣言是："我联合国人民团结起来，追求更美好的世界！"

2. 人类与自然的关系

由于工业生产的大力发展，加之人口剧增、消费盛行，各国对自然资源的开发利用强度有增无减，以致各种环境问题接踵而来，不仅破坏了许多生物物种的栖息地环境，人类自身健康和生命也受到了威胁。第四纪地质学专家的评论是："我们已经认识到，人口是如此之多，人类造成的全球环境影响是如此广泛，应对全球环境变化需要承担某些责任。人类改变了大气成分、水平衡、陆地表面反照率，明显地扰乱了地球这颗行星的碳循环。"[①]

大量的环境问题，表面上看是工业生产的特点所致，根源则在于各个工业国家所盛行的资本主义制度，英国约克大学政治学教授阿列克斯·卡利尼科斯分析说："主宰当今世界经济的跨国公司之间的竞争是触发破坏环境行为的主要因素，这种行为已经危及到人类和其他物种的生存"；"人类面临的主要问题：贫穷、社会上的不公正、经济波动、环境破坏、战争，来自同一个根源——资本主义制度。要解决这些问题，必须采取激进的方式"。[②] 也正是在这些国家里，环境保护团体多而活跃，正在通过社会论坛等方式，展现着激烈的环境保护斗争的前沿性。

1973 年 1 月，作为联合国统筹全世界环保工作的专门组织机构——环境规划署也宣告成立了，意味着此后发生在地球上的所有事件都有了一个裁判准则和仲裁机构，可以用来保障总体世界的安全和利益。

———————————

① ［澳］M. A. J. Williams 等：《第四纪环境》，刘东生等译，科学出版社 1997 年版，第 188 页。

② ［英］阿列克斯·卡利尼科斯：《反资本主义制度》，罗汉等译，上海世纪出版集团 2005 年版，第 40 页。

20 世纪 80 至 90 年代，世人的目光最终落在了全球气候变暖事实现实的和潜在的影响上面。1997 年 12 月，在日本京都由联合国气候变化框架公约参加国多次会议制定的《京都议定书》中，规定发达国家从 2005 年开始承担减少碳排放量的义务，发展中国家则从 2012 年开始承担减排义务。这是一个举世瞩目的现象：世界各国，尤其是发达国家，由联合国协调组织大家在一起，学会同舟共济、相互制约的处世方式，执行"共同但有区别的责任"原则，为人类共同家园的安危商议解决途径和承担具体的职责，所体现出的国际象征意义远远大于实际执行意义。

为什么关于人类与自然关系事务的推进需要政治家出面？因为政治家代表的国家，是数千年来世界各地建立起来的最牢固的地域组织，相应地成为各国民众政治诉求和经济利益争取的代表，不少人因此被推举为世界气象组织（WMO）和联合国环境署（UNEP）于 1988 年成立的政府间气候变化专门委员会（IPCC）的参加者。

（三）地球和谐时代（2000 年至今）

有鉴于联合国《21 世纪议程》行动纲领的实施，我们试图将公元 2000 年作为一个新时代的开始年份。已经过去的 2000—2015 年是弥足珍贵的，假若今后的诸多事实能证明这的确是人类世（Ⅲ）最初的 15 年，那就会使人感受到选择 2000 年是一种明智之举。极为巧合的是，正是在 2000 年，诺贝尔化学奖获得者保罗·克鲁岑等人联名发表了题为《人类世》的大作。

1. 时代特征

《21 世纪议程》的"引言"部分，所阐述的制定这份文件的基本思想是异常清晰的，那就是按现行政策的话，全世界各地会继续增加贫困、饥饿、疾病和文盲，使我们赖以维持生命的地球生态系统继续恶化，但当整个人类正处于历史的抉择关头，为了改善所有人的生活水平，更好地保护和管理生态系统，争取一个更为安全、更加繁荣的未来，大家就得改变以往的政策。一个基本的做法，就是要加强世界各国的联合和合作，改变无节制的消费和生产模式，改变导致环境恶化、贫困加剧和各国发展失衡的现状。

2. 人类与自然的关系

据"世界人口网"资料，截至 2015 年 9 月 19 日，在地球这个美丽的星球上一起生活着 7212306342 人（72.1231 亿），中国是世界上人口最多的国家，共有 1396614787 人（13.9661 亿）。当然，全球人口数字还会因为各国医疗和福利水平的提高而上升。

这个星球的生态系统现状如何，与前述农业时代、工业时代相比，应该说其基本性质依然如故，仍然是由所有生物和环境构成的一个整体，各种生物和环境之间仍然是相互影响和制约的，处于相对稳定的动态平衡状态之中。

地球上的生态系统，与人类的各种创造已浑然一体，密不可分，直面并认同人类属于地球的一部分，且长期兼有生产者、消费者和分解者多种角色——绝非主宰者，所谓的"人工生态系统"只不过是地球生态系统的一种延伸和再造（其基础、原理和养分皆来自地球），将有益于改变人类的行动甚至思想，尊重并顺应地球生态系统的基本规律，促进人地关系的和谐发展。

21 世纪的地球气候可能会更暖，"据估计，全球平均地表气温从 1990 年到 2100 年将增加 1.4℃~5.8℃。这一时期的增温幅度将是过去 10000 年所从未有过的"[①]。与此相关，在刚刚过去的 2015 年 12 月 12 日，《联合国气候变化框架公约》近 200 个缔约方，在巴黎气候变化大会上一致同意通过了新的《巴黎协议》，这份协议指出："各方将加强对气候变化威胁的全球应对，把全球平均气温较工业化前水平升高控制在 2 摄氏度之内，并为把升温控制在 1.5 摄氏度之内而努力。全球将尽快实现温室气体排放达峰，21 世纪下半叶实现温室气体净零排放。"这一成果证明世界各国正在携起手来，并付诸行动，共同改变这个世界面临的难题。

---

① ［英］威廉·伯勒斯主编：《21 世纪的气候》，秦大河、丁一汇等译校，气象出版社 2007 年版，第 240 页。

（四）结语：人类世探索新知

如上所述的时代背景及立论依据，本文提出的新见解是：将农业时代作为人类世Ⅰ，工业时代作为人类世Ⅱ，联合国启动和全世界开始实施的《21世纪议程》作为人类世Ⅲ的开端，并确定为"地球和谐时代"，续写在地质年代表中。

对于人类心智和认知观念之认识，有两段话极为重要，值得人们深思。一是环境伦理学家罗尔斯顿所说："从个体的角度看，自然中只有暴力、斗争和死亡；但从系统的角度看，自然中却存在着和谐、相互依存和延绵不绝的生命。"[①] 二是全球环境问题研究专家斯蒂芬·斯耐特说过："我珍惜从沙伦·康纳顿那里获得的对人类心灵的洞察力，因为我深信，如果我们中太多的人沉溺于过多的自我否定，那是无法解决那些难以察觉的地球危机问题。"[②]

上述人类世Ⅰ历时数千年，人类世Ⅱ仅230余年，但人类世Ⅲ绝对不会只有数十年、数百年，而是会有更长的时间——若询问依据所在，我们判断：经过人类接受过严峻挑战的人类世Ⅱ之后，人类正在对其带给地球的创伤进行反思，相比于在人类世Ⅱ中，其善待和管理地球母亲的经验及能力已有长足发展。

如果承认人类纪或人类世的存在意义，就势必会考虑其在地质年代表中的位置。就人类纪的位置而言，似乎只能按人类起源后的历史，从第四纪取其一段以安插之。就人类世的位置而言，按照人类起源后积极有为的时段，充分考虑与全新世的关系，依照本文的叙述方式，即所表达出的人类世历史内容，与距今10000年以来的全新世在时间尺度上相吻合，二者实际上是名称不一，其地质过程的内容却完全一致。

[①] ［美］霍尔姆斯·罗尔斯顿：《环境伦理学——大自然的价值以及人对大自然的义务》，杨通进译，中国社会科学出版社2000年版，第306—307页。

[②] ［美］斯蒂芬·斯耐特：《地球——我们输不起的实验室》，"前言"，诸大建、周祖翼译，上海世纪出版集团2008年版，第2页。

表 2 　　　　　　　　　　人类世续写在地质年代表的位置

显生宙（PH）					
新生代（Kz）					
第四纪（Q）					
	人类世，即全新世（Q4）		晚更新世 （Q3）	中更新世 （Q2）	早更新世 （Q1）
人类世Ⅲ - 地球和谐时代	人类世Ⅱ - 工业时代	人类世Ⅰ - 农业时代			

资料来源：本文作者结合研究内容、依据《地质年代表》简化绘制而成。

地质年代表里有宙（宇）、代（界）、纪（系）、世（统）由上到下的四个单位，但对于地层的最新认识，却是可以由下到上产生推动作用的，如表 2 所示。现在究竟是译作或称为"人类世"还是"人类纪"，实际上是一个需要长期实践的问题，目前这项工作仅仅是刚开始，犹如刚刚迈上了一条入山的道路。

在严峻的环境问题和形势面前，人们需要冷静思考，仔细斟酌手中的工具怎么用，目标怎么确定。如同发表于 1992 年联合国环境与发展大会前夕的《海德堡呼吁书》所说："威胁我们的地球的最大问题是无知和压制，而不是科学、技术和工业，因为它们的手段是使人类能够由自己并为自己战胜人口过剩、饥饿和大流行病等灾难不可缺少的工具，只要这些手段得到恰当的运用。"[1] 那又怎样掌握恰当运用的分寸呢？我们要说：无论你的身份如何，就看在有可能影响环境质量的事项目前，你舍弃了什么，舍弃了多少，你贡献了什么，贡献了多少，更多的国家和人群做到了这些，整个社会才会迎来地球的和谐时代。

---

① ［法］克洛德·阿莱格尔：《城市生态，乡村生态》，陆亚东译，商务印书馆 2003 年版，第 145—146 页。

[附录1]

环境问题的时代差异和历史本质

在人类发展史上，依据农业、工业两种生产方式所划分的时代，具有十分重大而特别的意义。工业时代开始出现的标志性事件，是蒸汽机在英国的采矿、冶炼、纺织、机器制造等行业中的广泛应用，时间大致是从近代社会的18世纪开始，其影响所及，及于其他生产行业、社会管理部门和社会阶层，而此前则为传统的农业时代。

近代以前的农业时代的生产景象，之所以被后来的教科书看作传统的、判断为处于生产力水平低下和社会分工不发达的历史阶段，概因其组织形式主要是以家庭为单位，生产过程大多是手工劳动，生产中靠的是人力和畜力做动力，依赖的大多是历史上传承下来的耕作制度和技术。

这样的农业生产过程是否会产生环境问题？若就农业生产的具体情形来看，生产是按季节安排的，整个过程中产生的废物相当有限，种类也不多，本身也很分散。事实上这些废料大都为生物质物质，习惯上被纳入肥料用途之中，在农田中形成的"土—植物—动物"循环圈里自行分解处理，一般不作为污染物看待，也不产生明显的环境问题。

若就大范围的农业生产条件来看，既有平原地区的土地垦殖，配合农业生产的兴修水利活动，还有山地里的刀耕火种带来的"田地上山"结果，与这些活动相关的环境事件及问题，主要有林木砍伐、水土流失、河道决徙、灾害频发。我们注意到：农业时代人类对自然界面的扰动程度，往往是与参与活动的人数规模成正比关系；这些环境事件及问题，是紧紧地依附于人类活动及于自然界面的过程之中，因活动本身的合理程度，显现出加深或减轻的趋向。

若就上述环境事件及问题的细节看，往往是带有"动土"的特点，据此特点，可以归纳为地理性质的环境问题。这些现象并不难理解，因为农业生产本身，向来是以解决人类最基本的生活必需品为目的，人类只有也必须在自然界中为此竭尽所能，才会拥有继续前行的条件和能力，诚如德博诺编辑的《发明的故事》里所言："农业和畜牧业是人类发挥创造性的最广阔的领域"（本文未及叙述畜牧业）。如若考虑到这个时代是以自给自足、缺乏商品交换的自然经济形态为特征这一点，在农业生产环节中形成的是"土—植物—动物"间简单的物质循环过程，那么，我们就有理由认为，延续千年以上的农业手工技术系统与当时的自然经济是相适应的。

历史进入 18 世纪，终于走上历史舞台的工业生产方式，逐渐在全世界创造了一个面貌全新的工业时代，许多重大的创造和发明都一而再、再而三地刷新了人类文明的纪录。我们密切关注这种新出现的生产方式，与传统农业生产方式之间有着很大的不同。

第一，从自然物质中竭力提取新材料。传统农业对自然物质的生物学的、化学的本质性认识还十分有限，面对的主要是生活领域的衣食需要，其技术的发明总是体现在动植物选种、病虫害防治等增产方法和措施上。而工业生产由于受到新的生产力的刺激，在新技术的应用中，钢铁等黑色金属及建造建筑物的必备材料——水泥的生产技术不断提高，透彻了解物质性质，面对农业生产、城市建设、人体健康各方面的化学产品得到研制，不计其数的工业产品，源源不断地从工厂生产出来，厂家在获得巨大利润的同时，却对大气、水资源、土壤、海洋等自然组成部分造成了不同程度的污染。譬如，接续 20 世纪若干重大环境事件之后，大量工业污染物（如重金属、化学农药）在不少国家给排进了河流，在水生生物体内产生生物富集作用后，已经影响到位于食物链最高端的人类，给人类健康带来了极为严重的威胁。

第二，大量燃烧矿物造成二氧化碳等气体的排放。传统农业时代以木柴为主要燃料，出于炊事、取暖、建房等方面的需要，人类不间断地砍伐大片林木，造成地表森林覆盖率的降低。而工业生产对燃料的渴求，促成了各国煤炭工业的诞生，这种巨量的固体可燃性矿物从地下被挖掘出来，成为 18 世纪以来世界各国工业生产最重要的能源支撑。此后，还有对石油、天然气、染料、化纤、天然合成药物等有机化合物的大力开发利用，以矿物燃烧中产生的二氧化碳为例，政府间气候变化专门委员会（IPCC）早已在发布的报告里，认为二氧化碳等温室气体浓度的增加是全球变暖的主要因素，中外学术界对这一判断所持依据尽管还存有不小的争议，但全球性地燃烧各类矿物造成二氧化碳等气体排放到大气层中，引发温室气体浓度的增加，则是不争的事实。

至此，本文得出的基本认识为：传统农业时代依循自然节律展开的社会生产活动，具有明显的自然特征，反映的是低能耗、基本无污染的传统农业生产特点，这应该属于自然经济的另一层较少被阐释的意义。传统农业时代既然没有工业时代那样的污染物及环境污染问题，这就是区别于工业时代的一个显著不同。我们进一步甄别两个时代环境问题之差异，不妨说前者呈现的是地理性质的环境问题，后者呈现的是化学性质的环境问题。两个时代间的差别是不可同日而语的，其本质差别不仅因时代差异而生，还源于时代差异之不同。

最后，还需要说明：无论是农业时代，还是工业时代，均对人类做出了自身最大的贡献。环境问题从来就不是人类的主观需要，而是伴随着生产活动，在具体的过程或流程中生成的。但是，大多数大至核泄漏事故、小至造纸厂废水流入河流的环境事件及其后果，客观上却都是落在了地球上（包括大气层里），由地球系统来承受的。相比而言，手持铁质农具的农夫们，处于生产力水平较低的传统农业时代，对自然界的扰动和影响是有限的。及后的工业时代，从自然物质里提取和锻造了无数的新材料，所产生的"工业三废"等物质，如同从潘多拉魔盒里放出的邪恶之物，一旦释放出来就难以收回了。对此，人类对地球母亲必须深怀歉疚和感恩之心情，在努力做好地球系统环保事务的同时，寄希望于人类的理性照耀四方，祈盼地球和谐时代早日到来。

[附录 2]

从人类历史来认识生态文明

作为大自然的生物结晶——人类，寄身于地球表面的一种生物本能，即必须从自然界获取维持延续生命的食物。在漫长的进化史中，人类智慧逐步增长，在衣、食、住、行诸方面均取得了其他生物难以望其项背的进步。

相对于单纯的采集、狩猎活动，牧业、农业、渔业、林业等生产方式陆续登上历史舞台，意味着人类逐渐放弃直接依赖于自然界的做法，换成通过家畜繁殖、鱼苗饲养和作物、树木生长的方式，生产供给自己和社会的物质资料，尤其是满足自身对食物越来越大量的需要。人类这些社会生产的主流方式，令全人类至今仍然享受着前人馈赠下来的巨大恩泽。从这里可以体会到，人类能够出于长远的考虑，不断地从事有利于生产劳动方面的发明，就其意义而言，人类不是大自然的对立物，而是走向社会化的、对大自然怀有深厚情感的理性人类。

人类难以解决好的事情，在于人类内部相互之间的攻讦和报复。由于私欲的膨胀，加之政治主张、经济扩展、宗教信仰等因素的作用，不同的人群组织内部及与外部之间，围绕正义诉求、地域空间、社会财富（含各种资源和能源），在历史上发动了难以计数的争夺和战争。以战争为例，从古希腊时代的伯罗奔尼撒战争，到中世纪持续近200年的欧洲八次"十字军东征"，至20世纪的两次世界大战，再到战后美苏两国为首的世界两大阵营之间的"冷战"，人类的战争史可谓旷日持久，罄竹难书。在全人类尚未建立起各国共同遵守的国际秩序之前，无论是大自然，还是人类自身，都必将因此而付出巨大的代价，这是人所共知，同时也是无法避免的。

社会发展到18世纪中叶，工业革命从英国兴起了，其影响逐渐波及到欧洲和世界，所创造的新的生产方式，其耀眼之处有三：一是采用水力、煤炭、石油和发明电能作为强大的动力，推动着蒸汽机、内燃机和汽轮机等机器的运转；二是开采和利用矿物质原料生产钢铁等有色金属，再生产成机器和产品，构成强大而连续不断的生产能力；三是充分利用和释放物质的化学成分，用以达到增生各类产品质量和数量的目的，这些均为有别于传统农牧业生产方式的地方。

依据智者的观察和大批亲历者的感受，工业时代所孕育的超凡能力，将工厂和矿山开采推向世界，造就了人口数量膨胀的众多城市，利用四通八达的交通网络支撑起了全球性的贸易，追求超额利润获得了远超前代的巨额财富，但这种人口及经济相互推动的助长方式，致使污染物大量排放，造成对自然界非常严重的负面影响，已让人类所居住的家园——地球不堪重负。值 1962 年，美国海洋生物学家卡逊所著《寂静的春天》著作出版，书中那种出自职业女性的特殊敏感性描写，将化学农药施入农田后的危害揭露无遗，随后罗马俱乐部又发布《增长的极限》报告，对人类社会传统的发展模式敲响了警钟，还有英国历史学家阿诺德·汤因比所著《大地与人类母亲》出版，严厉谴责这个时代滥用技术所带来的恶果，均为推动世界性环境保护热潮兴起的杰出人物或团体。

在第二次世界大战结束的当年，联合国宣告成立（中国为创始成员国），其向往的目标是"我联合国人民团结起来，追求更美好的世界"。至 1973 年 1 月，作为联合国统筹全世界环保工作的组织，联合国环境规划署也正式成立了。在人类逐渐远离席卷世界的大规模战争后，环境问题很快上升为世界各国迫切关心和积极寻求解决出路的重大议题。1972 年 6 月 5—16 日，在瑞典斯德哥尔摩举行的人类环境会议，通过了著名的《人类环境宣言》；于 1992 年 6 月 3—14 日在巴西里约热内卢举行的环境与发展大会，又通过了《21 世纪议程》等 3 项文件。这两次大会所取得的成果，已成为联合国在环境与发展领域所做的具有里程碑意义的工作业绩。

在减少温室气体效应、减缓全球气候变暖趋势方面，真正确定并落实到各国政府头上的任务清单，为 1997 年 12 月在日本京都由联合国气候变化框架公约参加国多次会议制定的《京都议定书》，其中规定发达国家从 2005 年开始承担减少碳排放量的义务，发展中国家则从 2012 年开始承担减排义务。世界各国尤其是发达国家，由联合国协调组织大家在一起，学会同舟共济、相互制约的处世方式，为人类共同家园的安危商议解决途径和具体承担的职责，所体现出的国际人道主义象征意义远远大于实际执行意义。面对人类数千年不平静的历史，这样的合作意向和迹象会给世人带来希望。

2012 年 11 月，中国政府着眼于全面建成小康社会、实现社会主义现代化和中华民族伟大复兴的建设目标，对推进中国特色社会主义事业做出了经济建设、政治建设、文化建设、社会建设、生态文明建设——"五位一体"的总体布局，明确将生态文明提到了与其他建设任务并重的高度，这是一个此前还不曾有过的战略高度及其部署，其意义十分重大。

这样的五种建设任务互为结合和支撑的建设蓝图，乃是基于古代东方自然与人类社会和谐相处的思想，也包括对大量历史经验和教训的认知，最终期望建立起一个结构完整、功能完善的中国社会—经济—自然复合生态系统。从人类历史来加以认识，这是非常符合"生态整合"思想的设计，诸如关注人民群众的基本生活质量和生存要求，重视生态系统服务功能，积极发展清洁能源，努力提高在实施发展中推进和解决环境方面问题的能力，率先在福建、贵州等省区开展生态文明建设先行示范区等做法，均切实可行。对于国际社会营建人类命运共同体的目标来说，也将构成一种时代启示和实际贡献。

历史地理研究:如何面对万年世界历史[*]

历史地理学研究工作的目标,是在逐步复原了的地理环境基础上,探索社会历史发展同地理环境的关系,用以真实地展现人类时空发展的全景。20 世纪下半叶以来,以"中国研究"为特点的国内历史地理学界,做的是很自然的"本土研究",如今在学科建设能力不断增强的基础上,基于学术内在发展动力的助推,又面临世界历史地理研究的学科发展方向。

(一)时间尺度划分

本文所持的万年时间尺度,系依据 1983 年 8 月侯仁之院士为《环境变迁研究》刊物所撰《发刊词》提出的"研究一万年来环境变迁",也就是地质历史的全新世阶段。侯仁之先生的阐述是:"一般说来农业的起源,至少可以上溯到全新世的初期。在此以前,自然环境基本上还是未经人类明显干预的原始景观。复原这一原始的自然景观,具有十分重要的意义,因为只有从这里出发,才能真正追溯人类开始明显地干预自然的起点。"这一万年来的时间尺度(根据研究需要可以上溯),分属历史学科划分的古代史(大致起自国家形态出现以前的新石器时代)、近代史、现代史和当代史,而属于现代史和当代史的内容,则为许多现代新兴学科所致力。

上述时间尺度,即我国历史地理学者习称的"历史时期",其下限究

* 原载《中国历史地理论丛》2017 年第 1 辑,第 24—27 页。

竟延及到现当代什么时段为妥？一个可以作为参考的学术背景是，努力
找到现代地理学者较少致力的地方，以此作为研究下限的支持依据，或
许具有相当的合理性。至于擅长将历史与现实联系起来进行分析研究的
学者，则不受这些时段的限制。

（二）人类历史展开中地理面貌的呈现

一万年来的世界历史，人类曾经有过无数的发明和创造，美国学者
威尔·杜兰特（1885—1981）从中归结出"人类进步的十大飞跃"，分别
是：语言、火、征服动物、农业、社会组织、道德、工具、科学、教育、
书写和印刷。对于历史学而言，排在最后的"书写和印刷"却拥有无与
伦比的重要性。试想一下，如果没有"书写和印刷"，历史学将会是一种
什么境况。既往的人类历史，被不同的文字或多或少地记录了下来，这
是人类文化之幸，凭借这样的记录，历史地理学者才能够触及过去时代
的地理面貌。以下暂以古代罗马的两段记载为例，来表明人类历史展开
中地理面貌的呈现。

1. 记述对外战争引带出犹太人往事中的地理内容

古罗马学者塔西佗所撰《历史》（*Historiae*，亦译作《罗马史》）一
书，现存残卷仅保留了公元69—70年两年的罗马内部事务、内战和对外
战争的内容。第五卷的记述竟写出了犹太人的起源；他们的风俗习惯、
政治制度和宗教；他们的领土和疆界；棕榈树和凤仙花；黎巴嫩山；约
旦河；生产沥青的湖；大片的不毛之地；倍路斯河口的可以制造玻璃的
沙子；首都耶路撒冷；神殿的巨额财富；在亚述人、米地亚、波斯人统
治时期犹太人的处境；他们的国王；记述死海那段文字是令人难忘的：
"它那毫无生气的水波漂得起抛到上面去的任何东西，就好像抛在坚硬的
土地上似的。任何游泳的人，不论他是否熟练，都能漂在水上。在一年
的某个季节里，海水把沥青喷出来，经验教会当地人如何收取沥青，就
和它教会了他们所有的技艺一样。"这里写出的死海特征，很久以来就已
成为基本常识。

2. 记述人物引带出火山事件

古罗马帝国官员小普林尼著有《书信集》，第 6 卷第 16 封信函是写给塔西佗的。信曰：

"你让我写一份我舅父去世前后情况的说明以便你能当作依据写一篇更为确切的记载以传诸后世……当时他正和他统率的舰队一起驻在米散那。八月二十四日那天约下午一点左右，我母亲要他到外面去观看一种特别巨大而且样式异常的云雾……他马上要来了鞋子走上了一块高地以便最清楚地观看这一极不寻常的现象。在当时那样的距离不可能辨认清楚这些云烟是从什么山上发出来的，但后来知道了是来自维苏威。""他愈接近这个地区，火山喷发出来的大量灰尘、砂砾就愈一阵紧似一阵，而且更加炽热炙人。"在庞贝城的众人汇聚之所，"一阵强烈刺鼻的硫磺气味弥漫过来，这是火焰的先导，随之冲天的烈火燃烧起来了……我推测是某种特殊浓烈的气体窒息了他，堵塞了他的呼吸器官。他的呼吸系统本来就比较脆弱多病，而且当时正因感冒而发炎"。这份信函极为珍贵，为学界确认公元 79 年维苏威火山爆发时间、庞贝城毁灭和《自然史》作者大普林尼死亡过程及原因提供了第一手资料。

如今全世界（地球）的地理区域已被划分为七大洲、五大洋，在公元前 5 世纪时，历史学之父希罗多德就已经在感慨"我也不知道为什么一整块大地却有三个名字，而且又都是妇女的名字"，"我也不知道把世界划分开来的那些人的名字，以及他们从什么地方取得了他们所起的名字"。这一整块大地应当是围绕整个地中海的土地，三个妇女的名字分别是亚细亚、欧罗巴和利比亚。尽管如此，希罗多德在《历史》第 4 卷中还是记录了一些希腊人的说法，启发着后人对有趣却很遥远的大洲划分问题展开思索。

简言之，由"历史"进入"地理"，是历史地理学最基本的进入途径。只要是很有价值的历史文献，研习时就需要具备必要的历史素养和视角，这些文献中所包含的人类认知材料及其时代性，应当就是地理学的人文性质之所以存在和长久地施展影响的原因所在吧。

（三）从地理因素来解释历史

历史地理学既是历史学，也是地理学的重要组成部分，那么，在世界史、世界地理研究领域中，也就应当有历史地理学的研究内容。而世界地理和历史的丰富场景和内容，会给所有的历史地理学者提供浩博而深远的研究素材。

世界历史的展开，系依赖于地球表面诸多有利的地理条件，对于其基本取向和发展趋势的研究，历史地理学颇具优势。一万年以来的世界历史异彩纷呈，自然意味着对之展开的历史地理研究也会格外精彩。类似农业、国家、宗教、城市起源这些研究内容，起源越早，越是可能包含有较多、较明显的有利的地理因素。

与此相反，有的地区在历史上长期沉寂，主要是当地人群的进取活动受到地理因素多方面、很大程度上的影响。譬如说大洋洲，托马斯·麦克奈特在《澳大利亚地理总论》里判断："从最基本的性质来看，大洋是一种障碍。它阻碍着各种陆地生物的传播。只有种类很少的动植物从此处到彼处旅行之后，仍然可以活下来。"这样的情形在 15 世纪以前的澳洲大陆及其周边地区是广泛存在的，而当地理大发现之后，海洋成为人类借以展开各种交往活动的通道，大洋的阻碍作用就被新时代的航海技术大大地改变了。

从地理因素来解释历史，历史地理学者向来具有浓厚的兴趣，一旦做起分析来，总像是一批雄赳赳的队伍，开赴前线后却很难做到捷报频传。一方面是人们都能看到地理因素的重要性或作为前提条件的限制性，另一方面却又在人类的主观能动性或社会发展中诸项制度产生的决胜因素面前失去了威力，所以，学界至今似乎还没有形成较为流行的解释框架。然而，这些并不意味着从地理因素来解释历史的此路不通，相反，而是需要有志者在不断反思和辩驳中寻找前行的道路。

1978 年《泰晤士世界历史地图集》第 1 版在伦敦出版（至 1999 年出版修订了第 5 版）后，英国皇家地理学会《地理杂志》评论说："看看它就知道地理学及制图学如何点亮历史。"这一说法对于历史地理学者来说，的确颇受鼓舞。

（四）中国学者研究世界历史地理的长处

中国历史地理属于世界历史地理研究的一部分，在具体研究中予以主动面对，这是一种值得提倡的态度。

曾在美国、新加坡和中国台湾多所大学任教的历史地理学家姜道章先生，一直关注和研究海内外历史地理学，他为自著 2004 年版《历史地理学》撰写"序言"说："现代历史地理学的发展，大约有一百年的历史，但是国内有关历史地理学理论和方法的专著却极少，其实国外亦不多见。我国大学历史地理学课程，传统上内容以沿革地理为主，20 世纪下半叶扩充包括其他主题；当代欧美大学历史地理学课程，讲授内容，多以教授个人兴趣而异，一般上多以区域为架构，内容又几乎全以专题为主。"这样的概括认识因少见而珍贵，"研究主题"则是一种重要的表达形式。

深谙海内外历史地理学渊源和研究特点的姜道章先生，一直持有一种学术观点，即"历史地理学在地理学中，有一个特殊的地位。有人将历史地理学二分为'历史自然地理学'和'历史人文地理学'，从历史地理学的性质来看，纯粹的'历史自然地理学'不是历史地理学，从历史地理学的性质和处理方法，以及就历史地理学的理论来看，这种二分法是一种错误的观念"（上书第一章）。20 世纪下半叶大陆历史地理学界坚持的就是这种二分法，确系师法和遵从现代地理学原理和体系而来，同时也是对地球表面自然地理和人文地理俱在事实的认可，且做出了许多出色的论著。如今视此为开展世界历史地理研究的重要理论方法和研究途径，无论是把"历史自然地理学"坚持做下去，还是将其与"历史人文地理学"结合起来研究，均为大陆历史地理学界所熟悉或擅长，据此展开的世界历史地理的研究，就是一个颇有学科意义的进路，做起来当然会遭遇到许多困难，若坚持下去必定会有自己的创获。

20 世纪下半叶以来，大陆地理地质学界的进步是突飞猛进的，对于中国范围的研究，可以说是举世瞩目，成就斐然。而对于中国周边和世界不同地区的研究论著，更多地是来自国外地理地质学界的贡献，所积累的成果已经相当丰厚，属于国内历史地理学界可以借助的地理地质参考文献。这样的借助和依靠是极为重要的，据此构成的是不同地区人类社会建立的地理基础，可以称之为历史地理学者展开学术研究之一翼，正如学者们在"本土研究"中所长期借助和依靠的那样。

历史地理学者展开学术研究之另一翼，乃是对于历史学文献资料和研究成果的借助和依靠。从20世纪60年代中国的世界史学界"世界史资料丛刊"陆续编译出版，到现在依赖国外图书馆外文文献资料的搜求和翻译出版，通过对碑刻铭文、航海日志、古旧地图、宗教审判书、私人信函、测量图纸、铁路设计书、政府档案等文献的收集和阅读，还有履至研究区域进行实地考察，中国学者正逐步踏入世界历史地理的研究领地。至于日渐增多的国家对外文化交流合作协议的签署和落实，包括海外考古合作项目的开展，更可以为中国学者开展世界历史地理的研究提供更多的资料和机会。

在中国，若有世界历史的研究，则必当有世界历史地理的研究。中国社会素有根深蒂固的历史意识，在历朝历代形成的历史编纂传统，一直重视地理知识的收集、编排和使用。中国学者在沿革地理考证研究上形成的严谨的判断力，对于更大范围史实的历史地理研究，将会产生出独具品质的学术论著，而且还可以在更广阔的时空范围内验证已有工作（诸如原理、定义、结论等）的可靠性。

通过世界历史地理的研究，可以反观中国历史地理研究的一般特点和独到之处，为同类研究提供丰富的事例，促进理论思考，进而有利于判断中国历史地理研究在全球的地位和作用。

（五）开展研究工作的条件和做法

立足于中国本土，着眼于中国边疆和邻国的历史地理研究，早已成为大陆历史地理学界的自觉行动。这方面，中华书局编辑出版的"中外交通史籍丛刊"、中国海外交通史研究会和泉州海外交通史博物馆主办的《海交史研究》等书刊，在国内外学术界享有广泛的影响。

值得国内历史地理学者学习的是考古学者，尤其是环境考古学者。考古学是一门具有明显的地域性特点的学科，根据汤卓炜教授《环境考古学》的介绍，这门学科可以帮助人们知道远古居民迁徙的趋势，了解造成文化差异的深层原因，弄清地理沿革变化的原委，分析出古遗址分布的自然原因，为寻找古遗址提供指导，解决古文化考证中所涉及的与环境相关的疑难问题，等等。基于新石器时代不同文化序列所展开的环境考古研究工作，对应的正是距今 10000—7000 年间尚缺乏文字记载时期的历史内容。考古学者在田野中调查和发掘古代人类在各种活动中留存在地面或地下的遗址、遗迹、遗物，历史地理学者利用各种机会参与其中，和考古队员们交上朋友，一起思考和研究共同面对的问题，就有可能做出展现过去地理价值的研究成果。

值得国内历史地理学者学习的还有国内的世界史学者。我们同处国内，世界史学者勤习外语，常有译著问世，一直致力于世界史专业的教学和研究。难能可贵的是，有的世界史学者在自己的教研工作中，还做出了不少涉及地理学史和历史地理的业绩，如四川大学历史文化学院的张箭教授。他的著作有《地理大发现研究》（商务印书馆 2002 年版）、《郑和下西洋论稿》（台湾花木兰文化出版社 2013 年版）、《新大陆农作物的传播和意义》（科学出版社 2014 年版）。又如宁波大学长期从事中外关系史、地图史、海洋文化史研究的龚缨晏教授。他和导师黄时鉴教授合著了《利玛窦世界地图研究》（上海古籍出版社 2004 年版），并长期关注和研究世界范围内人类起源的问题。

曾经接触到的一种看法是，对于外国历史地理的研究，无论如何是没有研究所在国学者的水平高，故而有过旅行考察或侨居于斯亦不去研究的情形。对于此种情形，当然应该尊重学者自身的兴趣和选择。研究中国的外国学者，实际上也是分作不同情况的，有的为驰名学界的汉学家，有的仅是在几个问题或几种资料上展开对中国的研究，还有的是写出的文字让中国学者总感到是隔靴搔痒。而我们自己展开的外国历史地理的研究，势必也要经过"隔靴搔痒"的阶段，在经过前面的不断积累和初步研究阶段之后，撰写的论著在中文出版物范围内达到了较高的水准，甚或在外文刊物上发表，在国外出版社出版，引起了国外同行的关注，也就进入一个可以与国外学者对话的阶段了。

唐晓峰先生曾写道："美国有人说，在社会人文学界里，常常是黑人研究黑人问题，妇女研究妇女问题，中国人研究中国问题，只有白（男）人研究 every-thing（所有问题）。这种说法听起来不舒服，有歧视味道。

不过，在段义孚这里却有所不同。"突破母体文化的界限，研究最适合于自己的学问，这是现在品读晓峰先生《段义孚：当代人本主义地理学的旗手》一文的特有味道。段义孚先生的确是在多方面为华人学者树立了标杆。

在现阶段，国内的世界历史地理的研究，主要依靠那些有兴趣、有优势、有机会的历史学者和研究生，通过历史地理学、中西文化交流史、中外关系史、海交史、环境史、生态史、地缘政治、跨文化研究等领域的研讨和交流，有所尝试，不断积累，在已有基础上开展研究工作。

一名学者若一直研究中国，就应当继续下去，直到做出自己最好的研究，希望这样的研究论著有机会被介绍给国外学术界。学者们还应当关心与自己研究有关的内容（诸如学说思想、城市布局、交通线路、空间拓展等），在国外是一种什么情形，予以长期关注，形成提高研究水准的推动力，有利于自己把研究视角伸到国外去。还可以考虑自身研究地域上的相关度（如气候、河流、山地、草原、海域和岛屿等），选择有条件接触的国家和地区，展开较为主动的域外研究工作。

人类家园的营造:通则和目标解说[*]

摘要: 相比以往人类创造自身生存家园的第一种劳动方式,今日学人采用各种研究方法对其加以认识和再现的工作性质,属于第二种劳动方式。这其中包括从早期人类开始的不同类型家园的营造方式、识别方式、惯性通则、生活目标等的详细解说。本文重视早期人群的定居生活,并以此为起点,分项探讨不同地貌类型下居住家园的营造方式,这包括平地、丘陵、山地、高原地貌条件下的人类家园的营造,这也是吸引和接纳大量历史人口的地貌顺序。由于人类文化所形成的力量和惯性作用,以往人类的居住家园都具有演进为相应精神家园的历史特点,这也是当前我国人居环境科学发展相当看重的历史财富,也是本论题颇具学术特色和意义的关键之处。

关键词 人类家园;地貌类型;营造方式;通则;目标;解说

地球行星上人类家园建立的时间有的已经数万年了,一直到距今一万年左右的时间里,才在总体上呈现出错落广布、形态多样的特点。人类家园有大有小,小至孤零零的山村,大至正在迈向世界级城市的超大巨型城市,早已作为许多学科和专业领域的研究对象了。各个领域已问世的研究资料和论著相当多,研习者常有被湮没掉的感觉,这其中我们最为关心的主题——人类家园,究竟是如何在世界上产生出来的,最初的情形如何,家园建造中有哪些通则(具有较普遍意义的做法),以及研究者所设想的目标,均属于最基本的内容,需要深入地思考,并加以系

---

    * 原载韩宾娜主编《丙申史地新论——2016 年中国历史地理学术研讨会文集论稿》,东北师范大学出版社 2017 年版,第 402—412 页。

统地表达。

相比 2005 年夏季，笔者初次使用"人类家园营造"概念时的学术环境①，及随后学人的阐发②，现今已经有了明显地好转。无论是在学术界还是社会生活中，"人类家园"一词的使用频次已明显增多，甚至可以说是朗朗上口，显现了整个社会目前对人类生存与发展问题的关注和重视。

（一）本论题的学术特色和意义

本论题的学术特色在于以或大或小的人类家园为研究对象，关心其在整个历史过程中的形成和延续内容，视其中包含的事项和通则予以探讨，不受具体学科和时空界限的限制，在具备初步研究水准及资料和经验的积累之后，再进入不同地域、民族之间的专门探讨和对比研究环节中去。

与此有关联的学科是很多的，譬如史前聚落地理研究。据最新介绍，该项研究是伴随着现代考古学的发展和对史前时期自然和社会研究兴趣的增长而兴起的，研究的根本目的是探索史前人与自然的相互关系，为人地关系演化序列的建立与完善奠定一定的基础③。还有其他与此相关的研究领域所具有的一个共同特点，就是善于发挥专业特点，明确学科标签，把研究内容拉向自己，与本文着眼于整体性的人类家园研究是不一样的。

人类家园的营造研究，很可能是处于当今全球科学界问题意识的最前沿。由于人类生存环境面临前所未有的复杂变化和种种危机，其未来

---

① 2005 年夏季，笔者撰写了《人类家园营造的历史：初探云南红河哈尼梯田形成史》一文，参加在南开大学举办的"中国历史上的环境与社会国际学术讨论会"（8 月 17—20 日），会后收入王利华主编《中国历史上的环境与社会》，生活·读书·新知三联书店 2007 年版，第126—151 页。

② 张祖群、赵明、侯甬坚：《中国黄土地区古村落（人类家园）环境解说系统研究之展望》，《西北民族研究》2007 年第 1 期，第 116—123 页；王培华：《自然灾害成因的多重性与人类家园的安全性——以中国生态环境史为中心的思考》，《学术研究》2008 年第 12 期，第 91—96 页。

③ 鲁鹏：《史前聚落地理研究综述》，《地理科学进展》2013 年第 8 期，第 1286—1295 页。

的变化趋势难以预测和把握，全世界的人文科学家和自然科学家需要打破门户界限，对这一问题展开共同探讨。人类家园营造思想的产生，正是学术研究"问题意识"与时俱进、与现实和未来接轨的体现，在研究取向和追求上，很明显的一点是，从笼统而宽泛的、侧重于宏观方法论的"人地关系"层面，逐步落实到研究人类生存所面临的实际问题和以人为本的理念上来。这样一来，顺应时代发展和人类发展需求的"问题意识"成了推动学科发展的首要动力，学科研究方法和文献资料的运用范式都转向为解决问题而服务。

国内外诸多人类家园营造的事实已经表明，人的生存需要和精神文化需要改变了自然界，人类的智慧和创造性使物化的自然变成了人化的自然和美好的家园，家园是人的身体和精神得以安宁和栖居的地方，是人类文明得以保存和传承的载体。研究人类家园文明的进程，就要研究土地、山地、河流、草地、植物、沙漠等大自然的资源在人的参与下的一切变化，就要研究人的智慧怎样使它们发生改变，使它们适合人们对物质丰裕和精神充实的追求，这个人类的亲密伙伴又能够赐予人们哪些物质和精神财富。因为人类家园的营造过程几乎将这一切都涵盖在内，今日学人需要的是细致地呈现这个无限丰富多彩的过程和其中人类智慧的闪光。基于上述理由，毋宁说人类家园营造的思想是与这个时代相合的学科整合思想。

开展整体性的人类家园研究离不开整合性的思想观，集中探讨中国大地上人类家园建立和发展的事实，无疑是一项颇具中国历史特色的学术研究内容。本文的研究目标和具体操作途径，则是以不同地貌类型下居住家园营造方式作为切入点，对其展开历史性的发掘和考察，在厘清居住家园、精神家园之间关系要点的基础上，进一步丰富新兴的、充满活力的人居环境科学的研究基础。

（二）以早期人群的定居生活为起点

在中国远古时代，对于早期人群而言，由于处于历史发展的起步阶段，文明初始，思想简单，工具简陋，社会性弱，任何一点变化或进步都来之不易，显得十分缓慢。

按照《韩非子集解卷十九·五蠹第四十九》记述，"上古之世，人民少而禽兽众，人民不胜禽兽虫蛇。有圣人作，构木为巢，以避群害，而民悦之，使王天下，号之曰有巢氏"①。其中表达了两种情形：一是在"人民少而禽兽众"的历史条件下，为了躲避禽兽的侵扰，人们兴建和躲进了"构木为巢"的房子，这是人们有意识有能力选择和利用自然界材料所建立的栖身之所；二是当时有"圣人"带头，大家一起动手建巢，也达到了"以避群害"的目的，之后人们很乐意拥护这位"圣人"为王，这一人群的影响扩散后，被称为"有巢氏"。于此可见，在早期文明孕育的地区，人民数量的多少，具有一种很特别的意义。这些"有巢氏之民"在当时当然是很进步的，《庄子集解卷八·盗跖第二十九》记载他们的生活方式是"昼拾橡栗，暮栖木上"，白天采摘橡树的果实——橡栗为食，晚上就睡在树木上搭建的简易房子里（这是河姆渡遗址干栏式建筑出现之前的居住方式）。据庄子自述，他记述的文字，其来源为"且吾闻之"②。

上述早期人类活动中有一个极为重要的特点——群聚，是在《吕氏春秋卷第二十·恃君览第八》中阐明的（详见表1）。《吕氏春秋》此段文字赞扬了一种"凡人之性""群聚"方式的社会意义，其原意尽管是以"群聚"事例以推出"君道"，来说明"君道立则利出于群，而人备可完矣"的看法，却是符合社会等级制度产生后的论述条件和目的的。

表1　　　　　　　　《吕氏春秋》叙述人类群聚之社会意义

单人身体 部位及其天性	单人对付 外界之缺陷	群聚内容	群聚结果	社会进化
爪牙	不足以自守卫	相互配合狩猎，一起防御外敌侵入	制禽兽	手脚分工及逐渐养成熟食习惯，以利身体进化

① （清）王先慎：《韩非子集解》，《诸子集成》第5册，上海古籍出版社影印世界书局本1986年版，第339页。

② （清）王先谦：《庄子集解》，《诸子集成》第3册，上海古籍出版社影印世界书局本1986年版，第196页。

续表

单人身体部位及其天性	单人对付外界之缺陷	群聚内容	群聚结果	社会进化
肌肤	不足以捍寒暑	着衣，构巢（木制）	寒暑燥湿弗能害	建造房屋，保护自身
筋骨	不足以从利辟害	使用各种武器防护	服狡虫	有助于心理上的自信
勇敢	不足以却猛禁悍	不断获取更多的猎物	裁万物	逐渐确立人类的社会

资料来源：《吕氏春秋卷第二十·恃君览第八》，见《诸子集成》第 6 册，上海古籍出版社影印世界书局本 1986 年版，第 255 页。

　　若将此处的"人民少而禽兽众"历史条件，换成内容相反的"人民多而禽兽少"，早期社会又会出现什么变化呢？东汉章帝建初四年（79年），由朝廷主持讨论今、古文经学之异同的白虎观会议，留下了一部由班固编撰的《白虎通德论》著作（又称《白虎通》《白虎通义》），其中卷一讨论"号"的部分，有如下记载："谓之神农何？古之人民，皆食禽兽肉，至于神农，人民众多，禽兽不足，于是神农因天之时，分地之利，制耒耜，教民农作，神而化之，使民宜之，故谓之神农也。"① 这是东汉人士在叙述和解释农业生产在早期文明孕育的地区出现的原因和过程，其看法是因为人多禽兽少了，才有神农氏应运而生发明了农业，中间对杂食性人类的食量倒是有充分估计，这一看法提出的时间在距今约 2000年前，的确令人吃惊。当然，这一记述具有的最大意义在于，农业生产出现以后，日渐转变为"农人"的人民，将会在定居生活方面更加坚定地走下去。

（三）不同地貌类型下居住家园营造方式

　　人类家园建立的标志是什么？只能是建立起了供自己和家族成员栖

---

① （东汉）班固编撰：《白虎通德论》，《百子全书》第 6 册，浙江人民出版社影印扫叶山房本 1984 年版，原版页码第 3 页背面。

身居住、由此展开社会生活的住房（文献证据即前述《韩非子·五蠹》记述的"构木为巢"）。在没有能力建立住房之前，早期人类长期居住的是天然洞穴，历时超过百万年的穴居生活所创造的文化，学术界称之为"穴居文化"①。而当人们的生活增加了农业等新内容，生活质量有所改进后，就会从穴居生活中走出来，有了自己"构木为巢"似的创建，其开始时间因世界各地早期人类的进步程度而不同，这或许正是人类进入新石器时代的一个具有表征意义的事项。

就如何展开早期人类家园营造方式研究的话题，本文的基本思路是应从早期人类最基本的生活场景入手，参照自然地理最体现差异性的地貌类型划分，来了解和考察早期人类的居住形式乃至物质生产方式的差别，这样做不仅具有可操作性，而且符合实际生活，易于产生分析认识和有益的结论。为此，我们依据"中国地貌类型面积及其占全国陆地总面积的比重"资料来布局②，展开以下初步的分析论述。

1. 平地

在我国的地貌类型中，平地包含了低平原（指海拔 200 米以下的平地）、高平原（指海拔 200 米以上的盆地中、河谷中、湖泊周围以及高原面上的沉积平地区）、沙地（指海拔 200 米以上沙漠、隔壁覆盖的平地区和沙地区）、陆水面（指湖泊、水库、池塘水面）四类地貌，其比重占到全国陆地总面积的 34%。因为平地是以河流平川为主要地形，这里的氏族人群居住集中，人畜兴旺，历史遗迹最为丰富，历史上兴建的各类建筑数量多，也最有规格。

我国新石器时代仰韶文化具有典型风格的氏族村落——半坡遗址，位于西安东面浐河边上（东岸），20 世纪 50 年代的多次发掘中，发现有居住区、制陶窑场和公共墓地。这里最为常见的居址是半地穴式房屋，面积小的有 20 平方米左右，建造方式是先在地上挖一个圆形或方形的浅坑，然后在坑上修建一个窝棚式的房屋。进一步的考察研究认为，这处

---

① 陈伟：《穴居文化》，文汇出版社 1990 年版。

② 刘明光主编：《中国自然地理图集》（第三版）附录（表格），中国地图出版社 2010 年版，第 245 页。

聚落的房屋建筑具有成组分布的迹象，各期乃至同期的房屋建筑所见到的叠压打破现象，反映其分布区域始终没有发生太大的变化①。

《礼记·礼运》记载进入"圣人"出世的阶段，"然后修火之利，范金合土，以为台榭、宫室、牖户"，充分肯定了铜器、陶器生产出来的价值和功用。日用器物杯、钵、碗、盆、罐、瓮、盂、瓶、甑、釜、灶、鼎等无须细列，属于建筑类的台榭、宫室、牖户被一一道来，可见地面建筑已经走向复杂化、多样化。2010年2月，在距今7000—5000年的陕西蓝田新街仰韶文化中，发现5块经过焙烧的砖材，外形上有红陶、灰陶两种，考古人员判断这就是建筑上的陶器——陶砖。据研究，世界史上最初用陶瓦遮挡屋顶的技术，也就是说瓦最初出现被认为是在西周时期（公元前11世纪至公元前8世纪），正好是在西周故地，现在的陕西省境内。在陕西省关中地区西面的周原，的确出土了大量的古代瓦，这里还发现了多处周人的宫殿遗址②。

在树木茂密的地方，取材容易，就会有人利用木材建房。《汉书》卷28下《地理志》记述"天水、陇西，山多林木，民以板为室屋"，时有"板屋"之称。《诗经·秦风·小戎》有"在其板屋，乱我心曲"之句，表明板屋为一般的民房形式。在秦岭山脉南侧实地所见板屋，还采用石片叠压在屋顶上，即可避风挡雨，完全是就地取材，因地制宜的做法（本文所示通则之一）。

广袤的草原展现的也是平地，甚至一望无际，较多的地方在草皮底下埋藏着砂层。《史记》卷110《匈奴列传》记载匈奴的先人"居于北蛮，虽畜牧而转移。其畜之所多则马、牛、羊，其奇畜则橐驼、驴、骡、駃騠、騊駼、驒騱。逐水草迁徙，毋城郭常处耕田之业，然亦各有分地"。从这里还看不出畜群转移、人之迁徙过程中车辆的使用情况，夜间住宿穹庐的使用情况。据研究，到秦汉时匈奴人已有了自己的冶铁业、铸铜业、陶器和木器制造业（可以制造穹庐、车辆）、毛织业、皮革业等③，

———————————

① 钱耀鹏：《关于半坡聚落及其形态演变的考察》，《考古》1999年第6期，第69—77页。

② 岳连建：《西周瓦的发明、发展演变及在中国建筑史上的意义》，《考古与文物》1991年第1期，第98—101页；梶原义实：《日中交流考古学——以古代瓦为对象》，侯甬坚、江村治树编《中日文化交流的历史记忆及其展望》，陕西师范大学出版社2008年版，第322—331页。

③ 林幹：《匈奴史》，内蒙古人民出版社1979年版。

所以生活在草原上的匈奴民族是离不开周边山地的，概因其生存和发展
需要从山中获取制造材料。

2. 丘陵

此处的丘陵，是指平原上、高原面上、山地中、盆地中、谷地中相
对高度等于或小于海拔200米的低丘，其比重为中国国土面积的11.7%。
这一条等于或小于海拔200米的分布线主要是在我国东南地区。

1973年夏季发现的浙江省余姚县（1985年7月撤县设市）河姆渡遗
址，即为一个代表。该遗址总面积约4万平方米，包含有四个文化层，
第四文化层的黑褐色灰土即新石器时代地层，距今已有六七千年。在遗
址的第四文化层中，保存了大量的动植物遗存、木构建筑遗迹和构件，
以及数以千计的石器、骨角器、木器、陶器。第四层上部普遍夹有一层
至数层谷壳、稻秆和稻叶等混合堆积物，中间也有烧成炭的稻谷，堆积
厚度约1厘米。遗址位于甬江支流姚江边，处在丘陵和平原的过渡地段
上，地势是由西南向东北略呈缓坡，本身地势低下，但周围的农田更低
（低于遗址50—100厘米）。

这里是7000年前曾呈现母系氏族社会繁荣景象的遗址所在，采用木
架构技术建立的干栏式建筑可圈可点。考古人员提出的依据是：（1）建
筑所在地段为沼泽区，地势低洼、潮湿，必须人工建造出一个居住面来；
（2）那些排列成行、打入生土的桩木，还有散置的梁、柱长木、长度均
为80—100厘米的厚板，说明原有建筑全系木构；（3）打入地下的桩
木应是干栏式建筑的基础部分，厚板为地板（即居住面），地板支座以上应
为运用了榫卯技术的梁柱结构。并认为这种干栏式木构建筑，乃是原始
巢居的直接继承和发展，至河姆渡文化时期，它已成为长江流域水网地
区的主要建筑方式①。

3. 山地

此处的山地，是指海拔200米以上的低山、中山、高山以及盆地周

———————————

① 浙江省文物管理委员会、浙江省博物馆：《河姆渡遗址第一期发掘报告》，《考古学报》
1978年第1期，第30—94页，及图版壹至拾陆。

围、高原面上、高原陡坡地区的低山、中山和高山，其比重为中国国土面积的51.9%。这广大的地域，由于气候高寒，作物生长缓慢，交通不便，历史上一直是人口分布稀疏之地，尽管如此，还是有许多人群陆续流落迁徙到山上居住生活。

在哈尼古歌资料的阅读中，了解到哈尼族先人迁徙所至的是海拔上千米、野生动植物密集的哀牢山区，他们通过撵山堵口、烧地盘、找田、挖田、挖水路等步骤，辟荒坡为台地，再顺势建造了广大的梯田，走出了一条开山为田、营建家园之路。他们原来曾在山下平坝里吃过苦头，上山后认识得到了改变："高高的山梁，山清水秀灾害少，山高不怕大水淹，坡陡恶人很难爬上来；密密森森难开路，坏人也不敢轻易进山寨；从今以后，子子孙孙都在山上安寨。"[①] 山上安营扎寨最好的地方——凹塘（即长缓的半山上略微出现收缩的凹处），被他们选中了，他们在这里建造了自己土木石材料混用的房屋——蘑菇房。他们赞颂："山高林密的凹塘，是哈尼亲亲的爹娘"；"要烧柴上高山砍，要吃饭下山耕田，要生娃娃住山腰"，半山上气温适宜，生活稳定，遇事有左邻右舍相助，做事情方便[②]。

我国南方山区苗族、瑶族、壮族、侗族、水族、土家族等少数民族传统民居——吊脚楼，多见于广西、湘西、鄂西、四川、重庆、贵州等地区。考察中我们到达广西龙胜各族自治县，这里土壤瘠薄，下面即为石料，瑶族人家的吊脚楼一边倚山，一边靠一排木桩支撑，从而获得了在室内求取最大平面的效果，这是山区不得不迁就地形的建筑做法。吊脚楼一般分为上下两层，上层通风干燥，所以为居室，下层则为猪圈牛栏，空余处就堆放杂物，为颇具山区特色的半干栏式木质建筑。

4. 高原

此处的高原，只计高原侵蚀面上的平地。高原上的沉积平地计入了

─────────────

① 张牛朗等演唱、赵官禄等搜集整理：《十二奴局》，哈尼族民间史诗之一，云南人民出版社1989年版，第140—141页。

② 侯甬坚：《红河哈尼梯田形成史调查和推测》，《南开学报》（哲学社会科学版）2007年第3期，第53—61、112页。

高平原，高原面上的和高原陡坡地区的山地计入了山地，高原面上的和高原陡坡地区的丘陵计入了丘陵，其比重为中国国土面积的2.4%。

西藏新石器时代的昌都卡若遗址，位于澜沧江边（右岸），海拔3100米。1978年、1979年的考古发掘工作，获得关于距今5000—4000年间西藏高原早期人类居住生活的重要信息。该聚落遗址有房屋、烧灶、圆形台面、道路、石墙、圆石台、石围圈和灰坑等，可谓形式多样。房屋形式有圜底形的、草拌泥墙半地穴式的和地面建筑三种，房屋的平面形状有方形、圆形两种，另还发现有双室房屋。这些情况与遗址前后延续千年左右时间有很大关系，所以，偏后段的房屋面积大些，建造讲究些，还出现了木板墙和"井杆"结构，晚期甚至普遍采用天然砾石作为筑墙材料。

遗址里引人注意的是发现了三段石墙，其垒筑方法是将大块砾石垒在墙外，将较小的砾石和碎石块填于墙内，但在石墙缝隙内未发现草泥等黏合料。还有少见的圆石台、石围圈，考古人员却认为其"用途不明"或"用途不详"，连最简单的推测也没有给出来。不过，对于卡若遗址建筑中石料的大量使用，考古人员认为在这里"似乎开创了一种石砌建筑的新时期"①。

5. 集中评述

早期人类以群聚为特点，因此必须将生活在一起的他们视为一个个人群（既不是个人也不是广义的"人"），这一点在对应事实时尤为重要。西方近代以来的法国人文地理学家颇不赞同"地理环境决定论"，他们强调人的理性素养和积极因素，还有社会传统的影响，认为人类已经建立起对生活方式的选择功能，其活动并不是由其所处的环境直接决定的，所以，反对用环境控制来解释一切人生事实。他们还提出相应的反证材料和观点，即同样的环境可以伴以不同的生活方式，环境包括许多可能性，它们的被利用完全取决于人类如何去选择②。问题是上述精彩的思想

① 西藏自治区文物管理委员会、四川大学历史系：《昌都卡若》，文物出版社1985年版。
② 李旭旦："人文地理学"词条，《中国大百科全书·地理学·人文地理学》，中国大百科全书出版社1984年版，第1—12页。

观点，却难于为研究者用到具体研究中去，充斥于各种材料中的分析意见总是以环境直接作用于人身上为主，这种情况需要予以改变。

上面所举平地、丘陵、山地地貌类型下早期人类建筑的简略事实，何以会形成土木建筑的风格？我们认为，上古时代的有巢氏、燧人氏、神农氏等氏族首领们，在广开民智方面做了许多实事，受到了民众的称赞和拥护。其"广开民智"的内容，体现的正是他们对环境要素的选择，即选择了木料来栖树建房，后来又配合生土建造地面建筑，放弃的是难以撼动和切割的石料；选择了可以通过栽培成为人们食物来源的野生植物，放弃了本身缺乏驯化可能性的其他植物；选择了河边的高台之地作为居址，放弃了用水不便和躲水不及的其他地方；所有这些，集中体现了我国早期先民"用智甚于用力"的特点（本文所示通则之二）。

至于生活在西藏昌都卡若遗址上的早期人类，为何在建筑中使用了较多的石头呢？我们推测，砾石来源于澜沧江上游，大小不一，沿江分布，按需要选取和搬运使用都比较容易，当是人们在建筑中采用石料的基本原因。卡若遗址海拔高度为 3100 米左右，所在的高原整体上地势高峻，气候寒冷，所筑的石墙保温性和稳固性明显要高，所以促使人们选择了砾石，而将不易获得的木料用在了建房最需要的构件上。若进一步考虑《后汉书》卷 86《南蛮西南夷列传》所记汶山郡冉駹夷的生活居住特点，所谓"土气多寒，在盛夏冰犹不释，故夷人冬则避寒，入蜀为佣，夏则违暑，反其聚邑。皆依山居止，累石为室，高者至十余丈，为邛笼"。唐人李贤注释"邛笼"，谓"按今彼土夷人呼为'雕'也"，后世则称为"碉楼"，即逐渐发展为具有防卫作用的建筑形式。

（四）居住家园演进为精神家园的基本要点

相较于源远流长的中国文化，未曾开展历史资源的探寻、发掘和整理工作，而欲以重建当代中国人的精神家园，使人未免会有舍本逐末或缘木求鱼之憾。

乡里土地确是一种独特空间，但凡一提起故乡，就会让在外居住的人们充满惆怅、向往之情。源自血缘关系之脉络，长辈会向儿孙讲述先人故事，若是逸闻趣事，会留下更深印象，而中年人对此多会默认。于是，先祖人物故事提供了想象空间，家谱、家什、老宅子、墓地等实物能印证过去，流传至今的习惯、信仰又和宗族成员发生牵连等，皆是日常生活现象撮要。那么，在人类家园营造的论题中，如何找到和归纳出居住家园演进到精神家园的基本要点呢？我们谨做出如下尝试。

第一，个人"根"之所生。由"籍贯"出发，所开始的个人成长经历，包含了从方音到风俗、服饰、味觉等种种习惯，已附着于"身上"，成为自身的一种标记。讲述、回忆、省亲等方式，皆可加强这种印记。若时间久远，更多地会转为精神上的联想、认知和享受。

第二，家族传统之所系。仍然由"籍贯"出发，家族成员依靠姓氏、连名方式相连，在传统节日中"走亲戚"加强往来，具有族长或家长身份的人士，组织续写家谱或书写个人生平事迹，来落实每"一代人对家庭的责任与交代，谆谆教育后人应当如何做人"[1]，许多家族为此做了大量工作，促使家族的影响不断地延续下去。

第三，民族文化之所在。民族文化本身及其内部，包含诸多地域文化的因素，承担体现或展示文化内容的物和人两方面，人为核心。因为人富有继承性和创造性的禀赋，本身即为文化的一种载体，所以人是文化的核心。保存和保护具有本民族文化意义的物品，也非常重要，因为它们是过去文化生活的见证，今日和未来文化发展的基础。这些方面，政府和所有有识之士，承担着最大的责任，因为任何一种民族文化都是全人类文化的组成部分。

（五）结语：人类家园营造是一个永恒的主题

1944 年，梁思成先生论述上古至秦朝的建筑物时写道："此期间文献与实物双方资料皆极缺乏。殷、周、战国以来城郭、宫室、陵墓遗址虽已有多处确经认定，但尚有待于考古家之发掘。殷以前则尚无实物可考焉。"[2] 事实上，近百年尤其是近 50 年来，我国的考古发掘工作成绩卓著，不时引起了世界的关注。对于建筑史领域的研究工作来说，并不是

---

① 白林乐：《追忆往事》"序言"（白喜林撰），2013 年 6 月自费印刷，西安。
② 梁思成：《中国建筑史》，生活·读书·新知三联书店 2011 年版，第 11 页。

史前土木结构建筑皆早已土毁木朽，加上没有文字记载，要查考这一时期的建筑特色就显得困难重重，而是缺乏专业人员认真研读大量考古发掘报告，联系史籍记载，甚至亲临现场，展开专题性质的建筑考古、建筑史等领域的研究工作。

1996 年年初，吴良镛先生发表《关于人居环境科学》论文，向学界和社会介绍了这一新构想学科的概念：所谓人居环境科学是一门以包括乡村、集镇、城市等在内的所有人类聚居为研究对象的科学。它着重研究人与环境之间的相互关系，并强调把人类聚居作为一个整体，从政治、社会、文化、技术各个方面，全面地、系统地、综合地加以研究，而不像城市规划学、地理学、社会学那样，只是涉及人类聚居的某一部分或是某个侧面[1]。这一概念的界定，是在结合环境科学之后，突破了以往建筑学定义的范围，给全人类提出了新的思考，即如何在继承前人创造的实物性建筑业绩和理论性建筑学业绩上，整个人类如何在地球上获得更为称心如意的建筑空间和居住环境的问题。

40 多年前，欧洲文明研究专家科林·伦福儒（Colin Renfrew）说过的"文明乃是人类自己创造出来的环境，他用来将他自己从纯自然的原始环境中隔离开来"[2]，早已成为名言。人类家园营造是一个永恒的主题，人类从建立自己的栖身之所——住房开始，就拥有了一个自己的小世界，在里面考虑和计划拥有更大的外部世界。据史料记载，在埃及第一王朝国王的第一年里，见之于《巴勒莫石碑》上的记事，就刻有"（被称作）'神之力量'房屋之设计"。到第五位国王时，围绕"神之宝座"的房屋，有过三项记事[3]，可见一座巍峨的宫殿在王朝历史上是多么重要。人类求取和兴建住房（包括宫殿）的过程是延续下来了，只是各国、各个地区人类的基本履历及居住的历史还不很清楚，需要细致地复原和更大的投入，方能为今日的人居环境科学提供翔实的研究资料，简要的清单和图纸，用来擘画新的设计蓝图。

─────────────────

① 吴良镛：《关于人居环境科学》，《城市发展研究》1996 年第 1 期，第 1—5 页。

② Colin Renfrew, The Emergenen of Civilization. London：Methuen, 1972. 转引自张光直《考古学专题六讲》，文物出版社 1986 年版，第 16 页。

③ 李晓东译注：《埃及历史铭文举要》，商务印书馆 2007 年版，第 9—12 页。

概而言之，人居环境科学立足于当代社会实际，需要积极发掘中国及世界各国建筑史发展中的人文思想，多方了解和掌握人类聚居发生发展的客观规律，以更好地建设符合于人类理想的聚居环境。而人类家园营造研究偏重于历史回顾和总结，对人类居址和建筑本身的思想性认识，与人居环境科学的本质是相通的，且可以补充许多新证，必然能为人居环境科学的发展做出有价值的工作。

"环境破坏论"的生态史评议[*]

摘要： 1949 年前后刚刚成长起来的马克思主义中国历史学，对历史上的农业生产活动给予了高度赞扬的评价，而当全球性的环境保护思潮在改革开放前的 20 世纪 70 年代涌入中国后，学界对历史上的农业开发活动则转换了思维，对应提出"环境破坏论"的观点，其研究声势浩大，相延至今，盛行时间已达三十多年。本文归纳此一观点的基本思路及相当盛行的原因，进而在人类诸多文明成果基础上对其展开直面的生态史评议，其中论述到生态史观在中国成立的划时代意义，及在关注人类命运之中关注环境、在各类生态系统中细化研究过程的分析提示。探讨的目的在于期待我国学术界逐步提出既体现历史发展规律，又符合生态学评价原则的历史生态评价体系，并不断推出中国学者的生态史研究作品。

关键词： 历史开发；环境破坏论；环境问题；生态史评议；生态史学

从 20 世纪 70 年代国人开始重视环境保护起，我国历史上以农业为主线的开发方式及其过程的研究，从小到大、从少到多常见"环境破坏论"的评价，此种观点影响甚大，至今已延续三十多年，成为历史学研究中亟待予以正面讨论的议题。为获得有益而慎重的学术见解，本文尝试对其展开生态史意义上的评议，以此作为征求学界内外意见的一次机会。

---

* 原载《历史研究》2013 年第 3 期，第 25—34 页。此处为修改稿，内容有所增加。

（一）历史上开发活动的阶段性评价

在具有标志意义的 1949 年之前，在共产党人聚集的延安所开展的中国历史学研究，已经有了不同于过去时代的思想理论，那就是马克思主义历史观的建立及其逐步运用。这意味着几乎所有的史学研究内容，都有可能重新加以认识和评价。对于中国历史上延续数千年的农业生产活动，究竟产生过什么样的作用，其历史地位和研究意义如何，自然是首先被论述到的。

1939 年 12 月，毛泽东所著《中国革命和中国共产党》第一章第一节开篇所写，曾经是新中国广为传颂的经典论断，这段话是："我们中国是世界上最大国家之一，它的领土和整个欧洲的面积差不多相等。在这个广大的领土之上，有广大的肥田沃地，给我们以衣食之源；有纵横全国的大小山脉，给我们生长了广大的森林，储藏了丰富的矿产；有很多的江河湖泽，给我们以舟楫和灌溉之利；有很长的海岸线，给我们以交通海外各民族的方便。从很早的古代起，我们中华民族的祖先就劳动、生息、繁衍在这块广大的土地之上。"[①]

这段话包括土地、森林、矿产、水资源于其中，又突出了农业史、林业史、水运水利史、海外交通史的历史内容和价值，气候资源虽没有单独列出，实际上在地理环境的整体和循环系统中，又是可以加以推断的。而对于"有广大的肥田沃地，给我们以衣食之源"论点的展开，则为后面的"在中华民族的开化史上，有素称发达的农业和手工业"，"中华民族不但以刻苦耐劳著称于世，同时又是酷爱自由、富于革命传统的民族"等重要文字。1949 年后的相当一段时期，不少历史书籍的扉页后都印有这一大段话。

在近代社会以前的各种生产活动中，农业生产一直居于首要地位，

---

① 毛泽东：《中国革命和中国共产党》（1939 年 12 月），《毛泽东选集》（一卷本），人民出版社 1966 年版，第 615 页。据中共中央文献研究室编《毛泽东年谱 1893—1949)》记 1939 年 12 月事，"主持撰写的《中国革命和中国共产党》第一章、第二章定稿。第一章《中国社会》由几位在延安的同志起草，经毛泽东修改定稿。第二章《中国革命》是毛泽东自己写的……"（见中卷，人民出版社、中央文献出版社 1993 年版，第 173 页）

在历史学家的著作中，判断一个新建朝代是否比被取代的王朝更先进，也是考察其农业生产的实际水平。从"通史"角度展开的论述也是这样，这可以郭沫若主编的《中国史稿》为例，该书第一册"前言"里持有这样的看法："一部中国社会发展史雄辩地证明，从远古的原始社会到近代半殖民地半封建社会，不是什么神仙和皇帝，而是千百万劳动人民在艰苦的生产斗争和阶级斗争中推动着历史前进，创造了举世闻名的灿烂文化。"[①] 基于农业等生产行业展开的生产活动，所奠定的物质基础，所建立的中国古代文明和国家疆域，得到了很多历史学家的赞扬，为那一个时代的明显特点。

时间的年轮来到 20 世纪 70 年代，当时世界各国有关环境保护的大量信息陆续传入中国，这些信息毫无例外地是同全球遭遇诸多生态灾难的噩耗一起传入的，迅速给予当时跟外部世界联系还非常少的国人以最初的环境保护方面的启蒙教育和诸多启示。1972 年 6 月，中国政府派团参加了联合国在斯德哥尔摩举行的人类环境会议，次年 8 月国务院在北京又召开了"第一次全国环境保护会议"，并于 1974 年 10 月 25 日成立了国务院环境保护领导小组，这是被后人称道的中国现代史上第一个环境保护机构。[②] 到了改革开放的初期，环境保护、计划生育已确定为基本国策，我们国家也有环境的问题为更大范围的更多人士所认识到了，敏感而富有强烈社会责任感的专业人士，如生态学家马世骏先生为国家提出了建立"社会—经济—自然"复合生态系统与生态工程的重大理论，[③] 经济学家许涤新先生也率先倡导建立符合现代生态规律的"生态经济学"，[④] 他们连同许多环境保护的知名人士和积极分子，推动了 80 年代以来的中国现代环境保护思潮和行动。

历史学领域内与环境关系最密切的学科当属历史地理学。1979 年 12

---

① 郭沫若主编：《中国史稿》第一册"前言"，人民出版社 1976 年版，第 5 页。

② 《中国环境保护行政二十年》编委会编：《中国环境保护行政二十年》，中国环境科学出版社 1994 年版，第 9 页。

③ 马世骏、王如松：《社会—经济—自然复合生态系统》，《生态学报》1984 年第 1 期，第 1—9 页。

④ 中国社会科学院经济研究所《生态经济问题研究》编辑组：《生态经济问题研究》，上海人民出版社 1985 年版。

月18日那一天，接受邀请参加"三北"防护林体系建设学术讨论会的历史地理学家侯仁之先生，在会上做了题为《我国西北风沙区的历史地理管窥》的报告。① 报告一开始就强调"在我国历史时期，由于植被破坏所引起的后果真是触目惊心。特别是在西北干旱区、半干旱区，尤其是这样。因此，对现有植被进行保护，实在非常重要。所以，今后在建设'绿色长城'的同时，也要保护好现有植被"。报告所引用的一份研究论文，即另一位历史地理学家史念海先生撰写后还未及发表的《历史时期黄河中游的森林》论文，该文详论黄土高原上森林破坏的情况及其后果，侯仁之先生认为"实际情况的确如此"。

史念海先生撰写的《历史时期黄河中游的森林》一文多达7万多字，正式发表于1981年，② 根据此文缩写的《黄河中游森林的变迁及其经验教训》一文，也发表在这一年《红旗》杂志第5期上，史先生的另一篇《论历史时期黄土高原生态平衡的失调及其影响》论文刊登在《生态学杂志》1982年第3期上，都是当时结合实际展开历史地理论述的颇有影响的论文。时任国家环境保护局局长的曲格平撰写的《保护环境是我国的一项基本国策》文章里面，即以黄土高原作为一个环境遭受破坏的典型区域。文章说："比如黄土高原，在历史上曾是'草丰林茂，沃野千里'的绿洲，由于历代的屯垦，毁草弃牧，毁林从耕，植被遭到严重破坏，造成了大量的水土流失和生态失调，成为今天一个十分贫瘠的地带。"③

由植被破坏所揭开的中国环境变迁研究动向，从黄土高原推向全国各个地区，除植被破坏外，有关历史上的垦荒开发、草场破坏、矿山破坏、河湖围垦、地貌变化、动物减少和灭绝、气候影响等内容，在各种报刊上发表的专题文章如滔滔河水，席卷而来。采用文献资料论证历史上的环境恶化和生态破坏，成为此一时期中国环境变迁研究的基本特征，

---

① 侯仁之：《我国西北风沙区的历史地理管窥》，史念海主编《中国历史地理论丛》第1辑，陕西人民出版社1981年版，第110—121页。本文末尾有"1979年12月18日讲，朱士光摘要记录"的说明文字。

② 史念海：《历史时期黄河中游的森林》，史念海《河山集·二集》，生活·读书·新知三联书店1981年版，第232—313页。

③ 曲格平：《保护环境是我国的一项基本国策》，前引《生态经济问题研究》一书，上海人民出版社1985年版，第210—218页。

与前一个时期赞扬历史上农业开发活动的声音形成了鲜明的对照和强烈的反差。20世纪八九十年代，"环境破坏论"的声音越来越大，可以说触及人类活动的各个方面，其矛头指向同时也是其最主要的学术建树，即指出了人类开发活动在地理环境方面的负面影响。1996年国内问世的一部颇有代表性的论著为美籍华人赵冈教授撰写的《中国历史上生态环境之变迁》，① 这本书"内容简介"的第一句话就是"中国的生态环境今天已恶化到可怕的地步"，书中细述了中国过去两三千年间生态环境剧烈变化的内容。即便在21世纪初期，从人口、资源、环境关系史角度展开的专门论述，得出的看法也是中国古代为有限的人口活动和环境的平面型破坏，近代仍然是人、地、粮关系紧张化对生态环境破坏的历史延续，现代则为无节制的人口活动和环境的立体型破坏这样的结论。②

进入21世纪后，虽然体现"环境破坏论"观点的论著还在发表和出版，但转变之风也在悄悄地出现，这种转变首先是对开发引发破坏的学界常态化论述现象表示怀疑。2006年8月，中国古代史学者马玉山教授在自拟题目的探讨中指出："目前在我国自然资源、自然环境演变的研究和讨论中，似乎给人一种印象，那就是今天我们面临的自然资源的萎缩、自然环境的恶化，除了自然界本身变化的原因外，都应该归罪于古人。水源枯竭，是因为古代土地的过度开发；森林、草地的消失、退化，是因为古代的滥垦滥伐，如此等等。"③ 紧接着又说："不错，古代的人们在生活、生产的实践中，确实存在着不自觉的对自然资源掠夺性的开发，造成自然环境的恶化。但同时，他们也在不断的探讨着自然界的变化发展规律，探讨着人与自然的关系，力图把握自然，造福自身。这同样是为史实所证明的。"——这是历史学者的声音，不结合时代特点和社会历史实际情况进行的单纯的环境变迁研究，对历史学意味着什么，可以为

---

① 赵冈：《中国历史上生态环境之变迁》，中国环境科学出版社1996年版。

② 邬沧萍、侯东民主编：《人口、资源、环境关系史》（第2版），中国人民大学出版社2010年版，第214、226页。本书第1版出版时间为2005年。

③ 马玉山：《顺应自然之性——清代方志所见某些自然观点之剖析》，陕西师范大学西北历史环境与经济社会发展研究中心、国家清史编纂委员会典志组、青海师范大学人文学院编辑《清代中国生态环境特征及其区域表现国际学术研讨会论文集》（打印本），2006年8月5—7日，青海省西宁市，第255—258页。

历史学研究做出什么样的概括和展望？

到了 2009 年 1 月，笔者在《1978—2008：历史地理学研究的学术评论》一文的最后部分主张①，环境变迁领域的新探讨，首先应就历史给予历朝历代提出的时代任务和需要解决的问题，必须给予细致的说明和阐发；其次应考虑历代政府和民众是在当时的历史条件下组织、从事生产活动的，仅仅以落实"环境破坏"的史实为研究目的，很难把研究工作引向深入；再次因历史环境影响评价属于复杂性研究课题，"环境破坏"的事实在什么条件下可以成立，需要予以证实。实际上，国内外有关环境变化领域的研究，比较中性的表达为"人类活动引起的环境变化"②、"人类社会对环境变化的各种主动和被动的反应与响应"③，随着研究的深入，越来越多的学人已经认识到，基于历史开发作用下的环境变化展现的是多方向性，除了环境恶化、退化的情形外，还有环境改善、环境修复、环境优化等内容，对此绝对不能再予以忽略。

（二）何以"环境破坏论"的观点相当盛行

对我国历史上的开发活动，学界做出了大量倾向于"环境破坏论"的评价，实际上意味着学界从过去赞扬类似农业生产活动的观点转过来了，那么，这个转变过程是怎样完成的呢？这一"环境破坏论"观点的出发点是什么？其立足点在哪里？产生这一论点的思想根源又在哪里？

尽管学界发表或赞同"环境破坏论"的论著较多，但要从中找出比较系统的阐述，实际上又是相当困难的。为了研究的需要和方便，笔者不得不对其进行一些尽管初步却是很有必要的归纳和提炼，草拟出来供学界分析参考。

---

① 侯甬坚：《1978—2008：历史地理学研究的学术评论》，《史学月刊》2009 年第 3 期，第 5—23 页。

② 《日本 IGBP 国家计划》，参阅孙成权、张志强、李明主编《全球变化国家（地区）计划及相关计划》，气象出版社 1993 年版，第 191 页。

③ 中国科学院资源环境科学与技术局、国际地圈生物圈计划中国全国委员会：《过去 2000 年中国环境变化综合研究预研究报告》，1999 年 11 月，第 40 页。

第一，具有良好的环境意识和保护愿望，为提出"环境破坏论"观点的基本出发点。持有这一观点的作者，他们爱护环境，保护环境，很有社会道义，有感于环境问题的严重程度，方写出代表自己思想观点的论述作品。他们甚至对历史上的腐败政府和官吏怀有极大的义愤，因为许多古代工程的兴建，就是在腐败习气中把事情搞糟了。

第二，现实社会里存在大量环境问题，为提出"环境破坏论"观点的一个现实出发点。近代工业在各国的发展，尤其是各种化学产品的投入使用，会带来不易处理的"三废"（废水、废渣、废气），在工业区及其周边产生环境污染，大量农药的使用则影响到相应的农业区。对现实中此类触目惊心的环境问题的报道、检查、监管、整顿乃至影响评估，会引起论者对历史上环境问题的警觉和反思，[①] 从而把问题的源头追溯到过去。能将自己的专长和社会责任感结合起来，从历史开发中寻找伐木垦荒、围湖造田、田地上山、矿山开采的资料，形成对现实社会可以参考的借鉴意见，便成为许多学者的研究重点。

第三，所有人类活动皆有改变自然界资源环境原貌的某种结果，这是"环境破坏论"观点得以产生的思想根源。人类的社会生产活动不可能不"动土"，不采用自然资源，这样势必会在自然界留下一些痕迹或某种结果，便被视为环境遭到破坏的证据。论者习称这样的垦殖活动为"滥垦"，与之并提的还有滥伐、滥牧、滥采和滥用水资源，合称其为"三滥"（指前三种）或"五滥"。论者常用"开发活动或过程"来表述，不使用农业生产活动的表述，更容易形成、介绍和传播"环境破坏论"的观点。

第四，现实的环境问题积重难返，历史上的环境问题有其来源，"积渐式"的思想成为"环境破坏论"观点的一个重要立足点，或者一种思维方式。2000年12月，台湾学者刘翠溶、英国学者伊懋可主编的《积渐

---

① 国家环境保护局自然保护司编著的《中国生态问题报告》（中国环境科学出版社1999年版），初写时定名为《中国生态破坏现状报告》，其中所列水土流失面广量大、土地荒漠化速度加快、河流断流日趋严重、湖泊退化愈演愈烈、地下水位下降、森林生态功能衰退、草地资源退化、珍稀野生动植物面临灭绝威胁等事项，不少可以追溯到历史上的不同时期和不同地区。

所至：中国环境史论文集》① 中文版出版，扉页引用《汉书·贾谊传》传主所言"安者非一日而安也，危者非一日而危也，皆以积渐然"，君主"不可不察也"，② 自然而然地将一种政治上的比喻用之于环境问题的研究判断上，获得了相当广泛的传播。事实也是这样，许多历史问题的探讨，不停地往回查，多会遇到地理上的事情，于是，史学之探讨就获得了一个地理环境上的解释路径。

第五，地球科学诸多学科探讨环境演变中人为因素的作用，是为"环境破坏论"观点获得的一种推动力。从石器时代人类开始成为参与自然演变过程的一种力量（营力）后，地理学等学科逐渐加大了对影响自然环境面貌的人类活动的研究投入。历史地理学研究的主要是"历史时期人的活动对地理环境所引起的变化"，③ 因之在这一方面投入的力量最多，所发表的论著也最为丰富。鉴于环境变迁研究涉及的问题较为复杂，仅使用文献资料难于证实，总是发表类似的"环境破坏论"的意见也不解决问题，目前的状态是转而与其他学科携手，采用更多的技术性方法予以推进。

综上所述，历史上的开发活动本身就包括了两个方面：一是社会财富的物质资料生产过程，二是必然要触动大自然的某些方面，在许多场合或暂时或长时期表现为对环境的负面影响，学界据此提出的"环境破坏论"，当然是基于环境保护思想对于历史上多种开发活动的反思，在补充了环境方面的内容后，历史上的开发过程才成为一个完整的过程，历史评价的环境标准也顺势提出，④ 应该说这是历史学的一个进步。

但是，这一观点也是有其局限性，具体表现在：（1）往往是就破坏说破坏，未能从生态系统角度来展开论述。在说不清楚的情况下，多按

---

① 刘翠溶、伊懋可主编：《积渐所至：中国环境史论文集》（上下册），台湾中研院经济研究所1990年版。

② 《汉书》卷48《贾谊传》，中华书局1962年版，第2253页。

③ 侯仁之：《我国西北风沙区的历史地理管窥》，史念海主编《中国历史地理论丛》第1辑，陕西人民出版社1981年版，第110—121页。

④ 胡戟：《论历史评价的环境标准》，《陕西师范大学学报》（哲学社会科学版）2000年第4期，第65—70页。作者阐述这一标准的内容是：环境决定着人们的生活品质，好和变好就给这段历史以肯定，坏和变坏就否定。

照现象或现实社会的情况予以解释或发挥，置比较明显的自然过程及其原因于不顾，最后以得出环境在在遭到人为破坏的结果为满足；（2）作为历史学研究来说，如果总是单单就当时生存环境是否发生了什么变化来发表见解，不去做每一时期社会生活具体内容的探讨，就会置社会历史发展的大小问题于不顾，最终不能将社会发展的需要同生存环境的状况结合起来，阐明社会发展是在一种什么情形的环境条件里进行或完成的；（3）这些局限的思想根源，还在于论者总是将人与自然、社会与环境看得相当对立，判断二者彼此总是处于一个矛盾激烈的关系式之中，甚至把二者看作一个不变的矛盾体，遇事就会起摩擦、有得失、难于协调，相互间没有进行调和的余地。在这一点上恰恰脱离了环境保护中的生态思想，表现在文献资料的选取和判断上，也是相当机械地去图解。

所以，"环境破坏论"这一观点盛行的三十多年间，给学界内外带来的误识和间接影响是不少也不小的。简言之，主要是将历史上物质资料生产过程的历史价值减弱了，将劳苦大众的生存权利和相关利益忽略了（把民众正常的生产活动视之对环境的一种直接或间接的"破坏"），将环境变迁研究同历史研究主要职责的结合淡忘了。因此，今天的工作就必须突破和超越"环境破坏论"的一般性认识，将研究主题确定到社会发展和环境变迁相统一的研究轨道上来。

（三）基于人类诸多文明成果的生态史评议

为了有效地展开评议，本文于此处尝试着提出一些问题：以中国为例，历史上究竟有无环境或生态的问题？如果有，那此类环境或生态问题的基本性质是什么？按照对应朝代之疆域，如何去探讨此类问题出现的地域、延续的时段？造成的影响？最终的走向？最后，此类问题本身反映和体现了什么样的社会关系？为了推进认识，下面做出三个方面的评议，希望能做到有的放矢，有些新意。

1. 具有划时代意义的生态史观的成立

中国生态学界确定的生态学（Ecology）之本义，为研究生命系统与其环境之间相互作用的学科，① 被特别强调的是参与方面相互作用的效果，而不是单单强调参与进来的客观存在的部分，所以才取义为生态学。生态学概念和思想引入中国史学领域后，一直在寻求最符合生态学含义的自己的表达，它既要包括人与人之间的社会关系，又要防止接近地理的环境概念与生态系统混淆起来，所以赞同采纳生态史学之名称。② "地理环境"是一个较早的反映地理内容客观存在的词组，而具有生态品质或质量的含义则非生态学一词不可，它对应历史学领域里的内容也只能归之于生态史学来涵盖。③

  相对于诸多熟悉历史学的论者来说，非历史学见长的学者对于历史的审视显然要温和得多。在一位工业废物处理专家眼里，农业时代的废弃物质往往是就地处置，循环地加以利用，一般不产生环境问题，其循环链为"土—植物—动物"的农业内简单循环。④ 美国资深农业专家惊叹于东亚农业生产的永续特点，称呼从事这一生产的人们为"四千年农夫"。⑤ 制定日本 IGBP 国家计划的专家更是认为："数千年来的农业和林业活动一直是在与自然和谐的前提下发展的。随着由工业革命引起的工业发展，化肥和农业机械开始使用，现代化基础得以建立。作为一种结果，创立了现代农业和林业，但由于把土地当做经济商品，超出了现有土地使用限度。还有由于市场经济的发展，日益发展的现代农业和林业活动已经超出了传统农、林业尚可支撑的发展原则。农业土地开发的极

————————

  ① 全国科学技术名词审定委员会审定，《生态学名词》"生态学"词条，科学出版社 2007 年版，第 1 页。环境是某一主体周围的一切因素的总和，如果这个主体是人，环境的含义就是以人为主体的客观存在，出自《环境生态学》教科书的这一解释就更清楚了（参阅曲向荣主编，清华大学出版社 2012 年版，第 1 页）

  ② 夏明方：《导论：历史的生态学解释——21 世纪中国史学的新革命》，夏明方主编《新史学》第 6 卷《历史的生态学解释》，中华书局 2011 年版，第 1—43 页。

  ③ 关于生态史与环境史的关系，笔者最近的体会是，生态史不一定为环境史的同一表达（原因在生态学、环境科学那里的定义和表述原有差别），前者比之后者更难理解和掌握一些，具体探讨中有更大的难度，但这都是可以在不断追求中逐一克服的。日本学者梅棹忠夫《文明的生态史观》中译本（王子今译，生活·读书·新知三联书店 1980 年版）对中国读书界多有影响，但近些年来国外一般多言环境史。

  ④ 廖宗文：《工业废物的农用资源化：理论、技术和实践》表 1、表 3，中国环境科学出版社 1986 年版，第 7、23 页。

  ⑤ ［美］富兰克林·H. 金：《四千年农夫：中国、朝鲜和日本的永续农业》，程存旺、石嫣译，东方出版社 2011 年版。

端行为和森林砍伐阻止了那种一直与自然保持协调的农业、林业发展，这种后果将导致环境的毁灭。"① 正是在这样的认识下，日本学者岩佐茂才会在《环境的思想——环境保护与马克思主义的结合处》一书中评价："20 世纪是环境破坏的世纪。"②

当然，判断历史上（尤其是古代社会里）有无环境问题的原则或标准，是以当时的开发活动是否给自然本身、社会经济及人体健康带来明显或严重的损害为定，术有专攻的学者对此的判断可以有不同，那就应该就最重要的资料、事例和想法展开新的讨论。鉴于近代以前的传统社会与近代以来工业社会在基础设施、能源开采利用及制度运行方式上的根本区别，也就决定了历史上的环境问题与近现代社会有着本质上的不同，此亦可谓环境问题上的古今之别。学术界提出历史评价的环境标准，将好似非环境保护态度的过度干扰自然的做法称之为"环境破坏论"，其意义并不在于这里那里的生存环境被破坏得很厉害了，而在于学界终于开始将全体人类及其赖以为生的生存环境都纳入只有一个的地球运行系统之中，开始了对过去历史的重新书写，③ 而且是"把人类的生存利益提到极其突出的地位"，④ 这才是具有划时代意义的生态史观被确定成立的关键（参见图1）。

2. 在关注人类命运之中关注环境的生态品质

人民大众的历史地位在过去的史家记述和研究中，出现过或高或低的现象。人民是创造世界历史的动力的观点盛行之时，其历史地位及发挥的相应历史作用获得的评价最高，及至20世纪70年代以降，所获得的评价每况愈下。在有的论述中，把落实下来的环境破坏罪名，统统指向

① 《日本 IGBP 国家计划》，孙成权、张志强、李明主编《全球变化国家（地区）计划及相关计划》，气象出版社 1993 年版，第 192 页。

② ［日］岩佐茂：《环境的思想——环境保护与马克思主义的结合处》，韩立新等译，中央编译出版社 1997 年版，第 1—3 页。

③ 高国荣：《环境史及其对自然的重新书写》，《中国历史地理论丛》2007 年第 1 期，第 124—133 页。

④ 徐崇温：《在研究当代各种思潮中发展马克思主义——为〈国外马克思主义和社会主义研究〉丛书的出版而作》，［加］威廉·莱斯《自然的控制》丛书前言，岳长龄等译，重庆出版社 1993 年版，第 2 页。

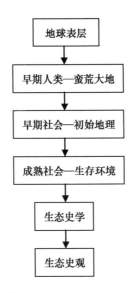

图1 生态史观视域下的社会—环境关系（侯甬坚绘）

从事生产活动的人群，岂不知此处的人群所为、彼处的人群所做，都放在一起讨论时，这些人群就成为历史上的人民大众。缺乏就生产关系展开的详细考察也就是缺乏历史的眼光，如此将人民大众斥责为环境破坏事件或过程的执行者、环境破坏责任的承担者，属于最典型的简单化、片面性论述事例。

人类属于自然的一部分，这是殆无疑义的事情。斯宾诺莎《伦理学》的命题之一说："要一个人不会是自然的一部分，要他不被动地感受变化，反之，要他一切动作都可单独从他自己的本性去理解，且都以他自己为正确的原因，这是不可能的。"① 人类在自然界讨生活，该做不该做的话题可以不去说了，只是今人如何判断古人所做事项合理与否之做法值得关注和讨论。诸如刀耕火种、围湖造田、垦殖山林、伐薪烧炭等事项讨论已多，紧密结合当时条件下的生产关系来进行考察，学界做得还很不够，因此不少有社会经济史专长学者加入进来，在一定程度上才改观了总是拿老百姓的生计是否破坏了环境是问的那样一种局面。

回顾历史，在自然界里曾经最为享受自由天空和大地的人群，是那些茹毛饮血、风餐露宿、无拘无束的早期人类。之后，进入国家阶段的

———————————

① ［荷兰］斯宾诺莎：《伦理学》，贺麟译，商务印书馆1983年第2版，第173页。

制度管理门槛之内，人类开始受到越来越多、越来越严的约束，尤其是大多数民众遭受到少数统治阶级的人身控制、经济压榨，成为帝王的私有财产，[①] 其过程历经数千年，这是人类所受文明进步之累。国家作为一架管理社会的机器，既有与民休息、轻徭薄赋等体现节制性做法的时期，更有动用庞大而有效的组织体系，倾其全力大兴土木、劳民伤财的超强制行为，以体现皇帝和国家的意志，对自然的触动和干扰超过以往无虑数十、数百倍。至于人民大众所承担的社会职责和义务，在封建制度下遭遇的束缚、艰难和不幸，又是史不绝书，[②] 理应予以同情。

回顾人类农业历史，距今10000—6000年的新石器时代，人类在与自然界野生动植物的长期接触中，逐渐有了作物栽培和动物驯化的经验，掌握了农业和畜牧业最初的生产技巧，实现了从直接的采集、捕食活动到间接获取生活产品的社会生产行业的转变。参考美国人类学家安德鲁·谢拉特关于"次级产品革命"的研究结论，[③] 此种渐渐脱离初级食物产品、进入生产"次级产品"阶段的进步，极大地减轻了人类对自然界野生动植物的依赖，为生物多样性的保存提供了可能，并第一次将人类自己同自然界联结成一种极为密切的互助共生关系。

回顾我国农业历史，尤其是诸多商品粮建设基地发展史，如江南太湖流域鱼米之乡、珠江三角洲河网桑基鱼塘、宁夏黄河两岸塞上江南、东北三江平原北大仓等地区，大都经历过较长的农业开发阶段，有的系直接采用现代农业机械化生产方式开垦出来的，可以说是矢志不渝，历经艰辛，方修成正果。这些商品粮建设基地地处我国不同自然区域，原有的自然环境里河湖错落，水资源充足，吸引了大批人群前来垦殖，而这些人群成为生产者的同时，也获得补充自身需要的生活之资，他们摸

---

① 1980年1月，历史学家王毓铨先生写道："在具体的历史过程中人民和土地是怎么样变成帝王的私产的，现在还不明白，还得研究。"（王毓铨：《莱芜集》附录《〈中国历史上农民的身份〉写作提纲》，中华书局1983年版，第378页）王毓铨（1910—2002），山东莱芜人，专治商周古钱、秦汉史、明史等领域的研究。

② 中华人民共和国财政部《中国农民负担史》编辑委员会：《中国农民负担史》第1卷《中国封建社会赋役制度与农民负担（公元前221年—公元1840年）》，中国财政经济出版社1991年版。

③ 易华：《谢拉特：青铜时代世界体系的建立者》，《中国社会科学报》，2011年12月15日第18版。

索出合理地利用当地环境资源特点的生产方式，大批粮食等物质财富源源不断地生产出来，进而成为国家和地方上相当倚重的农业地区。在许多类似的地方，人民生活有所依，富民恒产得以守，人口聚集的地方成为繁盛的城镇，良好的生存环境就包含和孕育有社会经济持续发展所必需的生态品质。

中国如许多的人口生存繁衍和农业历史的持续展开，其中必然包含环境伦理学或生态伦理学的内容。一直受统治者与被统治者关系思维习惯影响着的我们，已经到了需要另辟蹊径的时候。大地伦理学涉及的社会阶层有哪些？何处才有民众宁静的乡村生活？如何珍视而不是忽视民众的利益诉求？一方富民为了自己的长久利益，如何在已有的土地上与农民共处？富民们的道德操守如何体现？过去的开发史该怎样进行完整的评价？这些是当代学者为过去的人民大众说话的地方，也只有通过"环境破坏论"观点遗留下的难行路段，生态伦理学才能进入史学的视域并发达起来。

3. 在各类生态系统中细化研究过程

作为一名环境伦理学家，美国的罗尔斯顿教授将生态系统学说竟然运用得心应手，很出乎人之意料。他在"生态系统中的伦理学"小节里论述："在大自然中，人们所要赞赏的是：一个生态系统，一个多产的地球，一个创生万物的生机勃勃的系统，在其中（只从生物学而非文化的角度考虑），个体虽然也繁荣兴旺，但它们也可以被牺牲掉，以致它们的快乐和痛苦显得无足轻重；个体的福利是重要的，但在引人入胜的自然史中却只是过眼烟云。从个体的角度看，自然中只有暴力、斗争和死亡；但从系统的角度看，自然中却存在着和谐、相互依存和延绵不绝的生命。"[1] 生态系统之安危及其重要性，在这里被阐述得毕露无遗。

已很经典的曾经从属于生物学学科的生态学教科书，最主要的内容分为个体生态学、种群生态学、生态系统三个部分，[2] 这些是生态学课程

---

① ［美］霍尔姆斯·罗尔斯顿：《环境伦理学：大自然的价值以及人类对大自然的义务》，杨通进译，中国社会科学出版社2000年版，第306—307页。
② ［联邦德国］H. 雷默特：《生态学》，庄吉珊译，科学出版社1988年版。

的基础。在生态史领域内实际上也是要首先学习这些基本概念和分类经验，再根据人类社会的材料和特点加以多方面的运用。

作为自然界和人类社会一种基本属性的地域性，在生态系统中也是最为常见和常用的研究视角，可以称之为"地域生态系统"。以我国地貌类型为例，平地（分为低平原、高平原、沙地、陆水面四类）占到全国陆地总面积的 34%，山地、高原、丘陵分别占到 51.9%、2.4%、11.7%，意即海拔高度在 200 米以上的又不太平整的部分，[①] 占到全国陆地总面积的大部。譬如这其中的山地生态系统、平原生态系统既可以分开，也可以在一个独立的流域内，建立起流域生态系统来开展研究。

着眼于流域的工作早就做起来了，历史地理学家王守春先生还就此做过总结归纳，他说："历史时期人文要素的变化与河流演变的关系是很密切的。现在比较流行的模式是：历史时期人类活动使天然植被遭到破坏→导致生态平衡失调→水土流失加剧→河流含沙量增加→河流改道变得频繁。对于这一模式现在虽然在原则上不存在分歧，但是在某些具体问题上则存在不同认识。"[②] 这是系统论引入历史自然地理研究领域的一个典型例子，原有的森林、土壤、河流地貌等要素，在人文因素作用下（指砍伐森林），通过泥沙物质的组分变化和运动，竟然构成了一个环环相扣的链条，研究判断堆积在下游河床里的泥沙物质，成为河道改道现象凸显的根源。

这个模式产生的一个重要提示，就是生态系统内的各个要素之间存在极为密切的关系，森林、土壤、河流地貌这些要素可以分别以自己为主，构成林、灌、草组成的植被种群乃至群落系统、加入了生物因素和水分状态的土壤系统以及由大小支流组成的流域水文系统，在营养、水分等方面它们彼此支援，或相互争夺，呈现不规则的交叉分布态势，又统统属于整个流域生态系统。在考虑增加气候、动物、人类等因素的情况下，这个生态系统的交织情形就更为丰富多彩了。历史文献所记载的过去环境状况详略不一，对自然要素一般都是分散而零星的记述，就某

———————————

① 刘明光主编：《中国自然地理图集》（第三版）附录（表格）"中国地貌类型面积及其占全国陆地总面积的比重"，中国地图出版社 2010 年版，第 245 页。

② 王守春：《论历史流域系统学》，《中国历史地理论丛》1988 年第 3 辑，第 33—43 页。

一地区、某条河流、某种树木、某种动物、某种灾情的记述材料，可以进行汇集性质的研究，根据个体的品质和数量得出一些看法，更需要提倡的是就研究对象的群落或种群生态状况、地域性的生态系统状况进行研究，才能了解到"环境破坏论"的适用范围和有限性，进而对研究题目做出更为准确的判断。

相对于在山地展开的农业开发活动，历史上对平原地区所做的开发值得给予较多的肯定，这是由山地或平原的生态系统性质决定的。即便是低山和丘陵地区，海拔高度也在500—1000米和500米以下，适合于森林生长和牲畜放养，以及各种地方性物产的经营，却最担心进行耕垦。山地作为大小河流的发源地，需要严加保护，禁止开垦，这样既保护了水源，又减去了因耕垦引发水土流失现象及其他方面的影响，方才保有山青水绿的宜人景象。可是，客观上我国不少山地分布有厚薄不等的土层，历史上因封建压榨出现的贫民上山开垦的活动越来越多，最终形成广大的山区农业社会，也就带来了严重的水土流失等环境问题，甚至影响到山地生态系统的自我调节功能（美国环境史专家麦克尼尔教授论文称其为"生态弹性"[1]），引发了老一辈农业历史专家的深深担忧。[2] 故此，笔者近年曾提出，历史上许多贫民上山垦荒诚为事不得已，现今国家怀有生态优先、以人为本的基本理念，对处于江河上游地区的农田布局系统，应结合生态原则和环境条件，予以重新论证，做出必要的调整，从长远利益上谋划社会经济的未来发展。[3]

（四）结语：在实践中推出中国
学者的生态史学作品

接续1949年前后对历史上农业开发活动的赞扬性评价之后，进入20

---

① ［美］麦克尼尔：《由世界透视中国环境史》，刘翠溶译，刘翠溶、伊懋可主编：《积渐所至：中国环境史论文集》（上册），台湾中研院经济研究所1990年版，第39—66页。
② 王毓瑚：《我国历史上的土地利用》，王广阳、王京阳等编《王毓瑚论文集》，中国农业出版社2005年版，第310—341页；林蒲田：《中国古代土壤分类和土地利用》，中国土壤系统分类研究丛书（甲种），科学出版社1996年版，第107页。
③ 侯甬坚：《梯田的诞生为何属于过去的南方山地？》，杨伟兵主编《明清以来云贵高原的环境与社会》，东方出版中心2010年版，第17—36页。

世纪 70 年代，充满环境意识、颇有新意的"环境破坏论"观点出现了，这预示着环境保护思想已经深入人心，出于激昂而冷静的社会责任，学者们由现实中的环境问题进入对历史上涉嫌环境破坏行为的不满和探讨了。进入 21 世纪以来，则出现了质疑此论并希冀全面考察环境问题的呼声，可以感觉到生态史学的明显进步已经在寻求更新的表达了，对此笔者倾向于采用"生态影响论"来做一表达。

对于"环境破坏论"观点及其作品，长期以来读者们有一种不好说、又说不好的感觉，因为在表象上此论大方向是配合国家的环境保护事业的，所以不好说；此论构成呈现的多边关系和专业内容，致使有关驳论做起来有相当的难度，所以不大说得好。据实而言，从 20 世纪 70 年代国外的环境史、生态史观念及有关论著渐次传入中国后，中国史学就面临一种特别的压力。譬如英国环境史学者伊懋可所说，"1993 年，我在《东亚史》杂志上发表了我的第一篇重要的环境史文章《三千年的不可持续增长：从古到今的中国环境》。我有意起了这么一个容易引起争议和似是而非的题目。隐藏其后的想法是，我认为在环境主义者和传统经济学家的观点中有一些重要的真理；从广义来讲，我现在仍坚持这个观点"。[1]伊懋可撰写的《大象的退却：从环境角度看中国历史》出版后，中译本也将要出版，但迄今还未见出现具有迎战性的争论，尽管拉德卡教授已经说过伊懋可的断言是"无法证明"的。[2]

本文非常赞同和响应钞晓鸿教授最近的"走出'开发—破坏'怪圈"的提议，在"环境与社会丛书"之"代总序"里，他这样写道：

> 面对晚近以来的环境变化，特别是现代化飞速发展带来的环境恶化，人类逐渐被视为罪魁祸首，这一思维模式也深深地影响到环境史研究，在中国大陆突出地表现为大量论著表达的是人类开发及其对环境的破坏，区别只是时段不同、地域有别罢了。环境的优劣

① 包茂宏：《中国环境史研究：伊懋可教授访谈》，《中国历史地理论丛》2004 年第 1 辑，第 124—137 页。伊懋可论文系发表在美国《东亚史》1993 年第 6 期，第 39—53 页。
② ［德］约阿希姆·拉德卡：《自然与权力：世界环境史》，王国豫等译，河北大学出版社 2004 年版，第 130 页。不过此书将 Mark Elvin 译作马克·埃尔文（即伊懋可），将刘翠溶译成了刘崔荣（第 385 页注 47）。

是针对人而言的，开发未必带来人类环境的恶化，环境恶化也未必
由人或主要由人引起。我们并不否认由人引起的生态失衡、环境恶
化，但强调应该进一步全面深入地分析是如何导致的，设身处地、
历史地去理解当时人们的观念、处境与行动，而不应停留在开发与
环境恶化。环境史可以简单地称作人类与栖息地的关系史但不能简
化为破坏史，环境史具有更丰富、更值得研究的课题与内容。走出
"开发—破坏"的怪圈，既是环境史研究的内在超越之路，也为人类
未来增添希望。①

此处给出的"开发—破坏"之表达具有一目了然的特点，只是中国
历史学刚刚进入举国树立环境保护思想和行为规范的新时期，所提出的
"环境破坏论"观点有其独到之处，那就是以资源环境为基础，揭示了历
史上所有开发活动，在不同历史时期的制度管理下，必然存在属于草创
和积累阶段所不可避免的各种负面影响，这在历史地理学、环境变迁等
领域具有一定的促进学科发展的作用。但是，对于人类历史上开发活动
的评价绝不能以此为满足，对历史进行全面而负责任的评价，对学科发
展的大力促进，需要的是锐意进取的行动，不断超越的思想。

目前正在成长中的环境史或生态史学的一大功能，就是把大自然从
过去历史学者看作演出历史话剧的舞台位置，正式地提到历史中间来，
使其成为历史话剧演出中的重要角色，把握住从"舞台"转为"主要角
色"的这一变化，并给予细致完整地阐述说明，即为环境史或生态史学
的新使命。

对于广大的积极地从事生态史研究或思考的人们来说，学术界已有
一批相当优秀的生态史专著可供观摩学习，② 其共同特点是在树立专业方
向、尽力挖掘史料的同时，又在自觉熟悉自然界和生态学，并运用生态

———————————

① 钞晓鸿：《环境史：学科交融与侧重（代总序）》（2011 年 8 月），鲁西奇、林昌丈《汉
中三堰——明清时期汉中地区的堰渠水利与社会变迁》，环境与社会丛书之一，中华书局 2011 年
版，第 8 页。

② 王建革：《农牧生态与传统蒙古社会》，山东人民出版社 2006 年版；王子今：《秦汉时
期生态环境研究》，北京大学出版社 2007 年版；李玉尚：《海有丰歉：黄渤海的鱼类与环境变
迁》（1368—1958），上海交通大学出版社 2011 年版，等等。

学思想来解读中国生态史上的问题，据实得出自己的研究结论。中国生态史的研究意义既不限于历史上的中国，也不限于今日中国的范围，实事求是，尊重历史，全面评价过去，所获得的对于生态文明演进历史部分的最基本认识，就有助于各项工作的展开和推进。寄希望于我国学术界逐步提出既体现历史发展规律，又符合生态学评价原则的历史生态评价体系，并不断推出中国学者有影响的生态史研究作品。

［附录］

创新历史文献记录价值的认识体系*

日前，全球变化研究国家重大科学研究计划——"过去 2000 年全球典型暖期的形成机制及其影响研究"项目启动会在北京召开。笔者参与其中，在会上听到一种观点，即以历史文献记录作为主要资料源，研究我国历史时期气候变化的重点项目，在科技部这是第一个，而且立项过程并不容易。

众所周知，英国生物化学专家李约瑟利用中国的历史文献资料，曾写出《中国科学技术史》皇皇巨著，享誉海内外，后荣选为中国科学院外籍院士。我国气候学家竺可桢先生利用历史文献资料，参用部分考古、近代器测资料，曾写出《中国近五千年来气候变迁的初步研究》著名论文，提出了影响极为深远的"竺可桢曲线"。不过，与今天有所不同的情形是，伟人已逝，科研攻关项目犹在，现实紧迫性更强。按照科学界从事科研工作的惯例，提出的重复验证、定量分析等要求，对于利用历史文献开展工作的科研人员是一系列难题，致使他们的科研成果难以同其他资料性质的实验工作等量齐观。

我国的历史文献记录是很独特的，在反映自然现象及其变化方面，它有记录面广、按地区或朝代记录、主要以年为记录单位（年下或有季、月、日记录）、距今越近记录越详细精度越高等特点。如果同树轮、冰芯、石笋、湖泊沉积物等地质资料相比，它又有记录过于短暂、连续性保持不够、详略不等、分布散乱、定量记录缺乏等特点。当然，记录本身反映记录者和所记录时代的认识水平，反映人与自然之间的关系，是它所独有的特点。

在阐明上述特点之后，还有更重要的工作要做，那就是针对工作中的实际困难，应当阐明我们对中国历史文献记录性质的理解，面对自然

---

* 原载《中国社会科学报》2010 年 11 月 4 日第 17 版。

科学研究的工作特点所应该采取的工作方针和步骤。

第一，资料性质决定判别标准和利用方式会有不同。历史文献记录是出自历史上不同时期、不同地区的不同人士之手，而且成书和形成文字的历史背景又千差万别、各有其妙，所以它具有鲜明的人文性质，具有详略不等、口径不一等著述特点。今人审视这些文献，那只是历史条件下的必然产物。正因为它同自然条件下遗留下来的地质资料有着本质的区别，就应当采用适合它本身的判别标准和利用方式，以满足术有专攻的专业需要。

第二，在每一个可能环节中，考证所使用资料的可靠性。我国传统的史学研究，素以方法严谨著称，这首推考据学的运用。许多学者在研究中步步设防，其严密程度不亚于军事上的排兵布阵。这固然是受制于文献资料本身的人文性质，但不如此就不可能得出真实的历史记录。用于全球变化、环境变迁领域的研究也是如此，对过去地理事物的记录，必须在详细考证之后才能揭示其基本面貌和变化的轨迹。

第三，运用科学方法和原理，揭示其研究价值。基于历史文献记录的种种特点，运用各部门地理学、综合自然地理学的科学方法和原理及GIS技术，发掘文献记录中普遍的、或独有的记录内容，做出独到的研究分析，尤其是揭示其他地质记录中没有的内容，均为日常研究的主要工作。最近2000年、最近500年及最近100年的短尺度气候变化研究，特定地区人类活动对地理环境的影响和作用，近期社会管理体制对资源环境的调适政策等研究论题，均属于研究价值明显、论证方向明确的科研选题。

第四，在多人同类研究中验证研究结果。考证的过程实际上就是去伪存真，之后进入运用科学方法和原理揭示其研究价值的阶段，最后得出分析结论。在实验室条件下，重复实验是同行用以判断实验准确性的基本方式；在使用历史文献展开的分析研究中，展现资料本身，陈述研究方法，交代分析过程，满足同行同类研究中的验证条件，即是对文献分析工作进行重复验证的基本要件。在新增相关文献资料样本的情况下，将使研究结论更趋精确。

第五，保持文字表述特点和对定量、半定量工作的追求。在前人观察自然现象方面，我国历史上产生了数量极其可观的记录文字。历史文献记录中也有关于不同历史时期各地土地、人口、赋税方面的数据资料，更多的文字记录需要进行相关技术处理，转换为定量、半定量数据后用于研究之中，这是科研人员的职责和追求。

第六，创新对应自然科学研究方面的解说和利用体系。近代以来的人才培养制度和科学研究模式，一直存在文理分家的现象。唯理科是从的观念十分流行，做法习以为常。基于上述历史文献记录的人文性质，鉴于类似历史时期气候变化研究项目的紧迫性，我们应当建立一个对应自然科学研究、适合历史文献记录特点的文献解说和利用体系，用以展现人类、人类社会的独特性和同自然事物联系的方式方法，以利于更高科研水平工作的开展。

相比于我国现存的巨量历史文献，相对于全球变化研究计划赋予中国学者的重任，我国能够胜任利用历史文献记录展开此类研究的科研人员实在是太少了。然而，历史告诉我们，任何一项科研工作的发展动力，都来自时代和社会需要，即如今日中国、今日世界所面临的人类生存和发展问题之挑战的严峻程度，已远超过去的时代。我国教育界和学术界对此须保持清醒的头脑，一定要以长远眼光部署科研发展战略，一定要支持利用我国历史文献记录开展的学术前沿工作，一定要扶持此类专业人才在工作中发挥其才干和作用。

历史地理学界"话域"与
"话语"的融通*

民国时期，学人习用的"沿革地理"治学方式是受制于历史学的基本"话域"的。到 1961 年，学界完成从"沿革地理"到"历史地理"的转变，遂进入地学"话域"的新阶段。在经历了顾颉刚、侯仁之两代人的探索后，历史地理学的学科"话域"终于确定，学者们的思维随之敞开，无论是在人文还是自然地理方面，"历史时期""地名定位""分布及其变迁"之诸多表述便构成了该学科最基本的同行话语，"时空差异""变化驱动力"等新词汇属于更进一步的地学表达。对近百年来历史地理学"话域"和"话语"进行语汇学上的分析，揭示学科建立的曲折之路，弄清楚其中更多的事实和原委，是今日学界的共同职责。

（一）历史地理学的现代"话域"从"地理沿革史"起始

1934 年 3 月，一份朴素的同人刊物在北平市成府路蒋家胡同三号开始发行。这份名为《禹贡半月刊》的杂志扉页上写的出版者是禹贡学会，编辑者是顾颉刚、谭其骧，卷期是第 1 卷第 1 期，出版时间为"民国二十三年三月一日"，《发刊词》里这样写道：

> 历史是最艰难的学问，各种学科的知识它全都需要。因为历史是记载人类社会过去的活动的，而人类社会的活动无一不在大地之

---

* 原载《学术月刊》2010 年第 11 期，第 123—127 页。有改动。

上，所以尤其密切的是地理。历史好比演剧，地理就是舞台；如果找不到舞台，哪里看得到戏剧！所以不明白地理的人是无由了解历史的，他只会记得许多可佐谈助的故事而已。①

这段文字言简意赅地阐明了历史研究中"地理"内容的重要性。"历史好比演剧，地理就是舞台；如果找不到舞台，哪里看得到戏剧！"如此通达、畅快的话语，谁读了都不会忘记（也就成了受话人）。《发刊词》还说"自然地理有变迁，政治区画也有变迁"，所举之例有黄河、济水、兖州，这就引出了"地理沿革史"的概念。

其实，在 1934 年之前，国内读书界已经有"历史地理"这个学术术语了。据研究，"1921 年 11 月至 1926 年 10 月，是《史地学报》提倡历史地理学并引领风骚的时期"②。禹贡学会的核心人物是私立燕京大学的顾颉刚（1893—1980），他被尊为中国历史地理学研究的倡导者③。何以在当时提出的是"沿革地理"而不是"历史地理"？④ 这同历史地理学当年"话域"的渊源有关。

原来，禹贡学会是"一群学历史的人，也是对于地理很有兴趣的人"，它们正在做的一种努力，就是"转换一部分注意力到地理沿革这方面去，使我们的史学逐渐建筑在稳固的基础之上"。⑤ 顾颉刚做事勇为，最擅长组织和编辑出版书刊，尤其爱惜人才，他借在燕京大学、北京大学开设"中国古代地理沿革史"课程之故，邀请在辅仁大学讲授中国沿革地理课程的谭其骧一同创办学会、刊物，使三校学生的课艺文字有一个切磋和公开展示的机会。此举在当时诚为组织同人开展学术活动、培植后学上进的最佳方式和途径，在他的号召和身体力行下，禹贡学会聚

———————————

① 禹贡学会：《发刊词》，《禹贡半月刊》第 1 卷第 1 期，1934 年 3 月 1 日。

② 彭明辉：《历史地理学与现代中国史学》，张玉法主编《中国现代史丛书》（四），第 139 页，东大图书公司 1995 年版。

③ 《历史地理》编辑委员会：《沉痛悼念顾颉刚先生逝世》，《历史地理》创刊号，上海人民出版社 1981 年版，目录前加页。

④ 彭明辉分析说："顾颉刚对历史地理学的看法乃系传统史学中的沿革地理，而研究沿革地理的目的，是为了从事历史研究时能有稳固的基础"，《历史地理学与现代中国史学》，第 13 页。

⑤ 禹贡学会：《发刊词》，《禹贡半月刊》第 1 卷第 1 期。

集了一批学术英才。

由于禹贡学会的根基是"史学"，大家是在史学范围内说话写文章，形成客观存在的一种"话域"，而它的基本成员均为在大学历史系研习"古代地理沿革史"的师生，"沿革地理"的内容即为大家的共同"话语"，所以，从实质上看，《禹贡半月刊》即为一份同人刊物，是在史学"话域"中阐发己说的一个"话语"园地。

从禹贡学会中走出来的谭其骧、侯仁之、史念海等学者，后来都成为著名的历史地理学家，对中国历史地理学的发展做出了重要贡献，而早年的禹贡学会和《禹贡半月刊》自然就被今人视为培养历史地理学者的重要媒介了。他们以中国地理沿革史第一篇《禹贡》作为号召学人的旗帜，足以反映当时史地英才们的学识特点及其对学术渊源的崇敬和遵从；从之者达二百人的实际效果，则显示了中国地理沿革史的号召力。抗日战争结束后，顾颉刚恢复了禹贡学会的工作，曾借北平《国民新报》一角开办《禹贡周刊》。其《发刊词》说，本会以研究"中国地理沿革史"为标的，创办的《半月刊》历经数年，蔚为"历史的地理"之总集。①

从 1934 年《禹贡半月刊》"发刊词"说"转换一部分注意力到地理沿革这方面去"，到 1946 年《禹贡周刊》"发刊词"把研究"中国地理沿革史"作为标的，透露出三点信息：一是禹贡学会的学术活动表明，其学术追求在于地理沿革史，虽属于历史地理学内容，但不是一般意义上的地理学，所以，禹贡学会成员中未见有地理教师（学者），致使研究中缺少了地理学者的话语表达。二是扎根在史学土壤里的"沿革地理"，其结构严谨，论题具体，在具体研究中难以转换为地理学性质的研究。三是尽管《禹贡半月刊》中已有"历史地理"词语和术语的使用，"历史的地理"之理解也得其真谛，终因没有人专心留意和探讨它的理论②，在 20 世纪三四十年代的时代背景下，致使这一学科"话域"不能呈现为当时的主流思想。

---

① 顾颉刚：《发刊词》，《禹贡周刊》第 1 期，1946 年 3 月。

② 侯甬坚：《"历史地理"学科名称由日本传入中国考——附论我国沿革地理向历史地理学的转换》，《中国科技史料》2000 年第 4 期，第 307—315 页。

（二）现代地理学对"话域"的强化

进入 1949 年以后，中国传统的"沿革地理"研究在受到多次冲击后开始向历史地理学转变（这意味着是从史学"话域"到地学"话域"的转变），其推动力来自北京大学地质地理系的侯仁之教授（1911—）。这里面既有个人因素，也有诸多客观因素。

侯仁之的客观因素之一，在事隔 58 年后如他本人所说："一直到大战结束后，我前往利物浦大学的时候，Professor Poxby 已经退休，而他的继任者 Clifford Darby 教授正是现代历史地理学奠基人之一，我深受 Professor Darby 的影响，并把他所倡导的历史地理学的理论与方法，第一次介绍到中国来，并对中国历史地理学的发展作出了自己的贡献。"[①] 个人因素则是，侯仁之从燕京大学毕业即留校工作，"煨莲师早已体会到我的学术兴趣已经从历史学转到地理学"，所以，早在 1938 年春天的某一天，身为燕京大学教务长的洪业（字煨莲）就通知侯仁之作出国深造的安排，具体是地理系师资很好的英国利物浦大学。侯仁之后来说，"……煨莲师的这一命题，实际上已经把我引向历史地理的研究领域，而煨莲师自己并非历史地理学家"。[②]

由此看来，是明智而善于提携后学的良师在指点着学生的未来发展方向。

侯仁之于 1949 年在英国利物浦大学完成的博士论文《北平的历史地理》（Historieal Geography of Beiping），五十年后在国内刊出"Hou Renzhi. Historical Geography of Beiping"。原件存英国利物浦大学图书馆。新刊本为《侯仁之文集：我从燕京大学来》，第 395—604 页。[③] 按照近代学

---

① 侯仁之：《我从燕京大学来》，原载《晚情集：侯仁之九十年代自选集》，新世界出版社 2001 年版，第 34 页。

② 侯仁之：《在教书育人的道路上——二记我师洪业教授》，原载《侯仁之燕园问学集》，上海教育出版社 1991 年版。洪业教授学事见陈毓贤所著《洪业传》一书，北京大学出版社 1996 年版。

③ 侯仁之：《侯仁之文集：我从燕京大学来》，生活·读书·新知三联书店 2009 年版，第 395—604 页。

位制度实行后的情况来看，该篇论文是中国留学生最早完成的历史地理学领域的博士学位论文，其指导教师达比（Cliford Darby）则是欧洲著名的历史地理学家①。当年侯仁之回国，投身到社会主义建设的洪流中，按其求学经历，属于美国地理学史专家詹姆斯·普雷斯顿所称的中国地理学界的"欧美学派"。

在侯仁之尚未回国前，他已将介绍西方历史地理学观念的译文投到天津的《益世报》上发表②，并做了一些学术沟通的工作。及至回国，先在1950年7月出版的《新建设》上发表《"中国沿革地理课程"商榷》一文，后在《北京大学学报》（自然科学版）1962年第1期发表《历史地理学刍议》一文，两篇论文发表时间相隔约十二年，均成为引导国内学界方向的重要文献。

相对而言，将个人的学术兴趣"从历史学转到地理学"毕竟是容易的，而对于一个学术团体的研究方向来说，显然是不容易的。困难之处在于，要在思想上跨越学科的界限，要从史学"话域"走向地学"话域"，不仅自己要接受他人的看法，而且意味着有时要自己说服自己。在轻松的文字中尚难找到侯仁之的真情表白，他的思想严谨而锐利的学术论文却可以反映这一点。《"中国沿革地理课程"商榷》一文有如下话语：

> "历史地理"在我国学术界也并不是一个新名称，不过在以往大家把它一直和"沿革地理"这个名称互相混用了，以为两者之间根本没有分别，这是一个很大的错误，现在我们不应当再让这样的错误因循下去了。同时在大学历史系中所列为选修课的"中国沿革地理"，也应尽早改为"中国历史地理"，其内容不以历代疆域的消长与地方政治区划的演变为主，而以不同时代地理环境的变迁为主……到了我们真正在大学里能够开设一门比较合乎理想的"中国历史地理"的时候，不但历史系的学生就是地理系的学生也将视之为必要的课程了。

———————————

① 赵中枢：《达比对历史地理学的贡献》，《自然科学史研究》1994年第3期，第248—292页。

② H. C. Darby 讲、侯仁之译：《地理学的理论与实践》，《益世报》1947年3月18日，"史地周刊"第33期。

他于 1962 年初发表的《历史地理学刍议》一文，引用恩格斯著作里的论述作为论据，阐发了"沿革地理仅是历史地理研究的初步"的观点，代表地理学界高度概括了历史地理学的学科性质，具有很明显的时代语境：

> 历史地理学是现代地理学的一个组成部分，其主要研究对象是人类历史时期地理环境的变化，这种变化主要是由于人的活动和影响而产生的。历史地理学的主要工作，不仅要"复原"过去时代的地理环境，而且还须寻找其发展演变的规律，阐明当前地理环境的形成和特点。这一研究对当前地理科学的进一步发展有极大关系，同时也直接有助于当前的经济建设。

这篇论文发表之时，历史地理同人加盟地理学界的工作实际上已经完成了，因为在学会组织上加盟一事是在 1961 年 11 月 28 日。这一天，中国地理学会借助在上海举行年会的时刻，召开了一次历史地理学术讨论会，会上宣布成立了历史地理专业委员会。到会的历史地理学者共提交了十二篇论文，大家就历史地理学的研究对象、性质、作用及今后研究的方向和方法等问题展开了讨论，对不少重要问题取得了基本一致的看法。[①] 这一天前后，《光明日报》《文汇报》《人民日报》等都对有关历史地理学的讨论作了报道。从此以后，历史地理学者的论述，就多以属于地理学科性质来介绍了。而此时顾颉刚的身份是中国科学院历史研究所第一所一级研究员，谭其骧、史念海的身份分别是复旦大学、陕西师范大学的历史系主任。

据史念海说："我清楚记得，抗战初期，我在北碚时曾和顾颉刚先生谈到这个问题。颉刚先生也颇为不满这门学科继续限于沿革地理这样的范畴。如何改变，颉刚先生首先提到要用地理的变化说明问题。当时包括禹贡学会绝大部分的会员在内都是从事历史学的研究的，如何去运用地理学的理论从事论证？颉刚先生当时肯定地说，应该尽量努力学习地

---

① 周航：《中国地理学会举行历史地理专业学术讨论会》，《科学通报》1962 年第 1 期，第 45 页。

理学。"① 前后联系，尤其是参照国外历史地理学的发展路径，用地理学来促进中国历史地理学的发展，那是必然的。《禹贡半月刊·发刊词》所云"我们是一群学历史的人，也是对于地理很有兴趣的人"，于此走到了以地理为学问和事业的这一步。

（三）历史地理学若干"同行"话语

历史地理学在经历了顾颉刚、侯仁之两代人的探索后，其学科"话域"终于确定了。从这个意义上说，历史地理学者可以被称为地理学者了。学科"话域"一旦确定，最为兴奋的还应该是本学科的学者们，他们的思维也随之敞开。历史地理学之内，习惯分为历史自然地理、历史人文地理两大门类，这也是将历史地理学划为地理学科的一个基本理由。学界内日常"他是搞自然的""我是搞人文的"这么一种认同，既反映了自然地理、人文地理之间存在的本质差异，同时也体现了研究者已具有的学术专长和兴趣。此外，结合历史学治学特点的"断代"习惯、结合地理学治学特点的"区域"划分和"地理要素"选择，学者们根据自己的兴趣和治学条件，各有所取，发覆旧案，探索新题，不断开拓。而考据学方法仍然是部分学者根本所系的治学要领，采用其他的历史学方法、地理学方法、考古学方法或社会学方法等从事研究的人员则越来越多。

学界归属地理学科的一个自然结果，是学者们在治学中形成了不少的"同行"话语，这符合学者们对研究对象的自我认可，也经得起地理学目光的考量。作为说话人，学者们经常使用的学术"话语"有如下内容：

历史时期：有文字以来的人类历史，已成为中国历史地理学界普遍认同的历史时期的划分起始，而以近现代最近的时期作为研究段落的落脚，则完全尊重学者选题中的自我界定。只要是在"往日"之内，即符合历史地理学所探索的所谓"时过境迁"的那些内容。按朝代或任何一种历史分期来组织和叙述史实，皆为研究者的自愿。

地名定位：此即前人所做的"地望""地理位置"类的考订研究。这

① 史念海：《中国历史地理纲要》（上册）"序"，山西人民出版社1991年版，第3页。

是历史地理学的基础性工作，数千年历史上大量的人类活动迹象和认识，很多都是由地名来记录和表征的。由于中文文献记录的逻辑性、准确性特点，大量的历史地名可以通过考证工作予以定位，也有少量的地名限于文献记载简略而难以考证出今地了，如甲骨文与青铜铭文中的难考地名、谭其骧主编《中国历史地图集》部分图幅间所列"无考地名"等。①

分布及其变迁：前人习用地理事物之"考实""考异"来涵盖此类研究。地表地理事物在历史时期的分布状况，对于历史地理学来说是相当重要的。若缺乏这样的地理事物分布的内容，无异于说历史地理学所研究的对象是空泛的。甚至每一个时代、每一个地区这样的地理事物分布都是最基本的，它们所构成的景观正是往日一个个时间断面业已日渐消失的地理面貌之基本图景。没有分布就无所谓变迁，而有了过去地理事物分布的内容，才有这些地理事物发生变迁的基本材料。识别和划分这些地理事物，早已有气候、地貌、水文、土壤、动植物等或者政治、经济、社会、文化等分别归属于自然地理、人文地理的诸项要素（地理学界习称部门地理），可供研究者分辨和习用。在本质上，这些地理事物又同今日野外考察所见所识的地理现状相通相连。

时空差异：这是从地理学科直接习用的专业术语。当研究工作进入地表地理事物分布及其变迁略为清楚的层次上，就有了对该专题时空差异进行理论分析的必要性。这里的时空指的是历史时期叠加历史区域，研究者构建的是一个历时的区域空间及其地理事物复原，而且要指出其时空差异之所在，这当然符合现代地理学的研究特点。现有的历史地理学性质的类似研究，其表述多为文字形式的，若有更细致的研究图表作为基础，当有利于做出高屋建瓴的理论分析。

变化驱动力：这是从全球变化领域直接习用的专业术语。历史时期由于加入了大量高频次的人类活动因素，所以影响地理环境面貌发生变化的驱动力就成为两个——自然界固有的变化过程与人类活动的叠加作用及其影响，而对于后者的研究，不仅是历史地理学者的自觉意识，也日益成为地理学界、地球科学领域乃至社会各界对人文社会科学领域的共同关注点。这是学科前沿所在。因此，选择地域上具有揭示环境变化

① 谭其骧主编：《中国历史地图集》第2—6册，地图出版社1982年版。

时间序列及其主要症结的重要地点/地区进行持续不断的研究，尽可能形成系列的研究论著，得出精度较高的研究结论，是目前特别需要开展的工作。

从"沿革地理"到"历史地理"的演进，每一环节都有其迷人的魅力，吸引着众多的学人。不同之处在于历史地理学者的出身：历史学出身的学者成长之路为——修历史学而成为历史地理学者、地理学者，地理学出身的学者则为——修地理学而成为历史地理学者、地理学者（侯仁之先是在燕京大学修历史学，后在英国利物浦大学地理系修历史地理学，归国后专事历史地理学研究，经历最为特别）。新近的一个现象是，刚刚加入研修历史地理学行列的人们感到历史地理学难学了，文理科术语都有，话语表达丰富且多元化，一时难于理解。因为要学习新的文科或理科的知识体系，就需要适时转换思维，调整思路。

在中国，历史地理学已经有近百年的学术史了，学人在研习中进入共同的"话域"之中，彼此成为相互交流的同行。其中一个最鲜明的同行特征就是：使用着只有同行才更加心领神会的"话语"，时空交织，古今连通，将资料诠释得更加准确和到位，自会弄清楚本学科时空演变中更多的事实和原委。若按照英国剑桥大学贝克教授通过四种话语——区位话语、环境话语、景观话语和区域话语来深入探讨地理学与历史学之间的关系①，那还有更多的内容等待着学界同人来体会和研究。

---

① ［英］阿兰·R.H.贝克：《地理学与历史学——跨越楚河汉界》，阚维民译，商务印书馆 2008 年版。

十年来学界学术组织与
学术力量评价[*]

主编按：在众多作者和读者的关爱之中，本刊编辑发行第一百辑了。史念海先生主编的第一辑《中国历史地理论丛》问世于 1981 年，于今竟有三十年矣。32 开 188 页、B5 开 160 页、A4 开 160 页的变化，最为体现的还是学者的追求一贯，学界的发展不断，以及母校——陕西师范大学的支持坚定。本刊自 2001 年实行匿名审稿规则后，刊名又广布于学界内外，所载论文或精雕细琢，或入木三分，兼具此二项神情者又所在多有，均可谓彰明较著之作。因由此故，本刊编者自感责任不轻，编务工作不能稍有懈怠，当努力将"把好稿子发出来"的办刊理念落在实处，为学术求得积铢累寸之功效。当此百辑号编辑之时，恰有中国人民大学华林甫、本刊编辑部主任王社教两位教授提出回顾十年研究的设想，一组文章从动议终变为文字作品，正可为一份礼物，奉献于本刊，奉献于学林文坛。

在前文的叙述和评价中，被论及的每一篇论文、每一部著作都产自作者之手，拿一部会议论文集来说，意味着这是一个学术群体的创作成果。作者虽然分散于各地，在各自的供职单位手执教鞭，著书立说，或申报项目，潜心钻研，又或多或少地同既有学术传统的组织形式产生联系，并由此形成了一个个学术圈子及其研究氛围①。近年来学者们感慨道，现在的学术会议真多，让人应接不暇，这都是不同学术组织积极展

---

* 原载《中国历史地理论丛》2011 年第 3 辑（总第 100 辑），第 37—40 页。
① 历史地理学者除了参加本专业年会外，还自愿参加中国史学会、各个断代的历史学会、有关的自然科学学术会议、不同地区不同高校的专题学术研讨会等。

开活动后的一种切身感受。

（一）专业委员会的组织作用

在我国，历史地理学的学会组织为中国地理学会历史地理专业委员会①。专业委员会的主要工作，体现在主办学会刊物《历史地理》，组织安排历史地理专业的学术年会上。

表1　　中国地理学会历史地理专业委员会《历史地理》编辑委员会
编《历史地理》集刊第16—25辑基本信息

辑次	顾问	主编	发稿量（篇）	字数（万）	出版时间
第16辑	侯仁之　史念海　陈桥驿	邹逸麟　张修桂	37	50.4	2000—07
第17辑	侯仁之　史念海　陈桥驿	同上	38	61.1	2001—06
第18辑	侯仁之　陈桥驿	同上	39	52.4	2002—06
第19辑	同上	同上	39	56.2	2003—06
第20辑	同上	同上	32	70.3	2004—10
第21辑	同上	邹逸麟　周振鹤	49	66.2	2006—05
第22辑	同上	同上	35	57.9	2007—12
第23辑	同上	同上	34	60.8	2008—12
第24辑	同上	周振鹤　辛德勇	27	56.0	2010—04
第25辑	同上	同上	36	66.7	2011—04

说明：（1）自1981年11月《历史地理》创刊号面世，至2011年第25辑出版，该刊均由上海人民出版社出版，在开本、装帧设计、格式上保持了相当好的一致性；（2）表1中的发稿量（篇），系按所有单独成篇的文章计数。

2000—2011年期间，《历史地理》出版了10辑，保持了学会刊物的连续性。《历史地理》刊物风格质朴，内容精湛，稿源广泛，早已获得国

————————————————

① 中国地理学会作为中国科学技术协会之下的一个全国性学术团体，拥有上万名会员，已形成一套日常工作制度，详情可参阅学会秘书处主办的每年四期的《中国地理学会会讯》。

内外学界的良好评价①。最近十年每辑的发稿量，比之前面各期几乎是成倍增加，显示了历史地理学学术研究的兴盛状况。

最近十年，历史地理学界的年会已归于两年召开一次。先是 2000 年 8 月，复旦大学主办了新世纪第一次历史地理年会（会址昆明），之后的年会分别由天津师范大学（2002 年，天津）、陕西师范大学（2004 年，乌鲁木齐）、暨南大学（2006 年，广州）、武汉大学（2008 年，武汉）、广西师范大学（2010 年，桂林）实际承办。从办会过程来考察，历史地理专业委员会的号召力越来越强，各个办会单位对专业委员会的地位和作用也越来越推崇②。

譬如 2004 年的年会，系"中国地理学会历史地理专业委员会考虑到新疆维吾尔自治区在过去的欧亚大陆时代、我国西部大开发和新的世界发展格局中的重要地位，建议 2004 年年会在乌鲁木齐召开，并将这一具体工作委托给陕西师范大学……"③乌鲁木齐、广州、武汉各次年会均把"中国地理学会历史地理专业委员会"置于会议主办单位之首，桂林年会则把专业委员会作为唯一的"主办单位"，其他则成为"承办单位"。2002 年天津年会因故未出版会议论文集外，21 世纪以来的五次年会出版了五部会议论文集④，这也是一个明显的变化，显示的是各个主办单位协助专业委员会工作能力的提高，以及对会议成果高度重视的态度。

论及学术组织所起的作用，不由地联想起一位科学学创始人 J. D. 贝

————————————————————————————————————

① 朱毅：《〈历史地理〉辑刊在反映学科发展和实践中的作用》，《历史地理》第 14 辑，上海人民出版社 1998 年版。

② 这当与历史地理专业委员会秘书处操作的申报单位提出申请、专业委员会委员投票、得票最多单位获得年会主办权的筛选办法有相当关系。

③ 陕西师范大学西北历史环境与经济社会发展研究中心编：《历史环境与文明演进——2004 年历史地理国际学术研讨会论文集》前言，商务印书馆 2005 年版，第 i 页。

④ 复旦大学历史地理研究中心主编：《面向新世纪的中国历史地理学——2000 年国际中国历史地理学术讨论会论文集》，齐鲁书社 2001 年版；陕西师范大学西北历史环境与经济社会发展研究中心编：《历史环境与文明演进——2004 年历史地理国际学术研讨会论文集》，商务印书馆 2005 年版；郭声波、吴宏岐主编：《南方开发与中外交通——2006 年中国历史地理国际学术研讨会论文集》，西安地图出版社 2007 年版；徐少华主编、晏昌贵副主编：《荆楚历史地理与长江中下游开发——2008 年中国历史地理国际学术研讨会论文集》，湖北人民出版社 2009 年版；周长山、林强主编：《广西历史地理与华南边疆开发——2010 年中国历史地理国际学术研讨会论文集》，广西师范大学出版社 2011 年版。

尔纳的专门论述：

> 我们需要经常记住两个主要的考虑。第一是：科研归根结蒂是由个人来进行的，所以首先要注意到各个科研工作者的条件。第二点是：由于进行科学研究是为了造福于整个人类，这就需要最有效地协调各个人的工作。理想的办法是使每一个人都能在一种组织形式里尽其所能，这个组织形式要能使他的工作成果发挥最大的社会功用。主要的问题是怎样使整体的组织起来的需要和个人要求自由的需要调和起来。①

《科学的社会功能》一书最早出版于1939年，许多学科的组织者及其学术团体在这条道路上已经奋斗了许多年，积累了相当多的经验。最近十年我国历史地理专业委员会的工作，主要体现在编辑出版专业刊物、组织年会开展学术交流方面，按照J. D. 贝尔纳的论述，还应当在个人工作成果"发挥最大的社会作用"方面做一些工作。联系今日工作实际，属于不同形式的集体工作成果，自然也在推向社会的范围之内。

在学会组织上，历史地理学研究工作归中国地理学会历史地理专业委员会导引，在国家层面的《授予博士、硕士学位和培养研究生的学科、专业目录》（1997年版本）等场合，历史地理学为历史学（门类和一级学科）下面的一个二级学科，研究生毕业获得的是历史学学位，许多人对此感到不顺，或很难理解。对此，是需要予以多方化解的。首先，这是有其既往原因的（也属于本学科学术史研究内容）。其次，这是历史地理学科本身特点的一种现实反映，应当予以理解和尊重，不能总是拿自己的固有专业去做要求。处于这种状态下的我们，是需要做一下换位思考的，即我们在不同的方面既同历史学又同地理学两大学科有关联，不正是体现了历史地理学的学科特点吗？我们做的正是跨学科的工作，既与历史学又与地理学有关系，在这样的理解和心态中去做自己最想研究的课题、去写自己最想写的文章，可能才最接近历史地理学研究的风格。

————————————

① ［英］J. D. 贝尔纳：《科学的社会功能》，陈体芳译，商务印书馆1982年版，第360—361页。

（二）学术力量的判断和描述

在一些学人眼里，历史地理学算是一个"小学科"，处于同一位置的还有史学理论与史学史、历史文献学、专门史，并认为把这四者从历史学二级学科的位置上予以撤销，是调整学科结构的一种思路。以学科大小、从业者众寡不同等标尺来做类似的判断，的确是一种容易发表的看法，但讨论的关键应该是历史地理学这样的"小学科"在历史学学科体系中究竟具有什么位置、发挥着什么作用？如果能够说明历史地理学在历史学学科体系中的位置和作用，结果是不可缺少甚至是非常明显的，那无异于是说"小学科"也是极为重要的，也是可以发挥比较大的学科作用的。

历史学诸多学科的名称及其内容，所构成的学科体系应当也有不同国家或地区的特点。被简称为"史学"的历史学，最简洁的一种归纳就是它是一门研究和阐述人类社会发展的具体过程及其规律性的科学。对于人类社会具体发展过程及其规律性的认识，我国历史地理学界是通过过去时代人文地理、自然地理的恢复和重建，来展开中国各个地域上民族、民众社会生产和生活的基本内容，以及与所生存地域地理环境之间关系的研究，在此基础上，再集中揭示中华民族走过的历史道路的特点和趋势。相当多的学科对于谭其骧主编《中国历史地图集》的赞誉[1]，已经超过了最初编绘这套图册的基本目的，把人们的关注视野带向了更为辽阔的领域和方向。

类似历史地理学这样的学科，建立在传统舆地之学中的沿革地理之上，又遭遇西方近代地理学的冲击和洗礼，方成长为今日之历史地理学，可谓出身不易，转换艰难，但这也预示了这门学科对于人类而言可能具有的非同一般的责任和使命。与历史学其他学科有一些不同，历史地理

---

① 蔡美彪：《历史地理学的巨大成果——〈中国历史地图集〉评介》，《历史研究》1984年第6期；李一氓：《读〈中国历史地图集〉》，《读书》1984年第12期；陈桥驿、金符：《评〈中国历史地图集〉》，《中国社会科学》1985年第4期，该文分别为《历史研究》《地图》1987年第3期部分转载，等等。

学不仅有学术研究层面的"叙述类"特点，还有面对社会实际的"实用性"特征，以前的类似研究不少已成为经典作品，同时还吸引着许多年轻学子前来学习和钻研。对于今日历史地理学者而言，这方面的工作尤其需要予以重视和加强，而不应该因为栖身于历史学学科之下而忽略了对于国家应用性研究的投入和热情①。

学界学术力量的根本是在学者那里。目前历史地理学界在第一线工作的学者，为1949后经过学校专业训练、在各种教研活动中成长起来的不同年龄段的学者群。他们大多供职于高等院校，少部分供职于科研院所，来自社会其他部门的相当少。学者之谓，绝不是一般所云从事学术研究的人即为学者这一条可以满足，其中不可缺少的是从业者对于学界学术和道德规范的自觉遵行。我国历史地理学界继承了乾嘉学派的治学传统，推崇严格考证方法下的治学路径，一批批基本功扎实的新秀充实到教研岗位上，稍经磨砺，即显锋芒，于是学界拥有了非常出色的学者群。

学者的力量有各种来源，最主要的还是来自学者自身建立起来的自省和自律习惯。在这中间，有的是来源于严谨老师在自己心目中无形地树立起来的标尺②，有的是获教于孤苦青灯前古来圣贤的至理名言，更多地则是得益于自身学术追求中萌发的专业热爱之情和叩求学问的虔诚之心。而不唯行政，不唯权威，不从世俗的人格品质，勇于求真求实的人生信仰，亦为学术力量得以滋生和壮大的精神源泉。近十年内，学术界展开了非常激烈的学术规范讨论，一些历史地理学者不仅参与其中③，有

---

① 我国人文地理学专家陆玉麒教授最近在一个名为《历史地理研究的非历史地理学者思考》发言中指出，应当思考我国历史地理学的国家需求，历史地理学的研究重心在区域发展过程与内在规律上面，从宏观研究着手是历史地理学与地理学联结和沟通的桥梁与纽带（2011年5月29日，上海，复旦大学）。这些意见值得历史地理学界同人深思。

② 金冲及先生对老师谭其骧的回忆，见《中国史学会成立五十周年座谈会发言摘要》，中国史学会秘书处编：《中国史学会五十年》，海燕出版社2004年版，第595页。

③ 就杨玉圣、张保生主编《学术规范读本》（河南大学出版社2004年版）一书中，收入的有葛剑雄撰写的《学术规范论纲》《建立学术规范和开展学术批评》《中国学术规范的传统与前景》，曹树基撰写的《关于"学术研究规范"的几点思考》《学术批评的规范》，张伟然撰写的《也谈学术研究的规范》，以及曹树基、侯杨方合写的《学术规范的正途》诸文。

的还直接参与了《高校人文社会科学学术规范指南》的制定和审阅工作①，为之起了很直接的推动作用。

历史地理学是一门让人心胸宽广的学问，我国960万平方公里疆域上风貌各异的区域，呈现过的数千年中华波澜壮阔的历史，足以使广大的习者陶醉，研者沉思。"士不可以不弘毅，任重而道远"，中国历史地理学的研习园地，同时也是广大学者走向更广阔世界的出发地，进入更早期人类活动当中的练习场，只要待以时日，随着研究条件的改观，世界各国的历史地理状况也将陆续成为我国历史地理学者的研究选题。

---

① 教育部社会科学委员会学风建设委员会组编：《高校人文社会科学学术规范指南》，高等教育出版社2009年。另外，科学技术部科研诚信建设办公室组织编写的《科研活动诚信指南》（科学技术出版社2009年版）、教育部科学技术委员会学风建设委员会组编的《高等学校科学技术学术规范指南》（中国人民大学出版社2010年版），学界人士不妨一并阅读遵行。

环境史审视

由沧水入黑水[*]

——明代册封船往返琉球王国的海上经历

摘要： 16—17 世纪的明朝，其宗主国地位和意识愈益增升，朝廷一改前此的领封做法，派出钦差册封使前往琉球国，为新立国王颁发诏敕，着力扩展海外影响力。1534 年，陈侃、高澄正副二使统御封船，实现了对琉球王国的破冰之旅，并为而后的册封活动树立了信心。封船从闽海出发，由大陆架海域进入东海边缘的深海之上，此即古人所云"由沧水入黑水"之途。在五批册封使的笔下，不断改进以适应海洋航行特点的封船船体结构，募集海上航行经验丰富的水手尤其是舵手，遵行凝聚着前人探索足迹的福建至琉球海道，均须在暴风雨袭击中经受最惨烈的考验和心理震荡。海洋环境史研究的迷人之处似乎在于，是以承载数百人的封船倾覆大海之厄运或者死里逃生的侥幸结果，来验证乘船人与海洋风暴搏击下的最后命运，可以体验帆船时代的过人智慧因此而得以催生，多篇《使琉球录》文献因此而愈显精彩。

关键词： 沧水；黑水；明代册封船；册封使；琉球王国；海上经历

（一）引言：海洋环境史初试

在明朝诸多人士看来，琉球国是一个颇具"华风"的海上岛国，只是限于海路遥远而艰险，能到达者少，因而琉球的故事更加具有传奇色彩和传播性。历史学家向达先生在校注《两种海道针经》时写过一段话，对前往类似琉球国这样的海上艰难航行甚有体味：

---

* 原载《中国边疆史地研究》2016 年第 1 期，第 97—108 页。

古代航海家往返于汪洋无际波涛山涌的大海中，对于各地路程远近、方向、海上的风云气候、海流、潮汐涨退、各地方的沙线水道、礁石隐现、停泊处所水的深浅以及海底情况，都要熟悉。航海的人要知道路程远近和方向，是不消说的了；还得知道风云气候，不仅飓风飓气，就是平常的风暴、风向不对，也足以使海船大大为难。海流、潮汐也很重要，古代谈到台湾落漈，往往为之色变，即是一例。海船抛锚，怕碰上铁板沙、沉礁，也要知道停泊处所是泥底、石底还是石剑，怕走椗或弄断椗索。所以一定要知道水道、沙线、沉礁、泥底、石底、水深水浅等等。诸如此类，这是一本很复杂又细致的账，掌握不了，就无从在大海中航行。①

这些论述是可以采作古代航海活动的参照资料的。从明初开始，就有了出使琉球国的海上航行。按照《使琉球录三种》提要的说法，"考明代历遣使臣册封琉球中山王，除洪熙元年遣内监柴山外，其后均以给事中为正使、行人为副使。自正统八年至崇祯六年，凡十二使"②。自嘉靖十三年（1534）陈侃、高澄正副使归来撰写《使琉球录》，此举甚佳，而此前属于15世纪的多位册封使事迹并不清楚，因为陈侃的记述是"衔命南下，历询往迹；则自成化己亥清父真袭封时，距今五十余祀，献亡文逸，怅怅莫知所之"。在陈侃所辑"群书质异"中有一篇题为《使职要务》的文献，专门就册封使出海中可能遭遇不幸的事先安排，有一段读之令人几近昏厥的记述，其文字为：

————————————

① 向达校注：《西洋番国志 郑和航海图 两种海道针经》（第三种序言），中华书局2000年版，第2页。此段文字中所谈到的"台湾落漈"，按各种辞书对"漈（jì）"字的解释有三：（1）指岸边，如河边水漈；（2）指海底深陷处，如《元史·瑠求》称"西南北岸皆水，至彭湖渐低，近瑠求则谓之落漈。漈者，水驱下面而不同也"；（3）指瀑布，为福建方言，如百丈漈、梅花漈。近人连横《台湾通史》卷1《开辟纪》所云"夫澎湖与台湾密迩，巨浸隔之，黑流所经。风涛喷薄，瞬息万状，实维无底之谷，故名落漈"（上册，商务印书馆1983年版，第2页），给出的解释相当透彻而明确。

② 吴幅员所撰《使琉球录三种》提要，汇入《〈台湾文献丛刊〉序跋（一百零三首）》一文，刊吴幅员《在台丛稿》，三民书局1988年版，第417—631页。学界关于明清两朝派出册封使的探讨较多，专门列表以示概貌的论述，可参见王菡《明清册封使别集中所见琉球史料》一文附录《明清两朝历任册封使一览表》，王菡编《国家图书馆藏琉球史料三编》（代序），北京图书馆出版社2006年版，第1—22页。

洪武、永乐时，出使琉球等国者，给事中、行人各一员；假以玉带、蟒衣，极品服色。预于临海之处，经年造二巨舟：中有舱数区，贮以器用若干。又藏棺二副，棺前刻"天朝使臣之柩"，上钉银牌若干两。倘有风波之恶，知其不免，则请使臣仰卧其中，以铁钉锢之，舟覆而任其漂泊也；庶人见之，取其银物而弃其柩于山崖，俟后使者因便载归。①

借着这样的记述，可以想见风暴中的海洋之无情了。经历了海上险途的陈侃，结合自己的亲身经验予以评说："大抵航海之行亦危矣，凡亲爱者为之虑，靡不周；有教之以舟旁设桴如羽翼者，有教之以造水带者，有教之以多备小觚者。殊不知沧溟万里，风波莫测，凡此举不足恃也；所恃者，唯朝廷之威福与鬼神之阴骘焉耳。""朝廷之威福与鬼神之阴骘"二者，前者系针对册封船出使海外的正当性、权威性和福荫作用而言，后者则是所有乘舟之人在巨浪扑来时心底的希望所在，二者都不是简单的说辞，对于航行者均具有巨大的心理安慰作用。

表1　　　　　　16—17世纪明廷钦差册封使出使琉球国基本信息

出使年代	本文省称	册封国王	明廷册封正使	明廷册封副使	册封使等著述情况
嘉靖十三年（1534）	甲午之役	尚清	吏部左给事中陈侃	行人司行人高澄	陈侃《使琉球录》、高澄《操舟记》《临水夫人记》
嘉靖四十年（1561）	辛酉之役	尚元	刑部右给事中郭汝霖	行人司行人李际春	郭汝霖《使琉球录》、李际春《星槎录》

① （明）陈侃：《使琉球录》之"群书质异"，见台湾银行经济研究室辑《台湾文献丛刊》第287种，大通书局1970年版，第32页。下文除直接注明外，所引明代册封使的出海记录，均出自这部经吴幅员先生整理过的《使琉球录三种》。嘉靖十三年册封正使陈侃、万历七年册封正使萧崇业、万历三十四年册封正使夏子阳为这三种《使琉球录》的作者，实际上在萧崇业的著述中，还包含了嘉靖四十年册封正使郭汝霖的出使记录，见第73—76页（落款为"郭汝霖记"）。

续表

出使年代	本文省称	册封国王	明廷册封正使	明廷册封副使	册封使等著述情况
万历七年（1579）	己卯之役	尚永	户部左给事中萧崇业	行人司行人谢杰	萧崇业《使琉球录》、谢杰《琉球录撮要补遗》
万历三十四年（1606）	丙午之役	尚宁	兵部右给事中夏子阳	行人司行人王士祯	夏子阳《使琉球录》
崇祯六年（1633）	癸酉之役	尚丰	户部左给事中杜三策	行人司行人杨抡	杜三策《使琉球疏》、胡靖《琉球记》

说明：制表中参考了王菡《明清册封使别集中所见琉球史料》一文附录《明清两朝历任册封使一览表》，文献出处见本文脚注。

　　既然 16—17 世纪先后五批明廷册封使都完成了往返琉球国的使命，且都撰写过自己的《使琉球录》，本文最感兴趣的是：在近代轮船出现以前，这些使臣乘坐的海船情况，船上载人的情况，及前往琉球的海路情况；其中最危险的航段在哪里？海船及乘舟人在那些紧急危险时刻是怎样度过来的？按照环境史的研究旨趣，海上环境史应该具有哪些研究内容？当遭遇海上风暴的时候，海路、封船、乘船人三者怎样才能做到高度一致的配合，才能摆脱危险，逃离困境，避免船毁人亡的悲剧发生。

（二）"浮海以舟"——性命相托的封船

　　嘉靖五年（1526）冬，琉球国中山王尚真去世，过了一年后，"世子尚清表请袭封"，明廷命礼部琉球长史司对此事予以复核，复核无误后，"礼部肇上其议，请差二使往封，给事中为正、行人为副；侃与澄适承乏焉"。陈侃、高澄担任新的册封使消息传出，马上就有人为他们的出海安全表示极大的担忧。

　　担忧最切者说："海外之行，险可知也。天朝之使远冒乎险，而小国之王坐享其封，恐非以华驭夷之道。盍辞之，以需其领！"这样说的依据，其实也是出于《使职要务》文献，那里面说："迩者鉴汩没之祸，奏准待藩王继立，遣陪臣入贡丐封，乃命使臣赍诏敕驻海滨以赐之。得此华夷安危之道，虽万世守之可也。"——这些担忧者建议琉球国派遣使者来明朝领回册封诏，很明显他们还不太了解陈侃的性格。

正使陈侃等回曰："君父之命，无所逃于天地之间；况我生各有命在天，岂必海外能死人哉！领封之说，出于他人之口，则为公议；出于予等之口，则为私情。何以辞为！"接下来，陈侃、高澄二使受赐"一品服一袭"，还有一应出使物品，比较特别的是，"又各赐家人口粮四名，悯兹遐役，优以缌御；恩至渥也"①。

嘉靖十二年（1533）五、六月份，陈侃、高澄二使先后到达福建三山（福州之别称），随即进入造船之环节。明代的福建在布政使管辖之下，在福州、泉州、漳州三府都设有官营造船厂②，出厂船只一般称为"福船""福舶"，专门为琉球册封使所造的大船，直接称之为"封船"、"封舟"或"使舟"。为节省国帑，陈侃等人将费用集中在一条封船上，且确知必须以"铁梨木为舵杆，取其坚固厚重"，价虽高一倍，亦在所不惜，因"财固当惜，舵乃一船司命，其轻重有不难辨者"。还有就是封船之底木——专名为"舟遠"，也具有同样重要性，一旦确定购下，册封使不得不为之松上一口气。

关于这条封船的形制和特点，陈侃记之甚详：

其舟之形制，与江河间座船不同。

座船上下适均，出入甚便；坐其中者，八窗玲珑、开爽明霁，真若浮屋然，不觉其为舟也。此则舱口与船面平，官舱亦止高二尺；深入其中，上下以梯，艰于出入。

面虽启牖，亦若穴之隙；所以然者，海中风涛甚巨，高则冲、低则避也。故前后舱外，犹护以遮波板，高四尺许；虽不雅于观美，而实可以济险。因地异制，造作之巧也。

长一十五丈、阔二丈六尺、深一丈三尺，分为二十三舱；前后竖以五桅，大桅长七丈二尺、围六尺五寸，余者以次而短。

<hr/>

① （明）陈侃：《使琉球录》之"使事纪略"，《使琉球录三种》，第7页。

② 厦门大学历史研究所中国社会经济史研究室：《福建经济发展简史》，厦门大学出版社1989年版，第187—190页。

> 舟后作黄屋二层，上安诏敕，尊君命也；中供天妃，顺民心也。
>
> 舟之器具，舵用四副，用其一、置其三；防不虞也。
>
> 橹用三十六枝，风微逆，或求以人力胜；备急用也。
>
> 大铁锚四，约重五千斤。
>
> 大棕索八，每条围尺许、长百丈；惟舟大，故运舟者不可得而小也。
>
> 小艍船二，不用则载以行、用则藉以登岸也。
>
> 水四十柜，海中惟甘泉为难得，勺水不以惠人；多备以防久泊也。
>
> 通船以红布为围幔，五色旗大小三十余面。刀枪、弓箭之数，多多益办；佛郎机，亦设二架。凡可以资戎事者，靡不周具；所以壮国威而寒外丑之胆也。①

其中的每一个环节皆需考虑周全，制作安装时都有必要的祭祀内容，如陈侃所说："靡神不举、靡爱斯牲者，王事孔艰，利涉大川祈也"，为了顺利完成册封使命，众人均遵照祭礼展开相应的祈祷活动。

副使高澄也是一位有心人，他撰写的《操舟记》弥足珍贵，很可能当时是由他来负责造船和选择水手的事项。当他听招募来的水手谢敦齐说刚造好的封船有三处"不善"，非常着急，求其所以，得知其一为"海舶之底板不贵厚，而层必用双"；其二为舱小人多，易生"疫疬之患"；其三为"舵孔狭隘，移易必难"，需要扩展舵孔。高澄立即嘱其一一实施救补。

接续陈侃、高澄二使顺利归来之后的是郭汝霖、李际春二使，中间相隔二十七年，按出海时间不可谓其短，却还是按照"旧式"造的封船。却因启程推迟，封船停放经年，出了一些问题，监造者便提出改进意见，所以有一些相当具体的"改造"②。

第一，郭汝霖属下陈孔成、马魁道考虑到"船长舱阔梁稀，不免软弱；乃请益为二十八舱，以应二十八宿"，此说合理，随即得到办理。

---

① （明）陈侃：《使琉球录》之"使事纪略"，《使琉球录三种》，第9—10页。

② （明）萧崇业：《使琉球录》之"造舟"，《使琉球录三种》，第92—93页。

第二，依照水手谢敦齐之说，制作大铁条二十座，自"舟急"底连接到两舷，则外势束缚益严，胜于采用藤条来紧箍。

第三，各舱通用樟木贴梁，大抵舱狭梁多，尤见硬固。当时福建匠人不知琉球水路多横风浪，外设"老鼠桥"为美观，现采用"漳人过洋船式"，两旁加以舭柱、钉板等料，稠密牢壮，小艒击于舭外，朴素浑坚，及增重舷、头极、交拴等十二件，以故船得风，浪不侵，往来无虞。

诸位册封使在海洋中出生入死，完成琉球国王册封事宜归来，见及上司故人，无不长吁短叹，感慨万千！为国家利益计，他们秉笔直书，提出了诸多宝贵建议，期待后继者能够有更好的安全保障，以便能出色地完成出海的册封使命。这中间，汲取海上遭遇连续飓风、饱受吹打的教训，万历七年（1579）的册封使萧崇业主张造舟之事必须在船舵上下大的功夫：

> 舵备三，用其一，副其二。橹置三十六枝。大铁锚四，约重五千斤。大棕索八，每条围尺许、长百丈。小艒二，不用，则缚附两旁；用，则往来藉登岸，或输行李。水具大柜二，可载五、六百石；小如瓮者十数：以海泉咸不可食也。舟最紧要者三，曰舷、曰桅、曰舵。把总林天赠得舷于延平、李应龙得桅于寿宁、经历罗克念得舵于广东，诸木既精好，当于用；而三者又殊材，中绳度。以故终焉允臧，得安流无恙，为舟人幸；孰非一时事事者之恪哉！定舷日，三司诸君率府、县官俱往南台陪祭外，若竖桅、治缆、浮水出坞，亦靡神不举者。凡以王事所在，诚重之耳。

在降低封船造价方面，多个册封使也都是极力为之。如萧崇业所说："凡木之伐自山者、输及水者、截为舟者，丝忽皆公帑云。费已不赀而丝忽又公帑出，余心内弗自安，时时与谢君商之，舟从汰其什一、军器损其什五、交际俭其什七。"[1]。这些费用的减少，乃是他和副使谢杰一道合作的结果。

---

① （明）萧崇业：《使琉球录》之"使事纪"，《使琉球录三种》，第77页。

丙午之役前，夏子阳、王士祯二使通知所有上船人员不要多带货物，以免导致封船载重过大，等到起航之前，听"长年辈称船轻，尚欲载石；余两人坐小船亲验水痕，果离水蛇一尺五寸。盖海船欲稳，故以水平水蛇为准；即出汛兵船亦必压石，令水蛇平，乃能破浪耳"。随后几日，"舟人各率厥职，料理舟中器具。已而抵梅花所，取水，复取石五，船压重；仍行香天妃宫。并散给照身印票，逐名清理，而一切影射带货者尽驱一空矣"①。

由此可知，所有海上航行活动，虽然航行是在海上，但航行的技术装备、安全设施，也就是出海的功夫大小主要是在岸上体现。对此，能够顺利完成出海使命的封船，可以说各批册封使臣没有不重视这一环节的。

（三）募集具有"操舟之术"的长年水手

16—17 世纪明朝册封使所监造的封船，无不船大体重，载人可观。以陈侃封船为例，乘舟之人计有：

> 架舟民梢用一百四十人有奇，护送军用一百人，通事、引礼、医生、识字、各色匠役亦一百余人。官三员（千户一员、百户二员），官各给银十二两，为衣装之费；余各给工食银五两三钱五分。旧时用四百余人，今革其十分之一；从约也。②

丙午之役后夏子阳上报自己所乘封船上的人数及开支总数情况：

> 臣今次所带人员，通共三百九十一名。所支廪给、口粮、行粮，通共银二千三百五十八两六钱；与所造器械，通共银一千三百六十四两六钱八分。虽中间稍有更置损益，然总之就中通融，一如己卯

---

① （明）夏子阳：《使琉球录》之"使事纪"，《使琉球录三种》，第221—222页。
② （明）陈侃：《使琉球录》之"使事纪略"，《使琉球录三种》，第10页。

旧数而已。①

造船及一应开支如上，究竟怎样才能保证一船之人安全往返海上，册封使们早已认识到有经验水手的作用及其重要性。经过一次海上的生离死别，陈侃更加认识到"浮海以舟、驾舟以人，二者济险之要务也"之真谛，他把自己的经历写出来供后人参考：

> 从予驾舟者，闽县河口之民约十之八；因夷人驻泊于其地，相与情稔，欲往为贸易耳，然皆不知操舟之术。上文所云长年数人，乃漳州人也。漳州以海为生，童而习之，至老不休；风涛之惊，见惯浑闲事耳。其次如福清、如长乐、如镇东、如定海、如梅花所者，亦皆可用。人各有能、有不能，唯用人者择之；果得其人，犹可以少省一、二：此贵精、不贵多之意也。一则可以节国之费，一则可以卫众之生；故不惜辞之烦，为后使者忠告。②

这一条忠告是非同小可的，做到了这一点，出海航行的安全系数将大为提高。副使高澄对此也深有体味，在他撰写的《操舟记》一文中，引出了三名募集而来的操舵师，分别为谢敦齐、张保、李全，经过面试询问和日后出海表现，他认为"敦齐约年三十有余，膂力骁勇，识见超绝；彼二人，则庸琐无足道也。呜呼！天下之事，唯在得人而已。苟得其人，则危可使安、险可使平；苟非其人，则安亦危也，平亦险也。余于操舟之术而悟任贤之理，故僭为之记"③。

在一篇朝廷命官的文章里，如此称赞一名普通耆民，实在是少见，所以作者自己以"僭"是称（即不按一般情形）。如果试将有关谢敦齐的描写文字再引出来，方能领会到撰写者所说皆非虚言。在甲午之役展开过程中：

---

① （明）夏子阳：《使琉球录》之"题奏"，《使琉球录三种》，第211页。
② （明）陈侃：《使琉球录》之"使事纪略"，《使琉球录三种》，第22页。
③ （明）高澄：《操舟记》，《使琉球录三种》，第91页。

五月八日，遂开洋。十三日，至古米山。夜半，飓风作，遮波板架及箬所不到处，尽飘荡无遗。唯船身及艎底，屹然不动。使非谢谋，则此舶瓦解久矣。逾旬不至，天气颇炎。船面虽可乘风，舱口亦多受湿；染疫痢者十之三、四，竟不起者七人。使非谢谋，则此辈物故必多矣。海水、飓风，劲不可敌；铁力木之舵叶，果荡而不存矣。遂以榛木者易之，亦幸其孔之有容也。使非谢谋，则旧者不能出、新者不能入，未免覆厥载矣。谢非天授而何哉！

然其功之可取者，不特此耳；如观海物而知风暴之来，辨波纹而识岛屿之近，按罗经而定趋向之方，持舵柄而无逊避之意，处同役而存爱敬之心，其所可取者亦多矣。及舟回桅折之夕，众方惊仆，彼独餐饭自如，问之，曰："无恙也！"余等惧甚，慰之曰："无恙也！"呜呼！微斯人，则微斯四五百人矣。谢非天授而何哉！①

文中三次出现"使非谢谋"的假使句，两次出现"谢非天授而何哉"的感叹句，致使这一份文献成为十分罕见的记录平头百姓实际才能的历史资料。因前使出海情况已经不明，甲午之役确属破冰之旅，陈侃、高澄出海前，恰有琉球国世子尚清派长史蔡廷美来迎接明朝册封使，所持理由为"虑闽人不善操舟，遣看针通事一员率夷梢善驾舟者三十人代为之役"，令二位册封使大喜过望。谢敦齐对"曾至琉球否"的询问是"否"，他又说"仆虽未至其地，然海外之国所到者不下数十。操舟之法，亦颇谙之。海舶在吾掌中、针路在吾目中，较之河口全不知者，径庭矣"，可见他的自信心是很强的，封船最后回到闽海，也就证实谢敦齐确有实力。

甲午之役的成功，对后面的册封活动树立了信心，尤其是参加过甲午之役的水手加盟到下一次封船出海，自然为安全出海增加了相当的系数。如水手陈大韶、曾宏，二人又为辛酉之役的册封使郭汝霖、李际春所雇用，据郭汝霖所记，"陈大韶、曾宏俱从陈、高过洋者，亦来；大言曰：'往年亦如此。然往年船不固，今此船固；往年船发漏，今不发漏；往年无边舵，今有边舵；往年折舵并折桅，今舵虽折而桅尚存。'余闻其

---

① （明）高澄：《操舟记》，《使琉球录三种》，第92—93页。

言，心亦颇定"①。这就是富有经验的水手在船上遭遇险情时所起的定心丸作用。

（四）开洋：福建至琉球之海道

甲午之役前一年的十一月，先有琉球国进贡船的到来，随即又有琉球国长史蔡廷美的专船到来，船上有"看针通事一员率夷梢善驾舟者三十人"，陈侃等人不胜欣喜，这不仅说明海道畅通，还意味着有了前来接应乃至同行琉球的船只和船员。

从福建至琉球之海道，在萧崇业《使琉球录》中的"琉球过海图"上述之甚详。按海道形状，自然是一个长条形，为适应书籍的版式，于是断此图为 7 幅，顺排下去，占 7 页。海道属针路，叙述文字为：

> 梅花头正南风，东沙山。用单辰针，六更，船。又用辰巽针，二更，船小琉球头。乙卯针，四更，船彭佳山。单卯针，十更，船取钓鱼屿。又用乙卯针，四更，船取黄尾屿。又用单卯针，五更，船取赤屿。用单卯针，五更，船取粘米山。又乙卯针，六更，船取马齿山，直到琉球，大吉。②

今日得知，位于闽江下游的福州城，处于北纬 25°15′—26°39′和东经 118°08′—120°37′的位置上，而钓鱼岛及其附属岛屿是处于北纬 25°40′—26°00′和东经 123°20′—124°40′的海域上，也就是说，明朝时期从福州至钓鱼屿的海道大致是取由西向东的方向。而启程季节，按照琉球位于福建的东北方向，故"去必仲夏，乘西南风也；回必孟冬，乘东北风也"③。

---

① （明）郭汝霖：《使琉球录》，见《使琉球录三种》，第 75 页。

② （明）萧崇业：《使琉球录》之"琉球国海图"，见《使琉球录三种》，第 55—61 页。此图在夏子阳的著述中有两见，一为《使琉球录三种》，第 179—194 页，占 16 页，除图 2（第 180 页）绘有海中波涛景象外，其余皆无；二为夏子阳、王士祯编《会稽夏氏宗谱·使琉球录》（明夏氏活字本）之"图组"，收入黄润华、薛英编《国家图书馆藏琉球史料汇编》（北京图书馆出版社 2000 年版，第 326—345 页），占 19 页，多出图幅为封船到达那霸港后的琉球王国图景。

③ （明）夏子阳：《使琉球录》之"群书质异"（按语），见《使琉球录三种》，第 254 页。

据"琉球过海图"判断，从福建至琉球之海道，为一条比较成熟的海上航线。

如甲午之役中陈侃所述，封船一出海口，即一片汪洋。封船在前，琉球船只在后，风顺船快，次日过小琉球（台湾岛），再一日，"南风甚迅，舟行如飞"，陆续"过平嘉山、过钓鱼屿、过黄毛屿、过赤屿"（此处误将"黄尾"写作"黄毛"），第四日傍晚"见古米山，乃属琉球者"，这是相当顺利的去程。辛酉之役中，郭汝霖记述所过之"赤屿者，界琉球地方山也"①，再下去就是古米山（今日本冲绳县久米岛）。这两种记述的原意，是以赤屿为界，赤屿以下属于琉球王国，而赤屿以上诸岛屿属于明朝海疆。

丙午之役中的夏子阳封船，在过钓鱼屿、黄尾屿后，"是夜，风急浪狂，舵牙连折。连日所过水皆黑色，宛如浊沟积水，或又如靛色；忆前《使录补遗》称：'去由沧水入黑水'，信哉言矣！"② 再前行，就望见"米古"米山了。

此《使录补遗》者，为己卯之役副使谢杰所著，全称为《琉球录撮要补遗》，其中记录了一个故事，是说萧崇业、谢杰封船回港时因无人前来领航，导致大船搁浅，引来议论纷纷，有人建议用此封船换上战船或盐船，以便航行：

> 适又一父老进曰："某习知船事，希借一观！"余许之。比引入舱，其人喜曰："不须易也。此船坚甚，所伤不多；稍加粘补，虚其四舱，即可径渡。若易船，无论战船——即盐船亦不可。凡船行海中，虽若汪洋无际，实由南而北或北而南，率循汇不远。惟封船自西徂东、自东还西，乃冲横浪万余里；去由沧水入黑水，归由黑水入沧水，此岂盐船力量所能胜乎！"于是决意不易，竟得无恙。③

这位父老所言，道出了封船与众不同的特点。一般船只在海上做南

---

① （明）郭汝霖：《使琉球录》，《使琉球录三种》，第 75 页。
② （明）夏子阳：《使琉球录》，《使琉球录三种》，第 222 页。
③ （明）谢杰：《琉球录撮要补遗》之"启行"，《使琉球录三种》，第 211 页。

北行，属于循海潮而行的例子，而封船则是取道东西向，要"冲横浪万余里"。父老所言"去由沧水入黑水，归由黑水入沧水"，即《使录补遗》留给夏子阳印象深刻的地方。

钓鱼屿即我国东海上的钓鱼岛，黄尾屿其名则一直未变[1]。夏子阳封船驶过黄尾屿之夜，海上就出现了"风急浪狂，舵牙连折"的紧急情况，此处地名（黄尾屿）、时间、风浪诸要素皆及，明显表示封船进入了琉球海槽。夏子阳记录的"连日所过水皆深黑色，宛如浊沟积水，或又如靛色"，反映的正是封船进入了深水海域，此水域当时还没有具体的名称（清代册封使所用的"黑水沟"名称，在夏子阳记录中已有了雏形），就水色而言，黑色、靛色（若蓝、紫合成之色）已能说明这里不是在大陆架了，所以，"由沧水入黑水"这句概括之语，所能表达的意思就是航船离开了陆架冲淡水的沧水，进入黑水所在的海槽里了，唯因进入了琉球海槽，海洋地貌变得复杂起来，方才容易引起巨大的风浪[2]。

在有关钓鱼岛及其附属岛屿的研究中，16—17世纪明代册封使的《使琉球录》文献早已受到中外学者的重视，以日本京都大学井上清教授发表的论文为例，认为"福州至那霸的航道中，从基隆连接钓鱼、黄尾、赤尾的东西线南侧，由水深二百米的中国大陆架的蓝海，突然进入水深二千米的深沟，黑潮从这里流过，真是沧水变成了黑水"。[3] 与此同时，沙学浚、吴幅员在台湾发表的论文[4]，提供了钓鱼岛等岛屿属于明清中国而不属于琉球的历史证据，后者并以"从中琉天然界——黑水沟看钓鱼

---

[1] 中测新图（北京）遥感技术有限责任公司编制：《中华人民共和国钓鱼岛及其附近岛屿立体影像》，中国地图出版社2012年版。

[2] 据江波的研究，距今1100—350年，随着黑潮暖流和陆架冲淡水的交替增强，以黑潮暖流和陆架冲淡水为主要内容的海洋流场对台湾东北海域海洋环境演化起主导作用，而距今350年以后，伴随着东亚冬季风的增强，冬季风重新成为海洋环境的主要控制因素［《25ka以来冲绳海槽古海洋环境演化研究》，中国科学院研究生院（海洋研究所）海洋地质学专业博士学位论文，2012年］。

[3] （日）井上清：《关于钓鱼岛等岛屿的历史和归属问题》，生活·读书·新知三联书店1972年版，第11页。

[4] 沙学浚：《钓鱼台属中国不属琉球之史地根据》，《学粹杂志》第14卷第2期，1972年2月，收入氏著《地理学论文集》，商务印书馆1972年版，第483—528页；吴幅员关于"钓鱼岛等岛屿非琉球所属史证"的4篇论文，收入氏著《在台丛稿》（三民书局1988年版），在第164—225页。

屿"为着眼点展开了论说。本文前面所引明代册封使关于"黑水"的观察和记录，则为清代多批册封使的"黑水沟"地名表达提供了基础。

（五）封船遭遇海上风暴场面及应急处置方式

明朝五批册封使统御之封船，尽管遵守惯例，于五月借南风之力启程前往琉球，到达后履行公事，度过海上不稳定的夏季，待九、十月方才顺着北风回程，仍不可能一路顺利，无险而返。以下试提取若干封船遭遇海上风暴之片段，以观在风险危急场面中船上的应急处置方式。

1. 甲午之役；返程；似黑水海域内

陈侃、高澄一行去琉球时，过黑水海域甚是顺利，返回时则遭遇飓风，嘉靖十三年（1534）农历九月十二日开洋，次日夜里遭遇飓风所涉及的路程和时间判断，遭遇区段当在黑水海域。当晚"飓风陡作，舟荡不息；大桅原以五木攒者，竟折去。须臾，舵叶亦坏；幸以铁梨木为柄，得独存"。但船舱进了水，"当此时，舟人哭声震天。予（陈侃）辈亦自知决无生理……舟人无所庸力，但大呼'天妃'求救"[1]。此次飓风主要发生在夜间，并延续至第二天。在占卜得吉后，船上数十人齐心协力换舵，舵安装妥当，人心安稳，封船继续前行。

2. 辛酉之役；返程；似黑水海域内

嘉靖四十年（1561）十月，郭汝霖、李际春一行也是在离开那霸港的第2天遭遇到了飓风，推测其位置也是在黑水海域一带。当时的天气是"黑云接日，冥雾四塞"，预示着飓风将要到来。"至夜二鼓，劈烈一声，舵已去矣。"随行水手陈大韶、曾宏二人有过一次出海琉球的经历，他们说："往年亦如此。然往年船不固，今此船固；往年船发漏，今不发漏；往年无边舵，今有边舵；往年折舵并折桅，今舵虽折而桅尚存"，点出了改进后的册封船之优点，从而稳定了众人之心。次日虽出现了"牵

---

① （明）陈侃：《使琉球录》之"使事纪略"，《使琉球录三种》，第20页。

舵大缆兜之自尾至船首者，又忽中断"的情况①，最终在风浪中合力接上，度过了这一飓风难关。

3. 己卯之役；返回福建海道上

万历七年（1579），萧崇业封船去程基本顺利，半数人于风波中呕吐不已，"顾独漳人，则夷夷弗为动耳"②。下半年十月二十日出那霸港，"二十六日，风益助顺，令楫师五帆并张，摇扬披拂，猎猎不可御；盖与归心飞相送也。但抵暮，阴云四塞，乃大雨。于是西风为梗，终食弗进寻丈。幸一日夜，辄转而北矣。然北又多暴，舟迅而荡甚，欹侧簸扬；时戛轧为裂帛响，颓然若屋宇将倾之状"。此时船上大多数人已失去自制力，唯有"漳州长年极力揞柁，坚与风为敌；棍牙数数折伤，柁叶亦为巨涛击去，独柁以铁力木得存；更再易之，人人愈益惴恐"③。柁，即舵，采用铁梨木为之，于关键时刻体现出坚硬木质在制舵方面不可替代的作用。

4. 丙午之役；去程；返程；黑水海域内

万历三十四年（1606）五月，夏子阳、王士祯一行所经确属黑水海域。二十七日午后过的钓鱼屿，次日过的黄尾屿，当天夜里"风急浪狂，舵牙连折。连日所过水皆深黑色，宛如浊沟积水，或又如靛色"④，似乎没有什么太大的惊险，对于船只的影响也不太大。但在返程中情况就不一样了，夏子阳在《使琉球录》里记道：

> 忽二十三日午后，飓风大作；连日涛涌如山。系舵大索为一船纲维者，连断其四。运舟巨舵为一船主宰者，连折其二，舟中所存仅一舵矣；亟整理易之，又复为巨浪击去舵叶。即合木巨桅，亦缘振撼损裂，摇拽欲仆。如此者又经三昼夜，以一无舵之舟簸荡于烈风狂涛中，颠危倾仄，几覆溺矣……

① （明）郭汝霖：《使琉球录》，《使琉球录三种》，第75—76页。
② （明）萧崇业：《使琉球录》，《使琉球录三种》，第78页。
③ 同上书，第81页。
④ 本段丙午之役引文皆出自夏子阳《使琉球录》，《使琉球录三种》，第222—228页。

接下去的记述为二十四日"巳刻，忽霹然一声，舵折去矣"，二十五日情况尚好（风向转为东北），二十六日"复有麻雀一群飞集船上，顷即飞去；众异之，疑为飓征"，紧接着到了第二天：

> 次日，风果暴剧，倏而舵叶又为巨涛击去。众思船中止此一舵，若此干复折，则必无归；亟下偏舵，将舵干拔起。船从兹无主，簸扬倾荡倍甚于前……

二十八日"忽有报船裂入水"，船上一片惊慌；二十九日"三易舵后，风伯助顺，始得安澜以归"。就在二十九日这一天早晨，众人隐隐望见一船，喜悦中有人说道"有船，则去中国不远；且水离黑入沧，必是中国之界"，连续四五天的海上颠簸，似乎都是在黑水海域里行驶，看着船只"离黑入沧"了，众人才有所放心。夏子阳、王士祯一行这一次返程似乎是遭遇飓风时间最长的一次，因而连日的行程记录也格外细致。

5. 癸酉之役；返回福建途中

崇祯六年（1633），杜三策封船去程遭遇过风浪，船上颠簸不已，回程更为苦不堪言。据其《使琉球疏》所言："臣等候孟冬风泛，至十月二十九日始离琉球，登封舟"，出海即遭遇风袭，至十月"初六、初七两昼夜，飓风大作，浪如连山，且阴云黯惨，水天不分，人在舟中，如入暗室。坐风轮船工，不敢持舵与风相斗，随浪漂流，针路俱失。兼有无数大鱼，夹舟而行，舟中人万分恐惧，臣等乃祈祷于天妃神前"。[①]

风浪有过平静后，"陡于十一、二日飓风又作，缆肚绳连断五次，无所以系舟，又恐下击碎船尾，事不可救。舵工郭芳料理舵事，被舵一侧，脑浆迸出，堕海而死。舵工柯镇又伤一肢，人遂无敢近舵者。东西南北，随浪漂转。尔时大风簸海，海浪拍天，蓬舟忽蘸于水中，海水忽涌于船上。一船之人，魂惊魄战，面色如灰"。是船载人五百有余，杜三策召集船上年长者合议，"众长年曰：'船所托命在舵，今舵已无用，惟有随水

---

① 本段癸酉之役引文皆出自周郢《新发现的杜三策〈使琉球疏〉述略》，《山东图书馆学刊》2014年第6期，第77—80、85页。

漂流耳，有何巧法？'"水手中素有"海行者见山如父母"之说，至十四日天明，有人报称"已见山矣！"在确定是福建小琯山后，众人方才稳定下来。"随水漂流"，这是封船遭遇风暴猛烈摧残后，最没有办法的路子。

（六）结论：帆船时代的过人智慧

在以季节风为动力的帆船时代，对于一艘出洋大船的基本目标，就是遭遇再大的风暴时，能够做到桅杆不倒，舵不失灵，船不解体或倾覆，船上的人员能够安全抵达目的地，并与航船顺利返回。在琉球国完成册封使命后，封船能够安全返回，这即是陈侃、高澄等五批明朝册封使心中的理想——环境史研究注重特定条件下人与环境之间的互动关系，在本文提供的时空背景中，即为船上人与封船顺沿海道航行所关联的海洋环境之间关系的考察研究。

明代前期的郑和下西洋事迹在前，今人总结的天文和地文航海技术及航海图，16—17世纪的各批封船均已掌握，最大的不虞之事即为出没海上风暴的不确定性。册封使衔命出海本身具有一种连续性（前者对后者容易产生影响），其出海时间已有季节性上的考虑，连续多日十数日的海上航行，致使遭遇风暴的可能性增大。经过表2的制作，从而获得上述各批册封船往返琉球国途中的遇险区段或位置。

表2　　　　16—17世纪明朝册封船往返琉球国途中的遇险区段

出使年代	正副使	去程起止时间	遇险区段（去程）	在琉球国停泊天数	返程起止时间	遇险区段（返程）
嘉靖十三年（1534）	陈　侃高　澄	五月八日至二十五日	谷米山	115	九月十二日至二十八日	似黑水海域
嘉靖四十年（1561）	郭汝霖李际春	五月二十九日至闰五月九日	似黑水海域	137	十月十八日至二十九日	似黑水海域
万历七年（1579）	萧崇业谢　杰	五月二十二日至六月五日	赴琉球海道中	117	十月二十四日至十一月二日	回福建海道中
万历三十四年（1606）	夏子阳王士祯	五月二十四日至六月二日	黑水海域	134	十月二十四日至十一月一日	黑水海域

续表

出使年代	正副使	去程起止时间	遇险区段（去程）	在琉球国停泊天数	返程起止时间	遇险区段（返程）
崇祯六年（1633）	杜三策杨抡	六月初一日至初九日	赴琉球海道中	140	十月二十九日至十一月十七日	回福建海道中

资料来源：依据本文所参考的多种《使琉球录》资料制作；起止时间系按开洋日、到达目的地的时间予以确定。

去程中遇险的主要区段是在离开沧水海域后，进入黑水海域。从专题地图上获知，琉球海槽底最大深度2719米的位置就在钓鱼岛东黄尾屿、赤尾屿的南面①，从这样的海底形势来阅读上引夏子阳使臣写下的"过黄尾屿。是夜，风急浪狂，舵牙连折。连日所过水皆深黑色"的文字，就易于理解了。因此，黑水海域虽然为水深险要去处，却是前往琉球国所必须越过的海上区段，经历越过中的危险性，诸多使臣才对之格外留心，严加防范，唯其在这里经历了惊涛骇浪，遭遇了舵断船漏的危险境地，才会在自己的出使记中留下翔实的记录和感受。

返程中经过深邃的黑水海域后，由于路远风向变数多，封船仍然会面临一些不测，即如己卯之使萧崇业、癸酉之使杜三策统御的封船，在返回福建途中仍然遭到风暴袭击，船只遭到不小的损坏。

环境史研究的一个突出角度，乃是密切关注特定时空背景里，人物及其群体如何在适应、利用环境条件和自我行为的调整中，一步步实现了预定的政治社会经济方面或文化意图上的目标。就本文论题而言，到了明代，从福建往返琉球之海道已经属于一条比较成熟的海上航线，为确保封船安全往返、完成册封使命起见，各批册封使周密部署，尽职尽力，临危不乱，发挥的统御作用明显。在监督造船过程中注意细节，汲取前人经验和不同意见，防微杜渐，处事果断，取得了全体人员安全出海的最基本保证。

在渺无涯际的大海中，封船犹如一叶之舟，为了增加最大的安全系

① 刘明光主编：《中国自然地理图集》（第二版）"海域"部分之"中国近海地貌"图幅，中国地图出版社1998年版，第60页。

数，须将"浮海以舟、驾舟以人"的根本认识落在实处。如高澄这样的册封使，听取了友人的意见，采用了招募水手的方式，来物色具有"操舟之术"的专门人员，得到了如谢敦齐这样富有实际经验的优秀操舵师，然后予以重用，促使他们在封船航行面临灭顶之灾时发挥他人所不能起到的作用。

在依赖"朝廷之威福与鬼神之阴骘"两方面，册封使们做的也是谨守维诺，遇事必祭，这符合当时民众的心理状态。在暴风雨袭来和海水震荡的过程中，船体失重，人心失衡，人们于无奈之中求救于皇恩浩荡和天妃女神，乃是情不自禁的求生表现，而一旦险情消除，人们的沮丧心情才会好转。

天无绝人之路:陇西高原砂田作业的微观调查

——兼及《魏书·张骏传》"治石田"事迹*

摘要: 国内有关甘肃陇西高原砂田起源的探讨,一直停留在明清时期有关材料的分析和推测上(其中以农史学者所持起源于明代中叶观点最有价值),本文使用《魏书·张骏传》所记"治石田"史料,结合对甘肃省皋兰县忠和镇野马沟村砂田作业调查形成的经验分析认为,公元4世纪前凉张骏在境内推广的"治石田"事迹,不仅为目前所知甘肃省早而可靠的砂田历史资料,而且在农业科学技术史和环境史研究领域具有"变川道瘠土为良田"的典型意义,对于长期流传下来的民间砂田作业,可以从其分布地域的海拔高度、年际温度、降雨量和蒸发量所造成的干旱程度上,揭示出特定时空条件下人力适应自然条件的把握量度。

关键词: 陇西高原;铺砂造田;前凉石田;皋兰县野马沟村调查;砂田作业

按照我国多种系统古农书所列纲目(如"田制")、所记入的内容,涉及不少田地类型,较为著名的有圃田、围田、架田、柜田、梯田、涂田、沙田①,却不及砂田。农业科学各专业有关砂田的研究,大多是以现状条件下的调查和实验研究为主,目的是了解西北甘、宁、青各地砂田特点,为挖掘砂田的生产潜力奠定基础,直接为农业生产服务。我们关

---

* 原载戴建兵主编《环境史研究》第二辑,天津古籍出版社 2013 年版,第 20—43 页。

① (明)徐光启:《农政全书》卷 5《田制篇》,石声汉校注,西北农学院古农学研究室整理,上海古籍出版社 1979 年版,等。

心的则是砂田的形成历史和条件，尤其是当地民众在砂田的形成过程中，是如何熟悉和适应当地的自然特点，逐步发明了这样一种巧妙地适应当地的水热条件，在庄稼生长不理想的土地上一再进行摸索，创造了独特的田地类型，进而获得农业收成，部分解决了食物来源的问题，得以在水资源有限的土地上建立自己的聚落，长期生存并延续下来。从事这样的研究所需要的文献资料还不够理想，我们试图结合实地调查来增进有关认识。

图1　砂田特写。砂田高出田土面 10 厘米左右，甘肃民间有"砂板"之称
（甘肃省皋兰县忠和镇野马沟村村头，2011 年 10 月 17 日作者拍照）

（一）有关砂田起源和形成过程的讨论

为更清楚地反映和表达学术界在这方面已有的认识，我们从人们最熟悉的有关砂田的传说资料开始论述。

1. 有关砂田来历的传说

砂田的来历一向都说不准，因此也就有了关于砂田来历的传说。1891 年，时当清朝光绪辛卯年（光绪十七年），29 岁的浙江秀水（今嘉兴市）人陶保廉（1862—1938 年）跟随父亲陶模进京述职后，又走上了陪同父亲去新疆赴任的道路。陶保廉有心之处，就在于边行边记，这一年 10 月 13 日（农历）的傍晚，他们到了甘肃平番县（今永登县），在"一里西关，住店"。保廉在《辛卯侍行记》书稿里写道：

> ……（平番）县东南一百四十里，地名秦王川，一名黑川，在新旧边墙之间，接皋兰境。向为硷地，不宜禾稼。嘉庆时，有老农言：硷地下有石头，翻而布之于上，就石隙种麦，丰茂倍他处。盖石子居上，土不受日光，即不成硷，且可留水气也。闻山东莱阳亦有此等地。若戈壁中彻底皆石子，或有沙无土，则植物难生矣。[1]

此"硷地"之"硷"，繁体字为礆、鹼、鹻，有旧同"碱"的解释[2]，实际上就是今日所说的"碱土"。而盐、碱二字，《说文》十二上均有，写作鹽、鹻，皆在"卤目"之列，说明国人对卤类物质认识较早。"嘉庆时有老农言"这个故事，讲清楚了砂田的基本特点，即在"不宜禾稼"的硷地上铺上石头后，在"石隙种麦"，可以得到较好的收成。归纳其原因，是"石子居上，土不受日光，即不成硷"第一条，"且可留水气也"第二条在起作用，意即今日所说砂田具有压碱、保墒之功效，这都是平番县的老农所知晓的。秦王川的砂田的确名不虚传，在以后多有介绍和调查文字问世[3]，当然，也有一些文献并没有述及这个传说。

除此之外，还有一个与田鼠有关的传说，林蒲田在著作里对此有所

---

① 陶保廉：《辛卯侍行记》卷 4（自兰州西北至甘州西北一千有三十六里），刘满点校，甘肃人民出版社 2002 年版，第 251 页。这部文献原刊为光绪丁酉（1897 年）养树山房木刻本。

② 王自强编：《简化字　繁体字　选用字　异体字对照表》（修订本），上海辞书出版社 1999 年版，第 25 页，"硷"字；《新华字典》（双色本，第 11 版），商务印书馆 2011 年版，第 227 页右栏，"硷"字；等。

③ 如杨来胜、席正英、李玲、张显合作的《砂田的发展及其应用研究（综述）》，刊于《甘肃农业》2005 年第 7 期，第 72 页，等。据悉，兰州市北面的永登县秦王川，作为一块地势平坦的高原盆地，已在新一轮的城市化过程中，被确定为兰州新区建设之核心，新区党工委和管委会已经成立，为新区提供水源的"引大（大通河）入秦（秦王川）工程"已开始兴建。

叙述：

> ……据当地人传说，在清朝中叶，某年甘肃大旱，赤地千里，田鼠窃麦储粮于洞穴中，在往来行走时，带动砂石，覆盖麦籽上，至次年见麦苗益然结实累累，经仿效实验和不断改良，发展成为现在的砂田。①

此说文献来源很有可能与民国时期魏宝珪的论著有关②。视其叙述口径，其中明显保存着后人编织的痕迹（所谓田鼠"带动砂石覆盖麦籽上"的说法），显得多不可信。不过，这样的传说方式及其内容，却恰恰是民间的形式和风格，这是最应该让今人关注的地方。那么，这类传说所交代的故事发生时间和地点是否可靠呢？我们认为，故事发生时间和地点相比，一般来说地点似乎要比时间靠谱些，但二者却都有可能在传说过程中有过变动，因为故事是在不同时代流传的，时间和地点很容易会根据口耳相传的人们的需要而发生改动，只有故事内容是最核心、最有实际价值的成分。甚至会有这样的情形，清代人流传的故事完全可能是前代人的发明，由于故事发生的背景在清代再现了，清代人于是把这个故事改编成了清代的事情。

2. 农史学者所持砂田起源于明代中叶观点的分析

1982 年，西北农业大学农史学者李风岐、张波联名发表《陇中砂田之探讨》一文，提出和论证了这一带砂田起源于明代中叶的观点。他们的集中看法是：

> ……陇中有一种叫"老砂板"的砂田，是因劳力不足，在旧砂田上连续复铺新砂的简便造田方法。皋兰县华皮川有块厚近一米的

---

① 林蒲田：《中国古代土壤分类和土地利用》，科学出版社 1996 年版，第 112 页。

② 魏宝珪：《甘肃之碱地铺砂》，《中农月刊》1943 年第 2 期。此文叙述文字为秦翰才著《左文襄公在西北》一书所引（岳麓书社 1984 年版，第 242—243 页。原版为重庆的商务印书馆 1945 年版），其中明确说到"砂田之发明，距今不过百余年"，"至清同治时"，左宗棠采用和推广了砂田，以安抚流民。

老砂板，据一位八十多岁的老农回忆，从他记事起，这块地就有"老砂板"之称了。而皋兰县至今还保留着许多一米五以上的老砂板旧迹。从叠砂的厚度和一代砂田衰老的周期来推算，我们认为把砂田看作一二百年内的技术，是站不住脚的，将砂田起始限于三百年的清朝初期，也是估计不足的。再从砂田的生产工具和耕作技术完善的程度看，也颇能说明这一结论。砂田的主要农具是籽耧、秒耧、砂耧。很明显，这是由我国古代耧车改造而成的并极其适应砂田的耕作方式。在古代的历史条件下，砂田从开始发展到使用耧车，并完成这样精妙的改进过程，绝非短期之功。再从《洮沙县志》记载的一整套完备的耕作技术和包括作物布局、轮作休闲在内的砂田耕作制度来看，其成熟程度也说明把砂田看做清朝以来才出现的技术，是偏晚的。[①]

依据皋兰县华皮川"老砂板"厚度、砂田作业中秒耧等配套农具的技术水准等项，判断砂田出现的时间当早于清朝，是很有学术见地的，因此，这篇论文自发表以来也形成了较大的影响[②]。论述中所及的皋兰县华皮川，应该是今白银市白银区北川镇下属的华皮川村，该村有约 1 米深的"老砂板"，这样的砂田的确是研究砂田的重要地点，只是上面的论述对砂田的表达缺乏"层"的概念，也看不出作者是否自行前往展开过调查活动，不似地理学者的研究，不仅有细致的调查过程，还有很直观而科学的"各种类型的砂田剖面图"展示出来[③]。

3. 《魏书·张骏传》"治石田"事迹分析

在现存历史文献中，《魏书》关于前凉政权时期（317—376 年）张骏"治石田"的记载，是公元 4 世纪出现在前凉境内的土地经营活动，

---

① 李凤岐、张波：《陇中砂田之探讨》，《中国农史》1982 年第 1 期，第 33—39 页。

② 辛秀先《论甘肃砂田的形成及其起源》一文（刊于《甘肃农业科技》1993 年第 5 期，第 5—7 页）很不同意砂田起源于明代中叶的观点，颇倾向于甘肃砂田起源于清朝，距今约二三百年的历史，只是文中并未提出新的证据来。

③ 李学曾：《兰州西宁间砂田调查报告》，《西北农业科学》1958 年第 2 期，第 98—101 页。文中第 100 页所绘"各种类型的砂田剖面图"，

与现今的砂田不无关系，很遗憾的是论述甘肃等地砂田的现代人论著①，一直没有引用过这部正史文献中的"治石田"史料②，我们在下面的引用中只能展开自行分析。

《魏书》卷99《张骏传》有如下记载：

> ……（张）骏议治石田，参军索孚谏曰："凡为治者，动不逆天机，作不破地德。惜后稷之播百谷，不垦磐石；禹决江河，不逆流势。今欲徙石为田，运土殖谷，计所损用，亩盈百石，所收不过三石而已，窃所未安。"（张）骏怒，出（索）孚为伊吾都尉……以谷帛付民，岁收倍利，利不充者，簿卖田宅。③

张骏（字公庭）的生卒年为307—346年，享年39岁。其父为张寔（字安逊），安定郡（治地在今甘肃省泾川县境内）乌氏人，乃前凉政权的建立者。324年，张骏在其叔父张茂之后成为前凉政权的继承人，他抓紧时机，有所作为，在都城姑臧（今甘肃武威）筑起了南城，又陆续营建谦光殿于其中，宜阳青殿于其东，朱阳赤殿于其南，正德白殿于其西，玄武黑殿于其北，调度行事颇有些讲究，史称"服章器物皆依色随四时居之，其旁有直省寺署，一依方色"，这些都被史官视为大兴土木的"僭"行为。在这样一个主政时间不长的年轻人身上，《魏书·张骏传》很难得地记载到了他的"治石田"事迹。

《魏书》本传言张骏"自称使持节、大将军、护羌校尉、凉州牧、西

---

① 逢振普、王树英：《兰州的砂田》，《生物学通报》1960年7月号，第301、303页；李凤岐、张波：《陇中砂田之探讨》，《中国农史》1982年第1期，第33—39页；高炳生：《甘肃的砂田》，《中国水土保持》1984年第1期，第8—10页；辛秀先：《论甘肃砂田的形成及其起源》，《甘肃农业科技》1993年第5期，第5—7页；林蒲田：《中国古代土壤分类和土地利用》，科学出版社1996年版，第111—113页。

② 李并成《河西地区历史上粮食亩产量研究》一文（刊于《西北师大学报》（社会科学版）1992年第2期，第16—21页）曾引用《魏书·张骏传》史料，判断张骏"治石田"的记录，"可能是开辟绿洲边缘一些砾石地或河漫滩为良田，反映了这一时期耕地面积的扩大"，并说"'石田'一名于吐鲁番所出北凉赀簿文书中亦见，当系西北干旱地区特有的一种土地类型"，本文赞同后面一句的判断。

③ （北齐）魏收：《魏书》卷99《张骏传》，中华书局1974年版，第2194—2195页。

平公"，曾遣使朝贡于东晋朝廷。《魏书》本传又载："炀帝时，陇西人辛晏以枹罕降之，骏遂有河南之地，至于狄道，与石勒分境。"也就是说，张骏主政时，辖地到了金城郡南面的枹罕（今甘肃临夏）、狄道（今甘肃临洮）之地，前凉疆土有所扩展。至于"治石田"事迹的记载，源自当时正值前凉政权大力经营时期，张骏主持在朝堂"议治石田"，不料马上遭人反对。反对者系参军索孚，其人在前凉事迹不多，如果说他的反对意见还有其合理的部分，主要在于珍惜民力，不同意做那么明显的费钱费粮之事。按他所说，"今欲徙石为田，运土殖谷，计所损用，亩盈百石，所收不过三石而已，窃所未安"，采用的是成本核算之法，旁人初听此言，的确言之有理，产出仅占投入的百分之三，一般人就不会赞同去"治石田"。还是张骏有作为，很果敢，采取了"怒而出孚为伊吾都尉"的做法，坚持了"治石田"的意见。

我们现在需要知道的是，究竟何谓"石田"？这些"石田"是否为后世的砂田？目前我们判断前凉的"石田"即为后世的砂田，主要理由为：

第一，"石田"之名单独列出，而且可"治（经营之意）"，说明它作为一种独立的田地类型，在当地是成熟的，一定经过较长时间的积累和发展，其主要特点是在"石"上做文章，因而当地人经营这种田地，就叫作"治石田"。我们可以设想，当时在前凉政权的管辖范围内，一说"治石田"，大家大概都会知道这是怎么一回事情，在这一点上，参军索孚所持的反对意见最能说明问题，即他不仅知道"治石田"，而且还很细致，知道它的投入远远大于产出的土地经营特点。

第二，"石田"的具体营建方式，《魏书》中借参军索孚之口说得很清楚，即"徙石为田，运土殖谷"八个字。所谓"徙石为田"的意思，前提条件是先要找到石子，然后再把它搬运到地里，包括的具体内容为找石子、运石子、铺石子等细节，做完了才能成为"石田"。"运土殖谷"四字的关键，是这个"土"该怎样理解？我们体会"徙石为田，运土殖谷"八个字，属于古人记述中对应得非常好的两句话，"徙"和"运"都是动词，"石"和"土"是动词所及的对象，合在一起就是"石土"了。与"石"同用的"土"，只能是沙土了，它们没有石头明显，在自然埋藏中却与石头同在，在古人记述中强调了它，根据我们对砂田的实际了解，它又只可能是指与土有别的沙子。

第三，有"假凉王"之称的张骏，对参军索孚的反对意见很是气愤，在怒气未消的情况下，就把索孚给贬走了，这说明"治石田"活动在当地很有基础，亩产三石的石田还是为民众所需要的①，因为一般的旱地很有可能还达不到三石。索孚所言最站不住脚的地方是不按实际条件说话，不能解决前凉政权缺乏粮食的实际问题，才使得张骏怒气冲天，底气十足地坚持做"治石田"这件事。目前学界对张骏的评价不多，就张骏在前凉境内主持和推广"石田"这一件事而言，是有利于社会生产发展的，因而也是很有意义的主政行为，值得给予肯定和赞扬。张骏很明白索孚是按一年时间算的账，实际情况是石田修建好后，受益是每年的事情，后来张骏曾"以谷帛付民"，说明前凉政权手上有了"谷帛"，方可以做许多事情，而这些谷物的来源，我们理解会有一部分是来自砂田生产的。

第四，从事"治石田"活动的人们，应该是前凉的普通民众，史书里没有直接记述在"石田"里从事生产劳动的人们及其具体情形，我们却可以根据"治石田"的特点，称呼这些从事"石田"活动的人群，为"前凉人"、"姑臧人"或"凉州人"，一方面是他们继承了前人在当地开辟的"治石田"的经验，同时他们也是我们在文献中看到的较早从事砂田生产的人群。

那么，上述前凉张骏在境内主持和推广的"治石田"过程和内容，除了判断为今日陇西高原这样的砂田类型外，还有别的可能性吗？我们现在倾向于没有其他可能性，所以我们推断前凉的"治石田"就是今日之砂田。

事实上我们也深知，关于前凉张骏主政时的推广"治石田"活动，涉及这种"石田"的具体技术来源、分布和扩散地域、经营细节、生产力水平、延续时间等内容，目前还很不清楚，如果有人认为其中会有一些技术方式，与今天的砂田作业不同，我们也完全同意，只是限于材料，难以给予具体说明。

---

① 据上引李并成《河西地区历史上粮食亩产量研究》一文，亩产三石为十六国时期西北绿洲地区石田、常田一般土地的收获量，对于当地民众来说是可以接受的。

4. 近现代史上砂田的延续发展

近代史上，陕甘总督左宗棠在剿灭回民起事后的西北经略过程中，很有眼光地注意到甘肃砂田的重要性，当时他"安抚流亡，贷出协饷库银，令民旱地铺砂，改良土地。由是各地流行，成为甘肃特有之砂田。盛行于皋兰、景泰、永靖、永登、洮砂、靖远等县。利用荒滩僻壤，铺砂耕种，化不毛之地成为良田"①。此处所及皋兰六县，均属于陇西高原范围内。

据1934年的调查，甘肃砂田老化程度相当严重，由于不能随即进行换砂改造，不少砂田已经荒废了，当时有人写文章展开疾呼。② 1935年成立的中国农民银行兰州分行，很快组织人员调查砂田，获知砂田主要分布在皋兰、景泰、永登、永靖、榆中、靖远等县，共约80余万亩，其中皋兰多达24.6余万亩，约占1/3。一直到1942年冬季，农行开始为农民改良砂田放贷，延续至1943年、1944年、1945年，改良土地46.78万多亩，惠及皋兰、景泰、永登、永靖、榆中、靖远、洮砂、临洮、兰州市和湟惠渠特种乡③，砂田分布除在陇西高原有一个明显扩大的过程外，还向南面、西面都有一定的扩展。

建国以后，砂田的种植方式在甘肃省继续延续和扩大。据《甘肃省农业地理》介绍，按耕作方式划分，甘肃省的耕地构成分为旱地、水浇地、水田和砂田四个类型。旱地和砂田合计占总耕地的76.03%。甘肃的耕地大致分布在海拔560—3000米之间，绝对多数分布在1000—2600米

---

① 秦翰才：《左文襄公在西北》，岳麓书社1984年版，第242—243页。引文中的"洮砂"县，应为"洮沙"县，见《中华民国行政区划简表》（第11版）"甘肃省洮沙县"，商务印书馆1947年版，第146页。

② 魏宝珪在《甘肃之碱地铺砂》（《中农月刊》1943年第2期）一文中说："民国相革，砂地衰老，且又天灾人祸，政繁赋重，贫农逃迁死亡，人口大为减少。至今皋、景交界，百里无人烟。当地农民慞憧当年左公之丰功，常有殷丘故墟之叹。"转引自秦翰才《左文襄公在西北》，岳麓书社1984年版，第243页。

③ 黄正林：《论抗战时期甘肃的农业改良与推广》，陕西师范大学西北历史环境与经济社会发展研究院编《明清以来西北地区经济、环境与社会变迁学术研讨会论文集》（西安，2012年8月），第188—202页。

之间。地势高，气候冷凉，耕地质量的差异性很大①，种植效果不理想的旱田，往往就被改造为砂田。改革开发以来又是一个变化时期，以位于屈吴山南侧的靖远县高湾乡情况来说，从 1983 年列入国家"两西"建设以来，新增砂田 26，558 亩，砂田面积累计达到 42，151 亩，占全乡耕地面积的 39.75%，人均 2.15 亩，最基本的生产条件由此得到初步改观②。

（二）砂田作业细节调查

整理 20 世纪 50 年代以来有关甘肃砂田的文章，得知部分大学、科研院所和政府部门工作人员曾对甘肃砂田做过实际调查，下面据之汇成"陇西高原若干砂田调查地点信息"（表1）。

表1   **陇西高原部分砂田调查地点信息**

调查时间	调查地点	调查人	资料出处
1957 年夏季	兰州十里店、庙滩子	李学曾	《西北农业科学》1958 年第 2 期
1959 年假期	兰州雁滩公社	逄振普等人	《生物学通报》1960 年 7 月号
1964 年	皋兰县石洞公社庄子坪四队	高炳生	《中国水土保持》1984 年第 1 期
20 世纪 70 年代	永登县雁滩、十里店、青白石、西岔等公社	钮薄等人	《西北农学院学报》1980 年第 3 期
2011 年 10 月 17 日	皋兰县忠和镇野马沟村及刘生贵村民家	侯甬坚等 6 人	有关笔记
2012 年 7 月 21 日	皋兰县忠和镇野马沟村及刘生贵村民家	侯甬坚等 4 人	有关笔记

资料说明：以对陇西高原砂田做过调查、论著中必要条件交代清楚者为要，1980 年以来的调查事例有待补充。

---

① 郑宝喜主编：《甘肃省农业地理》，新华出版社 1987 年版，第 69—71 页。
② 杜延珍：《高湾乡"砂田"效益显著》，《中国水土保持》1989 年第 11 期，第 39 页。

在表 1 中的最后两行，填入了作者考察组近期两次实地开展调查的信息，以表示调查工作的继承性和相关性。为我们所调查的野马沟村，在地形上是一个很长的山间川道，宽约二三百米，西面的出口对着 109 国道。长时期以来，野马沟村就是一个只有几十户村民的小村子，现在则达到 160 余户，刘姓为多。小村子大致在东经 103 度 48 分、北纬 36 度 14 分的交叉位置上，平川海拔高度为 1820 米左右，川道里黄土分布甚厚。

接受和协助我们调查的刘生贵村民，于 1952 年农历 12 月初五出生在本村，今年 60 岁，现为瓜农。他具有小学文化程度，在农业合作化时期担任过三四年生产队会计，他的家里房产布置的井井有条，院子里用长方形旧砖铺成一条条"∧∧∧"形状，即体现了户主的节俭和细心。刘生贵本人在农业生产上勤劳巧思，是一个庄稼把式，有关本村砂田的介绍及解答，使调查组人员感到满意。

刘生贵村民对我们的调查协助，可分为谈话介绍、农具演示、砂田现场讲解、砂源查看四种形式，下面撮要予以简介。

1. 谈话介绍

老刘（我们对村民刘生贵的亲切称呼）介绍野马沟村地面上并没有自然河流，1969 年，各个生产队合作努力，曾从 20 千米远的黄河引水入村，当时的水利设施久已失效，唯留有废弃沟渠、旧水闸等遗迹。1981 年村里砂田开始种植西瓜，至今三十余年，自己已成为瓜农。砂田是前人遗留下来的，自己跟随老人学习耕作技艺。在雨水越来越少的现今（老刘称之为"十年九旱"），砂田的作用越来越重要，它是村民们实现增收的主要田间作业方式，砂田上的西瓜（"丰康""黑巨龙"等品种）、甜瓜（"银蜜""久甜"等品种）、胡麻种植及其销售是村民们的生活来源（村里外出打工人员的收入属于另计）。房前屋后小块砂田上种植的蔬菜（西红柿、茄子、豇豆、辣椒等）则是村民每天生活的必需品。

在自然历指导下的砂田生产，春耕秋收，做好田间管理，属于砂田作业的年间种植过程。此外，按照砂田的使用特点，还有另一个 30 年一个周期的新砂—老砂使用和替换过程。经初步归纳得知，一块砂田能够顺利展开作业，计有下述步骤和内容：

图 2　1969 年引水入村沟渠上的　　　图 3　砂田菜地旁的水井
　　　水闸（已废弃）

（1）掘砂：野马沟村没有河流，无法获得天然河流上游岸边那样的鹅卵石，只得向村子周边的山体内部寻找砂石，找到后就挖掘（下详"砂源查看"部分），挖出来后就搬运到田地里，这样的砂石铺到地里，被称为"新砂"。

（2）铺砂：预备铺砂的田地或为旱田，或为荒地，对其耕耘施肥一如普通田地，每年春季耕耘 25—30 厘米深，肥土也施在里面，然后用铁滚子压平，之上铺上约为 10 厘米厚度的砂层。待播种时节（比如种植西瓜），使用小铲挖坑点籽，再敷上砂石，等待发芽生长，秋季则收获作物。来年春季耕耘土层，又须将砂石层先行起运到田边，待土层耕耘、施肥和压平后，再将砂石移回来铺上，展开本年的砂田作业过程，这可以称为"砂田的年间种植过程"。

（3）换砂（又称启砂）：野马沟村的砂田使用年限为 30 年，即 30 年一换。由于使用时间已长，下面的土层和砂石层相互绕动，致使砂石层大大减弱了原先的保墒抗旱、调节地温、防止土壤盐碱化的作用，村民们非常贴切地称之为"砂田老化"，下来就必须实施换新砂。简言之，将田地表面的砂石与土壤的混合层完全铲去，另铺新砂，就称之为换砂[①]。

（4）整砂：由于砂源缺少，砂石来之不易，也为了减轻劳动强度，有的农民将表面的砂石与土壤的混合层用筛子筛过，再将筛出的石子铺

---

① 吕忠恕、陈邦瑜、田春如：《甘肃砂田改良的一种方法》，《土壤学报》1958 年第 1 期，第 65—69 页。

上，这称之为整砂①，仍然可以具备砂田的保墒和保温等作用，只是没有换砂的效果好，使用起来持久。

作者询问如果没有砂田这类田地的话，村民们的生活将会怎样？老刘不假思索地说：那就无法生存。传闻甘肃砂田分布地区有一条民谚："铺砂田，刮金板，摔不破的皮饭碗。"是说只要种庄稼的人勤劳，肯下苦功，也善于察看地力，不仅天无绝人之路，甚或会获得安居乐业的更好机会。我们实地考察中亦见野马沟村有不少旱地，在数量上甚至多于砂田，也属于有种植作物的基本农田，只是获得收成的保障系数低于砂田，因此，可以说砂田为改善作物生态条件的有效作业方式，还不能说没有砂田的话，当地就会出现不能居住意义上的无法生存。秦翰才在《左文襄公在西北》中称说砂田可以"化不毛之地成为良田"②，是就种植条件差的碱地而言，对于改旱地为砂田的情形来说，本文认为砂田具有"变川道瘠土为良田"的作用。

2. 农具演示

老刘家大门旁有一个车库，去地里劳动和收获作物的农用车、摩托车都可以放进去，此外还有许多砂田农具。

砂田作业最主要的农具为耖耧，这是供双人使用的复合式开沟、下种工具。拆散后耖耧部件有六七样，组合在一起，由两人合作使用，就成为一件很有效用的组合农具了。2011 年 10 月 17 日，我们在老刘家里很有兴趣地观看了各个耖耧部件，组合起来后，老刘和考察成员一起进行了演示。我们准备结合野马沟村村民在砂田上从事农耕活动的主要环节，在春耕季节再次前往观摩，以便了解和掌握各种砂田农具的使用方法及基本功能。

3. 砂田现场讲解

在野马沟村西头的一块砂田上，老刘手持刨坑小铲，边讲边演示地

---

① 吕忠恕、陈邦瑜、田春如：《甘肃砂田改良的一种方法》，《土壤学报》1958 年第 1 期，第 65—69 页。

② 秦翰才：《左文襄公在西北》，岳麓书社 1984 年版，第 243 页。

把在家里交谈的内容又介绍了一遍，就地回答了考察组成员的一一提问。

　　砂田中地层的基本情况是大些的砾石在上，然后是粗沙，再下面多是细沙，底下压埋的当然是耕土层。野马沟村的砂石来自山体的腹部，为地质构造时期遗留下的碎屑岩石堆积物，混杂在大量的粗沙中间，砾石的大小和形状都很不规整。这一点从根本上决定着村里砂田的质量水平。据已有调查资料，甘肃砂田的石砂比例大致为 7：3，早已做过的试验证明，地面铺上直径为 5 毫米以上的纯砾石层（其体积大小从豆粒到鸡卵形状不等），下面覆盖层的土壤温度并不亚于砂石混合层，保存土壤水分的作用也大于砂石混合层，对于作物的生长和产量并无不利的影响[1]，但做起来很困难的原因，就在于大多数地方的砂源很不理想。

图4　砂田中砾石的大小　　　　图5　砂田所铺砂石的厚度
　　　　　　　　　　　　　　　　　　（10 厘米左右）

　　老刘介绍说，以前雨水较多，西瓜的产量也随之增高。地边的水井不是机井，干旱时节砂田需要浇水灌溉，井里水少，解决不了多大问题，瓜田还是会受到干旱天气的影响，导致产量下降。在砂田上使用地膜覆盖技术后，由于有很好的保墒作用，老刘说瓜农们都乐于使用，西瓜增产又成为明显的事实，有时会达到增产一半的效果。所以说，砂田作业的收成越来越取决于瓜农的成本核算，一方面是农用物质的准备，另一方面是有关技术的学习和操作使用。

---

　　[1]　吕忠恕、陈邦瑜、田春如：《甘肃砂田改良的一种方法》，《土壤学报》1958 年第 1 期，第 65—69 页。

图6　空闲时节的砂田　　　　　　图7　生长西瓜的砂田
（2011—10—17）　　　　　　　　（2012—7—21）

当询问何以野马沟村砂田的西瓜种植密度较稀疏时，老刘用民谚回答说："稠田好看，稀田吃饭。"我们听了不由得会心一笑。

4. 砂源查看

野马沟村是一个顺着两边的山势，在中间长长地展开的一个东西向地带。当我们说跟随老刘去查看砂源，老刘就骑上他的摩托，沿着山坡下的道路跑开了，我们的车紧跟其后，跑了八九公里，向左绕过一座山，到了山后的一个位置，我们看到了好几条通向山体腹部的人工沟壕，就如同解放军战士在阵地上挖的坑道一样。

野马沟村的砂石是从山体的腹部采出的，这些地质构造时期遗留下来的碎屑岩石堆积物，包含在大量的粗沙之中，村民们又好似矿工一样，用镢头将它们挖掘下来，用铁铲装进筐里，再用车运至田地里。挖进山体的坑道已超过50米长，坑道左右会有一些侧挖后形成的耳洞，这样的坑道挖起来过于劳累，或者砂石不理想，村民们就会再在洞口旁十几米开外，开挖新的掘进坑道以取砂石。这种坑道出现后的另一个作用是可供行人避风，这里其实根本就没有外来的行人，有可能进来的只是当地的放羊人，以及为他所轰赶的羊群。

当地村民寻找砂源的办法，只能是从更早的村民那里继承下来的，这种铺砂造田的路子，可能是就地开展生产和生活的唯一的生存经验。村民们谁都知道本村土地上没有像样的砂源，用老刘的话来说，就是"这里的砂矿不太好"，但多少年以来，村民们又是同样地沿着祖辈走过的道路走下来了。来此之前作者也没有想到，"靠山吃山"之语，在野马沟村竟然有着别样的真实内容。

图8　野马沟村村民傍山　　　　图9　村民们需要的是洞里的
挖出的掏沙洞　　　　　　　石子和粗沙（图中人物即刘生贵）

（三）人力适应自然条件的一定量度

甘肃省域的自然形状相当奇特，加之在全国版图上所处的位置，是兼跨东部季风、蒙新高原和青藏高原这三大自然区域的，而兰州则处于东部季风区之尾闾，很靠近区划线条（处于东侧）。兰州海拔高度为1517米①，属于自然地理学上的陇西高原（小区），东面则为陕西、陇东高原（小区）②。本文所调查的皋兰县砂田地点，在行政管理和一般习惯上有"甘肃中部地区"之称③（甚或有称陇中高原的），但本文按照自然地理学的区域划分，采用陇西高原名称，并与东面的陇东高原相对应。

前引1958年李学曾发表的《兰州西宁间砂田调查报告》一文④，第98页所附"西北沙田分布图"（"沙"当为"砂"），东南西北四边分别

---

① 刘明光主编：《中国自然地理图集》第189—190页，西北地区图幅，中国地图出版社2010年版。

② 任美锷、杨纫章、包浩生编著：《中国自然地理纲要》图18，中国综合自然区划图，商务印书馆1979年版，第128—129页之间折图。

③ 参见甘肃省三年停止破坏调查研究领导小组编写组、甘肃省"两西"建设指挥部编《甘肃中部地区三年停止植被破坏资料汇编》（甘肃人民出版社1984年版）中的"编写前言"及其内容说明。

④ 李学曾：《兰州西宁间砂田调查报告》，《西北农业科学》1958年第2期，第98—101页。

是固原、临洮、西宁、景泰四个地名，兰州居于这幅砂田分布图的中心位置。兰州又选建在黄河河谷之上，史称"兰州山高土厚，风气刚劲，曩来冬至地冻裂，黄河冰厚四五丈。今天气稍和暖，河水渐薄，地亦不裂，植物花卉菜果之属，亦与前稍异矣"①。《皋兰县续志》赋税资料截止到道光二十二年，编纂者抓住了这之前道光年间当地有一次气候"稍和暖"的回暖现象，应该是本地气候史上的一次显著变化，而在此前后，兰州的冬季是相当寒冷的。

兰州四周的大多数市县，海拔高度更在兰州之上。1987 年出版的《甘肃省农业地理》介绍到甘肃的陇西区，"旱作农业有全国特有的'砂田'耕作法。主要分布在黄河干流两侧的皋兰、榆中、景泰、永登、永靖、临夏、临洮、会宁等地。砂田是一种抗旱的耕作方式，它的优点是在耕地上铺沙，砂砾有切断土壤毛细血管的作用，减少土壤水分上升和蒸发。同时，砂砾还可接收降落的雨水，渗入土中。在砂砾的覆盖下，土壤表面可减少风吹与日晒的影响，减少蒸发"②。对砂田结构及其各种作物种植的效果，类似这样的论述及调查和试验研究工作相当多，本文所做的砂田形成过程的环境史研究，对于这些科研成果，也有相当程度的依赖。

陇西高原地区分布砂田的各县，刚巧分布在黄河干流两侧群山的川道上，山高谷深，无法利用深切河谷中的黄河水，沿黄从事农业生产的民众对此多有叨念，并在梦中寄予希望。为什么靠近黄河的陇西各县，分布着我国数量最多的砂田，较早在青海和甘肃开展调查工作的李学曾（西北大学地理系），对此从调查实践中获得最为真切的认识：

　　铺设砂田应具备一定的自然条件，在有渠水灌溉的地方，不需铺砂田，因为费工太多，远不及灌溉方便。在气候较冷的石质高山，土壤的湿度较大，也不宜铺设砂田。只有在地形平缓干燥缺水而附

———————————

① （清）黄璟、秦维岳原纂、陆芝田、张廷选续纂：《（道光）皋兰县续志》卷4，土产，收入《中国西北文献丛书·西北稀见方志文献》第34卷，兰州古籍出版社1995年版，第225页。

② 郑宝喜主编：《甘肃省农业地理》，新华出版社1987年版，第271页。

近又有大量砾石细沙存在的地区，最为适宜。①

这是地理学者最有价值的经验之谈，涉及砂田营建时需要考虑的最基本的自然条件，实际上是以气象物理条件为主，而相应地势的海拔高度又是其中不可不顾及的地形条件。我们已知兰州海拔为1510米，全年降水量在320毫米左右，降雨集中于秋季，春夏甚少，较多年份是在30毫米以下，而水气的蒸发率则十倍于同一地区的降雨量。气温方面，全年平均气温是9.6℃，最高温度可达39℃，最低则到-23℃左右，平均日夜温差13.9℃，这样的大陆性气候，呈现的是春夏季干燥、夏季炎热、冬季寒冷的气候特点②。类似黄河的大河流峡谷深险，无法取水用水，黄河的中小支流或因降雨少而影响了径流量，或因地势和距离所限，仍然无法取得灌溉之水，群山中的一道道平川只能另辟蹊径，解决农田的作物生长问题。

在长时期的经验积累和自然观察中，我国西北黄土高原干旱半干旱地区的民众发明了砂田种植方式，这是或迟或早的事情。这样的发明事项，在较多关心赋税完收而忽视农业生产技术发展的封建社会，很少能够纳入记录，故而《魏书·张骏传》中的"治石田"事迹，由于参军索孚的激烈反对，倒是格外难得地记录下来了。前凉以后，砂田又是长时间地被缺记，今人不是想不到公元4世纪的河西前凉会有张骏"治石田"的事迹，就是知道了也不太相信这真是今日砂田的早期记录。实际上，陇西高原和河西走廊历史上一直是城邑错落，人烟不绝，人民要吃粮和政府要征收赋税是同等重要的事情，最根本的是人民和政府栖身于其上的这片土地的自然特点早就形成③，前凉时期已经出现了的"石田"生产，是不会那么轻易地再从这片土地上失传掉，而历史长河中缺乏的只

① 李学曾：《兰州西宁间砂田调查报告》，《西北农业科学》1958年第2期，第98—101页。

② 逄振普、王树英：《兰州的砂田》，《生物学通报》1960年7月号，第301及313页。

③ 李并成教授长期研究河西走廊历史地理，他强调说："河西历史上气候干湿状况虽屡有变迁，但并未从根本上改变其干旱缺雨的地理景观，并未动摇其干旱大陆性气候类型的基本属性。""在本地区沙漠化历史过程中，除人为因素为主外，气候变迁的影响亦为不可忽视的重要因素之一。然而这一因素的影响又是有限的……"参见李并成《河西走廊历史时期气候干湿状况变迁考略》，《西北师范大学学报》（自然科学版）1996年第4期，第56—61页。

是文人的记载和政府的有力提倡。到了清末的 1891 年，陶保廉途经平番（今永登县），就记下了县东南秦王川的"碰地"，说到"石隙种麦，丰茂倍他处"的情况，方成为据实记录的可靠文字。

最近的研究指出，我国西北黄土高原地区的砂田种植方式，汉族之外，还有回族、撒拉族、保安族等少数民族的参与，砂田不仅可以实现干旱气候背景下农作物的高产，还具有明显的生态维护方面的成效，故而可以视之为一种"多民族共享的本土生态知识"[1]，从而为砂田研究增添了新的意义。

（四）结论和展望

简述本文研究砂田的结果，得到如下不同层次的结论。

1. 砂田名称和起源时间

本文从《魏书·张骏传》中获得"石田"名称，经过详细分析，确认这是甘肃省早而可靠的砂田历史资料，"石田"也就成为现今所知最早的砂田名称[2]。公元 4 世纪前凉境内已有"石田"名称和"治石田"事迹，说明砂田土地类型在甘肃省境内源远流长。砂田名称可能到清代渐渐有了雏形，在民国时期确定下来的，这与民国时期接受近代科学知识的读书人前往甘肃省做实地调查有关。现在还有人使用"压砂田"这样的名称[3]，应当予以调整，促使学界都统一到《中国农业百科全书》的规范表述上来。[4]

① 田红：《本土生态知识的推广与共享——以我国干旱、半干旱地区砂田的扩大利用为例》，《青海民族研究》2011 年第 3 期，第 14—18 页。

② 农业大词典编辑委员会编《农业大词典》（中国农业出版社 1998 年版，第 1411 页）所列"砂田"词条，已明言砂田"又称石田"，但在具体释文中则缺乏其词语的来源说明。

③ 戈敢：《中国压砂田发展及其意义》，《农业科学研究》2009 年第 4 期，第 52—54 页。

④ 《中国农业百科全书·农业历史卷》（农业出版社 1995 年版）有"砂田""砂田法"词条，见第 283—284 页；《中国农业百科全书·蔬菜卷》（农业出版社 1990 年版）亦有"砂田"词条，见第 182—184 页。

2. 砂田作业的两个过程

按照砂田作业和使用过程的特点，应分为自然力指导下的年间季节种植和 30 年一个周期的新砂—老砂使用和替换过程，这可以看作砂田作业的两个过程，彼此之间是完全分开的。第一个过程属于一般农业区域都有的内容，第二个过程则是当地民众基于自然条件和农业生产之间关系的体会，在我国古代农业生产"时土物三宜说"方面，在"土"的要素配置和生产环节上所做的发明创造。对此，农业土壤专家称道说，"这种砂田实在是世界农业技术史上少有的一项创造，反映了中国农民为解决衣食问题千方百计找地种的智慧"①。至于以前有关砂田分类的各种归纳和认识，都应该置于这两个过程中加以理解和阐发，方能更生动准确地体现砂田作业的环境史意义。

3. 砂田类型揭示的人力适应自然条件的量度

甘肃陇西高原铺砂造田的历史已很长久，砂田作业在民间和农民群众中很有基础，这是在现今的考察活动中可以感受到的事实。在最初的时候，当海拔高度、年际温度、降雨量和蒸发量所造成的干旱程度，制约着当地农业生产水平时，受到一些田地观察现象的启发，当地民众因地制宜地创造出砂田作业方式，实际上是造就和形成了一种新的农田生态条件，促使谷物种植发生了显著的变化，作物产量得以提高，这是改良作物品种、增加施肥途径外，促进作物产量提高的一条有效路径，即使到今天这还是一个继续致力的方向②。于此我们得到黄土高原上，在蒸发量远远大于 200—300 毫米降雨量的 2000 米中高海拔地域，采用铺砂造地的方式来获得农业生产必要的作物产量这么一种认识，构成了在农业科学技术史和环境史研究领域内"变川道瘠土为良田"的典型意义，自然是弥足珍贵的。

检点本项研究的工作细节，今后需要继续加强做的工作有：

（1）扩大调查地点，择时前往兰州秦王川镇、白银市白银区北川镇

---

① 林蒲田：《中国古代土壤分类和土地利用》，科学出版社 1996 年版，第 113 页。
② 丁佳、贺根生：《粉垄技术：良法造良田》，《中国科学报》2012 年 7 月 31 日第 1 版。

华皮川村，调查具有砂田剖面意义的"老砂板"遗迹，以及宁夏、青海的砂田样式。即便是已有的野马沟村这样的调查地点，还应准备在砂田农事活动展开的春耕季节，前往观摩村民的农事活动，以便了解和掌握各种砂田农具的使用方法及基本功能。

（2）时至今日，甘肃省及其邻近的宁夏、青海部分地区的砂田分布情况，我们只知道一些县份和数字，较为详细的分布地图及其变化情况，从事砂田生产的民族和人口数量等内容，尚需通过详细的调查，编绘出一份甘、宁、青三省的砂田分布详图。

庄浪群众烧柴小史*

——对当地植被生存状况的初步揭示

摘要：本文着力发掘 2005 年张丽珍主编《庄浪人创业之路》一书中的材料，尤其看重里面的《铲茅衣》《挖草根》各篇故事中的内容，判断这些故事中的材料是真实的，并为一般书籍所不载，又通过一些其他资料，做了上下时段的连缀，增加了前后对比和必要的核实，来研究庄浪群众烧柴的简要历史，以此来揭示当地植被的生存状况。基本看法是 20 世纪 50—80 年代的许多年头，庄浪群众烧柴遇到了可能是前所未有的巨大困难，就连烧饭、煨炕这样的日常生活也难以为继。这类研究题目实际上还有广阔的开拓空间，结合当地群众的实际生活来切入环境变迁的主题，还需要从细节上进一步认识人类的社会经济行为对于环境的影响和作用，充分地打量和分析诸如百姓烧柴引火这样的日常行为，与环境变迁之间可能具有的非常重要的联系，并着力呈现出不同地区人民群众丰富的社会生活史内容，进而走向真实揭示群众社会生活对环境状态的依赖度和关联度之目的。

关键词：甘肃省；庄浪县；植被状况；群众；烧柴；小史

在接触甘肃省庄浪县梯田建设材料过程中，得知这一地区过去的自然条件相当不如人意，当地干部群众从前人或历史资料中得到的比较一致的印象，为过去当地的生存环境是十年九旱，山高坡陡，植被稀少，水土流失严重，百姓温饱大成问题。刚解放时庄浪人口为 19 万。1953 年

---

* 原载靳润成主编《走向世界的中国历史地理学——2012 年中国历史地理国际学术研讨会论文集》，中国社会科学出版社 2014 年版，第 497—508 页。

首次人口普查时，庄浪人口超过 21 万，1964 年为 214179 人，增长速度大为减慢，1982 年达到了 325768 人，1992 年达到了 362260 人[1]，2010年第六次人口普查后，得知庄浪县人口已超过 44 万多人[2]。

我们接触的庄浪群众烧柴问题，是从张丽珍主编、魏俊舱编著的《庄浪人创业之路》一书开始的[3]。据魏俊舱所写"后记"文字（落款为2004 年 1 月），在"编写中查阅了有关梯田建设的大量资料，并根据这些资料所提供的素材，走访了 23 个乡镇的沟岔梁峁中 260 多位村社干部、群众，认真调查核实，搜集补充才俱成书"。这本书的特点是写故事，作者魏俊舱在"后记"里说道，写这本书"一点不能动摇的，是要写故事，这是开笔前就决定了的……""这些故事中十有八九是真人真事，几篇综合编写的只是借以对那段历史进行较为全面的描述"。依据这些叙述及书中内容，有的网站推介此书的性质为纪实文学。

作为学术研究的一种选题，我们很看重本书里面《铲茅衣》《挖草根》等故事的内容，判断这些故事中的材料是真实的，并为一般书籍所不载，阅读中不仅使我们感受到了当时当地群众的生活疾苦，而且从更具体的材料中，懂得了甘肃省政府于 20 世纪 80 年代何以要在中部地区确定执行"三年停止破坏，五年解决温饱"的工作奋斗目标。为了延长对群众烧柴问题连贯性的认识，我们又通过一些其他资料，做了上下时段的连缀，增加前后对比和必要的核实，但材料还是不够充分，目前只能写出一个大致的情形。

（一）富有启发作用的森林传说

庄浪县位于陕、甘、宁三省交界地区的界山——六盘山的西南一边，现今从华亭县进入庄浪县，必须穿过长达 10 余千米的关山隧道，也就是

---

① 庄浪县志编纂委员会编：《庄浪县志》，中华书局 1998 年版，第 100 页。

② 吴国江：《庄浪县第六次全国人口普查》，庄浪县县志编纂办公室主办、王亚斌主编：《庄浪史志》第 2 辑，甘出准 028 字（2012）1 号，第 87—91 页。

③ 张丽珍主编：《庄浪人创业之路》，甘肃人民出版社 2005 年版。2003 年 12 月至 2010 年1 月期间，张丽珍担任庄浪县人大主任职务，极为热情地支持本书的出版。魏俊舱自 1984 年 12月参加工作，先在庄浪县卧龙乡文化站工作 10 年，1994 年 9 月调县文化馆担任文学类工作至今。

说，庄浪县靠东的山川属于六盘山的延伸部分，地势颇高，这里的植被覆盖率固然最好，西去的地貌则为典型的黄土沟壑梁峁分布区，长期以来是以农业生产为主要经济活动方式。

在调查人所写的《老"古经"》故事里①，有一个庄浪县的森林传说及其想象，具体是通过县城北原 40 千米一个村庄的魏老爷，几十年前放弃演戏后进入说书角色，拿自己从山坡沟崖上拾到的一根干骨头和几块红陶片来展开叙述的。那天晚上，魏老爷告知各位乡亲说，那根干骨头是石化了的象牙，红陶片则是数千年前先民留下的陶器残片，以前的庄浪县的自然环境是这样的：

> ……那时天底下人极少，可这里却有很多人劳动、生息和繁衍，说明那时这里气候一定暖和，又有丰富的食物供他们生活。从有记载中得知，汉、唐、宋、元庄浪密布丛林，水草肥美，牛羊成群，人多殷实，变糟是近几百年的事。明初草木开始减少，气候渐变干燥，明末至清更甚，旱涝异常，灾祸不断……至于民国十七年大旱，夏秋绝收，十八年大饥荒，草根树皮都让人抢食光了，大批逃亡，饿殍遍野。你们不会把刚过两三年的灾难忘记吧？……

说书人讲得大家无不心惊胆战，大家马上担心起今后该怎么办、怎么活？说书人叹口气说："还用问？除非愚公再世，感动上帝，派龟蛇二神搬去今天的干山枯岭，背回昔日的苍山翠岭，否则，沙漠就是大家的栖身之处！"

清代至民国时期，庄浪百姓的烧柴情况，还有待访查。近年庄浪县文化工作者对本县保存的《苾臣董公神道碑铭与墓表》进行了文字勘录，其中有民国十七年至十八年（1928—1929）的大旱记录，碑曰："戊辰岁旱魃为虐，无麦无禾。迄岁杪，草根树皮，剥削且尽。迨己巳春，到处

---

① 魏俊舱：《老"古经"》，张丽珍主编《庄浪人创业之路》，甘肃人民出版社 2005 年版，第 3—6 页。

人遂食人矣！"① 墓主董德惠随即捐出谷物，救济众人，最后获救之人近千名。碑文内容同于上面的故事，甚至还有"人遂食人"的记载，其时整个灾区都是一片死气，对人、对植物都是一次浩大的劫难。

说起来，学术界已有的甘肃黄土高原环境变迁研究的重要成果②，首先是判断在甘肃黄土高原东南部、一定海拔高度的土石山地以及降水径流汇集的沟谷洼地，古代分布着天然森林或面积较大的片林，从古至今区内的草原就一直占有优势。长期以来，由于人们对本区自然环境认识的片面性，导致不合理利用土地，带来强烈的水土流失。人口增长太快，不断毁草毁林开荒，扩大耕地面积，是产生人为加速侵蚀的根本原因。截至目前，大范围的环境变迁研究成果一向比较多，具体到庄浪县这样的县域范围来研究，还相当少，结合当地群众的实际生活来切入环境变迁的主题，也比较少。

在《百龄老树》里③，调查人讲到白堡乡陈山村的苋麻湾梁墼岘，曾有一棵古老高大的柳树，在岳堡乡岔口村南生长着一棵有二百年以上树龄的面李树。"白堡陈山，水洛胡沟，岳堡岔口及周围多村至今留有青㭎、面李、山定子、忍冬、酸刺及蔷薇科灌木等关山树种，说明那时这里属关山边缘林带。"至于通化乡张虎村的村名，也让调查人做出一番猜想。究竟以前是否有过老虎，故事里并没有说定，最后就是说了"有虎即说明草木之茂密"一句话，而康熙年间所修《庄浪县志》，在"兽类"里面，记下"牛、羊、马、骡、驴、豕、犬、猫"家养动物之后，记野生动物的第一个就是"虎"，然后是"豹、豺、狼、狐、狸、鹿、兔、猯猪、黄鼠、青胎、计猩、木狼、刺猬"各种动物④，其间可以说是时间越早，种类也就越丰富、越多产。但"伴随着草原、灌丛、森林的减少和人口的大量增加，一些野生大型动物也趋于减少，甚至绝迹于本区。历

① 王克生、刘继涛：《董家湾遗碑校勘点注》，庄浪县县志编纂办公室主办、王亚斌主编《庄浪史志》第 2 辑，甘出准 028 字（2012）1 号，第 186—196 页。

② 王乃昂：《历史时期甘肃黄土高原的环境变迁》，中国地理学会历史地理专业委员会编《历史地理》第 8 辑，上海人民出版社 1990 年版，第 16—32 页。

③ 魏俊舱：《老"古经"》，张丽珍主编《庄浪人创业之路》，甘肃人民出版社 2005 年版，第 7—9 页。

④ 王钟鸣修、卢必培纂：《康熙庄浪县志》卷 3 "物产·兽类"，《中国地方志集成·甘肃府县志辑》第 18 册，第 61 页 ［据清康熙六年（1667）刊刻之抄本影印］。

史上本区曾有分布的虎、豹、猞猁、野猪、毛冠鹿、马鹿、林麝、麋、麂等，现在已所剩无几，许多种类基本消失"。① 本区自然是指甘肃省境内，康熙《庄浪县志》所记下来的动物，在历史上又消失了，最能够说明本县境内野生动物资源的变化，而这种变化在相当程度上，又是同植被生存状况及人类活动的情况相关联的。

（二）中华人民共和国成立后五六十年代的情况

庄浪县于 1949 年得到解放，之后很快就进入土改阶段。土改期间，土改工作组对当地的树木是很关心的，有的树长在田地里，田地分给贫苦群众后，那树木就会遇到新的主人。据档案资料②，卧龙三乡在土改中曾没收了地主的林地（上面有 199 棵成材料的树），"其余小树随地分配"，却"因分配时间短促，给群众没有说明如何保护树木、爱护胜利果实，不能乱砍伐树木……结果树木（原作"本"）分配下去之后，群众就乱砍伐，把二十棵大的树伐了，十几棵小的也砍伐了。"档案存留的个人情况，为"雇农罗回吉分到了土地，内有十几棵小树，他就向群众（缺"众"字补上）说我爱土地、爱种田，就是地里有许多小树，耕地不方便，那（应为"哪"字）个需要就伐去，群众就把五棵树砍了"。这些树伐后的用场，大树应当是按木材去处理，小树则降等使用，以满足日常生活需要。卧龙三乡工作组将此事专门报告给县土改工作委员会，不仅说明当时政府工作中已有保护树木的明确思想，而且在工作中很注意细节，也注意汇报，供上级组织掌握。

还有一件重要的事情，是西北行政委员会农林局平凉区春耕生产检查组掌握的情况，据直接的档案资料所记③：

---

① 王乃昂：《历史时期甘肃黄土高原的环境变迁》，中国地理学会历史地理专业委员会编《历史地理》第 8 辑，上海人民出版社 1990 年版，第 16—32 页。

② 卧龙三乡工作组：《卧龙三乡对砍伐树木的报告》，现藏庄浪县档案局，序号 17，文件张号 67，2 页（末页落款有"李勋之章"），1952 年 2 月 24 日。

③ 西北行政委员会农林局平凉区春耕生产检查组：《关于平凉、天水专区做好护林联防工作，保护国家森林资源的意见》（1955 年 4 月 6 日），现藏庄浪县档案局。

平凉天水两专区的南北界线，是在关山主脉的南部，自六盘山起到陕西的陇县止，两区连界长约三百华里。在这个地带的林业工作中，目前部分地区还存在着滥伐森林的现象。根据平凉区华亭、泾源、隆德等县报告，在两专区连界的部分地区，近年来常有天水区庄浪、秦安、清水等县和张家川自治区的群众，越界滥伐森林，引起许多纠纷，造成很大损失。近据我们重点了解，认为部分地区护林联防工作做的很不够，农副业生产未能很好结合，以及部分群众具有历史性的砍柴习惯和"抓现成"思想，滥伐森林的现象是相当严重的。

检查组于 1955 年 3 月 19 日至 4 月 2 日曾到华亭、庄浪县进行了调查了解，随即写成了"致庄浪、秦安县委、张家川自治区工委并各县委"的材料，对之所以出现"很大损失"——"滥伐森林的现象"的原因做了分析，结果是分为政府部门、部分群众两个方面，具体来说，政府部门的责任在于"部分地区护林联防工作做的很不够，农副业生产未能很好结合"，部分群众的原因则在于他们"具有历史性的砍柴习惯和'抓现成'思想"。报告中也提到产生"滥伐森林的现象"的最基本的原因，就是这几个县的群众缺乏燃料。

非常负责任的检查组也想到了解决问题的办法，报告中说："庄浪、秦安、清水等县及张家川自治区缺乏燃料问题，是促成森林破坏的主要原因。要解决这一问题，除大力造林育林外，根本办法是改烧煤炭。这样，不但可以保护森林，还可以彻底改变当地群众用粪草充作燃料的习惯，而使所有肥料都能施入农田，使牧草都能成为饲料，而促进农业牧业生产，且能给华亭县煤井打开销路。"为此，检查组计算了烧煤和烧柴之间的差价，得到的结论是改烧煤炭，更节省燃料费①：

烧煤炭较烧柴合算，按每人每天做饭需用木材 3 斤，每斤以一三〇元计，即需要燃料费三九〇元，而烧煤炭据平凉经验（砚峡

---

① 西北行政委员会农林局平凉区春耕生产检查组：《关于平凉、天水专区做好护林联防工作，保护国家森林资源的意见》（1955 年 4 月 6 日），现藏庄浪县档案局。

炭），每人每天只用煤炭一斤，合二二〇元，如改烧煤炭，仅做饭一项每天即可节省燃料费一七〇元。

毫无疑问，检查组是按购买煤炭的城镇居民的情况做了上述计算，可是，农民群众很简单，他们是通过砍伐树木来解决薪炭问题的，即使让他们购买煤炭，他们也支付不了这项开支。所以，检查组所做的具体计算及其展望——"由煤源、交通、价格及给群众解决副业生产问题等情况看，改烧煤炭是可以实现的"，只能等待当地商品经济发展起来，社会经济状况发生了转变，农民有了支付能力（或者由政府提供了专项补贴来支付），上述建议才能够被采纳。

庄浪县一获解放，行政上就归属平凉分区，1950 年 5 月，经甘肃省人民政府批准，庄浪县改属了天水分区[①]，上述森林砍伐事件就出现在这次"改属"之后，而在发生这次滥伐森林现象之后的 1951 年 1 月，庄浪县又从天水分区改划到了平凉分局，其中的原因很有可能是同这一事件有关系。关山两边的庄浪县、华亭县，皆划归平凉分区管辖，便于林业上的统一管理，也便于协调群众、集体和国家三者之间的利益，这种归属情况至今再未有过改变。

20 世纪 50 年代后期，经历过"大跃进"和"三年自然灾害"，庄浪县的社会经济状况出现了很大的危机，温饱问题的最基本方面——烧火做饭和煨炕所需用的柴火，竟然出现了前所未有的困难，致使人民群众在这两个基本生活事项上备受困扰，遭遇到来自生活乃至政治上的"严峻考验"。本文论及群众生活中希望企及的第一项"温"的内容，而第二项"饱"的内容当在另文中予以论述。

据调查人记录，本县有个有福老汉，在 1965 年 3 月死了儿子，到 11 月又死了老伴儿，家里剩下他和儿媳、孙女（4 岁）。据调查，"那正是连年遭旱歉收，生活很困难时期，除了缺吃少穿，烧锅煨炕也是愁人的事。二三月的山沟山坡找不到一根柴火"[②]。不知为什么，

① 庄浪县志编纂委员会编：《庄浪县志》，中华书局 1998 年版，第 82 页。
② 魏俊舱：《挖草根》，张丽珍主编《庄浪人创业之路》，甘肃人民出版社 2005 年版，第 44—46 页。

捱到 1967 年正月初，阳山土地刚刚解冻这个时间，有福老汉出门了，调查人这样记道：

> ……（有福）就拿上镢头背上背篼挖地埂的草根。一个上午挖一背篼草根，背回晒干，烧锅的有了，煨炕的也有了，他以为这样干既解决了自家困难，又除了地里的草害，益私利公，没啥不合适的。

> 村里几个老人脸红跟着有福挖，接着青年男女也挖起来，从二月初挖到四月底，全村所有的地边地埂挖完了，就找沟坡路畔挖，哪里有草根哪里挖。

上述文字透露出的一个意思很明显，即外面的草根不能挖，这肯定是被政府明确规定下来的，大家都在遵守，有福老汉这么一挖，就等于是他带头在违反规定。紧接着，他被通知到大队部，与七八个低躬着腰的"坏分子"站成一块，治保主任斥责他"干的比坏分子还坏几倍哩"，有福老汉不吭声了，第二天起就得到和其他"坏分子"一起受训、挨斗、修路的后果。今天论起有福老汉挖草根的事情，固然是他带了一个头，可是他一动作，其他老人、青年男女立即跟着挖起来了，说明现实生活中柴火的奇缺已经到了一个非常关键的节骨眼上，有福老汉没有出去挖的话，也会有其他人出去挖，为的是挖回一点点柴火来解决生活上的基本问题，但是，有福老汉外出挖草根的行为被很容易地制止住了，下面他又该怎么办呢？家里的日子该怎么过呢？

> 一人获罪一家人抬不起头。家里没烧的没煨的，有福和儿媳不敢出去找柴火，糊汤烧不开，儿媳瞅着锅底流泪，孙女儿饿得哇哇叫，有福瞅瞅房檐上一根朽了的椽头："球，要这有啥用！""啪"一镢背敲下来，劈碎抛给儿媳才吃了一顿饭。不几天他家住着两间没檐的房。

> 30 岁的儿媳终于熬不住凄苦生活托上女儿走了。自此，这家一色儿住着一个坏分子。"坏分子"到了穷途末路还不老实，没过一年一间房顶全揭下来烧了饭，另一间也揭得只剩下炕上面的一块，这

一块替他遮炎阳挡苦雨。冬天晚上风雪飘进来冻得他裹着一张破羊皮似一只大虾蜷曲在冷炕上，天亮才知道让雪埋在里面。怨什么？坏分子就没好下场。

据万国光所做的调查得知①，他去过内蒙古伊克昭盟的伊金霍洛旗、浙江舟山群岛中的海岛、山东胶南县和山西右玉县的农村，当地都非常缺柴烧，"这些地区的同志告诉我，缺柴断炊，劈家具（原文作"俱"）、木犁生火，扒房顶上的茅草做饭，烧红薯干当柴等等情况，都不是耸听之危言，而是确有过的事实"。这样看来，有福老汉敲下朽了的椽头当柴烧，也不仅仅是耸人听闻的故事，不过，他走得更远，做得更过，"没过一年一间房顶全揭下来烧了饭，另一间也揭得只剩下炕上面的一块，这一块替他遮炎阳挡苦雨"，否则也留不下来了。有福老汉这样做，的确是因为他到了穷途末路，家里余他一个人，外面没有人可以帮助他，他做的越过，他的生活史就越辛酸。

还有《铲茅衣》那个故事②，也是让读者不胜唏嘘的。作者首先解释所谓"茅衣"，就是大地赖以取暖涵养的棉衣、棉被，这一种比喻，在植被比较好的情况下，指的是林、灌、草组成的地表植物，若植被生长不理想，还是指对大地有所遮蔽、养护的植物，它们赖大地而生，它们对大地又是起保护作用的。可是，在那些很特别的年代，它们成了被人盯住予以搜刮的对象：

> 每个村都有那么十几个至几十个女人，年龄30岁左右，有丈夫又有了孩子，于是就成了"狼"。她们干活狠如狼，过光阴贪如狼，还有咒人骂人毒如狼，谁干涉她们的生活，谁冻了她们的孩子，就咒谁骂谁，让你红肉见白，变成一堆灰。
>
> 入冬了，地皮结冻了，"狼群"结伙出巢，铲扫劫掠茅衣的行动开始了。她们每天不等天亮拿上铁锨、扫帚，背上背篼，挑上筐、

---

① 万国光：《农民的烧柴问题》，《大自然》1983年第3期，第32—33页。
② 魏俊舶：《铲茅衣》，张丽珍主编《庄浪人创业之路》，甘肃人民出版社2005年版，第41—43页。

绳子奔上苜蓿地，在那里拉开战场，明晃晃的钢锹刮着坚硬的地皮，"咔咔咔"的声音惊天动地，地皮上毛绒一般的根茬、枯叶、细草编织成的棉衣棉被就碎成片儿，卷成卷儿，堆成堆儿，霎时一片一片光秃秃的地面就裸露在外，如同快刀刮过的小孩子嫩嫩的头皮儿。"狼群"刮光苜蓿地皮就刮草坡、地埂，这里刮完了就到那里刮。高高一背篼，两筐子，重重一捆儿，背的担的，撅着屁股躬着腰，浩浩荡荡地回家去了。

裸露在外面的苜蓿根茬经凛冽的北风侵冻干裂，第二年春苜蓿大片大片地死掉，地面留出许多空白，活的也生长缓慢，短小瘦弱……

铲茅衣也就是一般所说的铲草皮、铲地皮，生活在那样困难的年代里，最为善良温柔的妇女竟然被比喻为"狼"和"狼群"，这该是多么严酷的现实生活啊！在那样的年代里，人们为了活命，妇女们为了孩子、为了老人、为了丈夫，不得不违背干部们的规定（他们代表着政府来宣布的规定），做出身不由己的事情。若按社会公理来说，铲茅衣这类行为的出现，是怨不得妇女们和老百姓的，本地自然条件本来就不尽如人意，天灾频至，加重了生活上的负担，国家又忙于搞政治运动，政府在满足人民群众过日子最基本的温饱问题上（还不是日益增长的物质需要）作为不了，群众被生活所逼只能自谋生路，这是社会成员面临困难时的一种无可奈何的选择。

1981 年 5 月，陕西师范大学史念海教授发表《历史时期黄河中游的森林》长篇论文①，第五部分的"余论"，以"论以木柴作燃料对于森林的破坏"为小题目的论述给作者和许多读者留下深刻印象，如文中所云，"据常情而论，以树木当柴烧，说起来不过是日常生活中的一种琐事，可是日积月累，永无止境，森林地区即使再为广大，也禁不住这样消耗的"。就上述材料所及庄浪的情况来看待，百姓烧火做饭和煨炕，所依赖的早已不是木柴类的硬柴，而是一般性的柴火，是指树枝、秸秆、杂草等，甚至还要算上牲畜的粪便。初次得知庄浪百姓使用牲畜粪便来烧火，

———————————

① 史念海：《历史时期黄河中游的森林》，三联书店 1981 年版，第 232—313 页。

使人感到颇为意外，可这就是在庄浪县发生过的事情，为数还相当不少，这就是现实困难在走向极端的情况下，当地群众所做出的自然而然的选择。

植被生存状况对于社会经济的另一种影响途径，在调查人所写的《笑爷说笑话》故事里，有一个清楚的说明①。这个故事借助猫不认真看好专吃鸡食的老鼠的情节，来说明植物（草类苜蓿）、牲畜（驴的生长）、庄稼（作物生长）、人类（收粮吃粮的人们）之间的关系。笑爷是为生产队看护苜蓿地的专人，他对前来拔苜蓿的孩子们说：

> ……"现在你们可以明白了吧？苜蓿让人吃，驴就没草吃，放倒耕畜耕种不好，庄稼更长不好，来年又要挨饿。事儿之间往往是相关联的，猫的错误就是不懂这个理儿。"

庄浪是一个农业县，境内养殖的大牲畜不少，当人群需要大量植物来解决温饱问题的时候，还不能忽略了供给牲畜的饲料问题。牲畜中的驴，也算是大牲畜，是很重要的役畜角色，绝对不能忽视对它的饲养责任。按照故事展开的顺序，这个貌似简单的道理，是讲给孩子们听的，可是，真要到了家里缺乏菜叶的时候，大人就会让孩子们去弄些苜蓿来，结果在笑爷那里受到了一番很重要的人生教育。

庄浪农民缺乏生活燃料之事，一直到 20 世纪七八十年代，都是大问题。老百姓所能依靠的是什么呢？其中自然包括政府出台的一些好的政策和措施，譬如烧煤的供应，但在无钱购买的情况下，大多数群众只能出门铲地皮、挖草根去了。在那样希望渺茫的日子里，在大自然"一岁一枯荣"的植被演替规律下，田间路旁生长的绿绿的新草，则成为百姓们生活中新的企望。

---

① 魏俊舱：《笑爷说笑话》，张丽珍主编《庄浪人创业之路》，甘肃人民出版社 2005年版，第 35—37 页。

（三）1984—1986 年的"三年停止破坏"工作

1978 年开始，经过一段时间的拨乱反正，我国进入了改革开放的时代。80 年代初，在国家的大政方针中，出现了在 20 世纪末 21 世纪初将国家建设的重点放在西部的说法和做法，当时的党和国家领导人多有视察西部之举，甚至针对甘肃省的情况，提出了"种草种树，发展畜牧，改造山河，治穷致富"的具体方针。甘肃省委对此予以积极响应，并很快在 1983 年 12 月的省党代会上确定了"三年停止破坏，五年解决温饱"的近期奋斗目标[①]。最见诸行动的是，省委抽调了省直属等单位的部分专业人员和干部，组成省地县联合调查组，前往中部地区的十八个"干旱县"展开详细调查，获得不少第一手资料和数据。

派往庄浪县展开调查的省地县联合调查组，很快写成了《庄浪县"三年停止破坏"调查报告》，在第一部分"基本情况"叙述之后，第二部分即为"存在问题及其原因"，文章说："通过这次调查，我们认为这个县在农业生态上最突出的问题，一是水土流失严重，二是燃料奇缺，铲草皮，烧畜粪，乱砍乱伐等不良现象普遍存在。"[②] 对于这些问题，文章做出的具体论述如下：

据四个点和面上调查推算，1983 年全县做饭、煨炕共需燃料67823 万斤，其中做饭 35588 万斤，占 52.5%，煨炕 32235 万斤，占47.5%。这些燃料的来源，全县年产农作物秸秆用作燃料的约占19.8%，计 4753 万斤，占年需燃料的 7%；改灶节约 410 万斤，占年需燃料的 0.6%；采集农田杂草和高秆作物根柴 8491 万斤，占年

① 甘肃省三年停止破坏调查研究领导小组编写组、甘肃省"两西"建设指挥部编：《甘肃中部地区三年停止植被破坏资料汇编》之"编写前言"（落款为 1984 年 7 月），甘肃人民出版社1984 年版（内部发行）。该书附有甘肃省中部地区的林木面积统计表、天然草场和人工种草面积统计表、荒地调查表、燃料消耗状况表、燃料消耗现状结构表、森林分布图等资料。

② 省地县联合调查组：《庄浪县"三年停止破坏"调查报告》，甘肃省三年停止破坏调查研究领导小组编写组、甘肃省"两西"建设指挥部编《甘肃中部地区三年停止植被破坏资料汇编》，甘肃人民出版社 1984 年版（内部发行），第 113—118 页。

需燃料的 12.5%；全县农村购煤约 14450 吨，折薪草 4335 万斤，占年需燃料的 6.4%。上述几项燃料合计 17989 万斤，占年需燃料的 26.5%。其余 49834 万斤，占年需燃料的 73.5%，靠烧畜粪、铲草皮和掠夺性的采樵弥补。

全县大家畜年产粪 43646 万斤，其中，80% 用作燃料煨炕，约 34917 万斤，折干粪 15519 万斤，占年需燃料的 22.9%。据调查推算，全县年铲草皮面积 33.92 万亩，占三荒地总面积 79%，户均 5.9 亩，年铲草量（合干草）14551 万斤，占年需燃料的 21.5%。全县每年从天然林不合理采樵硬柴 7509 万斤，折草 9011 万斤，占年需燃料的 13.35%。

上述取得的燃料合计 57070 万斤，占年需燃料的的 84.1%，尚有 10753 万斤（约占年需燃料的 15.9%）的空缺，主要是部分地区群众采取各种节约办法克服。根据上述燃料需求和来源状况，如果停止铲草皮和不合理采樵，全县年缺燃料 34315 万斤，折煤 114385 吨，户均 1.98 吨。如果再将烧畜粪停下来，全县年缺燃料 49834 万斤，折煤 116113 吨，户均 2.9 吨。

按 1983 年这一年算下来，已经得到了一些最基本，也是最重要的数据资料（尤其是本文作者设为黑体字的内容）。在庄浪县，到 1983 年展开调查时，全县年需燃料的 73.5%，还是依靠烧畜粪、铲草皮和掠夺性的采樵来加以弥补，否则就会影响到烧火做饭和煨炕这些日常生活，也就是说，可能是从 1949 年解放直到 1983 年进行调查统计时，这样的燃料寻求和解决方式一直在继续，其中不同的就是随着人口进入 20 万、25 万、30 万门槛的时候，所需要的燃料数值呈现上升趋势。

若考虑单个村庄群众的烧柴情况，可以庄浪县郑河乡的郑河村为例。据调查资料，郑河村的基本情况为①：

———————————

① 省地县联合调查组：《庄浪县郑河乡郑河村调查报告》，甘肃省三年停止破坏调查研究领导小组编写组、甘肃省"两西"建设指挥部编《甘肃中部地区三年停止植被破坏资料汇编》，甘肃人民出版社 1984 年版（内部发行），第 228—229 页。

全村四个自然村，130 户，797 人，264 个劳力，总土地面积
4.36 平方公里（6540 亩），人口密度每平方公里 183 人。海拔 2083
米。属关山高寒湿润气候。年降雨量 600 毫米左右。无霜期 90 天。
耕地面积 2443 亩（不包括地埂 733 亩），人均 3.06 亩，垦殖指数为
37.35%。三荒地 2448 亩，人均 3.07 亩。粮田面积 1922 亩，人均
2.41 亩。……1983 年粮食总产 340800 斤，人均产粮 428 斤，总收入
60988 元，人均收入 76.5 元。有大家畜 249 头，其中骡 35 匹、马 61
匹、牛 121 头、驴 32 头。养猪 197 口、羊 345 只、鸡 380 只。建国
以来造林 841 亩，现保存面积 570 亩（年报为 449 亩），四旁零星植
树 4782 株，人均 6 株。土地被复面积 487 亩，被覆率 7.4%；水土
流失面积为 4632 亩，亩均流失表土量 0.53 吨，年总流失量 1889 立
方米。

这个村户均人口 6.13，劳力明显偏少，户均为 2.03 人，老人和孩子
占的比例较大（全村劳力除外为 533 人，户均为 4.1 人）。人均耕地面积
为 3.06 亩，还有三荒地为 3.07 亩，1983 年人均产粮 428 斤，主要还是
靠播种面积达到的。其人均收入则更低了。海拔 2083 米的郑河村为什么
饲养了这么多大家畜呢（户均近 2 头）？应当是出于充分利用役畜、节省
人力上的考虑和需要。这个村存在的问题及其原因如下①：

这个村的特点是，海拔高、气候寒冷、大家畜多，烧饭、煨炕、
饲草用量比较大，但自产自购燃料有限，主要向大自然夺取。因此，
对植被的破坏比较严重。现就做饭、煨炕、饲草用量和对植被的破
坏情况分述如下：

（一）做饭烧柴：全村有灶 130 个，均为老式烧柴灶，特点是门
大、腔大、柴大，烧柴浪费比较严重。根据调查，每人每天做饭需
柴 3 斤，全年共需柴 872715 斤。全村年产秸秆 562320 斤，用作燃料

───────────────

① 省地县联合调查组：《庄浪县郑河乡郑河村调查报告》，甘肃省三年停止破坏调查研究
领导小组编写组、甘肃省"两西"建设指挥部编《甘肃中部地区三年停止植被破坏资料汇编》，
甘肃人民出版社 1984 年版（内部发行），第 228—229 页。

的只有 39971 斤，占 4.6%，其余大部分作饲草。所缺部分全靠采樵补给。不但对天然林的破坏十分严重，而且耗费了大量劳力。该村距离天然林往返 50 里，每年进山砍柴占用劳动日 8327 个，占总劳动日的 11.26%。

（二）煨炕用柴：全村有土炕 260 眼，户均 2 眼，由于寒、湿，一年四季都得煨炕，全年煨炕共需衣柴 1086800 斤（每炕每天 11.45 斤），烧畜粪 472200 斤，尚缺 614600 斤，主要靠铲草皮补给。以每平方米铲草 0.5 斤计算，全村煨炕铲草皮面积约 1845 亩，人均 2 亩，户均 12 亩，仅此一项，年需耗费劳动日 16389 个，占总劳动日的 22.17%。

（三）大牲畜饲草：全村共养大家畜 249 头，除 120 天在天然草场放牧外，共需饲草 967802 斤，自产秸秆用于饲草约 522339 斤，尚缺 445463 斤，主要靠农田杂草和割野草补给，由于牲畜多，秸秆少，亦加重了对植被的破坏。

造成上述问题的主要原因是：

1. 山高坡陡，土壤瘠薄，肥料不足，广种薄收，加之冰雹、暴雨等自然灾害频繁，粮食、秸秆产量均不稳定。

2. 畜群结构不合理，饲草用量大。

3. 由于高寒、湿冷，烧锅煨炕用柴多。

4. 对原有天然林保护抚育不够，乱砍滥伐，超载过牧。

因此全村劳力除了正常的农业生产外，常年奔波于烧柴、煨料。另外，多种经营门路不宽，来钱门路少，就更加重了对自然生态的破坏。

庄浪之地的确很冷，晚清海宁人陈奕禧曾谓："六盘以西，地近陇阪，风气最寒，飞蝇绝迹，盛暑不须绤紵，夜中烧炕不辍，民贫者多莫备衾茵，强半藉此为卧具。"[①] 据多年气象统计资料显示，庄浪在甘肃中

---

① 陈奕禧：《皋兰载笔》，《小方壶斋舆地丛钞》第二集，南清河王氏所辑书之一，《中国西北文献丛书》第 2 辑《西北稀见丛书文献》第 4 卷所收，兰州古籍出版社 1995 年版，第 67 册，第 348 页。

部地区，是年日照时数最少的一个县（见表1）。全县海拔在 1405—2587
米之间，东北地势比西南相对高差大 1452 米①，也是全县年日照时数
（小时）等值线最低的地方（远在 2200 时数以下）。郑河乡的郑河村海拔
2083 米，一年四季中，所需要烧柴的时间远远多于西面平川和一般黄土
丘陵区。

表1　　　　　　　　　　甘肃省中部地区的年日照时数

站名	年日照时数（小时）	生长季日照时数	年日照（百分率）	站名	年日照时数（小时）	生长季日照时数	年日照（百分率）
定西	2500	1888	56	古浪	2628	2016	59
靖远	2688	2071	61	东乡	2524	1902	57
会宁	2525	1917	57	永靖	2528	1939	57
通渭	2238	1705	51	秦安	2208	1712	50
陇西	2292	1750	52	静宁	2237	1721	50
临洮	2437	1852	55	庄浪	2179	1691	49
永登	2655	2001	60	华池	2250	1759	51
榆中	2655	2026	60	环县	2596	2008	59
皋兰	2768	2128	62	华家岭	2430	1828	55
景泰	2725	2086	62	兴隆山	1626	1294	37

资料来源：《甘肃中部地区三年停止植被破坏资料汇编》（甘肃人民出版社 1984 年版，内部
发行）附图 14。

　　《甘肃中部地区三年停止植被破坏资料汇编》这本报告集里的算账方
法，总是按平均数来算的，这是按最理想、最简单的方式来计算，也就
因此缺乏现实社会中的某些特别情形，尤其是农民群众日常生活中的种
种技巧，会在相当程度上减弱按平均数得出统计数字的偏重。对于植被
损失来说，生活在山地的农民会有办法来补偿因砍伐所带来的林地负面

---

　　①　庄浪县志编纂委员会编：《庄浪县志》"概述"，中华书局 1998 年版，第 3 页。

影响（中间当然会利用自然植被的再生能力），而报告中对此却丝毫没有体现。再如庄浪县从 20 世纪 50 年代开始修建梯田，历 60、70 年代，到 1979 年底，累计修建的水平梯田已有 34.75 万亩①，"坡改梯"后对土壤侵蚀状况的治理作用，在《庄浪县"三年停止破坏"调查报告》中也无丝毫体现，这是按照预定主题展开工作所写报告的通病。

对于甘肃省中部地区的十八个"干旱县"来说，1983 年是极为重要的一年，从这一年开始实施"三年停止破坏，五年解决温饱"工作目标，从全国到地方，从上到下都在寻求出路，寻求解决问题的办法，甚至要扭转长期以来在烧柴问题上的被动局面，改变一味掠夺大自然，乱砍滥伐林木，甚至铲草根、铲地皮的可怕做法，制定积极而合理的应对措施。县上于 1971 年 11 月召开过林业工作会议，提倡调动各种积极因素造林，到 1980 年全县的大队林场有 256 个，生产队林场 54 个，人们习称"村办林场"②，但显然难以就地解决群众的烧柴难题，农民群众还在采用老办法解决自己的薪炭问题。1985 年 10 月，庄浪县专门召开了"表彰全县种草种树两户一体先进典型会议"③，就是鼓励广大群众采用种草种树的方式来保护环境、解决生活中的实际问题。

1986 年 5 月 20 日，中共中央总书记胡耀邦视察平凉后，乘车从华亭县进入庄浪，当时的庄浪县委书记景维新就在身边陪同，胡耀邦边走边提问，景维新随即回答④。胡耀邦很重视庄浪县的农业发展情况，询问了百姓的生活，以及专业户、乡镇企业、土特产等方面的经营情况，给予庄浪县的发展以巨大的鼓励。

---

① 庄浪县志编纂委员会编：《庄浪县志》，中华书局 1998 年版，第 134 页。有关庄浪县梯田建设在减少水土流失影响方面发挥的作用及其综合效益，参见庄浪县水土保持志编纂领导小组编印的《庄浪县水土保持志》，1998 年 12 月内部印刷使用［甘新出（98）028 号］。

② 据庄浪县政协副主席张嘉科的介绍。张嘉科系庄浪岳堡人，1978 年 8 月参加工作，先后在县水利局、林业局工作，1995 至 2011 年任县水保局副局长、局长。

③ 中共庄浪县委发［1985］3 号文件《表彰全县种草种树两户一体先进典型的决定》（1985 年 1 月 13 日），现藏庄浪县档案馆，表彰大会于下半年的 10 月份在县里召开。

④ 董元堂：《见证庄浪历史上的珍贵时刻——再忆胡耀邦总书记视察庄浪》，庄浪县县志编纂办公室主办、王亚斌主编《庄浪史志》第 2 辑，甘出准 028 字（2012）1 号，第 157—161 页。

（四）结语：群众社会生活对环境
状态的依赖度和关联度

实际生活中似乎越日常的事项，前人就越是缺乏记载。庄浪群众烧柴这个题目，限于资料，还没有做到一个较为理想的程度。类似庄浪县这样的县域范围，对于展开环境变迁研究工作来说，是非常有益的选择。一则研究时限主要在共和国历史上，距离现实很近，易于产生更真切的学术思索；二则是通过当地群众的实际生活来切入环境变迁的主题，也就是将活生生的群众生活带进研究领域，可以触及环境（地理那一面）与人类（当地群众）具体发生交流关系的内容，从容考察地理环境之特点和人类社会一部分势必承担的那一份职责。

历史地理学专家蓝勇教授曾经以"燃料换代历史与森林分布变迁"为题，撰述和发表过论文[①]，其中以四川省通江县八家坪农户张仕成、巴中市八家坪农户张星才近50年来家用燃料的变化情况，作为长江上游农村地区在燃料换代方面的典型缩影，富有启发性。实际上这类研究题目还有广阔的开拓空间，结合当地群众的实际生活来切入环境变迁的主题，还需要从细节上进一步认识人类的社会经济行为对于环境的影响和作用，充分地打量和分析诸如百姓烧柴引火这样的日常行为，与环境变迁之间可能具有的非常重要的联系，并着力呈现不同地区人民群众丰富的社会生活史内容，进而走向真实揭示群众社会生活对环境状态的依赖度和关联度之目的。

───────────────

① 蓝勇、黄权生：《燃料换代历史与森林分布变迁——以近两千年长江上游为时空背景》，《中国历史地理论丛》2007年第2辑，第31—42页。

1911—1934 年延川县人地
关系实况之考察[*]

摘要：黄土高原水土流失和土地利用之间的关系，学术界已做过不少论述，本文以 1911—1934 年延川县人地关系实况为例，着重考察川地和山地（坡地）在地形上的分布实况，同时兼及社会背景加以分析判断，基本看法是：当时的社会贫困化十分严重，低水平的社会生产力状况，制约着当地农民的社会生产活动及其力度，反而使当地自然环境处于一个相对稳定的修复状态之中。

关键词：民国时期；1911—1934 年；延川县；社会贫困化；人地关系

陕北黄土高原的水土流失情况，在学术界的研究中，一直被看作一种相当严重的自然过程和人类活动作用叠加的结果①，这方面的论著可谓多矣。既然如此，为什么到 21 世纪初，刘东生先生还在谈论"黄土高原水土流失和土地利用的历史，彼此之间的关系尚待建立"②，这位著名的黄土专家在思考和期待着什么呢？我想，我们做研究应当从实际出发，而不是从概念出发，即尽可能地从基本的材料和事实出发，这样才能接近刘东生先生所谈论问题的实质。尽管从实际出发做工作是相当困难

---

    * 原载周长山、林强主编《历史·环境与边疆——2010 年中国历史地理国际学术研讨会论文集》，广西师范大学出版社 2012 年版，第 574—584 页。

    ① 陕西师范大学地理系《延安地区地理志》编写组：《陕西省延安地区地理志》，陕西人民出版社 1983 年版，第 177 页；中国科学院黄土高原综合考察队：《黄土高原地区自然环境及其演变》，科学出版社 1991 年版。

    ② 刘东生：《黄土与环境》，《科技与产业》2002 年第 11 期，第 29—34 页。

的①，但学术研究的规律总是在起作用的，我们还是要（或曰必须）从基本的材料和事实做起。

本文所依据的基本资料是民国李渥等编纂的《延川县志》，该书经陕西省延川县地方志办公室冯瑞荣等点校（据手稿本），2003 年 5 月在北京的中国档案出版社第一次付印面世。李渥（1862—1945），字丹生，延川县延水关镇柏树圪村人。1922 年春做过短暂的延川县采访局主任，曾为省志编纂提供过本地材料。1928 年（民国十七年）冬，受有关方面委托编纂《延川县志》。在经历过五任县长后，至 1933 年（民国二十二年）夏，志稿编纂就绪，却因故未付梓面世。1935 年陕甘宁边区建立后，李渥曾任边区第二届参议会议员②，是一位地方文化人士。

由于道光《延川县志》见存③，可以参考，因之在相当程度上影响了民国《延川县志》的主动创造，后者的确抄录了前者较多的内容——主要是清代的情况。在本文的叙述中，一旦出现此种情况，就续之以"同于道光版本所述"的文字。民国县志资料的截至时间，并不完全止于1933 年，在其卷 4 职官志"知县"里，有的一直记到了 1940 年，如"李腾芳，□□人，民廿七年任。时革命县府已设。当抗日初期，统一战线时期，县设国、共两个县政府。民廿九年，逃亡宜川县"。总的来说，该志所介绍的民国时期情况，因过于简单而不令人满意。有关延川县的档案记录资料，则等机会予以查阅。

（一）本县基本生产和民生情况

早于辛亥革命前两年的 1909 年，曾经有美国人罗伯特·斯特林·克拉克组织的一支考察队到过延川，其记录如下④：

---

① 周文彰：《"从实际出发"为什么这样难？》，《红旗文稿》2010 年第 6 期。

② 冯瑞荣：《民国延川县志点注》后记，中国档案出版社 2003 年版。

③ （清）谢长清纂修：《道光重修延川县志》，道光十一年（1831）刻本，参见《中国地方志集成·陕西府县专辑》第 47 辑，凤凰出版社、上海书店、巴蜀书社 2007 年版。2008 年 8 月，在政协延川县委员会的支持下，仍由冯瑞荣点校，出版了《道光延川县志点注》本［陕内资图批字 GW（2008）029 号］。

④ 罗伯特·斯特林·克拉克、阿瑟·德·卡尔·索尔比：《穿越陕甘 1908—1909 年克拉克考察队华北行记》，史红帅译，上海科学技术文献出版社 2010 年版，第 31—32 页。

我们在清涧县停留了一天，12月16日，前进了近22英里后，我们投宿在一个名叫马家沟（Ma-chia-k'ou）的村庄里。前面近三分之二的路程，我们都是沿着此前所走的山谷前进，就在快要到达破旧的几近荒芜的延川县（Yen-ch'uan Hsien）城时，道路向西拐去，伸入另一条沟谷。这里的地质构造与之前的地方并无不同，所以值得记录的东西不多。从榆林府一路到这里，植被特别稀疏，也几乎没有什么鸟兽，只看到过几小群山鹑和大群的岩鸽。依照在米脂县制定的计划，我们在这里停留了一天，一边等待黑兹拉特·阿里赶上我们。在这里只能买到质量低劣的煤炭。

接下来的一天，我们行进了24英里。感谢良好的路况，我们毫不费力地翻越了约3600英尺高的一座山隘。沿着宽广的山谷走了几英里之后，我们进入延水（Yen Shui）谷地，这里距离干古驿（Kan-ku-yü）不远。这一天的行程颇为有趣。我们看到难以计数的野鸡，还有几百只鸽子成群飞过，引人关注。我们一次狩猎就从鸽群中打下了13只鸽子。谷地里植被繁茂，其宽度也比离开榆林河后一路所见的任何山谷更宽。这天晚上的温度创造了最低记录，达到了零下38度。曾经建筑良好、高大雄阔的城墙遗迹表明，干古驿昔日是一处重镇。可是现在的干古驿只有一条小街，两旁是破旧的房屋和几家客栈。倘若没有来往于绥德州和延安府的旅客把这里作为固定的歇脚之地，这个地方可能已经完全被废弃了。虽然这里的人烟极其稀少，但乡野基本上都被开垦成农田了。

考察队从清涧到延川一路，是沿今清涧河而行的。从延川县西行，走的是清涧河支流文安驿河谷。这里梁峁众多，沟壑发育，道路只能顺着河谷排布。进入延河边的城镇应该是延安的"甘谷驿"（而非"干古驿"），延河两岸川地平趄，其自然条件不是延川县可以比拟的。

民国《延川县志》卷3"政治志"介绍本县农业情况，云："全境人民，务农者十据八九，全依耕耘为生活。然，地瘠利薄，一遇凶年，不免饥饿，死亡之惨。"农事中的"物产"，云："农产，夏收，麦居多数；秋则黍、稷、豆、粱为大宗。"此为本县基本情况。

　　农业生产的实际，在本地仓储情况中反映的最为清楚而明显。光绪三十三、四年（1907—1908），延安府常平仓有存粮 473 余石，这并不算多，而延川县光绪三十四年的存粮却是一个"无"字。社仓方面，光绪年间的延安府经常是无存粮的，延川县亦同。宣统时陕西省各地征收地税银款，延安府所收的 22.697 两里面，其中没有延川县的一点贡献，同样水平的延安府属县还有保安（今志丹县）、安塞①。结合全国情况，二三十年代里，国民政府为恢复仓储制度和建设新式农业仓库，由内政部颁布过《义仓管理规则》（1928 年 7 月）等项规定，在南京周围的江苏、浙江、安徽、湖南等数省均取得一定成效，但中西部尚十分落后②，缺乏改进，延川县的情况可视为其中一例。

　　民国时的延川县，政府手头缺乏粮食等物质，同百姓的情况是一致的。由于粮食产量低，亩产只有几十斤，境内普通民众极为乏粮。卷 2 "建置志"之"里甲"记"今四乡领村，凡五百二十有一"，"是邑之五百余村，不及通都大邑之数十村耳。地偏而瘠，民寡而贫……"核实道光版《延川县志》卷 2 "建置志"之"里甲"所记，有东乡 219 村、南乡 104 村、西乡 87 村、南乡 101 村，村名一一具载③，道光本记述在前，民国本予以采纳，可以看作对当时延川县民生的一种基本认可。

　　1935 年 6 月，当红军长征转战进入陕北，在国民党延川驻军的电文中透露出延川县缺粮的事实，电文曰："再，延川城内食粮燃料缺乏，早已报告，即城附近各村庄亦均被封……现仅蓄粮一周，以后实难为继。……于万难中设法筹集粮秣燃料，以期坚守而待援军外，查现时计存粮不过三日，情形异常危急。"④ 可见，一个县城的粮食储备情况，会直接影响到战时守城的能力有多大。延川县缺粮，从清末以来就是一个

---

　　① 杨绳信编著：《清末陕甘概况》，三秦出版社 1997 年版，第 126—151、177—189 页。

　　② 杨琪：《二三十年代国民政府的仓储与农业仓库建设》，《中国农史》2003 年第 2 期。

　　③ 道光《延川县志》所记"四乡领村，凡五百二十有一"文字，被民国《延川县志》抄录，道光之记载已非民国之"今"，这是录者明显缺乏史识的地方。再，四乡领村合计当为 511 个村子，两县志均误作"五百二十有一"。

　　④ 《高桂滋关于延川被红军围困，要求解决粮秣燃料致杨虎城、邵力子电》（1935 年 6 月 25 日），陕西省档案馆编：《国民党军追堵红军长征档案史料选编（陕西部分）》，中国档案出版社 1994 年版，第 472 页。

基本事实。

粮食生产不足,"畜牧"方面的情况也甚不理想。卷3"政治志"续云:"境内人民贫苦,畜牛、驴仅居半数,而骡、马则更寥寥;牧羊者十户不过一二家而已,价值昂贵,贫者更不一一。"当地为什么不多养羊只以补充生活呢?反观道光《延川县志》所记的情况,是"土人呼黑者曰山羊,白者曰绵羊。牧畜颇多,岁剪其毛,以为毡物",对比之下,何以民国时的家庭养羊会是这样的不景气呢?这需要从社会背景里寻求解答。

(二)川地和山地(坡地):本县田地 在地形上的分布

延川县的地貌特征是梁峁地形突出,面积广大,我们需要考虑的问题是1911—1934年的民国时期,当地农人是否在河川之外的梁峁上开垦了大量的坡地?这是人类活动造成黄土高原水土流失问题的一个思考点。学术界早有学者把黄土高原上人类活动造成的水土流失现象,称之为"耕作侵蚀"[①],若着重从耕作部位上考虑其中的技术环节和侵蚀程度,就需要在时间段、地形地段上予以确认,而不是仅仅就一般情况反复说道。

在我国的水土保持学者那里,经过多年的研究实践,已产生这样的学术见解:"大量的研究表明,梁峁坡面上浅沟的形成发育史便是人类开垦坡面、加剧坡面侵蚀作用的历史。"通过对陕北黄土高原丘陵沟壑区——安塞一带梁峁坡面上发育浅沟的研究,得出的部分结论为:定量分析表明,坡面浅沟是近期形成的,典型监测计算表明,浅沟形成历史只有40—50年。由此推断,陕北丘陵区人类大面积开垦坡面的时间大约在20世纪30—40年代[②]。非常有意义的是,这一时间段的提

---

① 李勇、张建辉、罗大卫(LobbD. A.)等:《耕作侵蚀及其农业环境意义》,《山地学报》2000年第6期,第514—519页。

② 张科利、唐克丽:《浅沟发育与陡坡开垦历史的研究》,《水土保持学报》1992年第2期,第59—62页。

出，刚好同陕甘宁边区当时开展的"生产大运动"时间段相一致。换一句话说，即陕甘宁边区开展"生产大运动"之前，当地梁峁坡面上的浅沟尚不发育①。

水土保持学界产生这样的认识是相当重要的，其结论的可靠程度如何，还是需要放到具体的县域土地上判断和分析。如延川县，东邻黄河河道，地处陕北黄土丘陵深处，境内的地貌划分，为东部土石梁峁区、中部残塬梁峁区、西北部川台梁峁区、西南部峁梁沟谷区四个部分②。清代的土地利用情况乃民国时期的基础，在民国《延川县志》的记载里，诸多事项总是从清代开始记录，这是一种历史延续，情形十分自然。

卷3"政治志"之"实业"部分，记述境内"地多崇山峻岭，水田概难修浚。溪旁涧隈，间或有之，然实无几也"。同卷"风俗"部分记曰："境内山岭重叠，水利似难扩充。然自同、光以来，人为饥荒所迫，山陬、涧边，搜寻疏浚，所获水田较前稍多矣，而方诸它处，犹为些微。"延川之名，本为秀延水（今清涧河下游）川道之意，在遭遇同治、光绪年间的多次战乱、年馑后，当地人所开辟的田地，为山陬、涧边之水田，这既说明了当地农人选择田地时，是将灌溉放在一个重要的位置上，也反映了当地的水土资源，在当时的人口数量状态下，还有一定的开垦余地。延川县民众的居住分布情况，以清涧河及其从西面汇入的支流——永坪川、清坪川、文安驿河两岸土地为最佳，这些地方早已为人所开发居住，同治、光绪以来人们开辟的新的地方，只能是走进沟壑深处的山陬、涧边，做一些必要的土地垦殖和水源疏浚引导事务后，方才有了自己的水田，可以安下家来。这一条资料的意义，在于说明当时人的移动方向，是走向黄土山区的深处，沟壑上游，在较为低平的土地上建立自己的家园。

通过当地聚落的名称及其位置来做细致的考察，判断农人开垦和耕

---

① 据更早的资料，当地农民在坡面是有开垦活动的，问题是依据地形条件，将浅沟发育均视为开垦后土壤遭受侵蚀后的结果，可能并不那么全面，参见苏联水土保持专家、地质矿物副博士 M. H. 札斯拉夫斯基《有关黄河流域水土保持工作方向和水土保持措施效益计算的几个问题》一文，刊在陕西省水土保持局编印《水土保持文件资料选集》（内部读物），1957 年 10 月，第 22—36 页。

② 延川县志编纂委员会：《延川县志》第 3 卷，"自然环境志"，陕西人民出版社 1999 年版。

作的土地究竟是在什么地形部位上①，是我们思考的一条重要研究路线。可是，民国《延川县志》在聚落记载方面只是沿袭旧志，没有提供民国时期的新情况，致使从聚落角度展开的考察意图难以顺利展开。2010 年10 月22—26 日，我们一行5 人考察小组专程到达延川县进行实地考察。在延川县原地方志办公室主任冯瑞荣先生的建议下，驱车到达东面延水关镇的王家渠村、土岗乡的小程村，直接同村民座谈，查看废弃的窑洞居址及周边农田。通过清代和民国县志→县域地名志→县域地图→聚落实态的查找和印证方式，确定了名实相符的村庄，将聚落同其周边的坡地和塬地结合起来考察，获得一些新的认识。其中主要有：（1）黄土梁峁地带适合位置上的废弃窑洞，不似一般土木建筑容易拆毁，对过去聚落的位置及其居住形式具有非常重要的表征作用；（2）天然黄土覆盖层的分布状况，决定着人们开垦田地的位置，而不同海拔高度的平地都在吸引着移民；（3）田地的分布决定着具体村庄的所在，道光时期已有许多人从川道走向山原梁峁，建立村庄或居民点，民国时期仍继续延续。

我们还有一个设想，来获得民国时期延川县田地所在的位置。那就是1935 年中央红军到达陕北后，不断扩大解放区，建立了稳固的革命根据地，包括延川县在内的陕甘宁边区都开展了"生产大运动"，边区内垦荒面积大为增加，假如能够从已知延川县耕地数字的基础上，减去"生产大运动"及建国后多次开垦土地的份额，是否会透露出一些"生产大运动"之前田地分布的范围和位置呢？这样的思考首先取决于现存的资料是否够用。

据1941 年7 月延川县政府会议上提出的《延川县政府工作报告》，在"农业方面，据去年统计，全县共有山地 257524.5 坰，川地 31000.5坰，合计耕地 288525 坰。几年来我们的农业是逐年向前发展……"②，具

---

① 傅伯杰、陈利顶、邱扬等：《黄土丘陵沟壑区土地利用结构与生态过程》，商务印书馆2002 年版。该书第 30 页指出"研究地区人类活动的范围主要以村庄为中心向外扩展，距离村庄越远，人类活动的研究越小。但由于农作物产量较低，靠近村庄低平的土地十分有限，无法满足农民对粮食的需求，大量坡地被开垦为农地，成为水土流失的主要原因"。其中村庄的范围、随村庄人口数量产生变化的粮食需求量，均需要做实证研究。

② 《延川县政府工作报告》（节选），1941 年7 月，转引自延川县志编纂委员会《延川县志》，陕西人民出版社 1999 年版，第 802—807 页。

体以下表为例：

表1　　　　　　　延川县 1939—1941 年农业耕地统计

项目类别		1939 年	1940 年	1941 年
开　荒	原计划数	25000 垧	20000 垧	7000 垧
	完成数	19884 垧	18624.5 垧	9701 垧
修水利	原计划数	1000 垧		
	完成数	63 垧	89.5 垧	

川地的叫法是明确的，靠近河流的田地，才有这个名称，离开河川之地，上山所开垦的即为山地。山地无不有其大小不一的坡度，故而山地又称为坡地，即便在山峁上较为平些的土地，也是坡地。按 1940 年的统计，延川县田地按地形的分布，分为山地、川地两种，山地为257524.5 垧，川地为 31000.5 垧，山地数量远远多于川地。"生产大运动"开始于 1939 年，遗憾的是表 1 中的开荒资料未反映山地、川地之不同，我们推测当时开垦出来的主要是山地，因为河川之地早在以前就已经被陆续开垦出来了。如果到了进入水利化、机械化日益进步的时代，可以采取移河改道的办法扩大川地（或称"坝地"），开挖和转运土方的办法修建梯田，但在民国时期的社会条件下，新开垦出来的土地多数还是为山地（坡地）。

1984 年在延川县所展开的土壤普查工作，按土地的坡度做了测量和统计，资料十分难得，可以说明一些问题，数据见表 2：

表2　　　　　　　延川县土地坡度分级统计　　　　　　　单位：亩

坡　级	一	二	三	四	五	合　计
坡度	0°—5°	5°—15°	15°—25°	25°—35°	>35°	
总土地	227016	506170	456256	923089	851594	2964125
占%	7.66	17.08	15.39	31.14	28.73	100
耕地	**129343**	**442146**	298646	265990	558981	*1695106*
占%	**10.82**	**36.99**	24.99	22.26	4.94	100

坡　级	一	二	三	四	五	合　计
林草地及荒山荒坡	9032	19313	74610	566091	692085	1361131
占%	0.66	1.42	5.48	41.59	50.85	100
非生产用地	88641	44711	83000	91000	100528	407880
占%	21.73	10.96	20.35	22.31	24.65	100

资料来源：延川县志编纂委员会：《延川县志》第3卷，土地志，陕西人民出版社1999年版，第141页。原注：本表数字来源于《1984年土壤普查资料》。本文复核后，本表有的数字计算有误，耕地合计不是1195114亩（见斜体字），而应该是1695106亩。

坡度在0°—5°的耕地基本上算平地，在河谷平川的条件下，5°—15°之间的耕地也是易于耕作的，在这些耕地里的农事活动，对于自然环境的直接或潜在的负面影响，要大大小于15°以上的坡地。表2内属于1—2坡级的耕地，占到全县耕地总数的47.81%，这个数字是比较高的。民国前期的1911—1934年，人口数量在两万左右的延川县，部分居民居住在河川平地，依靠川地展开自己的生产和生活。考虑到延川县的地形地貌条件，社会生产资料占有的不平衡状况，地主过多占有土地的情况，贫苦人被迫上山开荒的情况，应该是占到大多数的。但是，切不能因为贫苦人群上山垦种，就认为那是坡度较大的田地，实际上塬地是相当平整、面积也不小的，尽管在这里居住地势较高、缺乏灌溉之利、距离县城也很远，却是可以通过自己的劳作，获取基本的生活之资的地方。与此有关的社会背景及社会贫困化的问题，我们在下面展开论述。

（三）本县生产力之水准

到民国时，延川县的水利设施究竟有没有？据《延川县志》卷3政治志所载"实业"部分叙述，此县"地多崇山峻岭，水田概难修浚。溪旁涧隈，间或有之，然实无几也"（同于道光版本所述）。这样的叙述，反映出当地是没有比较像样的水利工程的，有的只能是一些小小的引水沟，或使用了一些土石材料作为护衬而已，在地方资料中鲜有反映。

县志卷1 地理志之"山川"，有"石油井"条，记为"（地名石油沟）在县西北八十里"。《元一统志》："永平村井出石油，可燃灯。"《潜确类书》："延川县出石油，每岁六月，取之涂已疮疾"（同于道光版本所述）。在卷3政治志之实业部分，记"物产"，也说到"惟石油沟一带，油苗颇旺，惜无开采。民初，有人拟开而不果"，具体过程不详。延川县后来的石油开采属于延长油矿的一部分，可是在民国前期，尚没有条件加以开采出来。

县志卷3 政治志之"实业"部分里，记"煤矿，惟县北边隅间有，尚不敷境内之用"，由于开采量极小，连本县利用尚不能满足，自然就难于将煤炭作为商品来经营了。

县志卷3 政治志之"商务"部分里，记"境内人民不喜贸易，故商业今昔皆不发达。所有商户，晋人居多，杂货亦率由晋运来。皮毛、羊绒亦由晋商岁来收买。邑人除赴晋贩运猪、羊而外，再无经商者。故金融机关，任外人操纵，则利权安得不外溢哉"？延川县东邻黄河，有渡口过河，因而深受晋商活动影响。

民国前期有一些新思想传至本地，但社会经济方面的面貌依旧，由于没有资金和计划增加农业设施，农业生产及其再生产的条件极差，所以此时延川县的社会生产力是很弱的，"地瘠利薄"就是一种典型的说法。从表3资料可见，到1952年陕西省的农业技术水平也还相当落后，具有一定技术条件的地区还首推关中平原，因为关中平原的自然条件和社会环境是大大好于陕北黄土高原的。

表3   20 世纪 50 年代陕西省农业技术水平

指 标	单 位	1952 年	1957 年
1. 机耕面积占耕地面积比重	%	…	1.7
2. 有效灌溉面积占耕地面积比重	%	6.6	11.4
3. 化肥施用量	万吨	0.45	4.48
4. 每亩耕地施用化肥	公斤	0.07	0.70
5. 农村用电量	亿千瓦小时	—	…
6. 每亩耕地用电量	千瓦时	—	…

资料来源：国家统计局综合司编：《全国各省、自治区、直辖市历史统计资料汇编》，中国统计出版社 1990 年版，第 810 页。原表注：化肥施用量为实物量。

(四)社会贫困化及其在环境层面的影响

延川县的人口,从清代中期以来迭有变化。据《秦疆治略》记载:"道光三年,有四万九千余口。旧志则谓:道光十年,户九千三百三十,口三万九千二百十五。""樊报"称:"光绪三十年,男大口五千一百二十三,男小口四千三百二十九,女大口四千五百六十二,女小口三千二百九十四,共计一万七千三百零八人。"① 道光三年为1832年,仅经过了七年(到1830),本县人口就从49000人减到39215人,减少了近1万人。之后,经过包括咸丰、同治年间的六十余年,再到光绪三十年(1904),一县之内人口竟然又减少了近22000人,其下降幅度无疑是相当惊人的。我们知道,过去的户口资料统计或计算容有不小的误差之处,但延川县人口大幅度减少的情况则是可以肯定的。

延川县人口剧减的原因也是有解释的,民国《延川县志》首先将原因归于战乱。其卷4职官志附"轶事"记载,同治六年十月二十日那一天,回民武装攻陷了延川县城,活捉了知县汪汾,城里的百姓"捐躯死难者,尤不计其数"。捻军随其后,土匪又随其后,占据了延川县城,都被县志编纂者当作造成人口锐减的主要原因。此外,还有自然灾害方面的更大的影响,举其烈者,为"光绪三四年间,从古未有之奇荒又至矣!兵燹摧残之后,不啻十室九空,饥馑频仍之际,几乎十人九死。斯时之黎元,前既去其十之三四,后又去其十之四五,所余孑遗不过十之一二而已"②。同治六年(1867)的"兵燹",光绪三四年的"饥馑",直接造成了大量人口的锐减,成为当地人士难以忘怀的沉痛记忆。

从清代到民国,虽然政体变了,国家的称谓也变了,但土匪在当地却从来没有绝迹过。民国六年(1917),大土匪头子郭坚、高豁子带人攻破了延川县城,又造成当地社会的一次大恐慌。次年,为了对付猖獗的

---

① 杨绳信编著:《清末陕甘概况》,三秦出版社1997年版,第107—108页。"樊报"系指清末陕西布政使樊增祥签署的《陕西省光绪三十年分各属民、谷数目司总清册》。

② (民国)李渥等编纂:《延川县志》卷4,职官志,附"轶事",中国档案出版社2003年版,第91—92页。

土匪，延川县设立了保卫团，但购买枪支及保卫团的日常开销，都由当地人民分等负担。到了民国十八年（1929）以后，土匪又卷土重来①，县里复办保卫团，分三区防守，具体粮饷方改为由财政局负担②，这倒是社会管理中的一个小小进步。

进入民国后，延川县先后设立了警察事务所（后改为公安局）、学务局（改称教育局），劝业所（继改为建设局），民国八年（1919）又设立了财政局。对于地方来说，最重要的是设立了"征收所"。民国《延川县志》卷4职官志之"机关职名"记载："经收地方费款至粮赋。因先由九里里差催收，行之既久，弊窦丛生。现已改良，仿照邻封，附设粮赋征收所，名曰征收所，以司兹事。"

就社会关系来说，"农民负担，诸如捐税、贡赋、摊派、劳役、地租、高利债息、工农产品交换不等价等，都是一定条件下一定分配关系的产物。农民，作为社会成员，作为社会的生产者或经营者，要完全摆脱这些负担，是不可能的"③。具体到延川县民众，人民的负担是相当重的，不少人逃跑出去，成为暂时的化外之民。

民国前期延川县的自然环境，在植被方面有可叙述的内容。民国《延川县志》卷3政治志之"风俗"部分有记载，云"至于树木之地，则较昔为尤广矣。自同、光以来，劫数迭遭，土广人稀，隙地闲田无处无之，且尝闻延人之谚曰：栽桑务柳，不求自有"。这一段记载十分重要，关键之处在于：（1）境内林地面积扩大了，使人明显感觉到"较昔为尤广"；（2）战乱加上自然灾害所及，境内出现了"土广人稀，隙地闲田无处无之"的景象，土地紧张的状态随之得到相当程度的缓和，人民在山陬、涧边搜寻可供疏浚的土地，将其开辟为水田。

另外一个方面值得一提，那就是植树活动。从民国《延川县志》记

---

① 民国十八年（1929）延川县境内土匪之所以卷土重来，当同前一年的自然灾害有关。民国《延川县志》卷5，人物志，耆德，刘锐事迹有云"民国十七年之奇荒，此春青黄不接，族人有几于断炊者"。

② （民国）李渥等编纂：《延川县志》卷3，政治志，团防沿革，中国档案出版社2003年版，第67页。

③ 中华人民共和国财政部《中国农民负担史》编辑委员会编著：《中国农民负担》第一卷，总序，中国封建社会赋役制度与农民负担（公元前221年—公元1840年），中国财政出版社1991年版。

载可见，延川地方上的植树活动早已有之，但成效不大，原因在于"由官长之禁令，村乡之阻扰所致也"。县志编造者认为植树没有奖惩措施的话，那是没有办法保护好的，因为"禁令不严，则人无忌惮。勤者栽之，惰者忌之；弱者植之，强者坏之；加之牛羊咽伤，樵牧之戕贼"。正因为植树有诸多难处，收效不明显，延川县民间流传了"栽桑务柳，不求自有"的谚语，实际上是一种有导向作用的民间劝谕，在无形中可以影响人们的言行。卷五人物志之"儒行"记述当地人士张清泉，"耻俗学之空泛无用也，乃从事实业，手植桑树万本，以为合县倡，延人赖之。知府爱星河慕其名，聘之郡，在东门外设'模范桑园'"……民国县志所记载的境内森林，"旧有而不茂。近年，建设局于城周围设有苗圃数处，栽植树木，以为提倡人民林业张本"。

此外，延川县内可以有所称道的事情，是"境内间有栽桑饲蚕者"，以前的道光《延川县志》对境内的蚕桑事业记述颇详，民国初年政府增加了劝业所机构（后改为建设局），对此还有"正拟劝督扩充"的情况，这应该是县志编造者根据实际情况记录下来的内容。

总之，有较多的迹象表明，民国前期的延川县，社会贫困化现象十分严重，民众在社会贫困化中又失去了有效抵御自然灾害的能力，低水平的社会生产力状况，制约着当地农民的社会生产活动及其力度，其结果，反而致使当地自然环境处于一个相对稳定的修复状态之中。

据表4资料，1947年的延川县，其人口又恢复到同道光十年（1830）接近的4万多一点的人口（有的数据资料反映得更多）。也就是说，同民国初期不足2万人口的数量相比，人口增添了一倍（或者以上），人口数量的增加，自然难以保证境内环境有一个连续的修养和恢复时段。

表4   1947年陕西省长安、肤施、延川三县县情比较

县市号	县市名	旧名	县等级	辖境面积		人口
				平方公里	对本省%	
1	长安县	旧西安府附郭长安咸宁两首县，民国二年二月裁府留县，三十一年又将咸宁县并入	1	1777.12	0.91	499376

续表

县市号	县市名	旧名	县等级	辖境面积		人口
				平方公里	对本省%	
75	肤施县	旧延安府附郭首县，民国二年裁府留县	5	2034.25	1.08	29856
81	延川县		6	2303.00	1.23	40920

资料来源：内政部编纂：《中华民国行政区划简表》，商务印书馆 1947 年 11 月初版。省号 19 陕西省，第 140—144 页。原表下注"西安市三十六年六月七日国府公布改院辖市"。

（五）人地关系之实况判断

对于 1911—1934 年延川县人地关系实况之考察，本文有如下初步结论：

1. 接续清代同治、光绪以来的基本县情，延川县人口已不足两万，民众生活贫困，呈现出"土广人稀"的社会景象，推测其时百分之六七十的耕地，分布在坡度为 15 度以下的河谷平川和海拔较高的塬地上，这 20 余年间山地（坡地）比例会大大少于其后的阶段。

2. 由于战乱、自然灾害频发，人口随之减少，生产力水平也不高，延川县当时最主要的矛盾不在民众同自然环境之间，而是同代表国民政府意志的延川县政府之间，生活无着的部分农民跟人做了土匪，即是社会矛盾尖锐化的一种突出表现。

3. 社会贫困化的现象比较严重，社会生产力的水平也相当低下，这些情况制约着当地民众的社会生产活动及其力度，结果使当地自然环境处于一个相对稳定的修复状态之中。

4. 从近现代黄土高原农村的聚落—土地间的相互关系做起，建立起两者之间的对应关系，是为黄土高原水土流失和土地利用之间的历史关系（历史过程）的研究途径。

山地寻踪

神山·奇山·英雄山

——西岳华山历史文化蕴义的全程叩问[*]

摘要：本文以西岳华山为实例，以道教传播史、山路修凿史、旅游史、地理学史为基础和衬托，以思想史为依归，从目为祥云和雾霭环绕神灵寄寓之神山，到令游人叹为观止的大自然鬼斧神工造就之奇山，再到赋予人类社会正义力量固有之英雄山，展开对研究对象的一种山脉历史文化蕴义的探寻、解绎和归纳工作。通过以宽口径尺度度之西岳华山历史文化，初步探知的蕴义有：（1）"華"为"花"之本字，虽自先秦起常用，却唯有"華山"以自然实体形式保持热度，散发影响，对华夏、中华之名起到令人瞩目的衬映作用；（2）春秋时期齐国政治家晏子提出"君子若华山"的比喻，颇为符合孔子"仁者乐山"的思想，也甚合华山由"仁"至"正"的山脉文化形象及其诸多实践者的人生历程；（3）明初医者兼画家王履登临西岳体会出的"吾师心，心师目，目师华山"心得，不仅阐发了普天下骄子——士人们从事创作的书绘之途，且将人类与山脉的关系史推进到了一个新的时代水平上。本文的结论是：名山有赖自然高度而挺立，更有赖文化高度而跃升，时代推动着最大的人群登山领略无限自然胜景，人类的创造性认识又随之继续丰富着其乐无穷的山脉文化史。

关键词：西岳华山；文化蕴义；人与山脉；自然高度；文化高度

华　山　【宋】寇准

惟有天在上，更无山与齐。

举头红日近，回首白云低。

（《光绪三年太华山图碑》录寇莱公诗）

---

* 原载《华中师范大学学报》（人文社会科学版）2014年第4期，第100—120页。

（一）引言：自古闻名的西岳华山

地球上多山，因构造不同，而形态各异。有的山从来没有人登临过，有的山却闻名遐迩，自古即是名山，适逢今日之旅游时代，每年登山游客无虑百万以上，其间境遇之不同，有若天壤之别。进而言之，即便是一座座名山，又莫不经历过香火冷落、游人稀疏的寂静时代。尽管每一座山有其自然地理上的海拔高度，我们却乐于将名山的知名度，看作一种有史以来不断蒸升的文化高度。①

本文试图总括西岳华山的历史文化蕴义，此山闻名甚早，先秦时期即已荣获西岳桂冠②，历史上积累的山脉文化内容颇为丰富。《山海经·西山经》称其为"鸟兽莫居"的太华之山，《周礼·夏官司马第四》记载黄河南面豫州之山镇为华山③，《尚书·禹贡》则以华阳、黑水作为西南梁州的一种划界，实际上是看到了秦岭山脉的地理界线作用。可以说，华山作为秦岭山脉的一小部分，古代社会里已获得了世人的青睐，享有盛誉，誉满九州。

华山较早闻名于世的根本原因，凭直觉予以判断，自当源于其山体所具有的奇特构造。地质学者研究判断，位于东秦岭的华山（109°59′22″—110°10′16″E，34°24′52″—34°36′31″N），其北侧在中、新生代强烈下沉，南侧以隆升为主，形成了陡峻的山地，沿传统华山登山线路而行，中间未见断裂存在，表明山体为一个完整的花岗岩体④，其年代早至太古代及

---

① 1999年5月，新疆师范大学中文系薛天纬教授参加"李白与天姥国际会议"（浙江省新昌县），提交了《天姥山的文化高度》论文，可能为最早提出山脉的文化高度的学者和文献。他特意地说明："'文化高度'是笔者因表达需要杜撰的一个语词，相对于'地理高度'而言。无论何种高度，都需要一个比照物，与天姥山形成比照的，是天台山。"详见会议交流资料《中国李白研究（1998—1999年集）——李白与天姥国际会议论文集》。此一概念，薛天纬教授已先着鞭，本文则以西岳华山实例予以认识上的推进。

② 唐晓峰：《五岳地理说》，唐晓峰、李零主编《九州》第1辑，中国环境科学出版社1997年版，第60—70页。

③ 《尔雅·释山第十一》记曰"河南华"，郭璞注为"华阴山"，商务印书馆丛书集成本，第87页。

④ 尹功明、卢演俦、赵华等：《华山新生代构造抬升》，《科学通报》2001年第13期，第1121—1123页。有关秦岭山脉造山运动的整体研究，参阅张国伟、张本仁、袁学诚、肖庆辉《秦岭造山带与大陆动力学》，科学出版社2001年版。

中生代，质地异常坚硬。《山海经·西山经》已注意到华山若"削成而四方，其高五千仞，其广十里"的山势特点，与周围山体有明显区别。而借助渭河地堑和"二华夹槽"的地形，华山山体逼近关中平原，山下即为贯通关中平原的道路，汉代为京师仓的一部分——"华仓"之所在，于1934年11月完工的潼关通向西安的131.8公里陇海铁路沿山下铺过①，游人们下车穿过玉泉院，进入华山山门就可以循华山峪前行登山了。华山这种距离关中平原"近而高"的位置和山势特点，为华山"月夜登山观日出，白天下山赏风景"经典登山游览方式形成的基本要因。伫立山前西岳庙诸位置之仰望，更是宾客和行人们从容欣赏、感知华山风采神韵的基本途径了。

西岳华山虽贵为名山，其横空出世所造就的嶙峋怪石，突兀形状，给世人以"盘纡巇崿，刻峭峥嵘"之感受②，古代文人为此给出了"蹑行""骑行"等攀爬方式，"经七死乃免"之奇叹，最含"山骨性格"之评价。华山三峰遥遥在望，意欲登山却无路可循，各色人等可以在山下频频地做事用功，若要登顶华山，必然需要特别的社会动因和机缘了，因为即便是北坡"自古华山一条路"的那条路，也是世间风气所向、人力所致后的一个结果。

（二）君民祈福寄托希冀之神山

一座山脉的引人注目之处，在于其高出地平线上，抬头可见，举目可望。山脉的海拔越高，越会吸引人的注意力，而处于高海拔上的山脉，自然是以山脉的长度、宽度、物质组成为其支撑的，其社会意义当体现在山脉越高，体量会越大，自然功能会越强这一点上。最为展现山脉特征的地方为其山峰，那是万众瞩目，欲达方休之处，尽管人们的社会地位和身份差别甚大，对其怀有的向往之意、崇敬之情则无分高下。

---

① 马里千、陆逸志、王开济编著：《中国铁路建筑编年简史（1881—1981）》，中国铁道出版社1983年版，中国铁路建筑史表，（一）中华人民共和国建国以前，第185页。

② 北周天和二年（567）《修西岳华山神庙之碑》，此碑现存西岳庙，见张江涛编著《华山碑石》，三秦出版社1995年版，碑图在第21页，录文在第244页。此碑刻立时间为北周天和二年十月十日。

1. 皇帝定制祭祀，祈求护佑天下

自洪荒时代起，大大小小的部族首领就扮演着人类英雄的角色，在关键时候为众人挺身而出，与众人一道渡过难关。值国家诞生，国王或皇帝以其特殊身份，成为世俗社会的礼仪中心之时，仍旧履行着为庶民祭祀山川、调理阴阳、冥思祈福等职责。

据研究，上古时期已经出现的古王巡守制度，最早要追溯到夏代之前的尧舜时期。古王到各地进行巡视，可收到视察疆土、会盟诸侯、致祭山川等多种作用。巡守中的事项，有称之为"柴"（燔柴祭天）、"望秩于山川"（依次序望祭一方名山大川）的主祭活动，及称之为"觐群后"（祭祀时召集诸邦首领聚会）、"协时月正日"（颁布历法）的主事活动。按照《礼记·曲礼下》所制"天子祭天地，祭四方，祭山川，祭五祀"行事，主祭者就获得了代表天、帝统治万民的资格①。

华山靠近周、秦、汉唐国都，似乎应该享受到最隆重的山川祭祀礼遇，其实不然，在古代中国祭祀神坛上的地位，向来是以东岳泰山配享最为优渥②。《史记·封禅书》记述帝舜首先是"东巡守，至于岱宗"，然后再巡守至南岳（衡山）、西岳（华山）、北岳（恒山），"皆如岱宗之礼"，于四岳皆有兼顾。秦始皇即位后封禅泰山、梁父的活动可谓盛大，却有鉴于天下闻名的五岳、四渎都在国都咸阳之东面，遂确定了"自华以西，名山七"的平衡方式，以加强咸阳位居天下中央的位置效果，但未闻他本人有与华山相交胜的真实故事。汉武帝时获知齐人申功的思路比较特别，他力主："汉主亦当上封，上封则能仙登天矣……天下名山八，而三在蛮夷，五在中国，中国华山、首山、太室、泰山、东莱，此五山黄帝之所常游，与神会。黄帝且战且学仙。"这当然算是从顺序上对华山的美言了。

---

① 赵世超：《巡守制度试探》，《历史研究》1995 年第 3 期，第 3—15 页。
② 《史记》卷 1《五帝本纪》记皇帝曾"东至于海，登丸山，及岱宗"，帝舜亦"东巡守，至于岱宗，柴"，《集解》引《风俗通》曰："太，山之尊者，一曰岱宗，始也，长也，万物之始，阴阳交代，故为五岳之长也。"见中华书局 1975 年版，第 6、24、25 页。

在华山山史研究中，汉武帝刘彻的言行最引人注目。元封元年（公元前110年）春正月，"行幸缑氏。诏曰：'朕用事华山，至于中岳……'"。① 这一记述，被今人解释为"汉武帝亲至华岳，于岳北筑拜岳坛，行拜岳礼"②。对于此事，东汉《西岳华山庙碑》记为"孝武皇帝修封禅之礼，思登假之道，巡省五岳，禋祀丰备。故立宫其下，宫曰集灵宫，殿曰群仙殿，门曰望仙门"③，由于交通近便的原因，西岳华山首先得到了礼遇，然后再行祭中岳等处。如文献所述，武帝头脑中有非常浓厚的道家成仙思想，当会把一部分注意力放在了华山上。

由古代帝王御制的西岳华山祭文，有唐玄宗李隆基御制相当著名。开篇有词："天有四序，星辰辨其位；地有五方，山岳镇其域。阴阳交畅，则品物形矣；精气相射，则神明著矣。"在叙述前代祭祀的大概情形后，玄宗方表明心迹，自己出生时即"膺少昊之盛德，叶太华之本命"，故而有"忧在至道之不弘，不忧富贵之不永；患在苍生之不治，不患主寿之若流"的胸怀，故而"步自京邑，幸于洛师。停銮庙下，清眺仙掌"，这样就可以把"未暇封崇之礼"留在华山了④。

唐玄宗热衷西岳华山的举动给予世人深刻印象，到"开元十八年，百寮及华州父老，累表请上尊号，并封西岳"，没有想到结果竟然是"不允"。⑤ 这一年时为公元730年。再至开元"二十三年九月丁卯，文武百官尚书左丞相萧嵩等，累表请封嵩、华二岳……帝固让不从……手诏报曰：'升中于天，帝王盛礼，盖谓臻兹淳化，告厥成功。今兆庶虽安，尚竭丰年之庆，边疆则静，犹有践更之劳。况自愧于隆周，敢追迹于大舜。顷年迫于万方之请，难违多士之心，东封泰山，于今惕厉，岂可更议嵩、

---

① 《汉书》卷6《武帝纪》，中华书局1962年点校本，第190页。严可均所辑《全上古三代秦汉三国六朝文》称此引文篇目为《增太室祠诏》，中华书局1958年版，第145页。

② 韩理洲主编：《华山志》，三秦出版社2005年版，第257页。

③ 东汉桓帝延熹四年（161）《西岳华山庙碑》，见《华山碑石》，碑图在第4、5页，录文在第230页。此碑刻立时间为延熹八年四月二十九日。

④ 唐开元十二年（724年）《西岳华山碑铭》，见《华山碑石》，碑图在第26页，录文在第252页。

⑤ 《唐会要》卷8，郊议，中华书局1955年版，第123页。

华，自贻惭恧。虽藉公卿，共康庶政，永惟菲薄，何以克堪。朕意必诚，亦断来表也'"①。这一年时为735年。人们好不容易等到"天宝九载正月丁巳，诏以十一月封华岳。三月辛亥，华岳庙灾，关内旱，乃停封"②。很有希望的750年，由于时运不济，人们期望当朝皇帝封祀西岳的想法又落空了。

皇帝本人的心思在东岳和其他方面，由朝廷派出的主祀官连同地方官的祭祀活动，总能很好地体现崇礼本地山川，护佑民生的思想。如东汉桓帝延熹四年（161）《西岳华山庙碑》所题祝辞就相当到位，辞曰："岩岩西岳，峻极穹苍。奄有河朔，遂荒华阳。触石兴云，雨我农桑。资粮品物，亦相瑶光……"古代社会里真正触及祭祀山脉根本意义的是旱年祈雨，雨我农桑之事。北宋真宗大中祥符二年（1009）春季，曾因"秦甸一方，景失常候，经时不雨，稼穑蒙灾，廪食不丰，民多弃业"，真宗诏令近臣全克隆奉宣前往代祭，并"请黄冠二七人，开建道场五昼夜，罢散日各设醮一座，总三百六十分，天象之移也"③。具体的醮告场面中，华山云台观的道士担当了最重要的角色，醮告碑文就是云台观主、陈抟老祖弟子贾得升所撰写。

明朝地方官员对西岳庙有一次重修，事终请刑部尚书杨昭俭撰写碑文，华州知州陈应麟、华阴县知县李时芳为之刊石，碑文中道出华山"惟正直兮斯在，故蒸黎兮所托"之特征，正符合华山方直之山势，最可称道④：

> 明星之下，太华之□。耸跃万仞，神明一方。兑曰丽泽，秋为白藏。莫我西夏，实流耿光。爰有神明，宅于乔岳。惟正直兮斯在，故蒸黎兮所托。我居所□搜坠，典秩无文。撤卑陋之旧制兮，缭垣

① ［北宋］王钦若等编：《册府元龟》卷36，帝王部，封禅二，中华书局1960年版，第403—404页。

② 《唐会要》卷8，郊议，第138页。

③ 北宋真宗大中祥符二年（1009）《华岳醮告碑》，见《华山碑石》，碑图在第31页，录文在第259页。此碑刻立时间为大中祥符三年四月二十四日。

④ 明嘉靖四十一年（1562）《重修宋刻西岳今天王庙碑铭》，见《华山碑石》，碑图在第52页，录文在第283—284页。

匪野；构显敞之新规兮，高楹窣云。神兮神兮，所当扬厥职而显吾
君，御灾悍患兮，福吾生民。

现存清代皇帝派遣内阁官员前来祭祀华山的"致祭碑"最多，康熙、
雍正、乾隆、嘉庆、道光诸朝多有，似康熙、乾隆朝在位时间长久，便
会有好几次派人祭祀的安排，甚或还有御笔题书的匾额，给送到陕西地
面上来。

顺治朝十八年（1661）闰七月，朝廷遣都察院左副都御使杨时荐祭
祀西岳华山之神，属清朝较早的一次①。康熙皇帝于三十二年（1693）四
月派遣皇太子致祭华山之神，其中有："西岳华山之神，耸峙关中，照临
西土"祭词②，更加强化了华山神祇的意义。

康熙四十二年（1703），陕西巡抚鄂海得知康熙皇帝怜悯受灾陕民，
欲以西巡，加紧做了许多准备工作，尤其是全面整治了登岳道路。鄂海
所书，相当到位："皇上行次华岳，为万民祈福，欲亲至山顶，特荐馨
香。臣以道险起奏，乃命三殿下，登山诣庙，代致悃诚。特发帑金数千
两，重修岳庙。惟岳秉正秋之色，其色也白，其行也金，在《易》曰兑。
正秋也，万物之所说也。盖济火之燥，则亢阳刚烈之气得以制，其威涵
水之精，则东方长养之机得以培，其本亿万生民之命于此行养焉。"③ 此
次在南峰上新建金天宫，裡祀岳帝，并蒙赐御笔"露凝仙掌"匾额，悬
挂于大殿之上。

至乾隆四十年（1775）十一月一日，陕西巡抚毕沅率属下迎接御笔
"岳莲灵澍"匾额，乃为华岳金天宫所颁。次月，毕沅书写《恳圣颁匾
碑》一文刻石，④ 详记其始末。

① （清）陆维垣、许光基修、李天秀纂：《乾隆华阴县志》卷首，圣制，中国地方志集
成·陕西府县志辑，凤凰出版社等 2007 年版，第 24 册，第 21 页。

② （清）李榕编：《华岳志》卷首，圣制，见"中国地方志丛书·华北地方"第 317 号，
（台北）成文出版社有限公司印行，1970 年，第 29—30 页。

③ 鄂海：《修西岳庙并修山记》，李榕编：《华岳志》卷 6，记，中国地方志丛书本，第
609—612 页。

④ 清乾隆四十年（1775）《恳圣颁匾碑》，见《华山碑石》，碑图在第 26 页，录文在第
364—365 页。

2. 道士入山修行，创造洞天福地

道士进入华山修行，为时甚早，曾有"周末巡狩不行，老子之徒始占为官"的说法。① 东晋葛洪概括进山的人有好几类，所谓"凡为道合药及避乱隐居者，莫不入山。但入山不知法者，多遇祸害。故谚有之曰：'太华之下，白骨狼藉'"。葛洪此前还说过一段话，即"山无大小，皆有神灵。山大则神大，山小即神小也。入山而无术，必有患害"②。什么叫"入山不知法""入山而无术"，从道家的观点来说，入山须有"入山佩带符"，就可以保证安全，而掌握分发这种护身符的人，只能是当地的道士仙人。

道家中擅长思考、书写的人士不少，他们的努力宣介扩大了道教的影响，对西岳华山也是这样。道家传告的"华山灵异"事象甚多，解释其原因在于"华山之顶乃天真降临之地，神仙聚会之乡"③。对此，金人王处一《西岳华山志》"华州图经"篇引《昭文馆记》还有更加细致的描述："莲花峰上有三峰，上接三元，中有石池、二十八所，上应二十八宿，青松绿竹丛生，高冈白云萃霭，旋于幽阜，怀蕴金玉，蓄藏风雷，为大帝之别宫，乃神仙之窟宅也。"④ 所以，前来华山修行的道士代有其人，按"列仙传"篇所记："修羊公者，魏人，止华阴山石室中。中有悬石榻，卧其上，石尽穿陷。"⑤ 这位修羊公，推测其为北朝时期人氏，是位较早在山上石洞居住的道士。早于他的道士，有东汉的张楷（字公超），其长处是"能为五里雾"，很有吸引力，修炼之处颇具神奇性。

华山传教史上以北宋陈抟老祖名声最著，其自称"三峰十年客，四海一闲人"。《宋史》本传记述传主"举进士不第，遂不求禄仕，以山水为乐"，在武当山九室岩隐居，服气辟谷二十余年后，移居华山云台观，

────────────

① （清）李榕编：《华岳志》卷1，名胜，华麓，第95页。

② （东晋）葛洪：《抱朴子内篇·登涉卷十七》，《诸子集成》第8册，上海书店影印出版1986年版，第76页。

③ （金）王处一：《西岳华山志》，胡道静、陈莲笙、陈耀庭选辑《道藏要籍选刊》第7册，上海古籍出版社1989年版，第160页。

④ （金）王处一：《西岳华山志》，第158页。

⑤ （唐）徐坚：《初学记》卷5，地部上，华山五，中华书局1962年版，第100页。

重在修行"睡功",相传"每寝处,多百余日不起"。太宗端拱初
(988),一日对弟子贾德升说:"汝可于张超谷凿石为室,吾将憩焉。"次
年秋七月,石室建成,其"手书数百言为表,其略曰:'臣抟大数有终,
圣朝难恋,已于今月二十二日化形于莲花峰下张超谷中。'如期而卒,经
七日支体犹温。有五色云蔽塞洞口,弥月不散"①。类似的描述和传说,
以及居住过的云台观、避诏崖及太华派(老太华派)创建、长寿特点等,
成就了陈抟老祖的仙人形象,明人称他以"元气为粮,白云为幄,清风
为驭,明月为灯"②,算是一种极为清雅高洁的评说了。

若以坚定果敢之秉性为推举内容,当推出元朝道士贺元希。在元朝
至元十三年(1276),有一位从陇西来的贺元希道长,据说"寻卜筑玉泉
之西以居,虽署观全真,而规制草昧,以谓振宗风,崇德化为未足,遂
登华之巅,辟山膺而洞焉。其肇基也,聚葛而悬,踞蔂以凿",在常人难
以立足的山顶上,修建了华山南峰上的朝元洞。这位洞主的修行生活是,
"惟心其恒,日改月化,乃镵鸟道而东寓雷龛,以栖炊焉"。为追求更为
僻静的修行场所,他"复綑铁构道,西折而下,得平台,崖腹间石洞在
焉"③,每日来往于这种命悬于一线的修行场所,人们相信他已经获得了
某种神力。如今南峰上长空栈道尽头的石洞,是为行人最少到达的"贺
老避静处"景点,非人所不知,而是身临其境时,心生恐惧,裹足不前
之故。

在道教著名的洞天福地名录中,西岳华山自然是榜上有名。所谓
"第四西岳华山洞,周回三百里,名曰惣仙洞天,在华州华阴县,真人惠
车子主之"④,第一洞天为地处福州长溪县的霍桐山洞,其后为东岳泰山
洞、南岳衡山洞,第四即为西岳华山洞,顺后是北岳常山洞、中岳嵩山
洞,前六洞中唯有西岳华山洞的周回数字最小,这应该与华山的地形有

---

① (元)脱脱等撰:《宋史》卷457《陈抟传》,中华书局1985年版,第13420—13422页。
② 明万历三十六年(1608)《重修陈希夷先生祠记碑》,见《华山碑石》,碑图在第70页,
录文在第299—3004页。
③ 元至元十三年(1276)《太华山创建朝元洞之碑》,见《华山碑石》,碑图在第38页,
录文在第263—265页。
④ (宋)张君房编、李永晟点校:《云笈七签》卷27,洞天福地,三十六小洞天,中华书
局2003年版,第612页。

关。在传世的《五岳真形图》碑文里，又是以终南、太白二山为主山华山之副，告知岳神姓姜，名垒，封号金天顺圣帝，而这位西岳之神的主管事项，乃为"世界金、银、铜、铁兼羽翼飞禽之事也"①。

在陈抟为祖师的老华山派之后，兴起的是新华山派，明代以后改称为隐仙派，据《三丰全书·道派》介绍说，隐仙派的传承关系为：文始真人尹喜→麻衣道者→希夷先生陈抟→火龙真人→张三丰。全真华山派是以郝大通为祖师，也有自己自成体系的系谱。到明清时期的华山派，是以全真教龙门派传承为主线，创始人追溯到华山玉刁洞的靳道元，经姜善信传下来，时间大致在元朝定宗至宪宗时期，明清以后至今，华山龙门派亦有完整的传承。

如此看来，一座名山的形成，必定包含有古代宗教文化的巨大影响，如历代道士们在华山上的苦心劳形般的经营，对于华山成长为一座名山，曾经发挥过令人刮目相看、他者难以比拟的特殊作用。

3. 民众感念神山恩泽，普渡安宁日常

祭祀山川，崇尚山灵，可谓自古皆然，人人有份。依照华山地形，北面俯视的是河渭之滨，下方人烟稠密，是为华山山灵影响区域。

1993 年在华山下出土的"秦骃祷病玉版"，记述了秦王室的一个后代名叫骃，在孟冬十月患病严重，家人以他的名义向（山＋华）大山祈祷，希望神灵宽恕他的罪过，让他早日病愈。后来骃的病真的好了，他们又来到华山下表示敬仰和祭拜②。从这份秦系文字资料中，今人不仅得知西岳华山神具有医治人体疾病的功能，而且还博得世人送给它的十分有趣的"（山＋华）大山"之尊称。

还有学者研究，在官方的正规祭祀外，民间的华山信仰自有一套方式，华山神作为地府之主享有治鬼之权外③，还具有预知未来的本领。据载，隋时做过小官、颇有心计的蒲州人裴寂，"每徒步诣京师，经华岳

---

① 清康熙二十一年（1682）《五岳真形图》，见《华山碑石》，碑图在第 38 页，录文在第 324—325 页。

② 侯乃峰：《秦骃祷病玉版铭文集释》，《文博》2005 年第 6 期，第 69—75 页。

③ 贾二强：《论唐代的华山信仰》，《中国史研究》2000 年第 2 期，第 90—99 页。

庙，祭而祝曰：'穷困至此，敢修诚谒，神之有灵，鉴其运命。若富贵可期，当降吉梦。'再拜而去。夜梦白头翁谓寂曰：'卿年三十已后方可得志，终当位极人臣耳'"①。隋唐易代之际，裴寂有功，唐高祖在长安城论赏，裴寂获赐甚厚，贞观初又得加封，太宗曾说"计公勋庸，不至于此，徒以恩泽，特居第一"。此即为华山神显灵一例。

平民百姓的做法自然又与裴寂那样的官吏大不相同。明熹宗天启七年（1627），华山东北方向的朝邑县（今陕西大荔县）长春洛苑等乡民众，经过多次商议，决定采用自己的感恩方式，集资铸造一个重达千斤的"大金猊"，器大事繁，其后未料碰到了饥馑之年，还遭遇了明清鼎革间的战乱之祸，对于建醮铸像之事，没想到大家不但没有放弃，反而是"众志弥坚，迄今从事如初"。

他们何以要这样做呢？据现存《朝山建醮碑》第一段文字："天下多名山，五岳为之宗，而华称最秀，其神亦至灵。古芮距山仅四十里，清淑之气，呵护之力得之最先。"此处道出了他们做事的初衷，后面的文字又云："呜呼！亦可谓能久矣。久而弗衰，其功将不可量。"这是他们的期许，并没有说出十分明确的目的。此事初议时大家尚为明朝百姓，待撰文刻石而立成时，落款已经是"顺治十七年岁次庚子暮春中浣廿日"了。碑文末端，建醮铸像的人们，还忘不了写上"愿后人无忘此山"之语②，这即是西岳周边民间社会里存有的一种恒心。

古代信仰传承已久，就转变成为华山周边民间社会的某些风俗。据《乾隆华阴县志》记述，每年三月一日"男妇赴西岳神祠供香，座前油瓮添油还愿"③，业已相沿成习。到了三月十五日，"为邑人登华之期，自云台观上至松桧峰，往来交错于峻岭邃谷之间。是月，岳庙会期起于望，讫晦而止，商贾云集，兼之四方香客结社而至，喧阗之声彻数十里外，朝礼西岳布施香，住持黄冠亦藉是获终岁之计"④。一次持续时间半个月的"岳庙会"，极大地增进了民众与华山之间的亲近感和依赖性。

---

① （后晋）刘昫等撰：《旧唐书》卷57《裴寂传》，中华书局1975年版，第2285页。

② 清顺治十七年（1660）《朝山建醮碑》，见《华山碑石》，碑图在第84页，录文在第319—321页。

③ 《乾隆华阴县志》卷2，封域，风俗，第78页。

④ 同上。

4. 升华岳之路在过去岁月中的创修

世上的路，从无到有，概因人的走动。对此若换成山地背景，前来走动的人则是很少的，加上山势崎岖险峻，那路就很难走出来，大概正因为能够登临华山之巅的人相当少，世上方有许多西岳华山的神奇迷人故事在盛传。诸多史籍提示着笔者，这些故事确能勾起人们对华山神山的向往，也能吸引来有着积极人生追求人们上山的脚步。

东晋葛洪曾说："故谚有之曰：太华之下，白骨狼藉。"由于人们不了解登临华山的路到底怎么样，长久以来就难以理解这句故谚。一直到了公元 536 年，北周同州刺史达奚武率人登上山顶①，有了这一生动事例，人们方知达奚武一行为祈雨而冒险登顶，一路上遇到的是"岳既高峻，千仞壁立，岩路险绝，人迹罕通"，所行皆为"岩路"，采取的方式是"攀藤援枝，然后得上"，说明北周时的升华岳之路，还异常艰难。

到了郦道元作《水经注》，解释河水"又南至华阴潼关，渭水从西来注之"经文，对涉及华山事项给出的注释，才是最为详细的描述文字②：

> 自下庙历列柏，南行十一里，东回三里，至中祠；又西南出五里，至南祠，谓之北君祠。诸欲升山者，至此皆祈请焉。从此南入谷七里，又届一祠，谓之石养父母，石龛木主存焉。

> 又南出一里至天井，井裁容人，穴空迂回，顿曲而上，可高六丈余。山上又有微涓细水，流入井中，亦不甚沾。人上者皆所由涉，更无别路。欲出井，望空视明，如在室窥窗也。

> 出井东南行二里，峻坂斗上斗下。降此坂二里许，又复东上百丈崖，升降皆须扳绳挽葛而行矣。

> 南上四里，路到石壁，缘旁稍进，迳一百余步。由此西南出六里，又至一神，名曰胡越寺，神像有童子之容。

---

① （唐）令狐德棻：《周书》卷 19《达奚武传》，中华书局 1971 年版，第 303 页。
② （北魏）郦道元注，（民国）杨守敬、熊会贞疏，段熙仲点校、陈桥驿复校：《水经注疏》卷 4，河水四，江苏古籍出版社 1989 年版，第 313—315 页。将引文分为 6 小段，系本文作者为之，为便于解读事宜。

从祠南历夹岭，广裁三尺余，两箱悬崖数万仞，窥不见底。祀祠有感，则云与之平，然后敢度，犹须骑岭抽身，渐以就进，故世谓斯岭为搦岭矣。

度此二里，便届山顶，上方七里，灵泉二所：一名蒲池，西流注于涧；一名太上泉，东注涧下。上宫神庙近东北隅，其中塞实杂物，事难详载。自上宫东北出四百五十步，有屈岭，东南望巨灵手迹，惟见洪崖赤壁而已，都无山下上观之分均矣。

兹篇华山广义地名共有14个（"上宫"两次出现算一个），其中建筑名7个（着波浪下划线者，"南祠""北君祠"为同一祠），地名7个（着直线下划线者，"夹岭""搦岭"为同一岭）。疏者熊会贞谓："自下庙历列柏以下至此，郭缘生《述征记》及《华山记》文，引见《初学记》，较略。华山又引《渭水注》下。"是为此段"现存古代关于西岳华山登山道路的最早也是最详细的记载"之史料来源①。此即为"自古华山一条路"之大概路径，自下祠（今西岳庙）至山口进入华山峪，向上攀登经过天井（今千尺幢）、百丈崖（今百尺峡）、胡越寺（已不存）、夹岭（今苍龙岭）、屈岭（为西峰与南峰之间一道山脊，今称骆驼项），上到上宫神庙（已不存），即至山顶。上述引文叙述平和，百丈崖处"升降皆须扳绳挽葛而行"的描述，涉及路况；夹岭"广裁三尺余，两箱悬崖数万仞，窥不见底。祀祠有感，则云与之平，然后敢度，犹须骑岭抽身，渐以就进"的描述，能述及升山之人的心理感受，着实不易。

升华岳之路难在多处路段都是石壁当道，其倾斜度大者达到七八十度，这些路段是攀登上山成功与否的关键，若在这里受阻停步，登者只能是打道回府，半途而废。前述千尺幢、百尺峡、苍龙岭皆属此类。克服的办法有二：一是靠抓住石缝中长出的藤蔓植物，勇攀上去。身手敏捷之人上去后，可以抛下绳索拽后者上去；二是采用人工办法，在岩石上凿出脚窝、打眼安上铁钉联结上铁索，助人登上。在唐代及其之前，应当是以第一种方式进行，如达奚武一行"攀藤援枝"、《水经注》所述

---

① 李之勤：《论华山险道的形成过程》，《中国历史地理论丛》1997 年第 4 辑，第 173—187 页。

"扳绳挽葛"那样。如果第二种方式迟迟不能出现，毫无疑问，就会影响人们上山，甚至影响道士在更高的地方凿建石洞，在里面修行。

在华山峪上，左手东侧有一座上方峰，有一些道士选择这里凿洞修行。元代《太华真隐主君传》石碑，记述褚君学道的事迹，记他刚到华山云台宫，说"云台华岳也，为山益奇，上方又天下之绝险，自趾望之，石壁切云霄，峻削正矗，非待铁絚不得缘缒上下。不知铁絚成于何代何人？意者，古能险之圣也"①。铁絚即铁索，"缘缒上下"，指双手抓紧垂下的绳索上登下溜。明初王履入山，也注意到东侧的上方峰，他记道："峰直立，铁索下垂，望峰端，漫不辨何似，但峰腰杂树倒悬斜倚，而幽意可人。索两畔，多小坎，从下达上，深可二寸，仅容履端，盖登则缘索以托足者。"② 这段山路发生的危险也曾有过记录，内容是"万历甲申（1584 年）大上方镮断坏人，四十有四，非登岳要路，不必轻登"③。明人习用的"镮"字，即今"锁"字，与"索"字不同，据文意，当以"索"字为适（以下引文遵原文，却按铁索叙述）。索链断裂后造成 44 人伤亡，为一起相当严重的游山事故。

于此可以料想，在古代社会条件下，于山路绝壁上能否安装助登铁索，乃人们能否登顶西岳华山的决定性因素。对此予以明确揭示的人，是明初的王履。王履所作《入山》诗云：

> 庐山秀在外，华山秀在里。
> 要识真面目，即彼铁锁是。
> 铁锁悬当云上头，纵横曲直是谁谋？
> 吾今判著浮生去，不见神奇不罢休！

王履作《铁锁》诗，题记曰："凡铁锁乃凿石为窍，种大钉缀锁其上，故能久而无朽，然或间缀以木橛者，回思始来，盖掩于不知而不栗

---

① 元代《太华真隐主君传》，见陕西省考古研究院、西岳庙文物管理处编著《西岳庙》附录一，历代修庙碑文及修庙记，三秦出版社 2007 年版，第 578—579 页。

② （明）王履：《始入山至西峰记》，《王履华山图画集》，天津人民美术出版社 2000 年版，第 56—59 页，记之一至记之四，上海博物馆藏。

③ 引自《华岳全集》，见《华岳志》卷 8，识余，第 734 页。

耳。"《贺师避静处》诗有云:"窍石石阑里,缒锁索险极。凿崖种铜橛,载板以西适。"此两处皆用了"种"字,"种"的是铁质大钉、木橛、铜橛,材料有所不同。这种索链依靠大钉牵连,不同于古代栈道横梁的安装方式①,王履把钉或橛嵌入石壁的做法称为"种",相当形象而贴切,并为今日机械生产方面所沿用②。其后陈以忠入山,同样看到上方峰一线,"每岁三月,香火辐凑,华州道士来,始向峰头斩荆棘开径,悬铁锁而上之,不似三峰时通人迹也"③。与陈以忠为友的王士性随后登临华山,又见到另外一种情形:"春时沟崖一切垂锁可攀,徂夏道士收其锁,余止攀石坎而上,故危较倍。"④ 如此看来,能够在绝壁上安装铁索的、被赞誉为"能险之圣"的人,只能是常年居住于此的华山道士,他们有上山下山的需要,也有凿洞的工具和技术,而其胆量也自不待言。宋、金、元时代是华山登山路的创建时期,如上方峰或到达某些石洞的小路也在修建,但限于史料,目前还不能给予细致的阐述。

前述康熙四十二年(1703),陕西巡抚鄂海为迎接"皇上行次华岳,为万民祈福,欲亲至山顶"之意愿,加紧布置,全面整治了登山要途。鄂海提出的修路原则是:"险者平之,窄则扩之,逆者顺之,腐者新之。迂远者使之径直,峻削者使之纡徐。外则辅以阑干,使人不至于心悸,内则疏通泉路,使人不知有泥泞",整个布置和动手,确属行家里手所为。此次拓路工程直接针对险要路段——千尺㠉、百尺峡、犁沟、擦耳岩和苍龙岭施工,如千尺㠉"上下陡直,并无阶级,旧惟穿石受履,用铁索牵挽而上,一失足即有颠仆之恐。予命工凿石为级,并造木梯佐之",明显地改进了华山山路的通行条件。

自1954年开始,华阴县人民政府多次出资整修华山全山道路,并首

① 陆敬严:《古代栈道横梁安装方法初探》,《自然科学史研究》1984年第4期,第366—367页。

② 机械工业方面生产的种钉机,标准名称是螺柱焊机(Stud Welding machine)。其工作原理是通过瞬间强电流以击打的方式,将螺柱牢固焊接在金属面板上,看上去就像将螺钉种在了金属板上,故而得名种钉机。

③ (清)赵吉士辑撰、朱太忙标点:《寄园寄所寄》卷3,倚杖寄,大连图书供应社1935年本,第70页。

④ (明)王士性:《华游记》,周振鹤编校《王士性地理书三种》,上海古籍出版社1993年版,第42页。

次在苍龙岭、擦耳岩等处路旁安装水泥桩、铁栏杆，促使铁索挂得更加牢固。1983 年国际劳动节放假期间，游人如织，百尺峡等处发生上下山游人拥塞现象，造成了突发性的游人摔伤事件，之后管理部门迅速组成力量，加大对山路基础设施的改造力度，在千尺幢等路段增开了复道，以分流上下游客，极大地提高了安全系数。截止到 2013 年 4 月，先后有斜长 1524 米的黄甫峪下站至华山北峰上站索道缆车、全长 4300 米的瓮峪下站至华山西峰上站索道缆车正式投入运营，极大地满足了游客上山观景的需求。

至此，从登山者的角度而言，西岳华山自古以来最大的不足——山路艰险，在现代旅游设施的完善中，已经不再让人们为此而抱憾了。

（三）古今游人亲历激赞之奇山

东晋葛洪《抱朴子》所说入山"为道合药及避乱隐居者"那些人，视其初衷，都不能算真正的游山之人。《水经注·河水四》所说"常有好事之人，故升华岳而观厥迹焉"，这些人是为河神巨灵"手荡脚蹋，（大山）开而为两，今掌足之迹仍存"的故事所牵动，专门上山来观看巨灵留在山崖上的手掌印迹，当然属于华山上既早又名副其实的旅游者，只是限于时代条件，抱此种目的上山的人还极少。限于时代条件及前述升岳之道的具体情况，华山旅游史的确因时代而异，唐代、明代和近现代游历华山的方式和内容，颇具有代表性，而明代士人王世贞所云："游太华山者，往往至青柯坪而止……仙掌、莲花间永绝缙绅之迹，仅为樵子牧竖所有。"[①] 基本道出了明代以前山上来客的大致情形。

1. 唐代诗人望岳之激情诗

"诗圣"杜甫作过三首《望岳》诗，吟咏对象分别是泰山、华山和衡

---

① （明）王世贞：《题王安道游华山图》，（清）李榕编《华岳志》卷6，杂著，中国地方志丛书本，第 679—680 页。据嘉靖三十年（1551）《华山始建青柯馆记碑》（见《华山碑石》，碑图在第 49 页，录文在第 279 页），"嘉靖辛亥（1551）春三月，华山青柯馆成""故游者以青柯为极"。

山。据说，杜甫吟咏华山时，年岁已四十七，人生显得失落，诗云[①]：

> 西岳崚嶒竦处尊，诸峰罗立似儿孙。
>
> 安得仙人九节杖，拄到玉女洗头盆。
>
> 车箱入谷无归路，箭栝通天有一门。
>
> 稍待秋风凉冷后，高寻白帝问真源。

虽然人生落泊，仍不乏想象和追求；虽然华山"道险僻不通"，却可以借助神话传说，拄着木杖到达玉女峰（即中峰）上的玉女洗头盆那里。结合华山的山路修凿史材料可见，简简单单"望岳"二字，展示了那一时代人们在行进中驻足仰望西岳华山的历史特点。

从唐初开始，类似"望岳"含义的表达，还有《途经华岳》（李隆基作）、《观华岳》（祖咏作）、《关门望华山》（刘长卿作）、《华山歌》（刘禹锡作）、《华山》（张乔、郑谷分别作），系经过或住宿华山之下留下的真切作品。唯其登越华山难上难，反而激发了诗人们的冲天豪气，"诗仙"李白所作《西岳云台歌送丹丘子》，是为其中最为仰天长啸的一首[②]：

> 西岳峥嵘何壮哉！黄河如丝天际来。
>
> 黄河万里触山动，盘涡毂转秦地雷。
>
> 荣光休气纷五彩，千年一清圣人在。
>
> 巨灵咆哮擘两山，洪波喷箭射东海。
>
> 三峰却立如欲摧，翠崖丹谷高掌开。
>
> 白帝金精运元气，石作莲花云作台。
>
> 云台阁道连窈冥，中有不死丹丘生。
>
> 明星玉女备洒扫，麻姑搔背指爪轻。
>
> 我皇手把天地户，丹丘谈天与天语。

---

① （唐）杜甫：《望岳》，《全唐诗》卷225，中华书局1960年版，第2415页。

② 李白：《西岳云台歌送丹丘子》，（清）王琦江注：《李太白全集》卷7，古近体诗，歌吟，中华书局1979年版，第381—384页。

　　九重出入生光辉，东求蓬莱复西归。

　　玉浆倘惠故人饮，骑二茅龙上天飞。

　　华山上的三峰，是指东峰、南峰和西峰，唐人向往和相传不已的此
三峰，一直到明清士人那里，仍然是光彩熠熠的动人文字，阅者势不能
满足于卧游的神往之所。"石作莲花云作台"，当属生花妙笔，这一送别
之所——云台在诗人的想象中被移至高高的山巅上①，凭借着无限之想象
力，诗人完成了为元丹丘这位飘逸的游仙朋友送行的目的。

表1　　　　　　　　西岳华山"三峰""四峰""五峰"基本信息

峰名	又名	海拔高度	推测得名时代	名胜举例
东峰	朝阳峰	2096.2 米	唐代三峰之一，明初四峰之一，清代以来五峰之一	朝阳台，下棋亭，迎阳洞，仙掌崖，甘露池，杨公塔
西峰	莲花峰芙蓉峰	2082.6 米	同上	巨灵足，莲花洞，舍身崖，斧劈石，镇岳宫
南峰	落雁峰松桧峰	2154.9 米	同上	仰天池，白帝祠（金天宫），朝元洞，避诏崖，全真崖，南天门
中峰	玉女峰	2037.8 米	明初四峰之一，清代以来五峰之一	玉女祠，玉女洗头盆，品箫台，引凤亭
北峰	云台峰	1614.9 米	清代以来五峰之一	真武殿，长春石室，老君挂犁处

　　资料来源和说明：海拔高度数据见《华山地质公园旅游指南》，名胜举例据韩理洲主编《华
山志》第109—113 页。唐代三峰之说在史书上代代习用，明初王履于苍龙岭上有四峰之说，到
清代定下五峰之说，方完成了西岳华山诸峰的命名过程。王履记述："下山及苍龙岭回瞻，四峰
端视，始上时无云，然不能优劣也"，吟诵"四峰参差，兄弟相保，有云固佳，无云亦好……"；
这是述者的一种艺术眼光。详《王履华山图画集》，第47 页，诗之六。

　　究竟有无在华山上或登越华山后留下的唐代作品呢？卫光一所作
《经太华》有"上有千叶莲，服之久不死。山高采难得，叹息徒仰止"

---

　　① 云台的位置，清人王琦江注云"乃其东北之峰也"，实际上这是明清时期出现的情况，
今通往北峰山道上即建有云台山庄，然唐宋时代的云台（云台观所在），仍在山下玉泉院一带。

句①，司空图所作《送道者二首》有云"洞天真侣昔曾逢，西岳今居第几峰。峰顶他时教我认，相招须把碧芙蓉"②。尽管这些诗已经很接近实质了，细究下来，还是不能断定作者上了山。最有可能上了山的诗人是李益，其《入华山访隐者经仙人石坛》可证："三考西岳下，官曹少休沐。久负青山诺，今还获所欲……"③ 李益入山究竟是否登上峰顶，却难于知晓。这一时代有不少道士在山上修炼，对照华山山路修凿史的材料，可以判断多数道士的修炼场所，会是在今千尺幢以下的华山下半部和大小方山一带。

至今流传最广的唐代文人故事，自然是"韩退之投书处"所包含的故事情节。此事从何说起的呢？系源自唐人李肇《国史补》所记："韩愈好奇，与客登华山绝峰，度不可返，乃作遗书，发狂恸哭，华阴令百计取之，乃下。"④ 怀疑此说者历来不乏其人，清初薛雪《一瓢诗话》的看法是："疑愈以形容绝险，而传者或敷张其说，引诗以证其实有耶！"⑤ 韩愈对华山很是在意，所写《华山女》诗中有"华山女儿家奉道，欲驱异教归仙灵"之句⑥，所写《次潼关先寄张十二阁老使君》中有"荆山已去华山来，日出潼关四扇开"⑦，对华山只能算是过路诗，最富有激情的则为《古意》一诗⑧：

> 太华峰头玉井莲，开花十丈藕如船。
>
> 冷比雪霜甘比蜜，一片入口沈痾痊。
>
> 我欲求之不惮远，青壁无路难夤缘。
>
> 安得长梯上摘实，下种七泽根株连。

---

① （唐）卫光一：《经太华》，《全唐诗》卷776，第8795页。

② （唐）司空图：《送道者二首》，《全唐诗》卷633，第7262页。

③ （唐）李益：《入华山访隐者经仙人石坛》，《全唐诗》卷282，第3206页。

④ （唐）李肇：《唐国史补》，上海古籍出版社1979年版，第38页。

⑤ 参阅钱基博所著《韩愈志·韩愈佚事状第三》（增订本，商务印书馆1958年版，第48页）。

⑥ （唐）韩愈：《华山女》，《全唐诗》卷341，第3823页。

⑦ （唐）韩愈：《次潼关先寄张十二阁老使君》，《全唐诗》卷344，第3857页。

⑧ （唐）韩愈：《古意》，《全唐诗》卷338，第3789页。《隋书》卷34《经籍志》记载有一种《古意方》10卷，乃道家养生之书。

韩愈此时已经很了解、很向往华山了，今人吟诵此诗不妨自忖，作者会是在什么地方抒发出这种渴求的情感，笔者以为仍然是在山下。

2. 明代士人醉心之华山游记

说也奇怪，明朝开国皇帝朱元璋因梦游西岳华山，而留下《梦游西岳文》篇章①，其中脍炙人口的名句——"吾梦华山，乐游神境，岂不异哉？"谁也未曾想到，其后国祚二百七十余年的明朝，前来华山游览的士人会明显增多。

明初，昆山人氏王履正值在陕西秦王府担任医者，恰巧受到一位友人的怂恿，很快就带着书僮张一来登华山，时为洪武十六年（1383）。王履善画，边行边画，若来不及，就用记录代替，当晚宿于山巅。《明史》本传记载，这位传主"尝游华山绝顶，作图四十幅，记四篇，诗一百五十首，为时所称"②。这些图画、记述和诗词都是以华山为主题，以此为据，可以说一进入明朝，对于华山的认识就获得了一个很大的进步。

明朝前期的华山仍然比较沉寂，到后期陆续来了李攀龙、王士性、袁宏道、杨嗣昌、徐霞客等人士。嘉靖三十五年（1556）夏，李攀龙被提升为陕西按察司提学副使。到任不久，不能忍受陕西巡抚殷学挟势倨傲的作风，以母老归养为由，上疏乞归，旨未下即拂衣辞官。在职虽不满一年，李攀龙足迹却遍及区内，在视察府州县学的同时，也游览了各地的名山胜迹。《杪秋登太华山绝顶四首》，是这一时期的最佳诗作，其二诗云③：

> 缥缈真探白帝官，三峰此日为谁雄？
> 苍龙半挂秦川雨，石马长嘶汉苑风。
> 地敞中原秋色尽，天开万里夕阳空。
> 平生突兀看人意，容尔深知造化功。

─────────────────

① （明）朱元璋：《梦游西岳文》，《明太祖集》卷13，文，黄山书社1991年版，第261—262页。

② （清）张廷玉等撰：《明史》卷299《方伎·王履传》，中华书局1974年版，第7638页。

③ （明）李攀龙：《沧溟先生集》卷8，七言律诗，上海古籍出版社1992年版，第214—215页。

诗言志，却不及华山细处，最能反映李攀龙心理感受的文字还是推他自己撰写的《太华山记》一文，记述登山时的细微观察和诸多感受，为论者评为"济南第一文字"，颇值得研究者玩味。

台州人氏王士性以前萌生的"与山灵十年之约"，在很大程度上指的正是西岳华山。当他抓住机会来到华山时，黄冠道士对他说："高山雾重则霖，不可登也"，同行朋友也请他等一等，他明知失去了这次机会就没有机会了，马上坚持说："雾厚则不见险，正易登山耳"，这句话的意思正与《水经注》所云"祀祠有感，则云与之平，然后敢度"相通。及到达华山处处险要之所，他方想起陈贞父《华山游记》中所写到的"经七死乃免"之说，而自己正在经历第四道"死"处。兹列表2以示"七死"内容：

表2　　　　　　　明人陈贞父所言登华山须"经七死乃免"之说

顺序	原文所述	今日景点	今日同一地点情形
其一	千尺撞枯枝折而堕一	千尺㠉	踏陡直石阶、援石壁上铁索而上下
其二	犁沟足一失堕二	老君犁沟	踩住石阶、执立柱式铁索而上下
其三	擦耳崖手一脱坎堕三	擦耳崖	石壁上刻有此名，行道早已加宽
其四	阎王边值神晕眼花而堕四	仙人砭	行道已然加宽，不复为险
其五	苍龙岭遇风掀而举诸岭外以堕五	苍龙岭	岭脊行道两边安装有立柱式铁索，但险状依旧，站立使人发怵
其六	卫叔卿下棋处崖滑栏折而堕六	下棋亭	鹞子翻身处险状依旧，下行两侧多有护栏
其七	贺老避静处崖滑栏折而堕七	长空栈道	绝壁上足踩悬空木板、手抓铁索而进

资料来源：（明）王士性：《华游记》，周振鹤编校《王士性地理书三种》，上海古籍出版社1993年版，第39—46页；（明）陈以忠：《华山游记》，清人赵吉士辑撰、朱太忙标点《寄园寄所寄》卷3，倚杖寄，大连图书供应社1935年版，第71页。

随其后，湖北公安人氏袁宏道携友来登华山。宏道所作《华山别记》曾云："少时，偕中弟读书长安之杜庄，伯修出王安道《华山记》相示，三人起舞松影下，念何日当作三峰客？"并云"吾三十年置而不去怀者，慕其险耳"。曾有人指着宏道的身体说，"如公绝不可登"，宏道表示"余愤其言，然不能夺"。及有机会登华山，宏道犹如大快朵颐一般，在《华山记》开篇记云："凡山之有名者，必有骨，骨有态，有色。黯而浊，病在色也；块而狞，病在态也。华之骨，如割云，如堵碎玉，天水烟雪，杂然缀壁矣"，此处真可谓"大奇则大险，小奇则小险"之地。① 以期许已久的心情游历华山，再诉诸笔端，宏道便成就了三篇华山奇文。

晚于袁宏道三年登上华山的杨嗣昌，出身于书香门第，于万历三十八年（1610）中进士时，才23岁。21岁时他欲步其父杨鹤后尘，上山至青柯坪而止。又于万历四十年（1612）夏六月登山，方遂心愿，书写《太华山记》一篇文字②，可评价为最得观石之趣、游山之法的人物。他述自身行至仙人砭、擦耳岩，"其西高标挫日，其东重渊悸魂，途径尺余，若行山胛。余体非济胜，性乃耽奇，每至逼仄身，与切磨良久得脱。吾腹甚有华山石痕"，性情如此率真之人，再可求乎！他提出华山山势的"头臂之喻"，意即"三峰者，头顶也。云台者，右臂也。今之上者于山童、于峡、于沟，攀筋而后至臂，缘臂而后至头也"，说得妙趣横生。最后说出的"游有三恨"，恨的是"山无名士，邑无名酒，石无名镌"，皆事关人生乐趣，文化要旨，读之不能不加以体察和铭记。

1623年的早春，布衣旅行家徐霞客从中岳嵩山游历后，入潼关，进谒华岳庙，然后直奔华山，也为后人留下了一篇文字——《游太华山日记》③。他的文笔洗练，善于从大处着眼，日记式的记述方式，显然十分适合于这位行旅匆匆的独行侠。霞客时年38岁，时常外出游历，早已练得身手敏捷，艺高而胆大，通读全文，感觉到登上华山对他而言是一件不太费力的事项，大概因此之故，他所留下的日记体考察文字，并没有多少引人入胜的描述。

---

　　① （明）袁宏道著，钱伯城笺校：《袁宏道集笺校》卷52《华山记》《华山后记》《华山别记》，上海古籍出版社2008年版，第1468—1474页。袁宏道之兄长袁宗道，字伯修，其弟袁中道，字小修，皆有才名，时称"公安三袁"。

　　② （明）杨嗣昌：《太华山记》，（清）李榕编《华岳志》卷6，记，中国地方志丛书本，第593—607页。原书误写作者名为"杨嗣曾"，今改过。

　　③ （明）徐弘祖著，褚绍唐、吴应寿整理：《徐霞客游记》，上海古籍出版社2007年版，第46—49页。

至此，可以依据上述文献资料制作表3，借以了解和对照出场人物细部。

表3 明代登临华山代表性人物基本信息

序号	名字	籍贯	生卒年代	登临华山之年	同行者	所遗华山书绘作品
1	王履，字安道	江苏昆山	1332—约1391年，享年约60岁	洪武十四年(1381)，时年50岁	丘丈外孙沈生、书僮张一、导者二人	其图、记、诗作品俱收入《王履华山图画集》
2	李攀龙，字于鳞	山东历城	1514—1570年，享年57岁	嘉靖三十五年(1556)，时年43岁		《太华山记》及诗作若干
3	王士性，字恒叔	浙江临海	1547—1598年，享年52岁	万历十六年(1588)，时年42岁	同僚刘元承、僧人玄稣	《华游记》及诗作若干
4	袁宏道，字中郎	湖北公安	1568—1610年，享年43岁	万历三十七年(1609)，时年42岁	友人朱一冯(字非二)、同僚汪可受等人	《华山记》、《华山后记》、《华山别记》及诗作若干
5	杨嗣昌，字文弱	湖南武陵	1588—1641年，享年54岁	万历四十年(1612)，时年25岁		《太华山记》
6	徐霞客，字宏祖	江苏江阴	1587—1641年，享年55岁	天启三年(1623)，时年37岁	导者一人	《游太华山日记(陕西西安府华阴县)》

也正是在嘉靖、万历年间，先后有两部《华岳全书》编纂刊刻问世，编纂者分别为李时芳与张维新，在突出西岳华山方面，其所作所为与上表3人物事迹至为吻合。华阴县令马明卿在协助张维新编纂中，利用书中"山形总图"旁的位置，见缝插针地写道："《经》曰：其高五千仞，

直上四十里。登览者不以此两言尽华山之奇，则得华山矣！"① 如此说来，王履、李攀龙、王士性、袁宏道、杨嗣昌等诸位所著华山文字，倒真是篇篇珠玑，尽得奇山之妙处。

另一位知名文人谢肇淛曾说到自身，"余游四方名山，无险不届，并未失足"，说到华山，却"余未之登，读王恒叔游记，知其险甲于诸岳，亦在龙脊上难行耳"②。奇花异木人必观之，奇峰险境人必趋之，这是人类喜爱自然、追求奇异本性的真情流露。上述多位明朝士人登山游历，明初王履最早，中期李攀龙登临华山后，王士性、袁宏道、杨嗣昌、徐霞客可谓尾随其后，各位相隔时间不算长，只是王履（1381 年登山）、李攀龙（1556 年登山）之间，相隔年代过长，其间并非无人登山，却因历史背景不同而在游山事项上显现出前疏后密的特点③。

3. 近现代人士不懈之科学解读

民国四年（1915）的夏季 7 月 4 日，曾留学日本、颇为喜爱博物学、地理学的中学教师康燿辰，特意从西安西北中学所在的冰窖巷出发，前往华山。他在山下雇了一名向导，顺利登顶后，在南峰、西峰道观各住一晚，白天四处查看，采集了部分岩石、植物标本，下山后写下了民国初年相当珍贵的华山游记文稿④。8 日下午有学生李方矩上山来协助，康燿辰此行自当属于科学考察性质。行程中他喜欢说的一句话，就是"铁路开通后，游人会倍至"。

从山麓上到南峰金天宫，康燿辰记时用了 10 小时 25 分钟。他记"南峰绝顶为太华最高点，拔海约八千尺"，下面"百尺峡之倾斜角度上段八十度以上，下段成九十度之角，垂直壁立"，肩挑背负者上山相当不易。他注意观察山下到山顶的岩石、乔木分布情况，尤其注意五粒松、

---

① （明）张维新等撰：《华岳全书》卷 1，图说，续修四库全书本 722，史部，地理类，第 231 页。

② （明）谢肇淛：《五杂俎》卷 4，地部二，上海书店出版社 2009 年版，第 62、63 页。

③ 参阅周振鹤《从明人文集看晚明旅游风气及其与地理学的关系》，《复旦学报》2005 年第 1 期，第 72—78 页。

④ 康燿辰：《华山骊山游记》，民国六年（1917）铅印本。本书以华山为主，附后的骊山游记仅有两页半。

五叶松的有无及其生长情况，甚至给道士讲解了许多闻所未闻的植物知识。在游记内容书写后，又着重讨论了华与岳之区别、华山之区域、太华之地质、华山之植物、华山与文明五个题目，颇类似今日之专题研究。如他所述，"若一般人艳称之仙人掌、巨灵足迹、石仙人，皆岩浆凝结时生成之凹凸痕；若玉井、仰天池及多数洞穴，皆岩浆凝结时生成之洼臼空穴，后人复加以人工而深阔之耳"，其内容之新鲜，科学性之强，予人印象很深，与过去时代的记述内容有了显著的不同。

更大量的科学研究工作体现在地质地理学方面，首先是各种类型的实地科学考察活动，然后是室内分析和实验工作，取得了许多科研成果。其中要事之一即经过现代地质学者的考察积累，已辨析出整个华山地区的地表，是由华山花岗岩体、太华群变质岩层和沉积地层组成，分别构成了华山山体、外围山区和渭河河谷地区的基本物质。这座山脉开始隆升于中生代的末期、新生代的初期，在第三纪中新世迅速隆升，到第四纪初又强烈隆升，最终急剧抬升到现今的高度，在整个秦岭山脉的地质演变中，华山地质具有相当的代表性。[①]

在确定为秦岭东段北支的华山山系之上，植物学家非常看重华山上的松林，尤其是东峰西北坡一带，松树林成片分布，林相整齐，属于十分珍贵的林业资源。植物学家早已采用华山之名命名华山松（*Pinus armandil Franch*）等华山特有种的林、灌、草植物名称[②]。

于1952年8月筹建的华山气象站，位于华山西峰绝壁之巅，是陕西省唯一的高山站。其主要业务是地面气象观测，每天向渭河流域气象预警中心提供4次天气预报，每天向陕西省气象信息中心提供8次天气预报，同时制作气象月报和年报报表[③]。气象站常年积累的地面测报数据资料，也为它自身的工作环境提供了数据背景：这里年平均气温摄氏6.1度，极端最低气温摄氏零下24.9度，年极端雷电日数43天，大风日数109天，大雾日数129天，冬季最长积雪时间为5个月。这些数据因来之

---

① 韩理洲主编：《华山志》第一编，"自然环境"，三秦出版社2005年版，第257页。

② 韩理洲主编：《华山志》表21《华山主要植物种质资源一览表》，第51页。

③ 陕西省气象局编：《陕西省基层气象台站简史》，气象出版社2012年版，第478—481页。

不易而弥足珍贵，其中包含了一批批华山气象工作者的奉献精神。

（四）身负历史和民族重任之英雄山

有人谓："天地之美美在华山，古今之缘缘在英雄。"从以往关注和介绍华山历史的书籍或景区景点展示牌内容来看，许多人早已体认出华山英名的特点，赋予华山以"英雄山"的称号，列举出的事项有秦始皇巡华山、汉武帝祭华山、沉香劈山救母、解放军智取华山和金庸"华山论剑"。对此，我们仍然需要叩问史册，1949 年 6 月 14 日大荔军分区路东纵队 7 名解放军智取华山确属历史事实①，但秦始皇、汉武帝途经华山的事迹究竟有多少英雄的成分，沉香劈山救母传说和金庸"华山论剑"故事该如何认定。若放眼整个西岳华山的历史文化内容，含有英雄事迹和气概的事项还有许多，此处拟增补六项，以观其要。

1. 河神巨灵擘开华山贯通黄河

古人对于华山最富有创造性的一种想象，为"巨灵擘开"神话传说。东汉张衡《西京赋》中有"缀以二华，巨灵赑屃，高掌远趾，以流河曲，厥迹犹存"的描写，薛综注引古语云："此本一山，当河水过之而曲行，河之神以手擘开其上，足蹋离其下，中分为二，以通河流，手足之迹，于今尚在。赑屃，作力之貌也。"②被河神中分为二的山，传说中一为高高的华山，一为不太高的首阳山（今山西省永济市境内），分在河身的两边，华山上留下巨灵的掌迹，被指为东峰崖壁上的五道印痕。

这个传说出现的前提条件，是古人也在思考黄河河道怎么样会在经过晋陕峡谷后来了个九十度大拐弯，一泻千里地向东流去，而这正是近

---

① 7 名解放军为路东纵队侦察参谋刘吉尧及所带领的 6 名侦察兵，加上做向导的当地甫峪村民王银生，被称为智取华山八勇士。侦察路线系沿黄甫峪、猩猩沟而上，攀爬崖洞、老虎口、龟背石等处，登临华山北峰，乘黑夜突袭伪保六旅旅长韩子佩带领的警卫营和旅直属队，为大部队随后解放华山创造了良机。

② （东汉）张衡：《西京赋》，（南梁）萧统编《文选》卷 2，（唐）李善注，中华书局 1977 年版，第 37 页。汉唐间文献中有关河神巨灵的记述较多，后世吟咏作品更不胜枚举。今华山五云峰路口有观掌台，护以石栏铁索，为游人观掌提供了方便。

代以来许多地质学家一直在探讨的问题①。此传说上接大禹治水的"导山""导水"故事，其目的仍然是为了疏通河道，造福百姓，便根据黄河两岸地形、秦岭东段山势、华山苍龙岭之上东峰岩石上的痕迹，做出了这一大胆的想象，被古人推崇为关中八景之首（即"华岳仙掌"），是为西岳华山今日值得深度发掘的文化财富。

2. 北周同州刺史达奚武成功登顶

出身于鲜卑族的达奚武（504—570 年），字成兴，代人（今山西大同东北），官任北周同州刺史（辖境在今陕西省渭南市）。563 年，他带领数人登山祈雨，获得成功，为有史以来明文记载的登顶华山第一人。此事起因在于同州地面发生旱灾时，高祖宇文邕敕令达奚武赶快祭祀华岳。史载："岳庙旧在山下，常所祷祈。武谓僚属曰：'吾备位三公，不能燮理阴阳，遂使盛农之月，久绝甘雨，天子劳心，百姓惶惧。忝寄既重，忧责实深。不可同于众人，在常祀之所，必须登峰展诚，寻其灵奥。'"②

达奚武这次下的决心不小，《周书》本传记曰："岳既高峻，千仞壁立，岩路险绝，人迹罕通。武年逾六十，唯将数人，攀藤援枝，然后得上。于是稽首祈请，陈百姓恳诚。晚不得还，即于岳上藉草而宿。梦见一白衣人来，执武手曰：'快辛苦，甚相嘉尚。'武遂惊觉，益用祇肃。至旦，云雾四起，俄而澍雨，远近沾洽"，结果是达到了"登峰展诚"的目的。

达奚武年龄 60 岁，沿途攀藤援枝，心系黎民，冒险以进，登上峰顶，诚为一代英雄。此时的华山尚是人迹罕至，徒手登上去不容易，事后宇文邕说"阴阳借序，时雨不降，命公求祈，止言庙所。不谓公不惮危险，遂乃远陟高峰"，以后要"念坐而论道之义，勿复更烦筋力也"。

---

① 王苏民、吴锡浩、张克振等：《三门古湖沉积记录的环境变迁与黄河贯通东流研究》，《中国科学（D 辑：地球科学）》第 31 卷第 9 期，2001 年，第 760—768 页；蒋复初、傅建利、王书兵等：《关于黄河贯通三门峡的时代》，《地质力学学报》第 11 卷第 4 期，2005 年，第 293—301 页；王均平：《黄河中游晚新生代地貌演化与黄河发育》，兰州大学自然地理学专业博士学位论文，2006 年。

② （唐）令狐德棻：《周书》卷 19《达奚武传》，第 303 页。

天和三年（568），达奚武转职太傅。

3. 经受八级大地震发出"山鸣"之声而不催

突然发生在 1556 年 1 月 23 日夜间的关中大地震，又被称为华县特大地震（8 级，东经 120.7°，北纬 34.5°）[1]，新的研究判断此次地震震中位置在蒲州、潼关卫、华阴、朝邑之间，故而建议定名为蒲州 8（1/4）级大地震。[2] 震后明人陈以忠进入华山峪，到了青柯坪，"至则祠庙神像，俱经地震颓圮，间已葺治数楹"[3]。山下的《华阴县重修西岳庙记碑》也有记载，内容是"嘉靖乙卯地震，祠庙尽倾，两台会题修复，资费巨万，积六载乃成"[4]。今人据此做出的综合判断，是这次地震造成"华山唐宋以来所建宫观寺院等毁没殆尽"[5]。

由于多种明朝史料据奏报称，这场大地震中压死的官吏、军民超过83 万人[6]，房屋倒塌无数，为史所罕见，因而一直受到地震历史研究领域的高度重视。这场大地震也明显影响到华山山体，有学者在考察中发现，晚第四纪以来的华山山前断裂带具有明显的活动迹象，沿断裂带及其两侧分布有最新的断层崖，诸如基岩裂缝、黄土裂缝、山体崩（滑）塌体等众多的地震形变和破坏遗迹，应该都是此次大地震留下的发震断层。[7]由于震动所产生的荷载作用，地震区岩石破碎，发生了大范围的崩塌灾害，为水石流发育提供了丰富的固体物质[8]，这与史书所记"华山诸峪水北潴沃野"文意颇相一致。

---

① 国家地震局编：《中国强震简目》，地震出版社 1977 年版，第 2 页。

② 环文林、时振梁、李世勋：《对 1556 年 8（1/4）级大地震震中位置和发震构造的新认识》，《中国地震》2003 年第 1 期，第 20—32 页。

③ （清）赵吉士辑撰、朱太忙标点：《寄园寄所寄》卷 3，倚杖寄，第 71 页。

④ 明万历三十年（1602）《华阴县重修西岳庙记碑》，见《华山碑石》，碑图在第 66 页，录文在第 296—298 页。

⑤ 韩理洲主编：《华山志》，大事记，第 9 页。

⑥ 有关这场地震造成的人员死亡数字，可参阅宋立胜《1556 年华县 8 级大地震死亡人数初探》，《史学月刊》1989 年第 12 期，第 68—72 页。

⑦ 张安良、米丰收、种瑾：《1556 年陕西华县大地震形变遗迹及华山山前断裂古地震研究》，《地震地质》第 11 卷第 3 期，1989 年，第 73—81 页及封三版图。

⑧ 李昭淑、崔鹏：《1556 年华县大地震的次生灾害》，《山地学报》2007 年第 4 期，第425—430 页。

华山原本即为大自然的一部分，即为地壳屡次抬升与陷落中产生的一种结果，此次则为渭河断裂带继承性活动的结果。① 《明史·五行志》记载此次地震中"河、渭大泛，华岳、终南山鸣，河清数日"，今人读之可以明显感受到华山花岗岩山体在地震震动中出现的振动，实际上是自身应力伸张带出的局部崩裂声响，此种声音被古人作为一种"山鸣"现象记录下来，显得弥足珍贵。一场余波不断的 8 级大地震过后，检点明代晋陕毗邻地区人畜房屋损失惨重，对于华山山体来说则未损及其基本结构，这即是西岳华山自然伟力之所在。

4. 中华全民抗战坚固后盾——华山

在抗日战争的艰难岁月，西北、西南地区成为全国的大后方。1936年 12 月的"西安事变"发生前，虚岁 50、时任国民政府军事委员会委员长的蒋介石有过一次甚为难得的西岳华山之行。此年 10 月 24 日清晨，蒋介石约张学良等一行上华山，一路多乘滑竿，兼有少量步行，攀爬千尺㠐、百尺峡和老君犁沟等处后，当晚留宿北峰，乘兴书写了"民族本色"四个大字，着人刻于犁沟门处所对陡直石崖上。第二天，他左手拄着拐杖，走过苍龙岭，对张学良说出自己对华山的观感："华山不愧是山中的伟丈夫……"当时的张学良无心观景，于峰顶上向东北遥望，伤心不已，赋诗一首："偶来此地竟忘归，风景依稀梦欲飞。回首故乡心已碎，河山无恙主人非。"② 其时山上已落雪，霜气也很重，当晚宿于峰顶，第三天众人一起下了山。

现存华山各处的摩崖石刻，有自署"陕西陆军第三旅司令部差长官"的刘远洪，书写了"护军保民"四字（落款民国七年五月二十日），强调华山为一天然屏障。抗战期间，潼关内的陕西地方属于后方安全地带，聚集了大批转移及逃难来的人群，军官、学生、社会贤达人士一时登临华山者明显增多，虽然政府并未提出明确的抗日主张和纲领，而人们却

---

① 王景明：《1556 年陕西华县大地震的地面破裂》，《地震学报》1980 年第 4 期，第 430—437 页及版图 Ⅰ—Ⅱ。

② 参阅窦雅丽、尚季芳《抗战时期的华山石刻与爱国寓意》，《中国国家博物馆馆刊》2013 年第 4 期，第 133—141 页。

把这中华之西岳、豫州之山镇——华山当作抵御日寇、保家卫国的精神寄托。曾在"八一三"淞沪战役、南京保卫战、河南兰封战役、江西万家岭会战等重大战役中表现出色的国民党高级将领、抗日名将王耀武，在西岳华山老君犁沟尽头石壁上留下了"山河永寿"之慨想（落款民国二十六年四月）。华山多石，勒石言志，至此国土沦丧和国家处于危亡之际，字字包含的均是山河永固、民族永昌的信念。1945 年 8 月 15 日，日本宣布无条件投降，三天后的 18 日，桐城人胡俭在华山巨壁上留书"正义战胜"四个大字，并附志云："日本投降，举世欢腾。余甥管瑞生驻防华麓，相约同寓来游，志此以资纪念。"

5. 和平年代的华山抢险英雄群体

1983 年 5 月 1 日国际劳动节放假期间，大批游客选择攀登华山游览。由于上下行游客拥挤在千尺幢险段，发生十多名游客从上往下跌落的危急情形，解放军第四军医大学学员三大队、二大队上百名学员也在华山游览，不少学员当即奋不顾身，在千尺幢用自己的身体挡住一一跌落下来的游客，并在百尺峡上的二仙桥沿悬崖一边连成人墙，阻止拥塞的人群发生混乱，保证游客有秩序地安全下山。学员们当时只有保护人民群众、抢救伤员一个信念，在安全地段对受伤游客实施紧急包扎后，又将几名重伤员连夜抬至山外，多位学员体力耗尽，身体出现严重虚脱现象[①]。

1984 年 1 月 19 日，中共中央宣传部、解放军总政治部、教育部、共青团中央联合发出《关于进一步开展学习华山抢险战斗集体的活动的通知》；1984 年 2 月，团中央授予华山抢险英雄集体"全国新长征突击队"称号，赵建华、王连刚、徐军、石俊、杨海涛等 11 名抢险学员被授予"全国新长征突击手"称号，武若君、赵建华、杨海涛等 5 人荣立三等功。自此，西岳华山和解放军第四军医大学在如何面对有益人生的论题上，结下了不解之缘。

---

① 抢险中身体出现严重虚脱的学员分别是石俊、徐军、李涛，参见张天来、吴晓民题为《张华的战友 英雄的群体》的长篇报道，《光明日报》1983 年 12 月 3 日；又收入《华山抢险记》，光明日报出版社 1984 年版，第 14—28 页。

6. 旅游时代：徒步登顶皆英雄

在今日之旅游时代，人不分男女老少和国籍，结伴组队出门旅游的活动已颇为常见，华山之奇险特点仍然以其特有的魅力吸引着广大的中外游客前来攀爬。目前，华山景区有皇甫峪—北峰、瓮峪—西峰两条索道缆车载客运行，在有了机械动力助人上山方式之后，仍坚持徒步旅行登上华山山顶的人士皆可称之为英雄。这不仅是相对于许多裹足不前、半途而退的人们而言，主要是这相对高度为1738.9米的华山，相当于一座六百多层的摩天巨楼①，登山路虽难虽险，但在前人留下的助登设施支持下，在自己坚定的信念中，攀登者可以凭一己之力战胜自我，最终攀上最高峰，获得登顶成功之豪情，和"无限风光在险峰"那样一种超值享受。许多游客上山时体力不支，辛苦异常，下山时如释重负，双腿的活动机能需要好几天才能恢复到常态，却少有人为此而感到后悔。

（五）思想史视点：历史文化蕴义之叩问

围绕西岳华山山脉的诸多事实，勾勒出的神山、奇山、英雄山之明晰图像，目的是为展开对研究对象的山脉历史文化蕴义的探寻、解绎和归纳工作奠定基础，并通过以宽口径尺度度之之西岳华山历史文化，以虔诚之心求取数千年名山宝库之真藏，历史地展示山脉自然景色与人文构思的奇妙结合。明人谢肇淛以自身经验，认为"山莫高于峨眉，莫秀于天都，莫险于太华，莫大于终南，莫奇于金山华不注，莫巧于武夷，其它雁行而已"②，点评要旨似还在于诸山之外在形象，本文之着眼，则势必要进入人与山脉、山脉与文化的视域中去了。

1. 華（华）山之名衬映华夏、中华美称

华山之得名，有三种说法，今人概括其意，分别为山形说、方位说、

---

① 华山南峰海拔高度为2154.9米，山下西岳庙为351米，陈抟老祖睡像位置为416米，以2154.9 - 416 = 1738.9米，按民用住宅层高2.8米计算，登山的相对高度就相当于一座621层的大楼。

② （明）谢肇淛：《五杂人俎》卷4，地部二，第68页。

特产说①。若要考虑古人给出这一名称的原意，势必得从"华（華）"字的本义说起。

从文字学材料得知，"華（huā）"是花的本字，《诗·周南·桃夭》所云"桃之夭夭，灼灼其华"，《尔雅·释草》所释"木谓之华，草谓之荣"，《后汉书·崔骃传》所说"彼采其华，我收其实"等，皆是指植物的花朵，一直到六朝后才出现了简写的"花"字。面对一座山体，有人还发明了"崋（huà，胡化切）"字的写法，用来专指华山，但并未流行，只是其读音影响到了华山②。因之，古人起名华山的本义是这座山就似"華（花）山"。一座由巨石矗立的高山，何以起名"花山"？郦道元《水经注·渭水篇》所记"《山海经》曰：其高五千仞，削成而四方，远而望之，又若华状……"③，将此点得最为清楚。无论是因名循实，还是按国人的形象思维特点予以解释的话，就在于华山山顶的多个峰，犹如花瓣一样张开挺直，高出周围，永不衰败，给予山下的行人以深刻难忘的印象。笔者认为，这应该是华山名称由来的正解。

除此之外，还有一种将"華（华）"字含义推衍的做法在悄然出现。如《风俗通义》卷10"五岳"记云："西方崋山，崋者華也，萬物滋然變華於西方也"（此段采用繁体字），便是强调这种"變華"所"主"的方向。到托名班固所撰，实为一批儒生讨论所著的《白虎通》记载："西方华山，少阴用事，万物生华，故曰华山"，又倒了回来，把"万物生华"说成是华山得名的由来，真是岂不谬哉。

至于有人说到华山顶峰长有莲花，如《华山记》所说"山顶池中生千叶莲，服之羽化，因名华山也"，时代已相当晚，更不可能是华山得名之由了。这种说法的产生当与有人登顶，甚至在山顶居住下来的所见所闻有关。唐人皇甫枚所撰《王玄冲登华山莲花峰》一文，借主僧义海之口，讲述三清道士王玄冲登上华山西峰，见到"顶广约百亩，中有池亦

①　韩理洲主编：《华山志》，"概述"部分，三秦出版社2005年版，第3页。

②　参阅王力主编《王力古汉语字典》（中华书局2000年版，第1068页）等工具书。

③　参阅《水经注疏》卷19，渭水下，第1661页。"远而望之，又若华状"一句，并不见于今本《山海经》，从中可以判断后人之看法。

数亩。菡萏方盛，浓碧鲜妍，四旁则巨桧乔松"，① 更是将这种说法描写到了极致，如同真实情形一般。山顶上若有这种长势的莲花，种莲和爱莲之人应当是那些俭朴和富有追求的道士了。

"華"字还有光华、华彩、华丽等意思，如《尚书大传·卿云歌》所云"日月光华，旦复旦兮"等。而《尚书·武成》所记"华夏蛮貊，罔不率俾"，《左传》襄公十四年所记"我诸戎饮食衣服不与华同"②，表明古代中原地区较早进入文明阶段的族群，已经自称或被称为华夏（族）了。晚清时期，当孙中山提出"中华民国"的政治构想后，著名学者章太炎很快发表了《中华民国解》一文，相当响亮地提出："雍州之地东南至于华阴而止，梁州之地东北至于华阳而止，就华山以定限，名其国土曰华，则缘起如是也。其后人迹所至，遍及九州"③，是将位于雍州、梁州接壤处的华山看作"华夏""中华"之"华"字的来源。后来就有人把这一看法归纳为一句话——华山系中华民族文化的发祥地之一。有鉴于"華（华）"并不曾作过中国古代民族的名号或国号的事实，先后有顾颉刚、王树民、胡阿祥等学者发表此论不能成立的观点④，并日渐成为学术界比较公认的见解。笔者也赞同这一见解，又考虑到華（华）山之名亦是由来已久，而且在相当长的一个历史时期是以一种自然实体（山体）的方式保持着它的热度，散发着其影响，形成对华夏、中华名称的一种衬映作用，因为同为中华名物美称，自然值得社会各方予以永久地珍惜和存念。

2. 由"仁"至"正"：对"君子若华山"表述的认知

在《论语》卷7《雍也第六》中，樊迟首先"问知"，孔子曰："务民之义，敬鬼神而远之，可谓知矣"，着眼点在于如何致力于民众

① （唐）皇甫枚：《王玄冲登华山莲花峰》，《三水小牍》卷上，抱经堂丛书本，1923年北京直隶书局影印。

② （战国）左丘明撰、（西晋）杜预集解：《左传·襄公十四年》，上海古籍出版社1997年版，第902页。孔颖达疏："夏，大也。故大国曰夏。华夏谓中国也。"

③ 章炳麟：《中华民国解》，《民报》第17号，1907年；收入《章太炎全集》第4册，上海人民出版社1985年版，第252页。

④ 顾颉刚、王树民：《"夏"和"中国"——祖国古代的称号》，史念海主编《中国历史地理论丛》第1辑，陕西人民出版社1981年版，第6—22页；胡阿祥：《伟哉斯名——"中国"古今称谓研究》，湖北教育出版社2000年版，第248—249页。

事务。樊迟随即又"问仁"，孔子答曰："仁者先难而后获，可谓仁矣。"随之又曰："知者乐水，仁者乐山。知者动，仁者静；知者乐，仁者寿"，在这里开启了一段著名的"智者乐水，仁者乐山"宏大的人与自然相关的论题①。对于"仁者乐山"的理解，《史记正义》注云："仁者乐如山之安固，自然不动，而万物生焉。"这样看来，前人的理解或解说，是将仁者作为一个有意识的主体来看待，观察其是如何选择和认识客观对象的，或者考察和阐发其已经具有什么样的禀赋，含有什么特点和做法，"仁者乐山"之句就被理解为作为仁者的他是喜欢与山相处的。如若客观地加以解释的话，作为山这样的偌大客观实体对于人是直接产生影响和作用的，即对与之接近和相处的人是要起到触及和塑造作用的，经历了"先难而后获"的人具有了"仁"的品行，"仁者乐山"之句包含的意思就成了人之所以成为仁者，是因为他在与大山的接触和相处中受到了影响，有不小的收获，使他非常喜欢山了。

长久以来，在有关华山文献中，流传着"君子若华山"这样一句话，如唐代欧阳询编《艺文类聚》②、北宋李昉等编《太平御览》③、明代龚黄著《六岳登临志》所载④，其文曰："《晏子春秋》：君子若华山，然松柏既多矣，望之竟日不知厌。"⑤核实《晏子春秋·内篇杂下第六》所记"田无宇请求四方之学士晏子谓君子难得第十三"事，原文为："……且君子之难得也，若华山然。名山既多矣，松柏既茂矣，望之相相然，尽目力不知厌。"⑥此处的君子"若华山然"之下有校者注：

───────────────

① 本段《论语》引自刘宝楠《论语正义》，《诸子集成》第 1 册，上海书店 1986 年版，第 126—127 页。此书"皇疏云：乐水乐山，为智仁之性"，已将"知者"写成"智者"，后世遂更多地沿用"智者乐水"之语。

② （唐）欧阳询编：《艺文类聚》卷 7，山部上，上海古籍出版社 1982 年版，第 132 页。

③ （北宋）李昉等编：《太平御览》卷 39，地部四，华山，中华书局 2000 年版，第 186 页。

④ （明）龚黄撰：《六岳登临志》卷 4，见顾廷龙、傅璇琮主编《续修四库全书》721，吏部，地理类，上海古籍出版社 1995 年版，第 690 页。

⑤ （唐）欧阳询编：《艺文类聚》卷 7，山部上，清文渊阁四库全书本；（明）龚留：《六岳登临志》卷 4，西岳华山，明钞本。两书所录文字存有细微出入。

⑥ （春秋）晏婴著、（清）张纯一校注：《晏子春秋校注·内篇杂下第六》，《诸子集成》第 4 册，上海书店影印出版 1986 年版，第 162—163 页。宋钘、尹文"作为华山之冠以自表"事，又见清人王先谦注《庄子集解》卷 8《天下第三十三》，《诸子集成》第 3 册，第 218 页。

　　"华"旧作"美"，从孙校据《艺文类聚》改。《庄子·天下篇》
宋钘、尹文作为华山之冠以自表。崔撰云："华山上下均平"，作冠
象之，表己心均平也。晏子心仪华山，盖先宋钘、尹文隆道风者。

　　有鉴于传世《艺文类聚》多参考唐朝之前古本文献，孙诒让据之改
《晏子春秋》中"美山"为"华山"，且得到学界认可。春秋时期齐国的
晏婴，以"君子之难得也若华山然"的表述赞美了华山，是为较早"心
仪华山"的东方人士。东晋的崔譔更以"华山上下均平"的山势来说明
"华山之冠"的形象，是具有一些启发意义的。颇有新意的说法来自唐代
诗人白居易，他于旅行中住宿华州，给友人写下了"渭水绿溶溶，华山
青崇崇。山水一何丽，君子在其中"的诗句，显著加重了君子在世上、
在山中所起的作用。①"君子"一词，向来指品行端正的人们，《论语·
季氏第十六》记述了孔子提出的君子有三愆（过错）——三戒、三畏、
九思等操守②，在这样的经书约定中，君子之称极为雅致，恪守其言行极
为难能可贵。
　　至此，我们不能不说，已问世两千多年的"君子若华山"之表述，
理应就是对于华山历史文化蕴义一个最好的概括，堪值今日的人们予以
挖掘阐发③。不论是瞻仰华山，或是登临华山，参与的人只能是"先难而
后获"，完成了这一过程的人就具备了一种"仁心"④。汉代荀悦所著
《申鉴·杂言上第四》询问"或问仁者寿"的道理，所获得的儒学经典式
的解答即为："仁者内不伤性，外不伤物，上不违天，下不违人，处正居

<hr>

　　① （唐）白居易：《旅次华州，赠袁右丞》，《白居易集》第一册，中华书局 1979 年版，第
100 页。
　　② 《论语·季氏第六》，《诸子集成》第 1 册，上海书店 1986 年版，第 359—361 页。
　　③ 清人屈大均撰《登华记》一文，曾发出登顶后的莫大感慨："故自天地初定，太华定而
天下之形势以定，太华诚天下名山之大宗，而四岳皆其支阜者也。然则君子居之，以立天下之正
位，舍此，其又何之？"此说系由唐代僧一行"天下山河两戒说"引发而来，道出作者以西岳华
山为天底下正大山脉的想法。见韩理洲主编《华山志》，第 829—833 页。
　　④ 清代刻石《焦娄李公传》述墓主华阴人氏李天秀（字子俊，号焦娄），雍正朝进士出
身，乾隆元年起任山东历城知县等，守道持身，正直不阿，友人亦以"君子若华山"相誉，录
文见《华山碑石》第 423—424 页。

中，形神以和，古咎徵不至而休嘉集之，寿之术也。"① 这可以理解为一种由"仁"至"正"的路径，实践者循此可以在与外界的接触中转向积极的人生和主张和平的正义事业，正直而不懈，勇敢而执着，从中实现自身的意愿和价值，这是殆无疑义的。

在历史文化的渊薮中，西岳华山还具有怎样的"仁"和"正"之特征，其影响是怎么样扩散出去的？还是一个有待探讨的论题。未曾期待而有之，从学界研究中得知，20世纪50—70年代金庸创作的系列武侠小说，似乎竟包含了这样的内容。据介绍，金庸创作四部描写华山派作品的时间及其关系是这样的：《碧血剑》创作于1956年，《鹿鼎记》创作于1969—1972年，二者虽然相隔时间较远，但有直接而明显的承继关系；《鹿鼎记》中的华山派门人归辛树夫妇及其徒弟、何惕守、冯难敌与他的两个儿子冯不破和冯不摧等在《碧血剑》中都曾出现过。除此之外，《碧血剑》《笑傲江湖》《倚天屠龙记》中的华山派之间则无明显的承继关系。可以肯定地说，金庸或有意或无意地描写刻画了自元代初、中期至清代康熙初年三百余年间华山派的存续与流变情况。

对这些作品进行分析所概括的特点是：金庸小说中的华山派无论在哪个朝代、何种时期，整体上一直属于"正"派，始终是作为江湖正义力量而存在。具体而言，华山派有比较全面而严格的自我约束制度，始终坚持崇尚正义的价值取向；华山派多有维护江湖正义以及爱民保国的作为（尽管华山派人物并非都是正义之士或良善之辈）。结合历史文化内容而言，华山既有自然之险，更具深厚文化内涵，但并不存在如上所述的武侠人物及其故事，因之金庸关于华山派的诸多描写都是想象的，其创造实践却赋予了西岳华山极为丰富的武侠文化内涵②。值此，我们只能这样说，一位才华横溢的作家的创作天地是广阔无垠的，金庸对华山情有独钟的态度，最重要的地方是他凭借自己的直觉、认识和正义感，获

① （东汉）荀悦：《申鉴·杂言上第四》，《诸子集成》第7册，上海书店1986年版，第18页。

② 徐渊：《金庸小说华山派之流变》，《陕西理工学院学报》（社会科学版）2012年第30卷第3期，第15—18页。该文作者明言：金庸先生对华山有一种"挥之不去的情结。至于金庸何以对华山情有独钟，当与华山的自然之势、文化内涵有关，但金庸从未明言，不好妄断"。本文引述这些资料和看法的目的，在于提出论题，引发有兴趣学者参与探讨。

取了西岳华山历史文化的真谛，并通过所创作的华山派故事而展现了出来。

3. 书绘之途："吾师心，心师目，目师华山"

明初王履携书童登临华山之时，自是不知晓当朝皇帝梦游了一回西岳华山，由于王履是已知明朝有名有姓登上华山士人中最年长的一位（时年50岁），判断其登山动机应该比他人来的更加明确和急迫。登山先到玉泉院，诸道士对王履说"缘险难甚，草木交戟，不可以礼服"，于是他将"冠履外服悉留院中，唯幅巾短衣、行縢草屦而已"，换成这样的装束后，猜想王履的外貌就很像个劳动人民了。年轻的向导、顽皮的书童动作麻利，跑步在前，王履落在后面边走边看，边看边绘，"遇胜则貌"（所谓素描也），还得赶路，一路下来，很有准备的登山之旅，便有了极大的收获。

王履冒险登临华山，似乎是事出偶然，实际上却是他内心的一个长久向往，他返回长安后的系列华山画作，论者立足于中国美术史给予了非常全面的认识和评价①，说明华山之行在他思想上引发了极大的震动。可是，史上画家甚多，为什么会是王履在为华山作画，他究竟是怎样做下来的，才有了如此成就的艺术作品，这需要再认识。王履所写《千尺撞百尺撞》诗是这样的：

> 千尺亭亭百尺连，祇缘奇观在层巅。
>
> 敧斜朽级难为步，飘忽飞魂只看天。
>
> 云谷可叹神未许，松风宜听耳无权。
>
> 老夫敢向危中过，不是真仙也近仙。

王履性情怡和，做事有方，不仅看景认真，上山看路也十分仔细，他作《枝梯》一诗，表明当时确有用树枝铺路的做法。他写《第一关内所储乱石》诗有题记，云"关下林中二石如虎，奇不可状，于是悟画之

---

① 单国强：《王履〈华山图〉之价值》，《王履华山图画集》（篇首评介文章），共6页（不标页码）。

所以然"，也就是领会了如何画大石头之要领，这是作者观察中的一次飞跃，系得心于一瞬间。第一关又称五里关，距山口尚近，王履即有如此创获，堪值称贺。华山多奇石巨石，王履于此产生顿悟，随之放手题记、写诗、作画，均会更上一层楼。采用今天的话来说，王履确是一位相当突出的艺术实践探索者，这一点与他行医的实践活动也大有关系，当为华山之行获益匪浅之主因。

重视实践的一种自觉行为，自然是重视素描基本功，此项王履自言"描貌三十年"，可知其功夫匪浅。登山之后又该怎样来做？《瀑布》一诗似有所交代："白练银河与白龙，竞搜幽语斗新工。我心要斗无搜处，移入玲珑窈眇中"，他自己的"新工"此时似乎尚未出来，但在随后的两天里，他已经进入忘我的状态里去了。及至出山时，他自己感到很悲痛，如诗句所云"出山何如入山时，得则欢喜失则悲"。在室内创作也非易事，面对"夫山之为山也，不一其状"，而且变化无穷，难以收控，最终王履拿出自己的创作态度："彼既出于变之变，吾可以常之常者待之哉。故吾不得不去故而就新也。虽然是亦不过，得其仿佛尔，若夫神秀之极，固非文房之具所能致也。然自是而后，步趋奔逸，渐觉已制，不屑屑瞠若乎后尘。每虚堂若定，嘿以对之，意之来也，自不可以言喻。余也安敢故背前人，然不能不立于前人之外。俗情喜同不喜异，藏诸家或偶见焉，以为乖于诸体也。怪问何师，余应之曰：吾师心，心师目，目师华山。"[1] 在中国古代的"有对之学"中，事物的变化形式，就是用"新"来代替"故"，正因为王履诸事已经想通，所以回答的是那样镇静自若。

依"吾师心，心师目，目师华山"的叙述顺序，顺读是心—目—华山，起关键作用的则是反读的顺序，即华山是决定性的自然物，依靠眼睛获得其图像，再反映到内心，"吾"则是整个观察过程的中心，已确定了这样的创作路线。再次采用今天的话来说，王履确定的创作路线是颇具唯物主义的色彩。王履走到这一步分为两个过程，一个是实地见识华山的过程，一个是室内从事创作的过程，前后呈相关关系，前者为后者提供素材和思想准备，后者确定创作原则即投入乃至完成全部作品。王履内心思虑的"难题"是什么呢？一是"形"与"意"的交织关系，二

---

① （明）王履：《重为华山图序》，《王履华山图画集》，第 65 页，上海博物馆藏。

是师法何种宗门或家数的问题。第一个难题他很容易想通了，他说自己看到的"彼务于转摹者，多以纸素之识是足，而不之外，故愈远愈讹。形尚失之，况意？苟非识华山，之我余余，其我邪既图矣"？还是华山之行起的作用最大。至于第二个难题，他采取了一种莫可奈何的方式，称"然则余也，其盖处夫宗与不宗之间乎"？这种表述符合王履的性格，不主动冲撞别人，在某些场合，这样的叙述方式可以保护作者自己。

在一系列作品愉快而艰难地完成之后，王履终于对自己说话了①：

> 太华，天下名山之冠也，故古人以得游为快，以不得游为恨。余也恨于昔而快于今。可无图欤，无记欤，无诗欤，备三者矣。……余今年五十有二岁矣，惰与老俱至，气与病相靡，一游已不胜其难，况再嗣而往首越北辕耳。然则是图是记是诗，其可离乎。故笥之左右，以玩于乎。文且游者，其何人乎哉。

一直到生命的最后时刻，这一笥有关华山的图、记、诗，都是王履本人的精神寄托。万历年间的杨嗣昌上华山后论说韩退之投书故事，曾言"昔昌黎痛苦非为纸漏，盖山水极穷，笔所不能绘，脉所不能传，惟有痛苦，足以发抒其声耳。不然嗣昌之达，犹不免苦耶"②。还有他说的"游有三恨"，却并不专指"游山"，若专指"游山"，王履真是了无遗憾了，因为那个时代文人可以了以尽兴的三大技艺——图、记、诗三者，王履不仅具备，而且样样品质超群。未知王履是否想到，他辞世之后，他的华山画作又会成为士人们观赏、临摹、收藏的珍品。明代书画皆善者周天球对王履及其画作知之最深，他曾临摹过王履作品，并在临本跋语中说③：

---

① （明）王履：《游华山图记诗叙》，《王履华山图画集》，第64页，上海博物馆藏。题款为洪武十六年岁次癸亥秋九月十有二日畸叟。这是推断王履生年的基本依据，而其卒年则缺乏可依凭的材料。

② （明）杨嗣昌：《太华山记》，（明）李榕编《华岳志》卷6，记，中国方志丛书本，第593—607页。原书写作"嗣宗之达"，疑误，当为"嗣昌之达"。

③ 引自薛永年《吴门派后期的纪游图》，《中国书画家》2012年第10期，第88—94页。

王安道之游西华，亦其山之幸。其图尽山之名胜而流传人间，俾万里在几席，千载共一时，可谓不徒游者也。冏卿王公元美有胜又有胜具，其为五岳之游无难，而为官所束，故得安道是图听然慕之，并录古今人诗文足之。退食展玩，便可当卧游。安道异代同兴者矣。若更得善绘者图岱、嵩、恒、衡而五之，俾一丘一壑之士尽收天下之大观于胸中，为益良不细也。王公友天下之士，盍与图之！

天下唯有一座华山，也仅诞生了一位王履，周氏深深期望再有善画者如王履，绘出泰山等四岳，汇成五岳全景，倒真是一个断难实现的向往。最为欣赏王履华山图画的人物还是官宦名士王世贞（字元美），他也是一位华山痴迷者①：

　　……吾友人李宪使攀龙复能登其颠，所至书吾姓名于石，而吾又托友人王参政道行刻石莲花峰。今年夏，复从武侯所借观安道画册及诗记，磅礴累日太华，既两有吾名姓，而吾胸中又具一太华矣，是何必减三君子耶！为大粲，笑识其末。

王履因华山而抒发了自己的生平之志，西岳华山借王履之画作而以一种图像的形式流传于士人中间，引起更多难以履至人士的向往，王世贞两次托人刻自己姓氏于华山山巅之上，且为之而欣欣然般地陶醉，如此美妙的契合和相得益彰的故事在中国美术史上亦称绝佳。

（六）结语：名山有赖自然高度而挺立，有赖文化高度而跃升

本文视高山流水、山明水秀、奇美山势、气象变幻、丰富生物等征象，为山脉的自然之性。当这些自然之性为人类清楚地意识和认识后，山脉就同人类的日常生活乃至精神生活联系到一起了。

历史上成就名山的自然条件，绝不首先是山脉的自然高度，而是有

---

① （明）王履：《王履华山图画集》，名人题跋之六，第72页，故宫博物院藏。

利的地理位置、合适的山脉高度和某种、某些山脉的自然特质，获得了古往今来诸多人士的认可和赞赏，正所谓"山不在高，有仙则名；水不在深，有龙则灵"之谓也。这可以秦岭山脉最高峰太白山为例，这座山的海拔高度为3771.2米，高出华山南峰1616.3米，却因超出了人体正常机能所要求的限域①，就不能成为多数人青睐的目标，古代是如此，近代也是如此，如今则有所改变②。太白山与华山形成的都是北坡登山路线，在得名成名时间、知名度、文化遗产、登山人数等方面，却不可与华山同日而语。

西岳华山以山峰若花（莲花状）、山势独特、山骨硕美、山路奇险闻名于世，先秦时已跻身于"五岳"行列，获得颇高的知名度，其背后的诸多支撑条件则有：（1）距山下平原"近而高"的地理特点；（2）多次地质造山运动形成的抬升式花岗岩山体，造就的颇为罕见的簇状山峰；（3）适宜于农业生产的关中平原地形、土壤、气候等条件，养育了相对稠密的人口，形成的区域文化中心；（4）古代中国政治军事战略局势诸条件造就的千年国都历史，吸引无数天下奇才从"望长安"之路进入自身的"望岳"经历；（5）历代道教信徒依山修行，不断开凿山路，安装助登铁索，到清朝及其后又变为政府或管理部门更有力度的道路创修；（6）一代代人士吸收着前人有关华山的文化认识，通过实践又得出自己的看法，甚至再事新的游山创造，传给后世形成更大的文化影响力。

在对本文所归纳的神山、奇山、英雄山诸历史特征的解读中，竟然涉及那么多方面或领域的物质和精神创造事实，着实令人陶醉于其中。古人何以会创造出"以手擘开其上，足蹋离其下"的河之神巨灵形象，自当是欲以求解神奇的华山是如何形成的、九十度大拐弯的晋陕豫黄河河道是如何形成的这样的问题。一个河神巨灵擘开巨石的神话想象，竟

---

① 医学科学家将海拔3000米定义为人的反应临界高度，这一高度一般不会损害登山者的健康，而将海拔3000米以上的高原称为医学高原，多数人至此高度会有轻中度持续性高原反应，个别人会有重度反应。

② 出于专业需要，太白山早已被国家登山队选择为登顶珠峰进行预备训练的基地，现在是宝鸡市户外运动协会的登山目的地、长安大学的科研教学基地；多年来由于进山车、缆车等基础设施的改善投入，作为青年人看重的旅游目的地目前已经升温，这与现今旅游时代发展的诸多特征正相适应。

然对这两个难题同时给出了解释，而且留传数千年，诚可谓岂不妙哉。这个神话传说起源于什么时代？还需要寻找线索予以探讨，可它是我国先秦时代里一个有关黄河流域山川布局的大猜想，从中透视出来的华夏民族奇异之想象和思维智慧非同一般，非常需要有如民俗学家钟敬文先生发掘"女娲补天"神话传说那样①，给出具有创造力的学术解释。遗留在华山山史上的其他诸多神奇传说，亦当遵如此例，细致发掘其初始本义及流传过程。

前引东晋时期道教理论家葛洪说过："山无大小，皆有神灵。山大则神大，山小即神小也。"此种情况在青藏高原上亦相一致，据奥地利学者说，"在提及的各类神灵中，我们已经碰到了这样的情况：有很多神灵居住在西藏境内的不同山峰之上，他们也同样属于世间护法神的神系"。以至于可以这样认为，"在西藏，任何一座山峰都被认为有神灵居于其上"②。历代道士在华山创造洞天福地的奇异事迹是令人称道不已的③，他们做的很有成绩，千叶百莲花、菖蒲叶、西岳布（指神药细辛）等神物早已采制和流传，据说获得者食用后或更加强健，或延年益寿，或羽化于无形。道士们独创的各种律己克己的修行方式，更是各显神通，大放异彩。从汉代到近现代，华山上一直不乏道士们的身影，可谓代代相传，自成一派。于此可以说，一座名山的形成，必然包含有宗教文化的巨大影响，华山道士们的业绩，从多种角度判断，应当是厥功甚伟。

文人的才情和理想必会展现于所著文章中，此处当予以推介的人物，是官至吏部验封司主事、今日评价为明代文学反对复古运动主将的袁宏道。宏道一行抵华山，第一天宿华阴，看过了县令送来的《华山志》及图，第二天夜宿青柯坪，第三、第四天皆宿太华之巅，第五至第七天下

---

① 钟敬文：《论民族志在古典神话研究上的作用——以〈女娲娘娘补天〉新资料为例证》，收入《钟敬文民俗学论集》[附录：《女娲娘娘补天》（原始记录）]，上海文艺出版社，第179—202页。

② ［奥地利］勒内·德·内贝斯基·沃杰科维茨：《西藏的神灵和鬼怪》，谢继胜译，西藏人民出版社1993年版，第223页。

③ 西方学者的道教史研究成绩卓著，道教世界中的"宗教地理"研究亦大有人在，但对于华山道教史的研究似乎还不多。见法国学者索安《西方道教研究编年史》（吕鹏志、陈平等译，中华书局2002年版），第37—40页。

山东行了，第八天"欲还鼎原，雨不果，作《华山三记》"①。宏道此次登山是有备而来，他与"朱武选非二约，索犯死一往"，遂了心愿。岂知次年（1610）八月初患了"火疾"，时起时灭，九月六日即因这消化道大出血病逝于沙市。其弟中道评说这"独抒性灵，不拘格套"的《华山三记》："……至华嵩诸作，布格造语，巧夺造化，真非人力也。若尚留在世三十年，不知为宇宙开拓多少心胸，辟多少乾坤，开多少眼目，点缀多少烟波。恐亦造化妒人，不肯发泄太尽耳。"② 在王履、李攀龙、王士性之后，《华山三记》又达游记文学一高峰。前人开其道，后人接其踵，以名山为比拼舞台，竞技场所，用平生学问记录"犯死"之行，宏道为实现登顶西岳华山的理想，贡献了自己最大的才情。——这即是文人学士为名山增长文化高度的方式。

如此看来，一座名山的成名过程，竟然是多种社会力量在自然史和人类史上缓慢汇聚而生出的顺其自然的一种结果。出于国家正祀的需要，历朝皇帝和奔忙辛苦的臣属们对于西岳神山的致祭，从正统角度树立起了华山的威严和崇信③。出于为万物精灵——人类生命的寄托和成仙的人生需要，道士们将区区柔弱之己身（人体），投置于寂静而纯真的岩石世界，率先成为人类生存自然界承受极限的积极探索者。那许多一心只读圣贤书的士人们秉承的是天地浩然之正气，他们奢望记录和描绘下大自然中人迹罕至、最为神奇的地方，以淋漓尽致地发挥自己的才智为最大的满足。经过这么多的磨砺和摹写，这座山就成了名山。名山成为历代皇帝、道士、文人学士竞相展示抱负、舒展才华的场所后，这座名山就更为声名远播了。

真的很神奇，先秦时期的古人已经将前人和自己对于山脉内外部的观察和对景色领略的结果，写入"天保九如"这样的祝福诗中了。《诗经·小雅·天保》原诗云："天保定尔，以莫不兴。如山如阜，如冈如陵，如川之方至，以莫不增……如月之恒，如日之升，如南山之寿，不骞不崩，如松柏之茂，无不尔或承。"④ 除了日月和河川之外，其余六样

① （明）袁宏道著，钱伯城笺校：《袁宏道集笺校》卷52，"场屋后记"，第1494—1495页。
② （明）袁中道：《论中郎遗著》（作于万历四十二年，录自《游居柿录》九），《袁宏道集笺校》，第1670页。
③ 韩理洲主编：《华山志》所列《历代遣使告祭一栏表》，第259—269页。
④ 高亨：《诗经今注》，上海古籍出版社1980年版，第225—227页。

比喻皆在山之上。从共同的视野来考虑，我们必须认可：山脉是大自然
（或谓造物主）矗立于地平线上、最突出和最引人注目的征象；山脉乃水
流之发源地，神灵之隐藏处，人类感知自然万物的灵异之地；山顶则是
天地精气汇聚之场所，最为牵动和联结着大批山神感知群体的心灵。这
个群体将人生理想寄托于山灵，并做着相当理想化的解释，结果使这个
山岳具备了越来越鲜明的神性。

　　无论古今之时间尺度如何，但凡走进华山的每一个人，均属芸芸众生
中的一员，无论身份和兴趣如何，都不失其人生思想、行动乃至理想追求
的积极意义。在今日之旅游时代，加入旅游行列的人民大众越来越多，越
来越广，一名北京的年轻旅游者从华山下来，说出了一番颇有见地的看法：

　　　　一直都听说华山最险，所以无限憧憬，去过后果然感觉饱满充
　　实。在大众旅游景点来说，它最险；在专业人士来说，它毫无技术
　　可言；但风光无限，却毫无争议。整个道路有张有弛，整个角度有
　　紧有缓，整个风光有疏有密，整个温度有暑有寒，即使遇到一个只
　　能看见脚下路的大雾天，也别有一番趣味。这是尊为五岳之首的泰
　　山所无法比拟的。

　　今日的旅游者最为幸福，徒步登山或乘坐索道缆车方式上山皆可自
由选择。前人攀登华山的各种心情——祈福、求仙、历险、观景、健身、
求知，皆可亲身体验，在登山行进中渐次收获，用以丰富自己的精神世
界。尚不知在华山山史中，何时形成了"月夜登山观日出，白天下山赏
风景"的游览方式，成为广大旅游者尤其是年轻人的自愿选择。在号称
"天下奇险第一山"的华山山路上，怎能有不用手电、摸黑夜行登山的方
式？其实这正是大自然的一种神奇所在，游人们攀登华山时所得"明月
为灯"之特殊享受。在最适宜登山的夏半年①，天气晴好的夜间里，从来
不乏皎洁的月光洒向山岳，华山上的所有花岗岩石都平静地接纳了它，

---

　　① 气象学上指一年中比较炎热的半年为夏半年，即每年4月到10月左右。这半年中，相
应的日照时间较长，接收太阳辐射热量也多，是一年中气温较高的半年，也称为暖半年。其天体
物理因素是太阳直射点从赤道逐渐北移到北回归线后，再返回到赤道，即春分至秋分。

月光与岩石相接触，岩石上泛出了微微的白色，而大块山体的颜色会更白一些，游人至此，能看清的是路，看不清的则是深沟，上行的速度较慢，顺着坚实的路走上去，拂晓前就能登上东峰。如今的北峰以上山顶，山路加宽，沿途又增设了许多照明灯，游人们可以很惬意地享受登山之乐趣。

本文于此得出的结论是：名山有赖自然高度而挺立，更有赖文化高度而跃升，时代推动着最大的人群登山领略无限自然胜景，人类的创造性认识又随之继续丰富着其乐无穷的山脉文化史。当今人接触和思考山脉文化史的内容时，一座山脉既有的自然高度和文化高度已经存在了，今人可以在今日的自然科学、人文社会科学领域里不断地增进认识，但就这些科学领域的知识系统而言，均属于文化发掘和创造的内容了，不放弃此种内容的工作，即为继承和增长山脉文化高度的工作方向。

秦汉阴山山脉结构特点
的地理学观察[*]

摘要： 阴山山脉位于蒙古高原的南缘，东西连绵千余千米的长度和靠近南面河套地区农业区的位置，决定了它在游牧民族与中原王朝抗衡中的重要性。多条山脉支系延伸和衔接，山间盆地所构成的山脉结构和特点，造成了山脉内部丰富的可以利用的草场为主的动植物资源，成为来往通过和据守于此的匈奴等民族物质给养上的"大利"。秦汉时期中原王朝与匈奴族数个回合的争夺中，前面是互有进退，最终匈奴族失去了阴山山脉这一战略要地。阴山山脉具有补充草原生活的必需物质，以及所具有的战略要地地位，是匈奴等游牧民族对于这座山脉的最大依赖。

关键词： 欧亚大陆；蒙古高原；内蒙古高原；阴山山脉；秦汉时代

阴山毫无疑问是中国的名山，确切地说，阴山山脉是我国北方地区一座著名的山脉。然而，在不少人的著述里，在论述蒙古高原时，看到的却多是一望无际的蒙古大草原，很难看到和论述到这座著名的山脉。作为国内最新译本的美国人类学家巴菲尔德的著作《危险的边疆：游牧帝国与中国》（*The Perilous Frontier：Nomadic Empires and China*）里，也没有论述到这座阴山山脉，虽然有的段落突然出现"山地游牧民族"的表述①，却并没有对山地或"山地游牧民族"展开具体的解释和阐发。

---

* 原载中国秦汉史研究会等编《秦汉时期的九原》，内蒙古人民出版社 2012 年版，第 171—181 页。

① ［美］巴菲尔德：《危险的边疆：游牧帝国与中国》，袁剑译，江苏人民出版社 2011 年版，第 41 页第 1 行。该书原版为 1992 年，系美国约翰威立国际出版公司（John Wiley & Sons Inc.）出版。

秦汉时期虽有关于阴山的记载，但文字实在有限，秦汉以后各个时期有关阴山山脉的记述在逐渐增加，提供最为丰富认识的可能还是蒙古人，因为他们12世纪后长期生活在蒙古草原上、阴山山脉里，最有资格来讲述自己的感受。20世纪50—80年代乃是我国地理学实施野外实地考察和作业的黄金时期（其间有过较为严重的中断过程），也留下了部分野外工作记录，之后由于地理学工作方法的明显改变，就缺少了对于实际山川进行细致描述的第一手地理资料。

秦汉时代的地理资料终究偏少，匈奴等民族对于阴山山地究竟熟悉到什么程度，则是很难予以说明的。由于记录奇缺，本文只能尽量利用前后时代的相关资料，做一种扩大研究基础的延伸或想象，来分析判断秦汉时代的边疆策略，以及对部分地理事物的具体认识。

（一）阴山山脉的位置和结构特点

阴山山脉横亘于我国内蒙古自治区中部，在地理上构成了内蒙古高原的边缘。因受地质构造的影响和控制，阴山山脉所在的地块，属于阿尔金与东昆仑（Altun E. Kunlun）的陆间造山型，地势上呈现南坡山势陡峭、北坡较为平缓、大致东西走向（东段有向北扩展的趋势）等若干特征①。北面顺其平缓的地形，分布的是辽阔平坦的大草原。事实上，这道东西连绵1200多千米，南北宽为50—100千米的阴山山脉，是由狼山、色尔腾山、乌拉山、大青山、灰腾梁、桦山和大马群山等山体组成的，相对内侧的河套平原、外侧的平阔草地，其整体高度上升了500—900米。

表1　　　　　　　　阴山山脉各支脉基本状况（自西向东排列）

支脉名称	地理位置	海拔高度	主峰	山势
狼山	阴山山脉最西端	1300—1800 米	呼和巴什格（2364 米）	西南—东北向

① 陆志明主编，［俄］布龙古列耶夫、马荣华副主编：《亚洲与邻区板块造貌构造图》（1：14000000 挂图），测绘出版社 2011 年版。

续表

支脉名称	地理位置	海拔高度	主峰	山势
色尔腾山	阴山山脉西段，狼山以东	1300—1800 米	巴彦查干山（2002 米）	东西平行的三支
乌拉山	阴山山脉中段	1900—2000 米	大桦背（2324 米）	东西向排布
大青山	阴山山脉中段偏南	1800—2000 米	大青山（2338 米）	东西向排布
灰腾梁	阴山山脉中段	1500 米以上	灰腾梁（2113 米）	东西向排布
桦山	阴山山脉南段	1600 米以上	桦山（2000 米）	东西走向
大马群山	阴山山脉东段，西接桦山	1600 米左右	花皮岭（2191 米）	东北—西南走向

资料来源：根据内蒙古自治区测绘局《内蒙古自治区地图册》（内蒙古自治区测绘局出版，内新图出准字（88）第 67 号文批准，1989 年编印）等资料汇成。

相对于本文对阴山山脉结构特点的探讨意图，上述资料还是失之过简，需要在历史文献中寻觅。民国时期中的抗日战争阶段，由于日本侵略势力对我国蒙古地区的觊觎和潜入活动，造成了一种十分紧张的边疆危急局势，故而有一些有识之士撰写成一批著作，介绍蒙古地区的山川形势和时事要闻，以期引起国人对这一边疆地区的强烈关注。黄奋生所编写的《蒙藏新志》即为其中一种，在这部流传较广的著作里，对于阴山的介绍文字为：

　　阴山起于河套北乌拉特旗之西境，称为狼山，自西而东，横亘绥远省境内之乌拉特、茂名安、土默特、喀尔喀右翼、四子王部落等旗为大青山，又东北走横亘察省境内之察哈尔部各旗，及锡林果勒盟之苏尼特、阿巴噶、阿巴哈那尔等旗，至克什克腾旗之西海喀喇山，为与兴安岭之接连处，故该山实为"西部内蒙之脊梁"。[1]

----

[1]　黄奋生编：《蒙藏新志》，中华书局 1938 年版，第 34 页。

对阴山山脉最为详细的介绍，应该推为清光绪二十三年（1897）前后问世的《蒙古山脉志》一书。该书由山西神池人谷思慎（曾有留学日本的经历）撰写，全书三卷，分别为卷一帕米尔（葱岭）、卷二天山山脉、卷三昆仑山脉，而阴山山脉的内容就在卷三之中，这是十分难能可贵的我国近代山脉著作，兹录下对阴山的叙述文字：

阴山山脉源基贺兰山，以黄河中断，遂现隔绝，起鄂尔多斯高原，东向绵亘约五百余里，更东北行，至阿巴哈纳尔旗。

自东经百零八度，至百一十八度，山势时起时伏，高下不一，最高之峰曰哈喇额鲁伊，海拔八千五百八十尺。其支阜散见于内蒙古各部旗，若续若绝。

首鄂尔多斯旗左翼后旗境，黄河北岸乌拉特旗南境，曰噶札尔山（即阴山），又东为居延山（蒙古名昆都仑）；又东为狼山（蒙古名绰农陀罗海）；又东为牛头朝那山（蒙古名吉兰陀罗海）、老虎山（蒙古名巴尔图）；又东为宿嵬山（蒙古名札拉）。

自老虎山而西有长流水、蒲草泉等险，草木茂盛，昔匈奴依阻其中，以为窟穴。山之向乌拉特旗北凸出者，有阿套山，又北五十里为雪山（蒙古名察苏山），又北四十里为伊克鄂博山，又北五十里为帷山（蒙古名额古特），又北二十里为麦垛山，又向旗西北凸出者，七十里曰大青山（蒙古名漠喀喇），百里曰赤城山（蒙古名乌兰拜星），百二十里曰东德尔山，百三十里曰西德尔山，百六十里曰额博图喀喇山，百七十里曰莫墩鄂博图喀喇山，百八十里曰床山（蒙古名席勒），百九十里曰阿尔柴山、连山（蒙古名和岳尔喀喇鄂博）、马神山（蒙古名翁衮），三百四十里曰巴颜喀山，山高大，东西百余里。二百八十里曰碧柳图山。

又自旗而东，本脉入于茂明安旗境，曰刻勒峰，爱布哈河出其下。又东为固尔喀喇山，其支阜有亦洛图山、哈拉海图山、和岳尔日克山、方山（蒙古名和尔和）、察罕鄂博山、褪诺克山、官山、伊克哈达图山、齐齐哈尔察罕齐老山。

本脉自茂明安而东，更延径喀尔喀右翼部归化城、土默特二旗之间，为白云山、辱孤山、岳索山、巴尔加山（一作屋孤）、哈达图山、拜音陀罗山、察尔山。

喀尔喀右翼部之东四子部落旗，山脉经其南境曰得儿岭，锡喇木伦河出其南，曰新妇山、鄂尔多斯山、喀喇和硕山、纳札海山，其支阜曰阿尔哈林图山（一作殺羊山）、独牛山、阳山（蒙古名杜兰）、鹊山（蒙古名沙齐哈图），而本脉极东接苏尼特部右翼界者为什吉冈图山，其中石径崎岖，溪壑幽深，环山树木随地林立，山涧有水之地，蒙民零星而处。又连冈平阜，怪石槎丫，童堆沙碛，地势低凹者亦间有之。

自什吉冈图山而东经苏尼特左旗，山脉陷于沙漠中，若隐若显，绝无峭峰，惟突出余支，散在各地耳！在右翼旗境内，有日月山、布尔色克山、克什克山（一名福山）、和尔和山、察罕波托科山、德林山、双金山、俄尔绰克山、巴伦明陀海山、哈尔巴和山，高者数百尺，低者六七十尺，地多沙泺（砾），产盐质，草木稀少，间有怪石。

在左翼旗境内，有色柯尔山、博锥陀罗山、祥古山、和锡摩克山、巴延特克山、阿鲁克山、喀尔他和硕山。其向东自沙漠中拔高白见者，曰库库勒山、循山，而东入阿巴噶旗右翼境，为碛首之地。群山皆空，弥漫无际，更东则半伏半起，渐行出沙漠中。而散在旗境内者，有朱尔哈尔陀海山、门绰克冈阿珀济哈山、霸特山、色吉库山，地多可耕，湖泊泉流萦绕其间，积沙最厚之地，细柳连生，其色葱郁，夏日遥望，宛如绿纱。

自阿巴噶而东入阿巴哈纳尔部，山脉倾向东南行，曰巴赖都尔山、色尔腾洪果尔山、察罕阿鲁克山、喀喇阿鲁克山，山势或高或低，阴凉川流经其间，塞芦遍生山坡。其散在旗南境者，小阜高坂，以十数计，其最著称者，曰博罗温都尔冈，更南则平坦无峻峰矣。

阴山山脉延亘塞外者，自是而终焉。①

此篇长达1300余字的阴山山脉专述，是对阴山山系组成（"本脉"

---

① 谷思慎：《蒙古山脉志》卷3，收入全国图书馆文献缩微复制中心编《内蒙古史志》2，2002年，第465—469页。

及 "支阜") 最为完整的介绍，其中提到的山名多达六七十个（兼介绍蒙古语名称），脉络清晰，有条不紊。里面尤其注意民生内容，在地势低缓、河溪流出的地方，即为人民选择居住的处所。

结合现代地理学调查和论述材料，依据上述阴山山脉的地理位置和构造特点，可以整理出它在地理上的三个结构特点。

1. 宽广、深长的山体内部空间，可以对居住者提供丰富的自然物质。

在中国自然地理区划上，阴山山地被划分为东、西两段。东段的山麓平缓地带及山间盆地，处于半湿润森林草原地带，年平均降水量达350—400毫米，属于内蒙古东部高原与丘陵，与西辽河上游冲积平原相连；西段是与内蒙古高原的西半部相连，已进入干旱荒漠地带，年降水量低于150—200毫米①。总体上气候属于温带干旱地区，热量比较充足，就是干旱缺雨，土壤机械组成较粗（特别是在北部高原上）。植被土壤主要为荒漠草原棕钙土，土壤中矿物养分较多。植被比较稀疏矮小，产草量低，不能用作割草场，只能放牧。代表植物为小型针茅、隐子草、冷蒿、锦鸡儿和小禾草类。在阴山山脉的山间盆地，地下潜水丰富，埋藏较浅（2—5米），水质良好，有利于人畜饮水②。历史上进入阴山山地的人们，自然是以山间盆地为首选居住处所。

2. 多个山脉支系错开或连接之处，预示着交通上的可通行条件。

既然阴山山脉的整体构造，具有支系错开、彼此连接的特点，客观上就有利于人们对这座山脉的利用，因为它不似高耸的秦岭山脉那样巍峨险峻，绵延不断。在狼山、乌拉山、大青山各个支系之间，都有一些错开低下去的地方，为人们开通交通提供了方便。据包头市文化局文物处苗润华先生介绍，人们在河套平原上的多个沟口，如哈德门沟、昆都仑沟、五当沟、水涧沟、美岱沟、白石头沟等沟道都可以进入阴山里，从事自己的活动。至于较多的大小不一的山间盆地，更是为人们的定居

---

① 雍世鹏等：《论阴山山脉生物多样性的特征及其保护途径》，《西部资源》2005年第2期，第12—15页。

② 上海师范大学等编：《中国自然地理》下册，人民教育出版社1980年版，第132页。

活动提供了便利，东面的武川县（驻可可以力更镇）、中部的固阳县（驻金山镇）就是阴山之中的有名县城，人口都早已超过了十万。

3. 南北坡坡降比率的明显差别，自然形成对两侧民族的影响态势。

阴山山地的地貌主要由山地和高原组成，但基岩山地基本集中在南部，脊线清楚，山势比较高，海拔一般在 2000 米左右，狼山最高峰 2364 米，大青山主峰 2338 米。这种南北极不对称的山势，为北坡平缓下去，逐渐倾没于高原之中，南坡则陡峭起来，是以巨大的东西向断层与河套平原截然分开①，有人将这一点视为阴山山脉的最大特点。这条山脉的平均海拔高度在 1500—2300 米之间，犹如一座巨大的天然屏障，部分阻挡了南下的寒流与北上的湿气，致使阴山南麓的雨水较为充沛，适宜发展农业。

（二）作为"夷狄之大利"的阴山山脉

阴山山脉作为一道巨大的地理屏障，矗立在蒙古草原与内地农业地区之间，这是客观存在的，对于古代各个民族而言，尽可能有效地利用这条山脉，就属于不同历史时期的具体内容。汉元帝时，因昭君出塞，匈奴单于"上书愿保塞上谷以西至敦煌，传之无穷"，朝廷因之欲"罢边备塞吏卒"，郎中侯应对皇帝之"问状"，有一个细致的陈述，这份陈述幸存于《汉书·匈奴传》里②，甚为重要。史称侯应其人"习边事"，他认为边备不可撤除，所陈述的"十不可"条陈中，第一条即涉及阴山，认为阴山对匈奴而言，乃是"夷狄之大利"，对此，需要从历史地理角度予以分析和认识。

在侯应的说法里，西汉北疆的形势是"塞至辽东，外有阴山"，阴山虽在边塞之外，却是一个非常重要的地理坐标，任何人讨论边防策略时都不可能不提到阴山。据说，匈奴族对阴山的利用从冒顿单于就开始了，

---

① 上海师范大学等编：《中国自然地理》下册，人民教育出版社 1980 年版，第 132—133 页。

② 《汉书》卷 94《匈奴传》。

具体内容主要表现在弓矢制作、禽兽猎获、军队隐蔽三个方面，下面略加解说。

所谓"弓矢制作之地"，在于阴山"东西千余里，草木茂盛"，所以"冒顿单于依阻其中，治作弓矢，来出为寇，是其苑囿也"。上述清末谷思慎《蒙古山脉志》里，认为匈奴所依阻的山体，为黄河北岸乌拉特旗南境的噶札尔山（即阴山）、居延山（蒙古名昆都仑）、狼山（蒙古名绰农陀罗海）、牛头朝那山（蒙古名吉兰陀罗海）、老虎山（蒙古名巴尔图）、宿嵬山（蒙古名札拉）等处，尤其是老虎山西面有长流水、蒲草泉等险，草木十分茂盛，故而成为匈奴族长期居住的"窟穴"。后来，北魏太武帝拓拔焘也曾派人"遣就阴山伐木，大造攻具"[1]，仍然是以阴山为一个军用物质采伐和修建的去处。正是因为阴山对于匈奴人的重要性，"边长老言匈奴失阴山之后，过之未尝不哭也"。

所谓"禽兽猎获之地"，是说阴山即为"草木茂盛"之区，必然"多禽兽"。这些禽兽有哪些种类呢？最好的印证材料只能是来自阴山山地的岩画。据盖山林所著《阴山岩画》著作[2]，按照动物考古学所做的研究，岩画中有27个可以确定的动物种属（如狐、狼、虎、豹、盘羊、北山羊、驼鹿等），此外还有6个可以确定属名却不能定其种名的动物（为野兔、大角鹿、野牛、鸵鸟、龟、鹰），3个不能确定其属与科的动物（为鸟、蛇、海螺），5个推测可能性比较大的动物（为蜥蜴、羚牛、白唇鹿、牦牛、跳鼠）。阴山动物岩画的刻划逼真而准确，绝大多数动物具有现生种，成为动物考古学的形态特征和地理分布研究工作展开的基本条件。在相当大的范围内，这里的野生动物资源最为丰富，吸引着许多人前来狩猎。北魏始光三年（426），太武帝拓跋焘"西至五原，田于阴山；东至和兜山"[3]，回到都城平城（今山西大同）时一定是满载而归。

所谓"军队隐蔽之地"，是因为阴山山脉内部空间广阔，中间有通道可供穿插，数万军马隐藏于其中，具有非常好的隐蔽性，而一旦按照军令闪现出来，会使对方感到措手不及，难以招架。所以，侯应采用对比

---

① 《魏书》卷4上《世祖太武帝纪》。
② 盖山林：《阴山岩画》，文物出版社1986年版，第413—425页。
③ 《魏书》卷4上《世祖太武帝纪》。

方式，先说"幕北地平，少草木，多大沙，匈奴来寇，少所蔽隐"，而一旦进入阴山山脉里，是"从塞以南，径深山谷，往来差难"，对于隐蔽军事目标来说，则是很容易做到的。

阴山山地南面就是河套平原地区，北面是山后草原地区，山势的特殊性和复杂性以及动物的多样性，构成了较好的天然狩猎条件。这种情况在历史上持续的时间很长，一直到蒙古族居住这里以后，也是以猎产为其基本生计或生活技能之一种，有文献记曰："蒙人射飞逐走，本其专长。每于丛林灌莽之中，迹禽兽之所在，十获七八。霜降以后，各旗王公出猎，每村征调一二人，臂鹰牵犬，至猎地每获狼豹熊鹿狐貉雕鹘等物，则献之王公。獐狍獾兔黄牛野豕，则留为己有。至貂鼠灰鼠海龙猞猁之属，索伦围场深处，间或有之，非常产也。每年所得猎产，以獐狍獾兔黄牛野豕为最多，皮则制作衣褥，肉则取为食品，亲友之馈遗，宾客之供给，不外此数种而已。其他贵重物品，如鹿角、雕羽、狐貉狼豹之皮，则居为奇货。不得重价不售。故内蒙古所市皮张，较之外蒙古为贵，职由故耳。"① 其中所述索伦围场之外，是少不了阴山山脉这个狩猎场所的。

（三）秦汉王朝如何掌控阴山山脉的主动权？

整个秦汉时期，秦汉王朝与北方匈奴围绕河套地区前后的争夺，有过三个回合，基本态势是前面互有进退，最终匈奴族失去了阴山山脉这一战略要地。

第一个回合发生在秦统一天下后不久。公元前221年，秦始皇"乃使蒙恬将三十万众北逐戎狄，收河南。筑长城，因地形，用制险塞，起临洮，至辽东，延袤万余里。于是渡河，据阳山。逶蛇而北。暴师于外十余年，居上郡。是时蒙恬威振匈奴"②。这一道长城"起临洮，至辽东"，河套及河南地掌握在蒙恬军队手里，长城修在了北面的阴山连绵的

---

① 卓宏谋：《最新蒙古鉴》第三卷，实业，民国版第16页；收入全国图书馆文献缩微复制中心编：《内蒙古史志》2，2002年，第160页。
② 《史记》卷88《蒙恬列传》。

山体上①,《史记·匈奴列传》记的是"因河为塞,筑四十四县城临河,徙适戍以充之……又度河据阳山北假中"。河套及河南地为秦军最重要的控制地区,甚至是向西北方向拓展的军事要地,长城防线建在阴山中间,秦长城之北当为与匈奴之间的缓冲地带,当匈奴兵锋甚炽之时,这一道长城承受的压力不小,有时还会出现失守的事件。因此,就阴山山脉而言,可以说秦军、匈奴各据其半,这是当时军事势力抗衡的一种结果。

第二个回合发生在秦末天下动荡之时。秦末农民大起义引起了秦朝局势的大变动,尤其是公元前 210 年大将蒙恬死后,"诸侯畔秦,中国扰乱,诸秦所徙适戍边者皆复去,于是匈奴得宽,复稍度河南与中国界於故塞"②。匈奴族首领冒顿成长起来了,带兵打败东面的东胡王,向西又击走月氏人,向南拿下了楼烦、白羊河南王的土地,把原来蒙恬夺走的匈奴故地又夺了回来,便与新建的西汉王朝以汉关故河南塞为界,至朝那、肤施一带,持续的时间达数十年之久。这一时间段里,可以说是匈奴族控制了整个阴山山脉。

第三个回合发生在汉武帝结束"和亲"政策,派兵讨伐匈奴的一连串战役之中。元朔二年(公元前 127 年)卫青带兵出云中,元朔五年(公元前 124 年)卫青又带兵出朔方,揭开了汉军反击匈奴铁骑的战役。史称"卫青复出云中以西至陇西,击胡之楼烦、白羊王于河南,得胡首虏数千,牛羊百余万。于是汉遂取河南地,筑朔方,复缮故秦时蒙恬所为塞,因河为固",双方大致回到了第一个回合达到的防守状态。卫青数次带兵进击匈奴,行走路程为出高阙塞"六七百里",或"出定襄数百里",逐渐取得远距离大规模运动作战的经验。到元狩年间(公元前122—117 年),汉军远距离作战范围不断扩大和提高,"汉骠骑将军(霍去病)之出代二千余里,与左贤王接战,汉兵得胡首虏凡七万余级,左贤王将皆遁走。骠骑封于狼居胥山,禅姑衍,临翰海而还。是后匈奴远遁,而幕南无王庭"③。汉武帝时还改九原为五原郡,随着西北两个方向

---

① 张海斌、杨掘恩:《固阳秦长城》第二章"固阳县秦长城调查报告",内蒙古大学出版社 2007 年版,第 13—49 页。

② 《史记》卷 110《匈奴列传》。

③ 《史记》卷 110《匈奴列传》。

的军事拓展，五原郡的军事地位和作用得到提升，即从秦之西北边界转为出征大军集结和供给之地，自稒阳县出境后的支就城、头曼城、虖河城（受降都尉驻地）、宿虏城一线受到明显的重视，增加了区域军事调度和物质储备的功能，而长城的直接军事防御作用则不如秦时明显，因为西汉已经将它的影响力建立在强盛的国势上了。

1984年，在台湾出版的《中国历史地图》中之"汉武帝北伐图"，在漠北包括涿涂山、浚稽山、寘颜山等广大地区上，给出了一个很明显的"匈奴基地"标志①，这是很有创见的见解。循此见解，在汉武帝北伐之前，甚至在秦朝大将蒙恬率兵驻守河套地区之时，整个漠南地区支撑匈奴族的"匈奴基地"当在什么地方呢？本文认为应该是以阴山山脉为主体的地区，如侯应所说"冒顿单于依阻其中，治作弓矢，来出为寇，是其苑囿也"，相比于漠北，漠南的这个"匈奴基地"面积也不小，只是在具体的论述上，还需要另辟蹊径。

大概也正是因为以往研究对阴山山脉甚至草原上的其他山脉缺乏足够的关注，不论是对于游牧民族还是对于中原王朝来说，山脉意味着一种什么样的联系和影响，还没有进入一些学者的视野，如美国人类学家巴菲尔德对于汉朝军事行动的评论，总使人觉得还缺少了什么：

> 汉朝的战略低估了匈奴联盟的恢复能力以及在草原上取胜的难度。汉人只能设法掌控他们位于匈奴边疆的边缘地带。他们既不能占领整个草原，又不能像他们在南部与西部的征服地区那样，将中原体系化的农业经济引入其中。而且，草原上的战争也是一个沉重的负担，需要足够的后勤以保证汉军的供给，因为匈奴并没有富裕的城市可供征服或者农田以供占领。不论汉军赢得多少次胜利，最终还是不得不从匈奴本土撤军，从而将草原拱手让给游牧民族。②

① 程光裕、徐圣谟主编，张其昀监修：《中国历史地图》下册，"汉武帝北伐图"，中国文化大学出版部1984年版，第97页。

② ［美］巴菲尔德：《危险的边疆：游牧帝国与中国》，袁剑译，江苏人民出版社2011年版，第69页。

这样的论述指出了汉匈战争中的一些实际情况，但还有不足，主要是对于蒙古草原地区地理和气候等方面的深入了解。

（四）结语：山脉对于游牧民族的意义

古人虽然并没有今日地理学家对阴山山脉这样广大山地结构特点的准确认识，但那些经常甚或每日在山地里行走和活动的人们，对山地条件是最具有发言权的。我们且不说阴山山脉是处于内蒙古高原中部偏南的位置上，许多时候可以说是整个高原的中心和灵魂，其地理形势极其重要，足以使南来北去的许多民族流连于此，有家不归，就好像那些总爱在岩石上刻绘岩画的人们。

由于阴山山脉的位置所在，较早地注定了它会是游牧民族的一个家园（侯应说这里是"冒顿单于的苑囿"）。辽阔的草原固然容易使人对未知世界充满想象，相对于生活细节展开的需要，草原又显得过于单调了，在这种情况下，山地、最好是高大连绵的山脉就好似上天的一种特别恩赐了。汉朝人已经讲述到匈奴人弓矢制作、禽兽猎获的需要，可以在阴山山脉得到很大的满足，称这里是"夷狄之大利"，是把这一层基本的物质需要表达得很清楚了。

还是同阴山山脉的位置有关，更有可能是同它的结构特点有关，游牧民族或者是农耕民族都需要据有它，来作为军事战略上的控制点，这样的控制点不是掌握在对方手里，自己就取得了军事进取方面的主动权。这些潜在的地理作用，毫无疑问只有等待广大高原的游牧民族集合在一个强有力的政权领导之下时，才能够有最上佳的表现。汉初匈奴族在冒都单于的率领下统一了，正是迎来了这么一个游牧民族有作为的时期。如前所述，秦朝派人修筑长城于阴山上，显示了在激烈对抗中的一种守势，起的是一种截断对手自由活动、任意干扰自己阵营的行动的作用，武帝时的汉朝依赖强盛的国力主动出击，改变了仅仅据守阴山南侧时常被动的局面，不仅把阴山山脉全部从匈奴人手里夺走，使其失去了以往的山脉依托，而且为把匈奴人赶出漠南赶到漠北去，奠定了最为可靠的军事地理基础。

秦岭牛背梁区域的野生动物——羚牛[*]

摘要： 西安（古长安）南面近而高的终南山（2604 米）、牛背梁（2802 米）等山体，均位于东西绵延约 1500 千米的秦岭山脉的中间部分，国家 I 级保护动物羚牛及其栖息地就在这一区域。本文简述了牛背梁的位置及前人对羚牛秦岭亚种的基本认知，主要对羚牛何以历久而能生存下来的原因进行了分析。认为羚牛以高海拔地带为生境的特点十分重要，清代牛背梁区域民众以农业生产为基本生活来源，没有过于干扰野生动物正常的生活，海拔 1000—2800 米的栖息地似乎也没有遭到民众明显的毁坏。秦岭山脉高大绵延，大自然提供的高山气候、高寒灌丛草甸诸多条件，可供羚牛等野生动物在这里繁衍生息，为其中最基本的原因。

关键词： 羚牛；牛背梁；秦岭中部山脉；聚落高度

　　古长安城所坐落的关中平原，南面不远即为高大而绵亘不绝的秦岭山脉，这是自古至今沿存下来的自然实体和景观。1988 年 5 月国务院批准建立牛背梁国家级自然保护区（陕西省人民政府 1980 年 10 月批准设立），位于西安市长安区、柞水县交界处的保护区主峰牛背梁，既为秦岭东段最高峰，又是羚牛的主要栖息地，其名声逐渐外传①。2008 年，经国家林业局批准，在商洛市柞水县境内的营盘镇朱家湾村建立了管理委员

---

　　* 原载罗卫东、范今朝主编《庆贺陈桥驿先生九十华诞学术论文集》，浙江大学出版社 2014 年版，第 141—150 页。

　　① 据有关资料介绍，该保护区总面积 16520 公顷，是西安市和陕南地区的重要水源涵养地，是我国唯一一处以保护国家 I 级保护动物羚牛及其栖息地为主的森林和野生动物类型的国家级自然保护区。它的建立使"秦岭自然保护区群"向东延伸了 90 千米，对加强秦岭山脉生物多样性的全面保护有着十分重要的战略意义。

会，专门负责总面积为 2123 公顷牛背梁国家森林公园的管理工作，再一次将牛背梁之名推到广大媒体和公众目前。

为了细致了解上述自然保护区和森林公园已有的自然资源和人文资源，尤其是建立初期所具有的历史地理基础，本文尝试通过野生动物羚牛的历史内容，提出一些看法，供有兴趣者了解和讨论。

（一）牛背梁的位置

在道光《宁陕厅志》之"厅全境图"中①，秦岭分水脊一线从西向东有光头山、秦岭、终南山诸地名，在秦岭与终南山之间绘制的一座较高的山体却没有给出山名（这是今牛背梁的位置）。在现存《光绪孝义厅志》所"厅全境图"里（即今柞水县）②，也没有牛背梁这样的地名，在相对于今牛背梁的位置处，没有标示地名。对此有两种推测，一是百年前限于时人之行踪，还没有对牛背梁所在山体给出名称；二是当地人的社会生活中已经有了牛背梁这样的名称，具体被绘入地图，则为时较晚。

1976 年，在陕西省内部出版的《陕西省地图集》第 158—159 图幅《柞水县》中③，东经 109°00′和北纬 33°50′形成的夹角里，有一处"牛背"山名，标其高度为 2802 米，这就是秦岭山脉中作为国家级自然保护区之名的牛背梁的位置所在。当然，在前述牛背梁自然保护区和森林公园建立以后，牛背梁的名称也随之扩大，若就山体而言，则仍限于海拔高度为 2802 米的牛背梁本身。

（二）前人对羚牛秦岭亚种的认知

现代动物学家对羚牛秦岭亚种（*Budorcas taxicolor bedfordi*）的记录文字如下：它是秦岭山脉的特产动物，其分布沿秦岭主脊冷杉林以上。主

---

① （清）林一铭纂修：《道光宁陕厅志》卷首，《中国西北文献丛书·西北稀见方志文献》第 17 卷，第 548—549 页。

② （清）常毓坤修、李开甲等纂：《光绪孝义厅志》卷首，清光绪九年（1883）刻本之钞本，《中国地方志集成·陕西府县志辑》第 32 册，第 418 页。

③ 陕西省革命委员会民政局测绘局编制：《陕西省地图集》，1976 年。

产县有周至县，一般产县有太白、宁陕、洋县、佛坪和柞水等 5 县，宁强、凤县、略阳、留坝、勉县、城固、镇安、户县、眉县、蓝田、长安等 11 县亦有分布，总计有 17 个县有分布①。

在历史上的秦岭山地，羚牛有过什么样的分布？尤其是在明清时期外来移民和当地居民逐渐增多的情况下，这里的羚牛分布有什么变化呢？许多论著都介绍说当地人对秦岭山地的羚牛有"白羊""金毛扭角羚"之称，这可能是口头调查的一种结果。据清代诸种地方志记载，秦岭山地诸县对羚牛的称呼各有不同，有山牛、鬃羊、野牛等名称，具体见表 1。

表1 　　　　　　　　　　秦岭山地诸县文献有关羚牛记载的判读

县名	文献记载名称	注文	判读结果	文献出处	文献刻本
宁陕	山牛		羚牛	《宁陕厅志》卷1，舆地志，物产	道光九年（1829）刻本
洋县	山牛		羚牛	《洋县乡土志》卷1，物产	
柞水	鬃羊	似牛	羚牛	《光绪孝义厅志》卷3，物产	光绪九年（1883）刻本之抄本
留坝	野牛	山牛	羚牛	《光绪留坝乡土志》不分卷，厅属各类产物	光绪三十三年（1907）修之抄本
佛坪	野牛		羚牛	《光绪佛坪厅乡土志》不分卷，物产	光绪三十四年（1908）抄本

对于羚牛的栖居状态，《光绪留坝乡土志》编纂者在"厅属各类产物"部分，明确说出羚牛在"厅属森林多有之"，这样的口吻是以一种客观事实为记载依据的，道出了该厅高山之上有森林、羚牛这两种事实，及羚牛对森林的依赖关系。这种依赖关系主要体现在羚牛栖身、玩耍、冬季觅食方面，而其他季节的觅食主要是在高山灌丛草甸和山坡草地上进行的。

羚牛是有天敌的，这首先是那些活跃凶猛的豹子，历史上则为当地

---

① 汪松主编：《中国濒危动物红皮书·兽类》第 95 种，羚牛秦岭亚种，科学出版社 1998 年版，第 299—302 页。据引用标注，上段文字来源于吴家炎等著《中国羚牛》一书（中国林业出版社 1990 年版）。

的老虎（华南虎）①。《光绪留坝乡土志》记载"厅产多金钱豹，亦有毛白文（纹）黑者，俗名'铁钱豹'，厅属各山俱有之，惟光化山较多"，只是文献中并没有羚牛如何遭遇天敌那样具体的记载。

历史动物研究专家何业恒教授曾撰写过《扭角羚》一文，文章说到，扭角羚垂直迁移的高度，在喜马拉雅山北侧，夏季栖居高度在3900—4500 米，四川夏季为 2200—3300 米，秦岭夏季在 2200—2800 米②。

在新修《佛坪县志》中，撰稿人这样写道：羚牛"栖于境内岳坝、龙草坪、长角坝、栗子坝、西岔河等乡的干沟、大龙沟、天华山、大南沟、朝阳寨、大色梁、鳌山等处的 1000—2800 米中山、高山针阔叶混交林或针叶林中。群栖，多者一群可达百余头，全县约 450 头左右"③。这里存在的疑问是，羚牛有可能下到海拔 1000 米的高度吗？

1993 年，成英支据 20 世纪 80 年代安康、汉中地区的调查情况，写出《秦岭羚牛频繁下山，栖息活动范围扩大》为题的专门报道④，涉及的重要内容是"1986 年以来，秦岭南坡浅山、川道有七头羚牛光顾，并且都下到海拔 700 米以下"。报道人对此给出的解释有二：一是保护区建立后山地环境好转，羚牛数量回升，栖息活动范围扩大；二是有人扰动了羚牛的正常生活，致使其在逃跑时迷路，下了山。

长期以来，动物学者对羚牛秦岭亚种的调查研究几乎没有中断过，在对佛坪自然保护区羚牛的研究表明，"羚牛活动于海拔 1300—2900 米之间，每年经历 4 次沿海拔梯度的迁移，春秋 2 季是羚牛的迁移季节；一般地，秦岭羚牛夏季主要活动于高海拔区域（2200—2900 米），冬季栖息于中海拔地区（1900—2400 米），而在春秋两季均会下迁到低海拔区域

---

① 中国科学院宋延龄研究员谈论羚牛的种群与生态平衡的问题时认为，秦岭羚牛的问题可以说就是老虎的问题，秦岭原来是有老虎的，真正能捕杀羚牛的只有老虎，其余如豹子、黑熊，因个体小，只能捕杀羚牛的幼崽，一旦羚牛成年，就能称霸秦岭（《陕西秦岭羚牛因受保护数量激增反成兽害之首》，四川新闻网据《成都商报》，2008 年 2 月 20 日消息）。

② 何业恒：《中国珍稀兽类的历史变迁》，湖南科学技术出版社 1993 年版，第 258—263 页。扭角羚是 1955 年之前对羚牛的一种名称，之后动物学界已改称为羚牛。

③ 佛坪县地方志编纂委员会编：《佛坪县志》，三秦出版社 1993 年版，第 88 页。

④ 成英支：《秦岭羚牛频繁下山，栖息活动范围扩大》，《野生动物》1993 年第 4 期，第 50 页。该报道包括 1 个《1986 年至 1990 年安康地区"羚牛下山"统计表》。

（1300—1900 米）停留一些时候"①。因此，按照羚牛的习性和季节变化因素，羚牛在春秋两季下山属于正常情况，牛背梁保护区的情况也与此相同。

对于下到低海拔位置的羚牛，动物学者提出建议："每年春季及秋季羚牛在向下迁移过程中，有部分个体是老弱病残的。在随后的向上迁移中，他们有可能跟不上群牛的移动而掉队，往往滞留在低海拔区域单独活动。由于单独活动，这些羚牛个体的防范意识会增加，对周围的异动较敏感"②，羚牛伤人事件多半就是在这种情况下发生的，因此需要给予严密防范。

（三）羚牛何以历久而能生存下来？

我们已知羚牛在山地所习惯的海拔高度，还需要知道当地居民及其聚落所处的海拔高度，这对于了解和掌握当地人群是否对羚牛的正常生活形成了干扰，会有一些帮助。

这里以清代有"终南首邑"之称的孝义厅（今柞水县）为例。据《光绪孝义厅志》之凡例，该厅于交通方面的叙述，虽然"各志多有驿递一条。孝义除武营、塘站外，驿马仅二匹，又有名无实，一切往来公事，皆系派役赴省自行投领，故未列"③。于方志类书籍常见的仙释方面，虽然"各志又有仙释一条，列祠祀内。孝义虽处深山，而寺庙皆火居道士，缁衣黄冠绝少有，亦无求真谛者，故仙释阒寂无人未列"④。作为最基本的社会群居形式——聚落，则见于厅志中的保甲记录，其前的概括性文字云："厅治僻处万山之中，悬崖深谷乏平川，无村堡，民人皆山居野处，零星四散。所谓保者，多数百户，少仅数十户耳，然保名亦不可没，用列之于左。"兹据此种资料制作成表2。

① 曾志高、宋延龄：《秦岭羚牛的生态与保护对策》，《生物学通报》2008 年第 8 期，第1—4 页。

② 同上。

③ （清）常毓坤修、李开甲等纂：《光绪孝义厅志》卷 3，物产，清光绪九年（1883）刻本之钞本，《中国地方志集成·陕西府县志辑》第 32 册，第 412 页。

④ 同上。

表2　　　　　　　　　清光绪九年孝义厅各保名称及基本情况

方向	保名	距城	乡约	甲长	辖村	方向	保名	距城	乡约	甲长	辖村
东路十保	黑虎庙	30里	1	2	9	南路十保	义兴	30里	1	7	10
	租子川	40里	1	3	5		太白庙	120里	1	2	
	蔡御窑	90里	1	3	4		僧儿凹	130里	1		
	九间房	190里	1	5	10		红山洞	130里	1	3	
	红崖寺	160里	1	1客头	1		葛条沟	130里	1		
	红岭	180里	1				沙沟河	150里	1	2	
	康家湾	100里	1				月河口	160里	1	1	7
	康家栲栳	130里	1				崇家沟	160里	1	1	6
	皂河沟	130里	1	1			贾家坪	200里	1	2	2
	北沟	90里	1				延安坪	240里	1		
西路十保	蔡家庄	100里	1	1保正	5	北路十保	车家河	20里	1	2	
	高川河	140里	1	2	5		药王堂	30里	1		
	东川	120里	1	3	5		营盘	50里	1	3	6
	西川	130里	1	3	4		楼子石	100里	1	4	4
	六条岭	160里	1	1	5		鄠家河	90里	1	5	6
	黑山	240里	1	1	7		陈家沟	90里	1	2	5
	菩萨殿	240里	1	1	4		本城		1	5	
	柿子沟	200里	1	1	8		石嘴子		2客头	1	
	甘岔河	240里	1	1保正	6						
	晓仁河	280里	1		3						

资料来源：（清）常毓坤修、李开甲等纂：《光绪孝义厅志》卷1，保甲，清光绪九年（1883）刻本之钞本，《中国地方志集成·陕西府县志辑》第32册，第428—431页。

说明：（1）上述资料叙述孝义厅"东西南北共三十六保"，又曰每一路为"十保"，而所记"北路十保"，实际上只有八保，多有不相契合之处，具体情况见表2；（2）客头之设，是为维持集场秩序，职责在于"禁凶酒、赌博，逐往来游匪"，属于官府认可的地方人员〔参见（清）林一铭纂修《道光宁陕厅志》卷2，建置志，里甲，见《中国西北文献丛书·西北稀见方志文献》第17卷，第649页〕。

柞水县北面一路，距城30里的药王堂保，相当于今药王堂村位置，海拔高度为1000米左右；之上50里为营盘保，相当于今营盘街的位置，海拔高度为1100米左右；营盘之上还有鄠家河（距城90里）、陈家沟

（距城 90 里）、楼子石（距城 100 里）诸保，位置尚难以确定，估计其海拔高度在 1100—1300 米之间，这实际上是当时山地聚落所能达到的较高海拔位置。

考察现今牛背梁周边的聚落分布及其相应的海拔位置，可借助 Google "地球在线—卫星地图"上的等高线资料加以判断。在秦岭分水脊北面海拔位置偏高的聚落，有冉家坪（高于 1400 米）、大板岔（约 1200 米）、学堂坪和门坎砭（1200—1400 米）、仙人岔（1400—1600 米）、罗汉坪村（高于 1200 米）、燕儿岔（1200—1400 米）、老龙沟（1000—1200 米）、小马杓村（同前）、王家沟村（同前）、黑沟口（同前）、冬瓜坪（1400—1600 米）、北石槽村（约 1400 米）、南石槽（约 1600 米）、大坪（1600—1800 米）、炉子石（约 900 米）、四方沟（约 1100 米）、太白寺（约 1100 米）、银洞沟（约 900 米）、工草沟（800—900 米）、老凹岔（约 900 米）、同岔沟（约 1100 米）、木竹坪村（约 1200 米）等，从中可见今日聚落有的已在海拔 1100—1400 米的高度，而高于 1500 米的聚落还是相当少的。

古长安西面的沣河是很有名气的，沣河系从沣峪口流出，其源头即在今长安区、柞水、宁陕县交界的秦岭分水脊北侧。沣河从山中流出，河流切割较深，其流路所经却成为前人建立聚落时的一种很特意的选择，也就是说，沣河一线是通向汉江边安康的重要通道（历史上的子午道利用过沣河上游的丰谷段），沣河沿线不仅多有聚落分布，而且其海拔位置是随着河床抬高而升高的。同样根据秦岭山地等高线资料加以识别，从喂子坪乡所在约 1000 米的海拔位置看起，上行所见聚落的高度大致是逐渐增加的，有九龙潭（高于 1000 米）、黑龙口（1000—1200 米）、观寺坪村（同前）、黄土梁（约 1200 米）、红岩子（同前）、北石槽村（约 1400 米）、关石村（同前）、青岗树村（高于 1400 米）、穆家山（约 1600 米）、天佛岩（同前）、龙窝子（约 1800 米）、蒿沟口（同前）、凤凰咀（1800—2000 米）、下鸡窝（约 1800 米）、鸡窝子村（1800—2000 米）、张家坪（同前）、东富儿沟（约 2000 米）等。因为上顺沣河而行的道路要逾越秦岭分水脊，所以沿路形成了一些人口可能越来越少的聚落，这些聚落虽然不大，在海拔位置上却达到了相当的高度。

在牛背梁区域的周边，既然有不少聚落和人口生活在海拔千米左右的垂直地带上，这同羚牛的采食区域产生了一定的重合，这些居民是否会同羚牛形成遭遇乃至发生冲突呢，在现存清代地方志书资料中，尚未查到这方面的记载（亦需要在当地展开调查以获取实际资料）。

在此，介绍一下宁陕厅民众的生计情况，或许有助于展开这方面的判断。清道光年间宁陕厅的实际情况是人少土地辽阔，"川楚各省民人源源而来以附其籍，有赀本者买地典地，广辟山场，无赀本者佃地租地，耕作谋生……山中赋税不多，种植亦易，所以本省视为荒山，外省转视为乐土"①。百姓的一般生活情形是这样的，"厅境山地多水田少，岁涝则低山有获，岁旱则高山有秋，故恶岁颇无虑也。布衣板屋，民多艰苦力作"②。农业之外，《光绪佛坪厅乡土志》记载，当地"木材除烧炭外，青枫木可以作耳扒，生长木耳。漆树可以割漆，俱在本地行销"③，也是补充生计的内容。按照其时的生产情况，当地人的主要精力是用在各种生产活动方面的，对于山地其他自然资源的利用还是较为有限的，或者说在大多数情况下，当地人群对广大的山地还是无能为力的。

或许会有人提出当地猎人的打猎行为，会对羚牛等野生动物造成极为严重的伤害，可是，《光绪佛坪厅乡土志》对此却有另外的记述。在"物产下"中记曰："山中鸟兽众多，羽毛齿革之属，本足以供生人之用，只以山深而多阻，猎户稀少，以故不获享其利。"④ 秦岭猎户稀少，是这一段记述透露出来的一个非常重要的信息⑤。倘若再考虑一下其他方面的原因，我们判断清代迁移至秦岭山地的多系外省农人，他们擅长垦殖活动及与此相关的劳动技能，即便到达佛坪这样的山地环境里，也是以农

————————————

① （清）林一铭纂修：《道光宁陕厅志》卷1，舆地志，风俗，《中国西北文献丛书·西北稀见方志文献》第17卷，第598—599页。

② 同上书，第601—602页。

③ （清）佚名编：《光绪佛坪厅乡土志》不分卷，清光绪三十四年（1908）抄本，《陕西省图书馆藏稀见方志丛刊》第8册，第39页。

④ 同上书，第38页。

⑤ 秦岭山地的狩猎活动自古有之，参见詹宗祐《隋唐时期秦岭山区庶民的经济生活及其特色》（载陕西师范大学西北历史环境与经济社会发展研究中心编《历史环境与文明演进——2004年历史地理国际学术研讨会文集》，商务印书馆2005年版，第207—226页），詹氏博士学位论文《隋唐时期终南山区研究》（中国文化大学，2003年）亦值得参考。

业生产作为主要的谋生手段。再则，从事狩猎活动不仅存在相当的危险，而且还有各种实际困难，如打猎武器是否有效、打猎中如何克服艰难险阻等。最后一条，即打猎能否给猎户带来可观的收入，解决一家人的衣食之忧，在对猎物及其产品进行买卖经营甚少的时候，加入猎人行列中的人也会减少。

据记载，光绪十五六年（1889—1890）的留坝县，境内的野猪相当活跃，它们四处出没，捣毁了许多人家的庄稼地，从而惊动了当地的政府和官员。陈文黻时为留坝厅同知，悬出重赏以招募猎人，许多猎人应召而来，使用铁铳击杀野猪，前后点检下来，击毙的野猪多达数千头，才使得野猪猖獗之势得以遏制。及至光绪三十三年（1907），即《光绪留坝乡土志》编纂时，境内的野猪又开始大量繁殖和四处活动了①。很明显，大批野猪在海拔千米以下的农田里啃食庄稼，是招致猎人击杀它们的缘由。

我们判断，当地猎人会对羚牛等野生动物有杀戮行为②，但对其生存状况产生最大影响的行为，可能还是对于原生森林植被的砍伐后所带来的负面影响。《光绪孝义厅志》编纂人说："南山夙称宝山，厅属实平平耳。材木之利已尽，即些微药材，采者皆裹粮冒雪，犯险以求，故微利亦甚难得焉。"③ "材木之利已尽"，说的应该是对天然药材的采摘，至于当地砍伐森林的事情，尤其是伐木的海拔高度，还需要寻找更具体的资料予以查询了解和研究。

综上所述，一方面大批的羚牛以高海拔地带为自己的生境，从而成为自身从历史上得以保存下来的最重要的因素，另一方面得益于牛背梁区域民众以农业生产为基本生活来源，没有过于干扰野生动物正常的生活，包括其海拔千米以上的栖息地，似乎也没有遭到民众明显的毁坏。

① （清）王懋照修、吴从周编：《光绪留坝乡土志》不分卷，清光绪三十三年（1907）修（抄本），《陕西省图书馆藏稀见方志丛刊》第15册，第156页。

② 参见胡锦矗、魏辅文合作的《四川扭角羚的今昔》论文（载夏武平、张洁主编《人类活动影响下兽类的演变》，中国科学技术出版社1993年版，第115—117页），文中有川西山区经济上落后的村民及猎人如何狩猎扭角羚过程的论述。

③ （清）常毓坤修、李开甲等纂：《光绪孝义厅志》卷3，风俗志，物产，清光绪九年（1883）刻本之钞本，《中国地方志集成·陕西府县志辑》第32册，第448页。

这其中一个最基本的原因，在于秦岭山脉高大绵延，大自然提供的高山气候、高寒灌丛草甸诸多条件，可供羚牛等野生动物在这里繁衍生息。时至今日，以保护国家珍稀动物羚牛及其栖息地为己任的牛背梁自然保护区及森林公园的建立，更加有利于羚牛等野生动物的生存，这是羚牛之幸，更是时代之幸。

长安城初探

汉初刘邦集团"入都关中"事迹查验*

摘要: 公元前221年,秦国统一华夏地区,建立了中央集权制度,仅仅过了12年,在"天下苦秦久矣"的怨愤中,全国掀起针对秦朝暴政的武装反抗运动。秦朝统治已土崩瓦解,面对群雄逐鹿、诸侯纷争的形势,出现了天下重新洗牌的机遇。本文紧扣楚汉战争中刘邦集团三入关中的史实,重在考察刘邦集团对秦地战略意义的熟识程度,查验关中地区在刘邦本人心目中的分量,用以判断其是否具有超越一般人的全局眼光。结果表明刘邦前后虽有多次进入关中的亲身经历,但对其战略地位的认识相当含糊,却因善于采纳臣属的高见而抓住了有利时机,做出了"即日车驾西都关中"的果断决定。从上述"入都关中"过程审视得知,一个时代建国定都的胜算,很大部分取决于对既有条件(地理条件和历史因素)的熟识程度,以及据此做出的是否符合形势特征的决策判断。

关键词: 秦末汉初;刘邦集团;入都关中;战略眼光

(一)引言:秦末有了天下重新洗牌的机遇

公元前221年,秦国统一华夏地区,建立了中央集权制度,仅仅过了12年,在"天下苦秦久矣"的怨愤中[1],全国掀起针对秦朝暴政的武装反抗运动。秦朝统治已土崩瓦解,面对群雄逐鹿、诸侯纷争的形势,出

---

* 原载《三门峡职业技术学院学报》2017年第1期,第12—17页。

[1] 《史记》卷48《陈涉世家》,中华书局1957年版,第1950页。

现了天下重新洗牌的机遇。

公元前 209 年，陈胜（字涉）、吴广（字叔）在大泽乡（今安徽省宿州市埇桥区）起义，在连克蕲县（秦县，位于今埇桥区蕲县镇）和陈县（今河南淮阳县）后，建立了张楚政权。作为泗水郡（治相县，今安徽淮北市西面）沛县（今江苏沛县）地面的一名亭长，刘邦也乘势而动，组织人马，积极响应，很快就夺取了沛县①，成为当时一支有影响的军马。在后来的楚汉战争中，刘邦集团三次进入当时全国的政治活动中心——关中地区，可以作为考察其政治集团动向的途径。这三次活动的具体时间和事迹如下：

第一次为汉王元年（公元前 206 年）十月，"沛公兵遂先诸侯至霸上。秦王子婴素车白马，系颈以组，封皇帝玺符节，降轵道旁……乃以秦王属吏，遂西入咸阳"②。随即与关中父老豪杰约法三章，又不得不接受项羽封自己为汉王的封号，前往汉中就国。

第二次为汉王元年（公元前 206 年）八月，汉王率军取道故道（今陕西宝鸡渭河南面），越过秦岭，进入关中击败雍王章邯，"东至咸阳"，又分遣"诸将略定陇西、北地、上郡"，把住交通要道和关口，做好"决策东乡，争权天下"的备战准备。

第三次为汉王五年（公元前 202 年），刘邦于正月甲午"即皇帝位汜水之阳"（汜水为古济水在荥阳附近分出的一条支流），至五月，"欲长都洛阳，齐人刘敬说，及留侯劝上入都关中，高祖是日驾，入都关中。六月，大赦天下"。从而再续了关中的都城历史。

本文紧扣楚汉战争中刘邦集团三入关中的史实，着力考察刘邦集团对秦地战略意义的熟识程度，查验关中地区在刘邦本人心目中的分量，用以判断其是否具有超越一般人的全局眼光。学界以前有过探讨西汉初

──────────

① 刘磐修：《从芒砀到丰沛：汉高祖刘邦起兵发微》，《安徽史学》2008 年第 5 期。

② 《史记》卷 8《高祖本纪》，第 362 页，以下引文凡出自本卷者，皆不再注明具体出处。本文引文所及汉初纪年，按曲安京、唐泉等《中国历法中的断代与沿革》所述："西汉初期，刘邦根据张苍（前 250—前 152）的建议，沿袭了秦代的《颛顼历》，仍以十月为岁首。""汉武帝元封七年（前 104），下诏颁行由邓平与落下闳制定的新历，并赐名为《太初历》，以此作为认识基础。见黄留珠、陈峰主编《周秦汉唐文化研究》第六辑，三秦出版社 2008 年版，第 11—33 页。

期在关中地区选建都城的研究①，均构成本文的研究基础，现今需要将更多注意力放在汉初人物及其集团行为的考察上。所使用的文献资料主要是司马迁《史记》中的《高祖本纪》等篇章，这是出生于汉景帝中元五年（前145）或者更后一些的作者的书写文字②，距离汉初为半个多世纪，此时作者已继承董仲舒的公羊学、孔安国的古文经学，掌握了考信历史的写作方法。

（二）一入关中：从"咸阳之约"率先西进

《史记·高祖本纪》记载，早在秦末农民起义之前，刘邦就有"常繇咸阳"的经历，路边见过气势非凡、为人众簇拥的秦始皇，引起过自己的一番向往。据研究，在秦始皇三十七年农历六月前后（公元前210年7月）③，刘邦"以亭长为县送徒郦山，徒多道亡，自度比至皆亡之"，干脆放掉大家，自己找地方躲起来，等待机会。这些都是在起事之前，尚看不出刘邦对于秦地有何认识。

到秦二世三年（公元前207年），也是秦朝统治在乱局中支撑的第三年，秦军还凭借实力，在拼命抵抗各地武装。陈胜死后已被众军奉为"楚王"的熊心（战国楚怀王之后裔），迁都彭城后即"与诸将约，先入定关中者王之"，其中以刘邦集团明显受到重视。当时刘邦被称为沛公，楚王"令沛公西略地入关"，其他各路人马似未得到这样明确的指令，实际上不仅各路诸侯心怀此意，就连各路诸侯的部将也心同此想，都在与秦军的交战中积极西进。

当时项羽集团的情况比较特别，一是其季父项梁在定陶战死于秦将章邯之手④，项羽怒气冲天，急欲寻找复仇机会，二是楚王帐下皆知项羽

---

① 参见史念海《娄敬和汉朝的建都》，《东方杂志》1944年第40卷第5号，又收入史念海《河山集·四集》，陕西师范大学出版社1991年版，第368—380页；侯甬坚《定都关中：国都的区域空间权衡》，《陕西历史博物馆馆刊》第7辑，三秦出版社2000年版，第144—151页；王明德《略论汉初关中定都及其影响》，《三门峡职业技术学院学报》2009年第1期，等等。

② 《史记》点校本"出版说明"，1959年版，第1页。

③ 刘磐修：《汉高祖刘邦纵放骊山徒时间考》，《徐州师范大学学报》（哲学社会科学版）2011年第5期。

④ 《史记》卷7《项羽本纪》，第302页。

个性剽悍，打仗勇猛，经常滥杀无辜，出于以义除暴的现实考虑，楚王首先派老成持重的刘邦率军"扶义而西"，项羽本人虽急欲"与沛公西入关"，却得不到较好的机会，因而显得十分焦躁，也表现出对楚王的不满。

这是刘邦集团争夺天下中获得的一个绝佳机会。从今人所绘《楚汉纷争图》中汉王军的行军路线中①，可以从沿线所经要邑和战地——砀（秦郡，治睢阳，今河南商丘南）、成阳（秦县，今山东鄄城县东南）、昌邑（秦县，今山东巨野县南）、栗（秦县，今河南夏邑县）、高阳（今河北高阳县东旧城）、开封（今开封市祥符区西南）、白马（秦县，今河南旧滑县城东）、曲遇（今河南中牟县东）、颍阳（今河南登封市境内）、平阴（今河南孟津东北）、洛阳（今白马寺东洛阳古城）看出，一路或攻城略地，或绕城迂回，总体上是取向西挺进的趋势。

西进趋势的转折出现在到达洛阳之后。刘邦集团"战洛阳东，军不利，还至阳城，收军中马骑，与南阳守齮战犨东，破之。略南阳郡，南阳守齮走，保城守宛"。南阳郡治宛城（今河南南阳市），辖阳城（今河南方城东）、犨县（今河南叶县西）等，为抓住战机，刘邦集团已来到豫西山地南面的南阳盆地。一方面是军情紧急，另一方面是陈恢（南阳守齮之舍人）"前则失咸阳之约，后又有强宛之患"的劝说之词打动了自己，刘邦遂接受了陈恢的"约降"建议，迅速放下宛城，率军走上了西北的武关道②。此去一路上接城纳地，快速挺进，攻破武关，越过秦岭山梁，直扑山下的蓝田，大破秦军，"先诸侯至霸上"，随即在霸上接受了秦王子婴的请降，然后"乃西入咸阳"。

刘邦入关后的精神面貌是相当不错的。他进入咸阳城，又还军霸上，对着关中诸县父老豪杰说："吾与诸侯约，先入关者王之，吾当王关中。"又与民众约法三章，说出三秦"父老苦秦苛法久矣"的话，相比陈涉"天下苦秦久矣"的话，点出了"苛法"的危害性，所举"杀人者死，

① 程光裕、徐圣谟主编，张其昀监修：《中国历史地图》下册《楚汉纷争图》，台湾中国文化大学出版部1984年版，第97—98页。

② 参阅侯甬坚《丹江通道述论》，《陕西师大学报》（哲学社会科学版）1985年第3期，侯甬坚《论唐以前武关的地理位置》，《陕西师大学报》（哲学社会科学版）1986年第3期。

伤人及盗抵罪"三条，针对的是以往秦法的严酷性，所以备受民众欢迎。他派人和秦朝官员一起到各处宣讲政策，谢绝当地人的犒劳，以免给百姓增添费用，百姓知道后，"唯恐沛公不为秦王"。

时隔两个月，项羽率大军过了函谷关，进入关中，逼近霸上，刘邦带人至鸿门，谢过项羽，免除了一场火拼。汉王元年（公元前206年）正月，项羽以"纵长"身份①，封诸将为王，按《史记·秦楚之际月表》记，"分关中为四国"，分别为汉、雍、塞、翟，即汉王刘邦（都南郑，今陕西汉中市内）、雍王章邯（都废丘，今陕西兴平市东南）、塞王司马欣（都栎阳，今陕西西安市临潼区东北）、翟王董翳（都高奴，今陕西延安市东北延河北岸）。项羽等人将秦岭南麓说成关中的组成部分，让刘邦在汉中来满足"吾当王关中"的想法，刘邦只能是忍气吞声。另外，秦都咸阳已无人提及，概因项羽"屠烧咸阳秦宫室，所过无不残破。秦人大失望，然恐，不敢不服耳"——这是半个多世纪后司马迁撰写《史记》时的深切感受。

刘邦本人也是受到项羽大军的威慑，不得不接受了"汉王"的封号。恰如前面有人给刘邦说过的话："今闻章邯降项羽，项羽乃号为雍王，王关中。今则来，沛公恐不得有此。"这一说法竟然为事实所验证。刘邦集团前往汉中途中，不少人都跑回了关东。韩王信劝刘邦说："项羽王诸将之有功者，而王独居南郑，是迁也。军吏士卒皆山东之人也，日夜而望归，及其锋而用之，可以有大功。天下已定，人皆自宁，不可复用。不如决策东乡，争权天下。"这一个"迁"字，韦昭注："若有罪见迁徙。"②韩王信的话，是大多数人的想法，他说出的抓住时机、争夺天下的意思，是说到刘邦心里去了。

（三）再入关中：以秦地作为"争权天下"的大本营

刘邦集团在汉中一带住了四个月，做的都是秣马厉兵的事情，就开

---

① 《史记》卷6《秦始皇本纪》，第275页。《索引》注："谓合关东为从长也。"系取战国时期"合纵"方略之意。

② 韦昭注见《史记》卷8《高祖本纪》，第367页。而《史记》卷93《韩信列传》记述文字为"左迁"，意思更为明确。最后两句记为"及其锋东乡，可以争天下"，文字有所不同。《集解》引文颖注"锋锐欲东向"，说明"东乡"一词可以理解为"东向"（参见第2632页）。

始穿越秦岭，展开"还定三秦"的出击活动①。"八月，汉王用韩信之计，从故道还，袭雍王章邯。邯迎击汉陈仓，雍兵败，还走；止战好畤，又复败，走废丘。汉王遂定雍地。东至咸阳，引兵围雍王废丘，而遣诸将略定陇西、北地、上郡。"汉军在关中地区的进展如此顺利，犹如在汉中所拜大将韩信所做的敌我形势分析一样②，尤其是分遣诸将占据陇西（秦郡，治狄道，今甘肃临洮境内）、北地（秦郡，治义渠，今甘肃宁县西北）、上郡（秦郡，治肤施，今陕西榆林南）之策，更是巩固后方、争取兵员物质的重要部署。刘邦还派兵把住关中通往各处的交通要道和关口，做好了"决策东乡，争权天下"的充足准备。

在随后的楚汉战事中，出现过两次"中分天下"的提议。第一次系由刘邦提出，说明此时项羽占了上风。汉王三年（公元前204年），刘邦提出"割荥阳以西者为汉。项王不听"。汉王患之，只好采用陈平的计谋，去离间项羽君臣关系。第二次是由项羽提出，时间仅隔了一年，说明此时刘邦占了上风。项羽提出"割鸿沟而西者为汉，鸿沟而东者为楚"，项羽归还了刘邦的父母妻子，"军中皆呼万岁，乃归而别去"。荥阳（秦县，今河南荥阳县东北）、鸿沟（自荥阳北引黄河水南流水道）二地相隔不远，很短时间内战局发生了这么大的变化，在于韩信率军自西向东，一路得手，完成了对楚的战略大包围，还分兵支援在正面战场上失利的刘邦③，对手项羽则刚愎自用，已失去了诸王的信任和支持，刘邦集团则步步为营，掌握了战场上的主动权。

刘邦对项羽的不满是由来已久的，就拿"咸阳之约"一事来说，许多人都认为是因为项羽"负约，更立沛公为汉王，王巴、蜀、汉中，都南郑"，刘邦更是大为不满，且耿耿于怀。三年后，在两军"临广武"对垒时，刘邦数落项羽十大罪状之首，即为"项羽负约，王我于蜀汉"。初入关中那一年，他的确想在关中为王，因为关中是秦朝国都所在，名闻天下，与秦中父老约法三章后，他又取得了民心。

───────────────

① "还定三秦"一词，语出《史记》卷93《韩信列传》，第2632页。
② 《史记》卷92《淮阴侯列传》，第2612页。
③ 王云度：《韩信刘邦关系述评》，雷依群、徐卫民主编：《秦汉研究》第二辑，三秦出版社2007年版，第33—42页。

公元前202年，刘邦即皇帝位之年，众臣汇聚在洛阳南宫祝贺刘邦取得天下，刘邦却非常清醒地说出了"三不如"的看法，即"夫运筹策帷帐之中，决胜于千里之外，吾不如子房。镇国家，抚百姓，给馈饷，不决粮道，吾不如萧何。连百万之军，战必胜，攻必取，吾不如韩信"。自言"此三者，皆人杰也，吾能用之，此吾所以取天下也"。做事有气度，知人善用，这的确是刘邦最明显的特点。《高祖本纪》记载刘邦集团再入关中后，积极经营秦地，不仅是粮草，即如兵员也是依赖这里。刘邦一入关中，就有人建议"稍征关中兵以自益"，到了与项羽征战激烈时，还有"关中兵益出"的记载，从中可见萧何在后方所起输送兵员和粮草的保障作用，是多么地及时和重要。

（四）入都关中：揭开西汉王朝新的历史

汉王五年（前202年），正月甲午，刘邦"乃即皇帝位氾水之阳"。五月，"高祖欲长都洛阳，齐人刘敬说，及留侯劝上入都关中，高祖是日驾，入都关中。六月，大赦天下"。这次"入都关中"时间为五月，"是日"的具体日期不详。

"入都关中"这一天前，刘邦还抱有长期建都洛阳的想法，在听了娄敬、张良的劝说后，很快就改变了主意。这种情况，当然不能说刘邦是受到了刘敬、张良的"言语绑架"，而是应该从刘张二人的劝说词和刘邦本人的认识来分析。

不无遗憾的是，全篇《高祖本纪》中并没有留下刘邦对关中或秦地的评价意见，他起事反秦后的活动，不是跟着形势走，就是听着他人的建议而行，只有前面所述"吾当王关中"这句话，为他的真实而有所坚持的想法。那一次，他在霸上接受秦王子婴投降后，"遂西入咸阳。欲止宫休舍，樊哙、张良谏，乃封秦重宝财物府库，还军霸上"。其表现似乎还在同乡樊哙之下。学界已有人考证，刘邦出生于公元前256年①，比项羽长24岁（30岁时自刎于乌江），在氾水之阳即皇帝位时，刘邦为54

① 董家遵：《汉高祖生年考》，《中山大学学报》（社会科学版）1957年第3期。文中落款为1955年12月写于广州。

岁，已到了功成名就的年龄了。

至于娄敬、张良的劝说词，见于《史记》中的《刘敬列传》和《留侯世家》，其内容学界已相当熟悉。娄敬所说大意有二：一是周朝与汉朝兴起的过程不一样，不好比周朝，要去都洛阳；二是秦地被称为"天府"，具有经济支撑力，还具有搏击天下的有利地形。听了娄敬一席话，"高祖问群臣，群臣皆山东人，争言周王数百年，秦二世即亡，不如都周。上疑未能决。及留侯明言入关便，即日车驾西都关中"①。此处"上疑未能决"数字（《留侯世家》记"上疑之"），属于司马迁的直书之语，于此可见刘邦在娄敬所言军国大计前，还是没有自己的主见。回看刘邦一入关中时，曾有"吾当王关中"的强烈想法，却因项羽的胁迫去了汉中，此时到了真正可以"王关中"的地步，他却舍不得离开洛阳。对此，史念海先生早年做过分析，项羽和刘邦"这两位灭秦的主力军的领袖都瞧不起秦代这个都城，项羽甚至把咸阳一把火完全焚毁"，刘邦考虑的是洛阳距离最富庶的河济之间及其附近地区比较近，运输粮食很方便②，问题是处于关东诸侯力量强盛的时代，一个统一王朝都城的选择，是必须把地域控制效能最得力的位置放在首位的。

在刘邦拿不定主意时，留侯张良的看法更具过人之处。张良首先说明洛阳地形不似他人所说的那么重要，他说："洛阳虽有此固，其中小，不过数百里，田地薄，四面受敌，此非用武之国也。夫关中左崤函，右陇蜀，沃野千里，南有巴蜀之饶，北有胡苑之利，阻三面而守，独以一面东制诸侯。诸侯安定，河渭漕挽天下，西给京师；诸侯有变，顺流而下，足以委输。此所谓金城千里，天府之国也，刘敬说是也。"③ 张良之说，直言洛阳的不足之处，又透彻阐明关中的形胜所在，及其外围和后方区域的重要性，并以平时和战时两种状态做对比，指出关中在在都处于极为有利的地理位置上。刘邦听了张良这一席话，才算是眼前豁然一亮，立即做出"即日车驾西都关中"的果断决定。

---

① 《史记》卷99《刘敬列传》，第2715—2717页。

② 史念海：《陕西在秦汉时期历史中的地位》，参见史念海《河山集·七集》，陕西师范大学出版社1991年版，第558—569页。

③ 《史记》卷55《留侯世家》，第2043—2044页。

事后，刘邦很郑重地说过："本言都秦地者娄敬，'娄'者乃'刘'也"，于是"赐姓刘氏，拜为中郎，号为奉春君"[1]，这是对刘敬的器重，更可以看作是对刘敬建言的高度认可。此番对于都城选择的讨论，刘敬、张良二位可谓英雄所见略同，张良比刘敬的说辞更为高明，战略眼光也更为高远，相比之下，刘邦就属于见识一般的人了。不过，这和前面刘邦所自评的"三不如"看法一样，他能在军旅倥偬中召见"戍陇西，过洛阳"的戍卒娄敬，能够接连听取刘敬、张良二人的不同意见，很快改变自己"欲长都洛阳"的想法，倒真正是他本人的过人之处了[2]。

《留侯世家》所言："即日车驾西都关中。"这是一句称赞汉高祖刘邦从善如流、雷厉风行的话，事实上，关中乃是一个面积数万平方千米的渭河冲积平原，新皇帝刘邦西都何处，下榻宫殿在哪里，都还是一个未知数。因为秦朝灭亡之年，咸阳成了许多人报复对秦王朝仇恨的对象，项羽大军来到关中，烧掉了咸阳的秦宫室，这里已没有了城堞和宫殿。当然，这些情况都会随着天下形势安定后而出现改变。

汉王七年（前200），《高祖本纪》中有了"长安"一名。原文为"二月，高祖自平城过赵、洛阳，至长安。长乐宫成，丞相已下徙治长安"。八年（前199），"萧丞相营作未央宫，立东阙、北阙、前殿、武库、太仓"。九年（前198），"未央宫成"。自此，刘邦集团在新都长安揭开了西汉王朝的历史。

（五）结论：胜算在于对既有条件的熟识程度和决策判断

楚汉战争为时五年，刘邦的对手项羽的弱点是至为明显的。前206年，他自立为西楚霸王，主持分立诸侯为王，有十数个之多，却放弃了咸阳，也就是放弃了关中。其时，也曾有人劝说他："关中阻山河四塞，

---

① 《史记》卷99《刘敬列传》，第2717页。
② 《汉书》卷1《高帝纪》对传主的追述是，"初，高祖不修文学，而性明达，好谋，能听，自监门戍卒，见之如旧"（第80—81页）。

地肥饶，可都以霸。"可是，"项王见秦宫室皆以烧残破，又心怀思欲东归，曰：'富贵不归故乡，如衣绣夜行，谁知之者！'说者曰：'人言楚人沐猴而冠耳，果然。'项王闻之，烹说者"[①]。于此可以推测，项羽的虚荣心和偏狭性格，阻止了他的眼界，他率部回到了王都彭城，这里距离他的家乡下相（今江苏宿迁县西南）的确不远。

刘邦灭掉项羽后，建立了汉朝，感到天下归于自己，建都之事首先得尊重自己的想法，那就是"长都洛阳"。可是戍卒娄敬应召而入，说出了"都关中"的看法，他拿不准，就征求张良的看法，没想到张良说"刘敬说是也"，他才恍然大悟，刚刚从大小几十场战事中过来的亲身经历，以及尚未散去战争硝烟的关东局势，足以让他体会到什么叫居安思危，枕戈待旦，他马上表示赞同西都关中的高见。其实，刘敬、张良所阐述的见解，都包含了不少过往的历史事实和曾经发挥过作用的地理条件，均属于新王朝安邦定国时需要掌握的史地素材，再就是需要破除他人的庸俗之见，进而提出自己高瞻远瞩的决策判断，最后就产生了非常明显的说服效果。

从审视上述刘邦集团"入都关中"的过程得知，一个时代建国定都的胜算，很大部分取决于对既有条件（包括地理条件和历史因素）的熟识程度，以及据此做出的是否符合形势特征的决策判断。按理，每一时代都会出现结合形势加以分析判断的高人，关键之处在于一代君主能否虚心纳谏，听取合理意见，刘邦君臣组成的集团属于成功的事例，他们相互沟通和尊重，发挥出各自的才能，就可以迎来一个良好的开国局面。

刘敬、张良的劝说词里，都没有说到建都关中将会面临北面匈奴民族的强大压力，也许这是讨论建都问题时不必提及的内容，更有可能是提出这项内容将不利于新皇帝刘邦接受建都关中的意见，当时条件下毕竟选建可以避开关东诸侯压力的都址更为重要。可是，身临其境相比讨论之设想来得更为真切和迅猛，在公元前200年，刘邦即皇帝位仅两年，刘邦所率大军就在晋北地区遭遇上了白登之围。在公元前195年，也就是定都关中后的第七年，刘邦还归故乡沛县，在沛宫召集故人父老子弟豪

———————————————

① 《史记》卷7《项羽本纪》，第315页。

饮，到了这个时候，高祖刘邦不由得亲自击筑，自为歌词，在 120 名沛中子弟组成的歌咏团前唱将起来："大风起兮云飞扬，威加海内兮归故乡，安得猛士兮守四方!"此情此景下，闻者无不为之动容。

隋初长安城政治生活片段

——以文帝杨坚迁都之举为中心*

摘要：581—582年，建立隋朝新王朝的主人嫌弃一座有700多年历史的长安旧城，实乃人之常情。此次迁都，为一次近距离、低成本、快节奏的政治运作，动作不算大，做得很成功。按迁都的步骤考察，初期是以杨坚本人的心态为主，其臣属也发表了一些具体意见，各种因素都在起作用。若从隋廷迁移后的若干政治活动及其部署来考察，汇集渭河、灞河水量于新都大兴城东面，汇入新开漕渠以提高水位，增强水力，保证关东的漕粮运输至国都，或许是触及隋初迁都之举的一个潜在动因。

关键词：隋朝初期；隋文帝杨坚；长安旧城；新都大兴城；龙首山基座；新开漕渠

（一）小引

开皇元年二月甲子（公元581年3月4日）①，在众多跟随者的护拥下，杨坚"自相府常服入宫，备礼即皇帝位于北周之临光殿。设坛于南郊，遣使柴燎告天。是日，告庙，大赦，改元"②。这些活动，统统是在长安旧城举行的，也就是说，汉高祖刘邦等人于公元前205年选定的长安都城，于此日又迎来了一个新的王朝——隋朝建立，其开国皇帝即隋文

---

 * 原载北京大学中国古代史研究中心编《舆地、考古与史学新说——李孝聪教授荣休纪念论文集》，中华书局2012年版，第431—442页。题目有改动。

 ① 本文有关历史纪年的公历转换，皆依据王双怀编《中华日历通典》，吉林文史出版社2006年版。

 ② 《隋书》卷1《高祖上》，中华书局1973年版，第13页。

帝杨坚。当此仪式肃整、群情激奋之时，也许只有杨坚少数几个人心里
在盘算，这座用来登基的古城不会是新兴的隋王朝长久坚持为都的地方。

本文考虑叙述的隋初，实际上仅限于开皇初的头几年。对于隋朝君
臣而言，下来的事情固然很多，要提出和完成迁移都城的计划却是其中
的要事，对于这座长安旧城而言，一旦迁址，则意味着是从公元前205年
以来延续700多年之久都城历史的一个终结。隋朝君臣为什么不愿意在这
座旧城住下去，他们准备离开这座旧城的理由是什么，这些理由今天当
如何看待，我们不妨再做一些史料分析和判断。

（二）隋初长安城之零星记录

杨坚登基后，朝廷内有一系列频繁的礼仪、封官、追谥、修庙事
项在等着他确定，北方边境上突厥等族的侵扰，南方陈国的对峙形
势，尤其是他取代北周宇文氏皇位后引起各地爆发的兵变和不满，显
示出隋初的局势相当不稳定，也需要他予以面对。隋代初兴，《隋书》
对国都长安城里建筑布局记载的的确有限，不利于今人对当时长安城
具体情况的了解。翻检史料，即便是对旧城有一些零星的记载，可
是，这些建筑相互间的关系，处于城内什么位置，各靠近哪一个城门
等细节，这里只能简要列出和推测，最后的厘定尚需依赖新的资料和
研究的深入。

【玄武门】 史载："建德初，（皇甫绩）转宫尹中士。武帝尝避暑
云阳宫，时宣帝为太子监国。卫刺王作乱，城门已闭，百僚多有遁者。
绩闻难赴之，于玄武门遇皇太子，太子下楼执绩手，悲喜交集。帝闻而
嘉之，迁小宫尹。"[1] 建德为北周武帝宇文邕年号，此玄武门在北周政治
史中留下记载，对于隋初的长安城来说，理应是存在的。

【肃章门】 史载："（李）询字孝询。父贤，周大将军。询沉深有
大略，颇涉书记。仕周纳言上士，俄转内史上士，兼掌吏部，以干济闻。
建德三年，武帝幸云阳宫，拜司卫上士，委以留府事。周卫王直作乱，
焚肃章门，询于内益火，故贼不得入。帝闻而善之，拜仪同三司，迁长

---

① 《隋书》卷38《皇甫绩传》，中华书局1973年版，第1139—1140页。

安令。"① 建德三年为 574 年，此次周卫王宇文直在肃章门外的骚乱，在《隋书·观德王雄传》中亦有记载②。此肃章门虽遭焚烧，在北周政治史中留下记载，对于隋初的长安城来说，应当还是存在的。

【正阳宫】　史载：大象二年（580）五月"庚戌，周帝拜高祖假黄钺、左大丞相，百官总己而听焉。以正阳宫为丞相府，以郑译为长史，刘昉为司马，具置僚佐"③。这是隋文帝杨坚取代北周皇位之前，北周幼帝静帝给予他极大权力的一次行政部署。"以正阳宫为丞相府"一句，说明正阳宫尚为旧城中被使用的一处主要宫殿。

【东第·崇阳门·东宫】　史载："及高祖初被顾托，群情未一，乃引（卢）贲置于左右。高祖将之东第，百官皆不知所去。高祖潜令贲部伍仗卫，因召公卿而谓曰：'欲求富贵者，当相随来'。往往偶语，欲有去就。贲严兵而至，众莫敢动。出崇阳门，至东宫，门者拒不内。贲谕之，不去，瞋目叱之，门者遂却。既而高祖得入。"④ 东第为当时杨坚常去之所，崇阳门通向东宫，这一带宫殿已为杨坚所熟悉，可以借之躲避危险，寻求安全。

【临光殿】　史载："开皇元年二月甲子，上自相府常服入宫，备礼即皇帝位于临光殿。设坛于南郊，遣使柴燎告天。是日，告庙，大赦，改元。"⑤ 临光殿当在宫城中，同其他宫殿的关系及位置尚不详，《通鉴》相应记载处无具体注解⑥。

【庙社】　史载："开皇元年二月丙寅，修庙社。"⑦《通鉴》相应记载处有胡注："时自高祖以下置四亲庙，同殿异室而已，无受命之祧。社

　　① 《隋书》卷 37《李穆附兄子询传》，中华书局 1973 年版，第 1121—1122 页。

　　② 《隋书》卷 43《观德王雄传》，中华书局 1973 年版，第 1215 页。

　　③ 《隋书》卷 1《高祖上》，中华书局 1973 年版，第 13 页。

　　④ 《隋书》卷 38《卢贲传》，中华书局 1973 年版，第 1141—1142 页。

　　⑤ 《隋书》卷 1《高祖上》，中华书局 1973 年版，第 13 页。《资治通鉴》卷 175，中华书局 1956 年版，第 5433 页。

　　⑥ 《资治通鉴》卷 175，中华书局 1956 年版，第 5433 页。《隋书》卷 1《高祖上》，中华书局 1973 年版，第 13 页。

　　⑦ 《隋书》卷 1《高祖上》，中华书局 1973 年版，第 13 页。

稷并列于含光门内之右。"① 长安旧城并无含光门，具体注释不宜用隋唐长安城城门来指示，这样易起混淆。"修庙社"是针对长安旧城所属建筑的主动修缮行为，已为该城所不多见。又载当年"六月癸未，诏以初受天命，赤雀降祥，五德相生，赤为火色，其郊及社庙，依服冕之仪，而朝会之服，旗帜牺牲，尽令尚赤。戎服以黄"②。"其郊及社庙"，当仍属于上述"庙社"建筑，这里主要是就仪式的改变内容而言。

【宣仁门】 史载："开皇元年三月辛巳……长安获白雀，各一。宣仁门槐树连理，众枝内附。"③ 宣仁门不应是长安旧城进出的城门，其具体位置不详。

【朝堂】 史载：开皇元年五月"辛未，介国公薨，上举哀于朝堂，以其族人洛嗣焉"。④ 杨坚代周后降周静帝为介国公，此时又予加害（《通鉴》谓之"潜害"⑤），举哀于朝堂，此"朝堂"当为长安旧城宫城内建筑。此"朝堂"又有一传说，见《太平广记》"征应一·帝王休征"部分，云"长安朝堂，即旧杨兴村。村门大树今见在。初周代有异僧，号为枨（chéng）公，言词恍惚，后多有验。时村人于此树下集言议，枨公忽来逐之曰：此天子坐处，汝等何故居此。及隋文帝即位，便有迁都意"⑥。告知出自《西京记》所载，所带出的"杨兴村"一名十分重要，尚需佐以其他资料加以说明。

【观德殿】 史载：开皇"二年十月庚寅，上疾愈，享百僚于观德殿"。⑦ 观德殿具体位置不详。

长安旧城方面还有一点零星记载，如"开皇元年三月己丑，鳌屋县献连理树，植之宫庭"⑧，当时把发现的根部缠绕在一起的藤本植物，看作吉祥的事物，就栽种到宫廷内，是一类很特殊的植树活动。

────────────────

① 《资治通鉴》卷175，中华书局1956年版，第5435页。《隋书》卷1《高祖上》，中华书局1973年版，第15页。

② 《隋书》卷1《高祖上》，中华书局1973年版，第15页。

③ 同上书，第14页。

④ 同上书，第16页。

⑤ 《资治通鉴》卷175，中华书局1956年版，第5441页。

⑥ 《太平广记》卷135《隋文帝》，中华书局1961年版，第969页。

⑦ 《隋书》卷1《高祖上》，中华书局1973年版，第18页。

⑧ 同上书，第18—19页。《隋书》卷1《高祖上》，中华书局1973年版，第14页。

从西汉长安城以来，历经魏晋南北朝多个时代，城内的情况很难弄清楚，推测不少城门、宫殿建筑的名称或实体已有了变化。根据上述资料，我们还是难以建立起隋初长安城的完整印象。当我们触及隋初的迁都问题时，从杨坚君臣的迁都议论乃至最后正式发布迁都的诏令，其中所展现的多种迁都意见，却成为我们了解长安旧城情况的一个渠道，这些意见是作为长安旧城的不足之处提出来的，因之可以增加我们对这座旧城实际情况的真切了解。

（三）有关迁都事项的议论

《隋书》中较早的迁都议论，记录在卷 37《李穆传》里。这是《隋书》列传第一篇。自称陇西成纪人的李穆，从北魏走到隋初，官职不断升迁，开皇元年二月乙亥①，隋文帝即位后的第 11 天，他又从上柱国、并州总管、申国公升为太师，自然是很受信任的人。《李穆传》称：

> 上素嫌台城制度迮小，又宫内多鬼妖，苏威尝劝迁，上不纳。遇太史奏状，意乃惑之。至是，省穆表，上曰："天道聪明，已有征应，太师民望，复抗此请，则可矣。"遂从之。

其中有三层意思，一是隋文帝一直对长安旧城的形制不满意，感觉里面的宫殿建筑狭小，又闹鬼妖，纳言苏威在他身边，曾劝告他择时迁移，却没有结果。二是当时的太史上奏，也谈起"移都之事"，结果是"上以初受命，甚难之"，算是给出了一个具体解释。第三位出场的人就是太师李穆了，他的奏表让隋文帝一览，马上就被接受了。这样抬高李穆的话，出现在其本传中，倒是不奇怪的。按照当时的情况，这也符合他本人的地位和影响。

此外，还有一处记载，出现在《隋书》卷 78《庾季才传》里，所记仍然是开皇元年这一年的事情：

---

① 《隋书》卷 1《高祖上》，中华书局 1973 年版，第 14 页。

> ……高祖将迁都，夜与高颎、苏威二人定议，季才旦而奏曰：
> "臣仰观玄象，俯察图记，龟兆允袭，必有迁都。且尧都平阳，舜都
> 冀土，是知帝王居止，世代不同。且汉营此城，经今将八百岁，水
> 皆咸卤，不甚宜人。愿陛下协天人之心，为迁徙之计。"高祖愕然，
> 谓颎等曰："是何神也！"遂发诏施行，购绢三百段，马两匹，进爵
> 为公。谓季才曰："朕自今已后，信有天道矣。"

上文说隋文帝"将迁都"，不仅表明其同意迁都，还包含新都址已经
确定的意思。《庾季才传》要表现的是传主神奇的一面，对新都址并没有
丝毫透露（其本意似不在这里）。不过里面透露的"且汉营此城，经今将
八百岁，水皆咸卤，不甚宜人"的看法，却是相当重要的，这不仅是当
时人的一种看法，而且还有相应的事实作为论说的基础。庾季才大清早
上朝说的这些话，显然是有作用的，隋文帝对他另眼看待的同时，他自
己又得到一个升官发财的机会。

隋文帝开皇初期权势最大的三个人，分别是高颎（尚书左仆射兼纳
言）、杨素（上柱国兼御史大夫）和苏威（太子少保兼纳言、吏部尚
书）[1]，杨素多时带兵在外，而高颎、苏威加之李穆（太师）都参与了隋
初的迁都合议，算得上是高层商议了，隋文帝杨坚则是迁都大计的主事
人。史载"颎、威同心协赞，政刑大小，帝无不与之谋议，然后行之。
故革命数年，天下称平[2]"。迁都之议仅为其中的要事一桩。

迁都之议后事情进展得非常快，《隋书·高祖纪》记载开皇二年六月
丙申（582 年 7 月 29 日）这一天，杨坚终于对长安旧城这座老城正式表
达了自己的不满，并下了诏令，向天下说出了自己积聚已久的想法——
迁都。史载：

> ……诏曰："朕祗奉上玄，君临万国，属生人之敝，处前代之
> 宫。常以为作之者劳，居之者逸，改创之事，心未遑也。而王公大

---

① ［英］崔瑞德编：《剑桥中国隋唐史》，中国社会科学院历史研究所西方汉学研究课题组
译，中国社会科学出版社 1990 年版，第 61—64 页。
② 《资治通鉴》卷 175，中华书局 1956 年版，第 5440 页。

臣陈谋献策，咸云羲、农以降，至于姬、刘，有当代而屡迁，无革命而不徙。曹、马之后，时见因循，乃末代之晏安，非往圣之宏义。此城从汉，凋残日久，屡为战场，旧经丧乱。今之宫室，事近权宜，又非谋筮从龟，瞻星揆日，不足建皇王之邑，合大众所聚，论变通之数，具幽显之情，同心固请，词情深切。然则京师百官之府，四海归向，非朕一人之所独有。苟利于物，其可违乎！且殷之五迁，恐人尽死，是则以吉凶之土，制长短之命。谋新去故，如农望秋，虽暂劬劳，其究安宅。今区宇宁一，阴阳顺序，安安以迁，勿怀胥怨。龙首山川原秀丽，卉物滋阜，卜食相土，宜建都邑，定鼎之基永固，无穷之业在斯。公私府宅，规模远近，营构资费，随事条奏。"仍诏左仆射高颎、将作大匠刘龙、巨鹿郡公贺娄子干、太府少卿高龙叉等创造新都。

此可谓隋文帝杨坚的"迁都宣言"，什么都说得很清楚，因为前面同密臣已商议过了。视隋文帝的举动，当然是果断有为了。他坦诚交代，即位以来最不舒服的就是"属生人之敝，处前代之宫"的心情了。因此，他大谈迁移属于变革行为，长期固守一地就是因循守旧的道理，为迁都寻找历史依据，寻找可以说服天下的事例。尤其影响人心的是他搬出"谋筮从龟，瞻星揆日"那一套说辞，把新址说得天花乱坠，旧城说得非遗弃不可。最终一声令下，向天下发出了隋朝必须立即迁都的旨令。

对隋文帝的"迁都宣言"进行细致分析，有两点最值得注意：

其一，新址的位置。在前述李穆、高颎、苏威、庾季才诸人的事迹中，均未提到新址的位置在哪里，所议论的都属于思想上的认识，算是为迁都之举张目的各种考虑，似乎是先有迁都的一致意见，之后方才说得上选择新址的事项。元人骆天骧撰著《类编长安志》，将新址所在归纳得甚为得当：

……其地在汉古城之东南，属杜县，周之京兆郡万年县界，南值终南山子午谷，北据渭水，东临灞、浐，北枕龙首原，创筑京城曰大兴城。自开皇二年六月十八日，始诏规建制度。三年正月十五日，又诏用其月十八日移入新邑。所司依式先筑宫城，次筑皇城，亦曰子城，次筑外郭城。①

如此看来，这个新址的一个最大特点，是并没有远离旧城，它还是"北据渭水，东临灞、浐"，向旧城东南选择，成了"北枕龙首原"，同旧城位置相比，与其说是迁移，倒不如说是一次近距离的搬家，就近挪动了一次。

对于汉唐长安城地理位置的表达，古人有"八水绕长安"之说，现今学术界有"西安小平原""关中核心区"等的表述，从地形地貌上予以归纳，不妨做出一个关于"龙首山基座"的新判断。

龙首山以南土地平坦，土壤肥沃，面积更为宽广，"六坡地形"成为隋唐帝都展开的理想地域。虽然还没有选址过程方面的细节展现，但从新址可以看出，"龙首山基座"再次被考虑，关中中部"西安小平原"这个位置是继续被认可的。

再者，隋都新址的选定，还包括一个基本事实，即自西汉王朝建立以长安为国都的政治地理格局以来，全国的对外防御形势及内地的基本经济格局是比较稳定的，建立隋朝的政治集团对于局势的判断也是切中要害，而且具有掌控能力，因之在放弃长安旧都、另择新址的重要关头，思路清晰，方案可行，做事稳健，目的可达。

其二，新址是如何选定的。龙首山旁的新址是如何选、由谁来选的，史料中并未见明确的线索。"迁都宣言"说"龙首山川原秀丽，卉物滋阜，卜食相土，宜建都邑，定鼎之基永固，无穷之业在斯"的意见是直截了当的，毋庸再讨论。《资治通鉴》相应记载处曰"诏高颎等创造新都于龙首山"②，也是都址已经选定后的安排。

新的都址所依靠的龙首山有什么特别之处呢？《水经注·渭水》记渭水"又东迳未央宫北，高祖在关东，令萧何成未央宫，何斩龙首山而营之。山长六十里，头临渭水，尾达樊川，头高二十丈，尾渐下，高五六长，土色赤而坚，云昔有黑龙从南山出饮渭水，其行道因山成迹，山即

---

① 骆天骧撰、黄永年点校：《类编长安志》卷2，京城，隋，大兴城，三秦出版社2006年版，第41页。

② 《资治通鉴》卷175，中华书局1956年版，第5457页。

基，阙不假筑，高出长安城"①。言下之意是萧何切开龙首山建起了未央宫，从清人杨守敬等所绘《长安城图·渭水篇》内容来看，未央宫东部倚靠在龙首山上，不少城土即取自此山，龙首山在未央宫、武库之间，从南向北一直延伸到渭河边上②。这就是长安旧城同龙首山的关系，及至到了隋初，新的都址又同龙首山产生了密切的关系，只是"迁都宣言"没有提到长安旧城同龙首山有过的关系。

龙首山也被称为龙首原，《三秦记》有"龙首原"条，曰："龙首原，起自南山义谷浐水西岸，至长乐坡西北，屈曲至长安古城，六七十里，皆龙首原。隋、唐宫殿，皆依此原。"③《三秦记》成书当在隋唐之前，后两句容或属于撰者骆天骧补充的文字。

从渭河到秦岭山地，依次排布着河滩地—河流阶地—成层黄土台原—山前洪积扇—山地，地貌变化显得颇有规律。从黄土台原的位置及其分布，与秦岭诸多河溪流出的关系上，研究者注意到，"只有灞、浐与潏、沣之间这块平原，既无河流切割，又坦荡宽广，东西宽约 17 公里，南北长约 40 公里，以龙首原为分界线，形成南北两个不同的地形单元"④。近年的研究认为，"宇文恺认为龙首原南部的黄土台原区域地势过高，城市供水难以解决，而北部的黄土梁洼相间地区，南北长约 10 公里，东西宽约 17 公里，选择此处建都可使城市有足以回旋的余地，向东西南北四方皆可展开扩建，又距浐、滈、潏、沣诸水较近，可从东南、西南两个方向同时引水，使城市清水源源不断"⑤。汉长安城选择在龙首原北，隋大兴城和唐长安城与之相比，后靠了一段，实际上是落在了秦汉都城南面的上林苑范围内⑥，走势逶迤的龙首原地形便成为规建都城的

① 郦道元原注、陈桥驿注释：《水经注》卷 19《渭水》，浙江古籍出版社 2001 年版，第 298 页。

② 杨守敬等编绘：《长安城图·渭水篇》，《水经注图（外二种）》，中华书局 2009 年版，第 632—633 页。

③ 骆天骧撰、黄永年点校：《类编长安志》卷 7，原丘，龙首原下引，三秦出版社 2006 年版，第 197 页。

④ 马正林：《汉长安城总体布局的地理特征》，《陕西师大学报》（哲学社会科学版）1994年第 4 期，第 60—66 页。

⑤ 李令福：《隋大兴城的兴建及其对原隰地形的利用》，《陕西师范大学学报》（哲学社会科学版）2004 年第 4 期，第 43—48 页。

⑥ 侯甬坚：《周秦汉隋唐之间：都城的选建与超越》，《唐都学刊》2007 年第 2 期，第 1—5 页。

地形骨架，任由善于巧施建筑技艺的人员充分使用，甚至还可以在城市治安及军事防守方面发挥必要的地形作用。

开皇三年三月丙辰（583年4月15日），长安的上空降下雨来，隋文帝杨坚身着"常服入新都"，一个好的兆头是"京师醴泉出"，这些均为史官所记录①，此后的隋廷大小事务，就都转移到新建都城——大兴城里了。

（四）各种迁都理由的罗列分析

前耶鲁大学查尔斯·西摩讲座历史教授——已故的芮沃寿教授所撰写的《剑桥中国隋唐史》的隋朝部分，曾对隋初人们眼中的长安旧城给予了精彩的解说：

> ……杨坚在汉朝的古都夺得政权，那里经过许多世纪的分裂，曾经再三地被洗劫、焚毁和重建。在此期间，它成了许多短命王朝的国都，其中大部分（如北周）的统治皇室和社会精英为非汉族。此城不大，也不对称，已经古老和破落，饮水也带涩味；它充满了被杀害者的幽灵，也勾起了人们对连续的政治失败的回忆。②

论述至此，我们很愿意将前面已经谈到的隋初迁都意见，即那些使人可以感觉得到、看得见、说得出来的原因做一次罗列，目的是为进一步的分析提供叙述上的方便。

其一，旧城自汉以来，"凋残日久，屡为战场，旧经丧乱"，死人既多，阴魂不散，致使"宫内多鬼妖"，这些均为隋文帝杨坚所难以接受。

在开皇二年的"迁都宣言"中，借最高统治者之口所给出的"此城从汉，凋残日久，屡为战场，旧经丧乱"之理由，是极为重要的。过去的帝王都是心理作用极强的人，经过许多年的血肉拼杀和极力经营，他们终于登上了最高统治者的宝座，对于居住环境，只要有可能，主事者

————————
① 《隋书》卷1《高祖上》，中华书局1973年版，第18—19页。
② ［英］崔瑞德编：《剑桥中国隋唐史》，中国社会科学院历史研究所西方汉学研究课题组译，中国社会科学出版社1990年版，第76页。

上下都会顺着当时特别的心态和调子来求改变。

其二，旧城"台城制度"狭小，居住混乱，"宫阙之间，并有人家"，不合制度礼仪，不符合新王朝的气派，必须迁建新都予以改变。

"上素嫌台城制度迮小"的话语，是借太师李穆之口记录下来的，其内容也是真实可靠和弥足珍贵的。两汉之后经过魏晋南北朝时期，难记其数的战乱发生或波及到长安，这里的基本面貌其实尚不清楚，其空间的狭小、建筑的凋敝、人员的混杂、市面的不景气究竟到达什么程度，城市破败成什么样子，还需要予以研究厘清，但城市内（包括宫殿内）比较混乱应该是一种基本的情形。元人骆天骧《类编长安志》卷之二记"京城·隋唐·皇城"部分（此处"隋"字当去）曾云："自两汉之后，宫阙之间，并有人家。隋文帝以为不便于事，皇城之内，唯列府寺，不使杂人居止，公司有办，风俗齐肃，盖隋文帝之新意也。"[1] 如若遭遇到特殊情况下的突发事件，长安城的基础设施是否可以满足国都管理者的需要，起到应负的职责，这也是最高统治者不得不思考的问题。

这里涉及的是长安旧城的基本布局情况，对此，曾有学者评价说："汉长安城内部宫殿、官署、民居相互混杂的布置格局，从后世风水学角度考虑，是一个重大的失误，因为它与传统风水理论讲求外形方正、内部协调对称、等级分明的阳宅建造原则颇有差距。"[2]《类编长安志》所记，从行政管理的角度视之，是不堪使用、不便管理的，隋文帝杨坚的感觉是不能忍受，必欲予以改变方才平抑胸怀，那最彻底的解决办法就是迁移都址。正因为如此，杨坚在"迁都宣言"中就说到了，所谓"公私府宅，规模远近，营构资费，随事条奏"，朝廷对此决意拿出国帑，建造新的都城，以打消各级官员及有资产者的顾虑。

其三，旧城"经今将八百岁，水皆咸卤，不甚宜人"，这涉及所有居民的实际利益。

两汉魏晋南北朝长安城，其中为都的历史甚长，作为有行政建置的

---

① 骆天骧撰、黄永年点校：《类编长安志》卷2，京城，唐，皇城，三秦出版社 2006 年版，第 42 页。

② 吴宏岐：《汉长安城兴起与衰落原因的风水学解释》，《唐都学刊》1997 年第 3 期。本文又收为作者《西安历史地理研究》一书第 7 章第 1 部分（西安地图出版社 2006 年版，第 213—221 页），题目及注释有变动。

城市，这座城从公元前205年定为都城，到公元583年开始搬迁，共存在了780多年，常住人口总在数万数十万间，汲取井水和流入城中的河水，为城市居民的生活用水来源。按《汉书·五行志》载："元帝时童谣曰：'井水溢，灭灶烟，灌玉堂，流金门。'至成帝建始二年三月戊子，北宫井泉稍上，溢出南流⋯⋯"[1]，是借一些井泉上溢的自然现象，用以预示当时的某种社会现象，却在无意中记录下城中地下水位上升的事实。

长安旧城地处渭河一级阶地上，这里是地下水富水区，埋深一般在5米以内，含水层厚度大，分布广，补给来源充足。长安城西南方向的昆明池则处于二级阶地上，昆明池蓄水必然造成长安城地下水位的上升，有时会导致地表出水、泻卤为害的现象，影响城市居民正常的生活。新都大兴城亦地处渭河二级阶地上，这里也是地下水富水区，埋深一般在5—10米，少部分地区10—20米，潜水矿化度自南而北增大，河流沿岸有所减小，潜水下面的承压水也很丰富，局部地段形成自流水[2]。

除了地下水上升带来的溢水问题外，大量垃圾和粪便处理不了，又会形成另外一种极为严重的城市污染现象，尤其是夏季降水频发时节，在排水不畅的情况下，道路泥泞，污水四溢，给城市居民增添无尽的烦恼。

其四，渭河多沙，关东漕粮运输不便，时常造成"关内饥"之恐慌，直接影响到统治者管理国家的根基，移都可以促进新漕渠的开凿，保证漕运的通达。

在隋文帝杨坚本纪中，是在开皇四年（584）六月提到开渠通漕之事，在《隋书·食货志》里，是在开皇三年（583）提到长安粮食储存不足的情况。长安的粮食储存不足，向来是通过漕运的方式加以解决的，而漕运的路线大致分为两段：从关东产粮地运至潼关；再从潼关运至长安城。漕运事大，关系到京城统治集团及其民众人心稳定的问题，统治者对此都是不遗余力地加以促进的，只不过当时漕运中碰到的困难很大，往往还难以克服：

---

① 《汉书》卷27中之上《五行志》，中华书局1962年版，第1395页。
② 陕西师范大学地理系编：《西安市地理志》，陕西人民出版社1988年版，第145—150页。

开皇三年，朝廷以京师仓廪尚虚，议为水旱之备，于是诏于蒲、陕、虢、熊、伊、洛、郑、怀、邵、卫、汴、许、汝等水次十三州，置募运米丁。又于卫州置黎阳仓，洛州置河阳仓，陕州置常平仓，华州置广通仓，转相灌注。漕关东及汾、晋之粟，以给京师。又遣仓部侍郎韦瓒，向蒲、陕以东募人能于洛阳运米四十石，经砥柱之险，达于常平者，免其征戍。其后以渭水多沙，流有深浅，漕者苦之。四年，诏曰：

京邑所居，五方辐凑，重关四塞，水陆艰难，大河之流，波澜东注，百川海渎，万里交通。虽三门之下，或有危虑，但发自小平，陆运至陕，还从河水，入于渭川，兼及上流，控引汾、晋，舟车来去，为益殊广。而渭川水力，大小无常，流浅沙深，即成阻阂。计其途路，数百而已，动移气序，不能往复，泛舟之役，人亦劳止。朕君临区宇，兴利除害，公私之弊，情实愍之。故东发潼关，西引渭水，因藉人力，开通漕渠，量事计功，易可成就。已令工匠，巡历渠道，观地理之宜，审终久之义，一得开凿，万代无毁。可使官及私家，方舟巨舫，晨昏漕运，沿溯不停，旬日之功，堪省亿万。诚知时当炎暑，动致疲勤，然不有暂劳，安能永逸。宣告人庶，知朕意焉。

于是命宇文恺率水工凿渠，引渭水，自大兴城东至潼关三百余里，名曰广通渠。转运通利，关内赖之。诸州水旱凶饥之处，亦便开仓赈给。①

漕运的目的是非常明确的，即"以给京师"，漕粮运到京师的重大意义，在于保证帝王江山之"万代无毁"。当时"京都有龙首仓，即石头津仓也，台城内仓，南塘仓，常平仓，东、西太仓，东宫仓，所贮总不过五十余万"②，主要负责官员即为仓部侍郎。为了把漕粮运到仓库里，仓部侍郎韦瓒都被派到蒲、陕二州以东的地面上，募人（主要是水手）经过砥柱之险，把集中在洛阳的米谷运过来。

---

① 《隋书》卷24《食货志》，中华书局1973年版，第683—684页。
② 同上书，第674—675页。

漕运依赖水路，水路是建立在天然河流之上，关东至潼关一段水路，依赖黄河河道运输，尽管其间有砥柱之险，但河水之水量没有问题，可以在人力的支持下，将漕粮运至潼关。问题是从潼关至长安城一段，所借助的渭河河道，竟然是水力"大小无常，流浅沙深，即成阻阂"，难倒了当时的漕运之人。

开皇四年（584 年），杨坚亲自下诏来展现同臣属商议的一个结果①，那就是修建一条人工运河——漕渠，解决渭河水运中碰到的问题。诏书中将这么做的原因及其道理都讲得非常清楚了，不清楚的只有一处，即既然是"渭川水力大小无常"，在其河道南面大致并行再修一条漕渠，水力方面还是"西引渭水"，那么，渭河的水力到底能否支撑新修漕渠的运粮需要呢？

开皇四年六月壬子（584 年 8 月 3 日）这一天，是漕渠"开渠"的日子，其目的是"自渭达河以通运漕"②。具体的实施过程，是杨坚"命宇文恺率水工凿渠，引渭水，自大兴城东至潼关三百余里，名曰广通渠"。当时任用的开漕渠大监是原行军总管郭衍③，兼漕渠之役的是兵部尚书元晖④。既然渭河下游南岸有华州之广通仓，这条漕渠也就有了"广通渠"之名。这个广通仓的位置，有可能是靠近关东漕船上行后最便于转输的地点。

有关这条漕渠的情况，在上引《食货志》中最关键的一句话是"引渭水，自大兴城东至潼关三百余里"，这个大兴城东的位置在哪里呢？到了当年九月乙丑（10 月 15 日）这一天，隋文帝杨坚"幸霸水，观漕渠，赐督役者帛各有差"⑤，才使我们看出来，所谓"大兴城东"的位置就是与霸水（今灞河）河道的连接处。一年后，又有"改鲍陂曰杜陂，霸水

---

① 《隋书》卷60《于仲文传》记"上每忧转运不给，仲文请决渭水，开漕渠。上然之，使仲文总其事"（中华书局1973年版，第1454页），于此可见，军中将领于仲文竟然是此次开掘漕渠的建议者。

② 《隋书》卷1《高祖上》，中华书局1973年版，第21页。

③ 《隋书》卷61《郭衍传》，中华书局1973年版，第1469页。本传记曰：郭衍"部率水工，凿渠引渭水，经大兴城北，东至于潼关，漕运四百余里。关内赖之，名之曰富民渠"。

④ 《隋书》卷46《元晖传》，中华书局1973年版，第1256页。

⑤ 《隋书》卷1《高祖上》，中华书局1973年版，第22页。《隋书》卷24《食货志》，中华书局1973年版，第674—675页。

为滋水"的事情，均说明隋廷对灞河河道十分关注。

有学者提出"隋唐所开凿的漕渠都是对汉代漕渠的重开或疏浚，渠道和水源略有变迁，渠线基本上是一条。隋代的漕渠仓促开成，除把渠首向西延伸到咸阳县南十八里的兴成堰外，渠线和尾闾均未改动"[1]。据《食货志》所载，隋初开凿的漕渠，西起大兴城东，也就是起自灞水，再向东至于潼关。漕渠在大兴城东面的水源有二，一是开漕渠大监郭衍率领水工，开凿经大兴城北的水渠，引来的渭水，二是灞浐会合后的天然径流，可以引入漕渠里，增加漕渠的水量。三百余里的漕渠，沿线还要接纳来自秦岭北坡的诸多清凉之河水，泥沙极为有限，吃水却在逐渐加深，因之可以托浮起沉重的漕船，把粮食等物质运往国都大兴城。

最后，我们还是应当询问隋初新开漕渠的运输效果如何？《食货志》记述这方面的情况是令人满意的，即所谓"转运通利，关内赖之。诸州水旱凶饥之处，亦便开仓赈给"，似乎真是满足了关内各方面的需求，达到了杨坚诏书中所说的那些目的。然而，实情并没有这么理想。开皇四年九月乙丑杨坚到灞水旁观看漕渠的当月，他又"驾幸洛阳，关内饥也"[2]，这一次可以说是漕渠刚刚修成，时在秋季，漕渠内限于水位不高，还不能运载东面的漕船。即便是开皇四年之后，由于秋冬季节各处水源来水减少，仍旧会影响漕船的往来，只有夏季是抓紧漕粮运输的最好季节。再者，漕渠修通后，对漕渠本身的维护也是一项经常性的事务。

（五）结论

西安市龙首原北面的那座古城遗址，在许多场合已经被习称为"汉长安城遗址"了[3]。如果认为视此为一种简称，那是没有问题的，如果将其只是当作"汉长安城遗址"，那就与事实不符了。各种文献记录早已清楚地告知人们，这里是"两汉魏晋南北朝长安城"，甚至连隋文帝杨坚坐

---

① 马正林：《渭河水运与关中漕渠》，《陕西师大学报》（哲学社会科学版）1983 年第 4 期，第 91—102 页。

② 《隋书》卷 1《高祖上》，中华书局 1973 年版，第 22 页。

③ 西安市文物局、西安市汉长安城遗址保管所：《汉长安城遗址》（The Site of Chang'an City of Han Dynasty），地址：西安邓六路。这是一份用来散发的遗址介绍册。

上隋朝皇帝宝座的头两年，也是在这座老城里发号施令的。

　　本文通过隋初长安城之零星记录，试图尽量勾勒出当时还存在的宫殿、城门、社庙及朝堂，这样初步的工作距离展现长安旧城的面貌还差得很远，其本身却是有意义的，今后自当继续加以充实。又根据当时极为秘密的有关迁都事项的议论，我们基本掌握了隋文帝杨坚与其近臣有关迁都的各种想法，对于新址的位置及其如何被选定的问题展开了讨论，在古人的"八水绕长安"、前人的"西安小平原""关中核心区"等表述的基础上，从地形地貌上做出了一个关于"龙首山基座"的新判断，期待着对龙首山和两个长安城相互关系的认识不断加深。

　　罗列隋初高层政治层面提出的各种迁都理由，可分为下列四个方面：①旧城自汉以来，"凋残日久，屡为战场，旧经丧乱"，死人既多，阴魂不散，致使"宫内多鬼妖"，这些均为隋文帝杨坚所难以接受；②旧城"台城制度"狭小，居住混乱，"宫阙之间，并有人家"，不合制度礼仪，不符合新王朝的气派，必须迁建新都予以改变；③旧城"经今将八百岁，水皆咸卤，不甚宜人"，这涉及所有居民的实际利益；④渭河多沙，关东漕粮运输不便，时常造成"关内饥"之恐慌，直接影响到统治者管理国家的根基，移都可以促进新漕渠的开凿，保证漕运的通达。

　　总而言之，隋初的迁都形势是各种因素都在起作用，以致这些因素形成了一种合力，促使着隋初迁都政治活动的完成。就迁都本身的过程而言，可以算是一次近距离、低成本、快节奏的政治运作，动作不算大，做得很成功。按迁都的步骤考察，初期是以杨坚本人的心态为主，其臣属也发表了一些具体意见，从隋廷迁移后的若干政治活动及其部署来考察，汇集渭河、灞河水量于新都大兴城东面，汇入新开漕渠以提高水位，增强水力，保证关东的漕粮运输至国都，或许是触及隋初迁都之举的一个潜在动因。

国都区位论

——以长安都城的政治地理实践为例证*

摘要： 本文以古代长安都城为研究例证，尝试探讨国都区位论的问题。首先论述了将区位论引入古代都城研究中的前提条件，之后分作三步，依次探讨了如何在全国选择稳妥的建都区域、如何在建都区域内确定合适的都址及采取有效方式弥补都址之不足，最后则勾勒出古代条件下国都区位论的建构要领。

关键词： 国都区位论；关中地区；长安城；政治地理过程

在地理或经济学说史上，一般均以 1826 年德国经济学家约翰·冯·杜能（Johann Heinrich von Thünen）《孤立国同农业和国民经济的关系》的出版①，作为区位论产生的一个标志。到 1909 年，又一位德国经济学家阿尔弗雷德·韦伯（Alfred Weber）撰写的《工业区位论》出版②，成就了德国农业、工业区位论之双璧。再到 1932 年，极富探索精神的沃尔特·克里斯塔勒（Walter Christaller）在德国埃尔兰根大学完成博士学位论文《德国南部的中心地》，其副标题"关于具有城市职能的聚落的分布

---

* 黄留珠、贾二强主编：《长安学研究》第一辑，中华书局 2016 年版，第 53—65 页。

① 今见商务印书馆"汉译世界学术名著丛书"中的约翰·冯·杜能所著《孤立国同农业和国民经济的关系》（吴衡康译，1986 年版），系由 1826 年原版（第一卷）、1850 年续写部分（第二卷）所组成，参阅吴易风《评杜能的〈孤立国〉》，见该书中译本卷首，第 4 页。

② 《译者前言》叙述 1909 年出版时书名为《工业区位论纯理论》，见阿尔弗雷德·韦伯：《工业区位论》，李刚剑、陈志人、张英保译，商务印书馆，2011 年版，第 1 页。

和发展规律的经济学—地理学考察"①，更清楚地表达了这篇论文的研究性质和方向，足见德意志民族在探索事物发展规律方面所抱有的兴趣和素养。

较早将区位论引入中国的人士，留英学者任美锷先生是其中一位，系在他提出的"建设地理"里面予以介绍和运用②。1942 年 2 月 18 日，在重庆出版发行的《大公报》上，留英地理学者沙学浚发表《地位价值》一文③，涉及一国之首都的位置价值问题，具有一定的区位论色彩。1946 年 5 月 5 日，当国民政府迁回南京之前，学界和社会上曾有过非常激烈的选建都城问题的讨论④。当年 12 月 10 日，倪志书在《中央日报》上发表的《中国古都区位论》一文，先从历史地理角度分析中国历史上五大古都之利弊，然后认为当下的中国，设立南京（首都）、西安（陪都）、北平（陪都）三都较合理，理由是在中国历史上，凡属真正统一全国的王朝，其首都均在以此三都为顶点的等边三角形之上，否则其国势颇多偏安之嫌，不能相互顾及，向社会各界提供了采用区位论思想做出的分析结论。

若就德国区位论思想产生的时代背景而言，的确是在现代资本主义经济生产过程中，为阐发生产要素布局特征和追求有效利润目的而做出的经济学分析，那么，这样具有浓郁经济地理色彩的理论可否或如何在古代国都选址过程中加以运用和认识，还是需要在一个相对规范的研究框架中展开和进行。

1984 年 9 月，中国大百科全书地理学卷内的《人文地理学》分册应

① 张大卫：《克里斯塔勒与中心地理论》，沃尔特·克里斯塔勒《德国中心地原理》"代序"，常正文、王兴中等译，商务印书馆 2010 年版，第Ⅶ页。

② 任美锷（1913—2008），浙江宁波人。1934 年毕业于中央大学地理系，1939 年获英国格拉斯哥大学博士学位。1939—1942 年在浙江大学任教，在抗战艰苦条件中写作著作，1946 年在重庆的商务印书馆出版《建设地理新论》，里面介绍了韦伯的工业区位理论和杜能的农业区位理论。参见《任美锷地理论文选》，商务印书馆 1991 年版，第 35 页。

③ 据作者注记，原载《大公报·战国》上的文章题目为《地位价值》，后来收入沙学浚自著《地理学论文集》（商务印书馆 1972 年版）之首篇，改动文章题目为《位置价值》，文中的表述也一律改为"位置价值"，这反映了作者对"位置"这一概念的重新认识。

④ 当时出版的书籍有张君俊著《战后首都之研究》，国都研究会 1944 年版；独立出版社资料室编《建都问题论集（附历代建都议）》，独立出版社 1944 年版。

社会各界之急需，破例率先安排面世，给学人们带来了一个意外和警醒，其中的"政治地理学"条目之下排列着"行政区划""领土""地缘政治学"三个词条，却无"国都"或"首都"这样的词条①，在相当程度上反映了国都研究资料的缺乏，更深层次的原因则是现实中的国都研究远不如历史上的国都研究方便易行。

本着学术探讨的目的，本文谨以汉至唐时期长安都城的政治地理过程为例证，做一次区位论指导下的尝试性研究，甚望得到有识者的指教。

（一）将区位论引入古代都城研究中的前提条件

但凡区位论思想者展开分析工作的一个基本前提，是需要预先做出一个假设条件，那就是将研究场所假定为一个内部均一的地理表面。如果不是这样做，用于展开种种生产活动的场所——将是充满差异性的地表形态，不利于开展具有理论推导意义上的专门分析。再就是社会生产活动本身，如果不是按照较为理想的状态和模式展开，面对"政出多头"、纷繁复杂的经济行为及其表现，势将难以得到运用数学原理那样的一般性分析结果。这样一种旨在寻求经济活动规律的研究路径，应当理解为近代科学产生之后在阐释复杂自然事物演变过程中，运用技术方法所推导出来的一种有效工作方式。

1826 年出版的德国经济学家杜能著作《孤立国同农业和国民经济的关系》一书，第一章题为"孤立国的形成"，其第一节即为"假设条件"部分，所包含的全部论述文字如下：

> 今假设有一个巨大的城市，坐落在沃野平原的中央，那里没有可以通航的自然水流和人工运河。这一平原的土地肥力完全均等，

───────────────

① 中国大百科全书总编辑委员会《地理学》编辑委员会人文地理学编写组、中国大百科全书出版社编辑部编：《中国大百科全书·地理学·人文地理学》，中国大百科全书出版社 1984 年版，第 208—212 页。"政治地理学""地缘政治学"词条系由人文地理学家、南京师范大学地理系李旭旦教授撰写，"行政区划""领土"词条系由上海辞书出版社赵书文编辑撰写。

各处都适宜于耕作。离城市最远的平原四周，是未经开垦的荒野。那里与外界完全隔绝，我把它称作孤立国。

这一平原除一个大城市外，没有别的市镇，亦即是，这个城市必须供应全境一切人工产品，而城市的食品则完全仰给于四周的土地。

供应整个国家所需的金属和食盐的矿山和盐场，假设就在中央城市附近。我们所写的这个城市是唯一的一个城市，后文中我们直接称它为城市。①

这一段文字假设的内容很多，首先是与外界处于完全隔绝状态的平原，然后是一个被限定存在的"巨大的城市"，以及由城市向全境供应人工制品、全境向城市供应食品的理想运输方式，与农业有别、却为"整个国家所需的金属和食盐的矿山和盐场"被假设在了城市附近，而全境的人口在文字中则被隐含在全境的土地上，分布会很均匀。这就是"孤立国"的形象特征，其设计者为杜能。

在韦伯撰写的《工业区位论》著作中，第二章题目是"简化问题的假设"，第一节的题目为"原料基地、消费基地和劳动力基地的假设"，里面这样论述：

……我们假设，通过我们的分析过程，某些事实确实存在并独立于分析过程。对这种孤立的事实有了理解之后，我们将全面引入因果机制，即着手研究较为透彻的孤立数据，分析数据产生的变化。

在这种方法基础上和在下列限制性的假设下，进一步分析工业指向。

1. 我们假设原料的地理基础是给定的……

2. 消费层圈的地理属性暂时也看成是给定的现象……

3. 最后，我们不涉及工业劳动力基地的流动……

其他假设和简化将因需要随时退出，但伴随我们的所有假设只

① ［德］约翰·冯·杜能：《孤立国同农业和国民经济的关系》，吴衡康译，商务印书馆1986年版，第19页。

是为了寻求捷径。只有刚才提到的三个简化问题的假设贯穿全文，且构成我们纯理论建立的根源。①

工业相比农业，占地和受自然因素的影响减少了，所涉及的事项却多而复杂，原料、生产和销售三大基本要件牵扯了更多的社会要素，人员、原料和产品的流动加大了整个社会的搅动状态，若与杜能创立农业区位论的情形相比，韦伯创立工业区位论的技巧却更成熟了，因之做出的是"简化问题的假设"，指导着他本人展开卓有成效的工业区位论的论证分析。

在前人不断深化探讨的基础上，20 世纪 30 年代的克里斯塔勒孜孜以求，终于对"具有城市职能的聚落的分布和发展规律"做出了独到的研究结果，在论证中他对"中心地理论"的六边形体系给出了解析几何学为依据的完满解释：

> ……如果一个地区由一个完全均等的中心地网络提供服务，从而使这类中心地的存在既不太多也不太少，也不存在未供应到的部分，那么，相邻的中心地必定相互等距分布，并且只有当这些中心地位于由 6 个等边三角形构成的六边形顶点时，才会出现这种情形。②

被克氏观察到的"完全均等的中心地"，实为六边形体系存在的基础，一旦被作为模式认识以后，对于实际工作就会有非常明显的指导作用。对此，一个极为清楚简洁的评价意见就是："中心地理论提供了一套综合方法去理解人类居住的空间组织，尤其是商品和服务消费的场所。"③这套空间组织原本就是存在的，结果却被自然地理的差异性和纷繁的社

---

① ［德］阿尔弗雷德·韦伯：《工业区位论》，李刚剑等译，商务印书馆 2011 年版，第 53—55 页。

② ［德］沃尔特·克里斯塔勒：《德国中心地原理》，常正文等译，商务印书馆 2010 年版，第 89 页。

③ 伊丽莎白·伯恩斯：《蜂窝状的正六边形结构：中心地理论》，收入苏珊·汉森编《改变世界的十大地理思想》，肖平等译，商务印书馆 2009 年版，第 186—209 页。

会现象所笼罩，在地图上和地面上都不容易察觉出来，幸而有克氏的独到眼光而被辨识出来，可见区位论学说在观察和解释社会现象方面所具有的独到之处。

那么，究竟什么是区位论呢？按照区位论的词义来源，在德文中为"location"，英文中为"Location Theory"，即定位置、场所之意，日文译为"立地论"，中文则译为"区位论"。随着人们的认识加深，早已给出了有关"区位论"的定义，其中之一为："区位论（Location Theory）或称区位经济学、地理区位论，是关于人类活动、特别是经济活动空间组织优化的学问。"① 作为区位论的核心内容，这个定义表达得很清楚，即地球表面展开的各种人类活动都可以应用区位论思想和方法。

如前所述，区位论思想者展开分析工作的一个基本前提，是需要预先做出一个假设条件，那就是将研究场所假定为一个内部均一的地理表面。在中国古代典籍中有无这样的思想表露呢？有的，先秦时期问世的《尚书·禹贡》中，就有五服区域的划分，这被研究者称为"五服结构"②。《禹贡》原文云：

> 五百里甸服：百里赋纳总，二百里纳铚，三百里纳秸服，四百里粟，五百里米。
>
> 五百里侯服：百里采，二百里男邦，三百里诸侯。
>
> 五百里绥服：三百里揆文教，二百里奋武卫。
>
> 五百里要服：三百里夷，二百里蔡。
>
> 五百里荒服：三百里蛮，二百里流。

五服结构图是以"王城"为中心③，按照甸服、侯服、绥服、要服、荒服顺序呈正方形层层环绕"王城"，每一服一边的地面宽度为五百里，

---

① 杨吾扬：《区位论原理——产业、城市和区域的区位经济分析》"绪论"，甘肃人民出版社1989年版，第1页。

② 王小红：《宋代〈禹贡〉学研究》，吉林人民出版社2011年版，第94—103页。

③ 对于这个政治中心的表达，《史记·夏本纪》司马迁的用语是"令天子之国以外五百里甸服"，《集解》引孔安国语为"为天子服治田，去王城面五百里内"；《汉书·地理志》引述《禹贡》，师古注曰："规方千里，最近王城者为甸服。"均断定五服所围绕的是一个政治中心。

东西或南北贯通均为千里（不计"王城"面积），此图形故而有"四面方五千里"之谓。本文判断此种五服结构图包含有多个区位论特征：

（1）通过假设方式，进行整体规划，展现出国家管理和治理模型。以"王城"为中心，五服的划分整齐划一、功能清楚、地面宽度相等，实际生活中并没有这样理想的情况，只能是撰述者通过假设的方式产生。这样的结果，表明其假设前提为四面的地理条件均一，也包括上述《孤立国》所述的"土地肥力完全均等"这样的内容。

（2）首先划出专供"王城"所需物质的农业地带。甸服为第一个方形圈层，清人胡渭《禹贡锥指》所释："五千里之内，皆供王事，故通谓之服，而甸服则主为天子治田出谷者也。"①甸服之内的五个带（每带宽度一百里），规划由近及远分别为"王城"提供收割下来的庄稼（禾，人畜皆用）、禾之穗（供人食用）、禾之秸（牲畜饲用）、粟（谷子）、米（稻谷），考虑到了受路程和运输能力因素影响的成本及效益问题。

（3）供给"王城"农业地带之外其他功能地带的划分，共同构成国家职能的运作空间。甸服之外的侯服、绥服、要服、荒服，虽非"王城"粮食、饲料等物质的供应地，却是国家力量的组成部分，国家安全的政治保障，这些地方分别为诸王男爵食采、诸侯享国的地带，掌管教化、警戒防御的地带，边远蛮夷居住及迁移的地带，还有流放犯人的地方。

五服制度及其结构图有其现实生活中的依据或来源，这套图式本身却是一个假设模型，而且是围绕政治中心——"王城"来假设的，说明这一点的意义在于，中国古代历史上的政治实践活动很早就开始了，内涵也相当丰富，曾被许多很有见识的人所关注，并加以概括总结书写和遗留给后世。《禹贡》的著作时代及作者的问题②，说法较多，采用战国时代成书这一较晚的说法，时限已比较接近秦统一全国这一重大历史事件了。

---

① 胡渭著、邹逸麟整理：《禹贡锥指》卷19，上海古籍出版社1996年版，第665页。
② 参阅王小红《宋代〈禹贡〉学研究》第2章第1节"《禹贡》成书论"，第39—47页；刘起釪：《〈禹贡〉作者》，谭其骧主编《中国历代地理学家评传》第一卷，山东教育出版社1990年版，第1—6页。

（二）第一步：如何在全国选择稳妥的建都区域

在政治地理学中，国都对于一个国家而言，是政治中枢所在地，是向全国发号施令的地方，其重要性异常显著，这种重要性自然是贯穿于国家历史之始终，无论何时，都具有牵一发而动全身的作用和敏感性。

对于大多数国家来说，选建国都甚至是同这个国家的建立同时进行的。如果这个国家所拥有的疆域范围广大，就意味着国都选建过程当有极为丰富的内容；如果这个国家的面积并不大，也并不因此而缺乏选建国都方面的实际内容。

然而，选建都城之事项属于军国大计，在政权建立伊始开始考虑的这件事，基本上是有关人士在秘密进行，对外讳莫如深，因此之故，其过程在文献中被记录下来的内容偏少，研究者也就难以拥有较为直接的资料，这是一个基本事实，而且时代越早这种情况越明显，在研究中需要另辟蹊径，予以通解。

事实上，在积累已相当丰厚的中国古都研究领域，与区位论有关的研究，时常总是围绕国都选建过程和内容展开的，应该说这是由区位论的性质所决定的。对于现代地理学和经济学来说，区位论是关于人类活动、特别是经济活动空间组织优化的学问，但这些人类活动总会有一个什么时候开始的问题潜藏于其中，历史学者来考虑它时，就会自觉地追根溯源，将它从历史深处发掘出来，做法是依照历史过程将它尽可能地复原展示出来，并做出历史地理学或古都学的分析判断。于是，这里也就基本表明了何以国都选建的问题，会是有关国都的历史政治地理研究的一条重要考察路线之缘由。

1986 年，笔者在陕西师范大学历史系工作时，曾收到北京市社会科学院历史研究所惠寄的会议邀请函，通知考虑撰文参加当年冬季在杭州举行的中国古都学会年会，至会期召开时，笔者便将刚撰写好的《中国古都选址的基本原则》一文托人捎至杭州会场（一捆百份油印稿），两年后方收到正式出版的会议论文集①。

笔者撰写《中国古都选址的基本原则》一文的初衷是重在归纳，因而全文归纳出了区域中心地、内制外拓、故地人和、因地制宜四个原则。在区域中心地原则一节的论述中，是将中国古代"择天下之中而立国"的思想与克氏的中心地学说（Central Place Theory）相向而论，认为古代中国的区域中心地思想初级且理想，另外在次级区域的都城选址中亦可得到实现②。

由于一直在西安生活和工作的缘故，在史念海先生所倡导的古都学学术研究活动中，笔者主要以长安都城作为观察和研究对象。至2000年11月，为《陕西历史博物馆馆刊》撰写的《定都关中：国都的区域空间权衡》一文发表③，由于持有将国都定位看作一种区域空间现象，将区位论、博弈论引入历史政治地理中的国都定位研究之中的看法，因而在思考中试图走出"就都城论都城"的形式，进入更大的思考空间。

该文从西汉王朝择都之始立论，分析汉初关西、关东和楚越三大地区并列形势下，关中在更大范围内拥有的区位优势，当时刘邦君臣系从全国多个关键区域中权衡后定都关中，是基于全国的区域格局所做的高超的空间权衡。按照政治地理的框架内容，国都定位后存在对内安全、对外发展两种空间指向，考察汉唐历史的结果表明，关中可谓中国古代建都史上区域空间权衡之极选。

关于国都选择的步骤，该文论述为："这种先在全国范围内确定某一区域（地区），再从中确定都址的做法，集中表明国都定位属于一种区域

────────────────

① 侯甬坚：《中国古都选址的基本原则》，中国古都学会编《中国古都研究》第4辑，浙江人民出版社1989年版，第37—53页。撰写此文时参考的区位论资料主要是《中国大百科全书·地理学·人文地理学》"中心地学说"词条，北京/中国大百科全书出版社1984年版，第187—191页。该文在接受审阅期间，曾得到北京市社会科学院历史研究所徐丹俍同学的指点和帮助，在此谨致谢忱。

② 有助于说明这一点的论著，为龚胜生所著《论我国"天下之中"的历史源流》[《华中师范大学学报》（人文社会科学版）1994年第1期，第93—97页]，该文又收入作者所著《天人集：历史地理学论集》一书（中国社会科学出版社2009年版，第210—218页），书中作者为各部分增加了标题。

③ 侯甬坚：《定都关中：国都的区域空间权衡》，《陕西历史博物馆馆刊》第7辑，2000年版，第144—151页。又收入《历史地理学探索》第二集，中国社会科学出版社2004年版，第365—381页。

空间现象，是一种基于当时的区域格局所做的高超的空间权衡。"对于一个新王朝的定都过程，一般著作的论述都比较简略，如《中国历史纲要》对汉初的介绍，"公元前二〇二年，刘邦称帝（即汉高祖），建立起历史上著名的汉王朝。初都洛阳，旋迁长安"①，即刚刚从战火中走出来的军事集团，急于选择一地作为都址，一旦选定就成为历史事实，多不询问其中还有基于全盘格局的细致而周密的政治地理构建内容，这就影响到人们的思考判断。

关中一词在文献里的出现，据史念海先生《古代的关中》一文②，较早是在《战国策·秦策四》。这一条史料名为"顷襄王二十年"（前342年），记楚人黄歇游说秦昭王的事迹，最后的表态是如果听从了他的"善楚"之策，秦国一旦东向，就会出现"韩必为关中之候""魏亦关内候矣"的情况③。这里所说的关中，可以说是秦国的一种指代了。而后关中一词的使用在逐渐增多，如《史记·秦始皇本纪》中的"关中大索二十日""关中计宫三百，关外四百余"等，至秦末二世亡，其兄子公子婴被立为秦王，子婴曾说"吾闻赵高乃与楚约，灭秦宗室而王关中"。至于秦末农民起义之后的楚汉战争④，天下更是风起云涌，战事不绝，连续五年，待汉王刘邦战胜项羽集团后，方才有所安宁。

正是在汉王五年（公元前202年）正月甲午，刘邦"即皇帝位汜水之阳"，确定"都洛阳，诸侯皆臣属"，至五月，"高祖欲长都洛阳，齐人刘敬说，及留侯劝上入都关中，高祖是日驾，入都关中"，情形可谓急转直下。至"六月，大赦天下"⑤，国事初定。娄敬（刘敬）、张良向高祖建言中，说尽了放弃洛阳、选建关中的理由，地区用词有秦地、秦中和关中，皆不及具体地点（都址），最清楚地显示了选建国都的第一个步骤

① 尚钺主编：《中国历史纲要》，人民出版社1980年版，第47页。
② 史念海：《古代的关中》，《河山集》，生活·读书·新知三联书店1963年版，第28页。
③ （西汉）刘向集录：《战国策·秦策四》（上），上海古籍出版社1985年第2版，第256页。"关中之候"或"关内候"之"候"，南宋鲍彪、姚宏本子均解释"为秦察诸侯动静也"，值得注意。
④ 有关楚汉战争的图件，可参阅郭沫若主编《中国史稿地图集》上册，"楚汉战争（前205—前202年）"，地图出版社1979年版，第27—28页；程光裕、徐圣谟主编，张其昀监修：《中国历史地图》下册，"楚汉纷争图"，中国文化大学出版部1984年版，第97—98页。
⑤ （西汉）司马迁：《史记》卷8《高祖本纪》，第379—381页。

就是先选择一个稳妥的建都区域，这符合秦统一后疆域广大区域的区位优势不尽一致的事实。关中一词有广义、狭义两种用法，这里使用的是狭义的用法，如同司马迁在《史记·货殖列传》里所云："关中自汧、雍以东至于河、华。"具体所指的是渭河下游平原的范围，后世习称为关中平原。

这样着眼于全国可控地域选择出来稳妥的建都区域，之后再在该区域内确定都址的做法，可以概括为"两步走"的操作方式。西汉初期汉高祖君臣的择都实践，在历史上第一次较为清晰地展现了这一过程。对于这种实践活动，笔者于 2007 年曾做过一次归纳，具体表述为：

> 一个王朝的疆域范围有大有小，只要是择都，无论其版图大小，都有一定的选法。从选建都城的步骤来说，是分为"两步走"：第一步是先在全国有效控制范围内选择最合适的区域；第二步是在选定的区域内再来确定都城位置（实际上是某一地点）。第一步属于战略选择，体现的是国都定位的空间权衡能力；第二步为综合性的技术选择，体现的是因地制宜的判别技艺。排比择优，是其中最主要的博弈要领。①

在国都选择的政治地理实践中做出的上述归纳，理应看作古代区位论思想的一种表现，这样的基于当时历史条件下的政治地理实践活动及其表征，是否在西汉之后，乃至近现代历史上和世界历史上也是这样，值得予以关注和探究。

近读沙学浚先生于 20 世纪 30 年代发表的另一篇文章《中国之中枢区域与首都》，针对当时条件下国民政府的选建国都问题，发表了非常清楚的看法："本文根据历史与地理两个因素，确定新首都应在何区域，再就国策与力源两个因素，确定新首都应在何都市。"对于"力源"一词，作者还专门解释到："力源（Basis）借用自克劳什兹之《战争论》一书，在本文里表示一国或一个政治势力的首都之选定，主要着眼于力量策源

---

① 侯甬坚：《周秦汉隋唐之间：都城的选建与超越》，《唐都学刊》2007 年第 2 期，第 1—5页。

地所在之区域。首都建于该区之中央或其不远的附近，不但感到安全，而且便于接应与运用。"① 这里提出的"力量策源地所在之区域"，正是本文这一部分所述的"稳妥的建都区域"，这是所指出的"力量策源地"，自然属于中国人文地理学家颇具学术意味的一种新表达。对此，我们若执意于"力量"一词内涵的分解，则会有人力、物力、财力和武力各项产生，若对国都的政治主导因素予以充分的辨析，则会在行政力之后再识别出决策力这两种相关而有别的机体素质，若对国都所在的地理位置加以参详，则会有地利方面的因素时隐时现，如若对一国之都之不足之处实施积极的补救，则会有分项的或综合的建设力体现出来，这种建设力持续不断地坚持，才会产生使全国上下瞩目和效法的首善之区。

（三）第二步：如何在建都区域内
确定合适的都址

在阐述选建国都的第一步之后，有时会感觉到第二步难以细述，主要原因在于资料缺乏。以西汉史实为例，上述《史记·高祖本纪》记载"高祖是日驾，入都关中"内容，车马人众先到达渭北之栎阳，就有了建都渭河南岸长安的消息，文献资料中却并没有在关中地区如何选定长安这一地点的信息，仅知这里有秦朝的一个离宫（兴乐宫），长安为一个乡名，后人对此所做的解释就很多了②。

据《三辅黄图》记载，汉朝政府是在秦兴乐宫基础上建立了长乐宫，"高皇帝始居栎阳，七年长乐宫成，徙居长安城"③。从此例可以透视秦咸

---

① 沙学浚：《中国之中枢区域与首都》，原载《大公报·星期》1943 年 12 月 19 日，后收入《地理学论文集》，商务印书馆 1972 年版，第 136 页。时隔 70 年来审视"力源"一词的表达，自然显得不太习惯。当时所译的克劳什兹即克劳塞维茨，克劳塞维茨《战争论》新译本对此做出的"主要的精神力量"表述，当然更容易理解一些。至于沙学浚先生将"力源"一项置于第二个步骤来考虑，还是让人难以理解，因为这本身属于第一个步骤的内容。

② 参阅佐藤武敏《长安》（日本近藤出版社 1971 年版）；高兵兵中译本，三秦出版社 2013年版）、刘庆柱、李毓芳《汉长安城》（文物出版社 2003 年版）；王社教《汉长安城》（西安出版社 2009 年版）；徐卫民《秦汉历史文化研究》（中国社会科学出版社 2010 年版）等论著。

③ 陈直：《三辅黄图校正》，陕西人民出版社 1980 年版，第 33 页。

阳、汉长安之关系。若往前提出秦始皇夜出逢盗兰池之事[1]，《正义》引《秦记》的记述是："始皇都长安，引渭水为池，筑为蓬、瀛，刻石为鲸，长二百丈。"意即这里就是始皇逢盗之处，但"始皇都长安"的表述，反映长安作为秦朝一处小地名（乡聚），不仅就在咸阳旁，而且还是有一些人知道的。

最具有参考价值的信息资料只能是秦国、秦朝和秦汉之际的政治地理内容，及刘邦集团对关中地区山川及外围形势的认识水准。还是汉王五年五月间，楚汉战争已经基本过去，刘邦在洛阳南宫摆下酒宴，让列侯诸将直言，"吾所以有天下者何？项羽之所以失天下者何？"[2] 这反映出刘邦是把项羽作为自己最主要的对手，而不是刚刚灭亡年头不多的秦朝。但是，秦始皇的时代离汉初并不远，秦始皇的形象和作为还在散发着最大的影响，欲以确立新建王朝的长谋远虑和稳固江山，还必须参考秦朝遗留下来的诸多遗产。秦始皇立都咸阳，他的军队一批批从关中地区出发，逐一剪灭山东六国的史实，留在人们脑海中的印象太深了，比秦始皇年龄仅小三岁的刘邦，是把秦朝不事分封的做法当作最主要的教训加以汲取，他的统治集团则把秦国许多制度给继承下来。在都城选择方面，刘邦听取的刘敬、张良等人的建言关中之策，是积秦朝统一和治理天下的经验教训而成，事关重大，故而迅即将都城选在了秦地关中，将都址确定在靠近秦都咸阳的东南方向的秦朝兴乐宫位置上，经过高祖、吕后、惠帝几个时期的营建，终于建立起了西汉一代名都——长安城。

魏晋南北朝时期的长安城并非乏善可陈，都城史在这一动荡不宁的时代里还在间断延续之本身，就是一个可以集中考察的论题。长安城随着这些朝代的政治生活、民族关系和社会关系有着一些缓慢的变化或改变，但都没有影响这个城址位置的变动，反映出长安城作为都址存在的稳定性，更反映出这一个时代总的政治形势和经济格局也是处于一个大致稳定的时期。因此之故，公元581年（开皇元年），就连隋文帝即位，也是在长安城的北周之临光殿举行的。

紧接着，文帝开皇二年（582年），朝廷公布了迁都诏令，告知臣民

① （西汉）司马迁：《史记》卷6《秦始皇本纪》，第251页。
② （西汉）司马迁：《史记》卷8《高祖本纪》，第380—381页。

已经建都七百多年的长安旧城行将被放弃，国都就近挪至龙首原南面新定的都址——大兴城城址。由于朝廷官府正史文化的进步，当时又处于政局较为稳定的时期，隋初的这次迁都活动就成了一个可以就近考察都城选址细节的机会，2011 年，笔者为此撰写了《隋初长安城政治生活片段——以迁都之举为中心》一文①。

该文依据隋文帝杨坚及参与商议官员的事迹，还有隋代一些背景文献，列出了曾经被提出甚或讨论过的迁都理由，计有：（1）旧城自汉以来，"凋残日久，屡为战场，旧经丧乱"，死人既多，阴魂不散，致使"宫内多鬼妖"，已为文帝所难以接受；（2）旧城"台城制度"狭小，居住混乱，"宫阙之间，并有人家"，不合制度礼仪，不符合新王朝的气派；（3）旧城"经今将八百岁，水皆咸卤，不甚宜人"，反映许多居民的实际利益；（4）渭河多沙，关东漕粮运输不便，时常造成"关内饥"之恐慌，直接影响到统治者管理国家的根基，移都可以促进新漕渠的开凿，保证漕运的通达。对于龙首原南麓新址的评价，迁都诏令的原话是"龙首山川原秀丽，卉物滋阜，卜食相土，宜建都邑，定鼎之基永固，无穷之业在斯"。笔者总的看法是，隋初的各种因素形成了一种合力，促使着迁都政治活动的完成②。就迁都本身的过程而言，可以算是一次近距离、低成本、快节奏的政治运作，动作不算大，做得很成功。

隋初迁都后，从隋大兴城到唐长安城，从公元 582 年到 904 年（唐昭宗天复四年），龙首原南麓这一新的都址又使用了三百余年之久，这期间的延续、维持和坚守，何其辉煌夺目而又何其举步艰难，乃长安都城史上极其重要的篇章，还需要付出更多的力量加以研究分析。

———————————————

① 侯甬坚：《隋初长安城政治生活片段——以迁都之举为中心》，北京大学中国古代史研究中心编《舆地、考古与史学新说——李孝聪教授荣休纪念论文集》，中华书局 2012 年版，第 431—442 页。

② 对于隋初之迁都，妹尾达彦先生所撰《汉长安故城与隋唐长安城》一文（北京大学中国古代史研究中心编《舆地、考古与史学新说——李孝聪教授荣休纪念论文集》，中华书局 2012 年版，第 272—286 页），介绍了一种值得注意的学术观点。即隋朝建国时，突厥乘中原王朝发生争执分裂之机，屡次入侵黄土高原，形成紧迫的军事形势，"让人不得不认为是隋文帝放弃以前的旧长安城内的宫殿区，而在旧长安向东南扩展的丘陵地带仅用了 9 个月的短暂时间建造了强化防御机能的新都城的第一大要因"（见第 273 页）。

（四）第三步：采取有效方式弥补上述都址之不足

西汉初年，刘邦集团定都原秦国乡邑长安后，在这里面临的一个极为严重的问题——当地人口数量太少，不敷使用。对此，《汉书·刘敬传》传主说得很清楚，"今陛下虽都关中，实少人……"修建长安城的劳力，是靠征集"长安六百里内"十多万人，经过好多年分批劳作，才逐渐建起了长安城的城墙城门和宫殿。

接续秦朝的统治权力后，新兴西汉王朝的政治抱负逐渐增强。在实行"强干弱枝"策略（《汉书·刘敬传》谓之"强本弱末"）中而展开的移民活动，计有强制迁移关东或更大范围的贵族和富商到关中居住、采用减少或免除赋税的方式吸引外地人到关中居住、利用都城的政治优势吸引官员到关中居住等多种途径，针对不同性质的人群，采用不同的徙入方式，而特殊政策所起的吸引和调控作用，尤为引人注目。20 世纪 80年代，葛剑雄先生所做西汉"关中的人口迁移"专题研究，认为关中人口增长的方式，主要是依靠"徙陵县"途径，从关东徙入关中的人口，累计数近 30 万，到了西汉末年，在关中的关东移民后裔已有约 121.6 万人了。[1] 前期以人口的机械增长方式为主，至后期则收到了自然增殖的效果。而在此之前的佐藤武敏先生的研究，已经将以长安城为中心的人烟稠密和繁荣起来的地方，称之为围绕长安城的都市圈、卫星城了，并称赞西汉都城为"大长安"。

汉初，汉高祖刘邦曾发出"安得猛士兮守四方"之感慨，担忧军队数量不足，而随着徙入人口的不断增长，军队数量也得到很大的补充，在长安城周边建立了"南北军之屯"。南军担任的是未央宫、长乐宫等宫殿的防御，北军担任的是整个都城的防守，武帝时曾将两万人的南军减为一万人[2]，随着政权的稳定性增强，西汉王朝此时可以说已经渡过了难关。至于更大范围的防御布局，也是与国都长安城的位置和空间关系至为相关的。

---

[1] 葛剑雄：《西汉人口地理》，人民出版社 1986 年版，第 131—163 页。

[2] ［日］佐藤武敏：《长安》，高兵兵译，第 57—61 页。

武帝元朔二年（公元前127年）夏季，"又徙郡国豪杰及訾三百万以上于茂陵"①，这种做法不仅将富商人群徙入关中陵县，而且将他们的钱财也考虑进来了，这是非常重要的为国家政治中心增长财富的方式。

任何一种区位论都是在假设条件下，去建立自己的理论架构的。在客观的自然地理条件下和现实社会中，是不会广泛存在地理表面形态相当均一的情形，因而对于千差万别的自然地理差异性，所造成的地理条件之种种不同，每一时代就不得不依靠人力去给予改善或弥补。由于时代不同而存在的生产力、生产技术和水准上的差异，各个时代的人们去改善和弥补自然条件上的不足，所采取的做法也会有所不同，有时还会相去甚远。对于历史上所选择的建都区域，也就是沙学浚先生提出的"力量策源地"，本文将其分解为国都建设中极为重要的人力、物力、财力和武力诸条件，再就是行政力和其基础上产生的决策力，及最终所体现的分项的或综合的建设力，皆是每一个时代致力和可以有所作为的地方，上述西汉朝廷的诸多做法和结果，仅仅是一个可以用作证明的简例。

（五）结论：国都区位论的建构要领

国都区位论的研究，远远不限于本文所论述到的内容，也不应该似本文总以国都位置的选择及其移动为主线，而应当似《禹贡》五服结构图、多种区位论图式那样，对历史上一个个朝代的都城及其利害关系密切的诸多要素，在地域上有一个清晰的地理图式那样的铺展，可惜的是本文目前尚未能达到这一预设的目标。

笔者以为，通过精彩的历史人物故事和一系列事件，可以看到国都研究领域内曾经有过的政治地理过程，看到区位论内容在地域上的呈现，甚至可以看到区位论的思想。越是怀有这样的目标，可能越是要专心致志地考察将区位论引入古代都城研究中的前提条件，以国都为中心，必然会兼及多方面，审视文献资料中可能透露出的一点点细节，直至将这样的细节连贯起来，构成国都区位论的整体性轮廓。

"如何在一个确定的区域内寻找到最佳位置"，这是探讨区位论思想

① （东汉）班固：《汉书》卷6《武帝纪》，第170页。

的出发点。依据笔者已有的研究文本，兼以长安都城的政治地理实践为例证，本文仍旧认为古代条件下王朝选建都城的步骤，第一步是在全国选择稳妥的建都区域（如本文述及的关中地区），第二步是在建都区域内确定合适的都址（如本文述及的长安），第三步是采取多种有效方式弥补上述都址之不足，如建立行政管理体系[①]、军事防御体系、迁移民众、运输漕粮等。而以立都时限和都址稳定程度判别选址之得失，则是后世对前代政治地理展开评价的基本路线。无论是就此继续探讨，还是另辟蹊径，也只有不懈地坚持和努力，才能对国都区位论产生更富有价值的创见。

[①] 2007 年 8 月 2 日，周振鹤先生在为将要出版的《体国经野之道——中国行政区划沿革》简体字本撰写《自序》时述及于此，他说："当然如果能加上对首都与行政中心的论述会更加全面，但篇幅上已经不允许"（周振鹤《自序》，参阅《体国经野之道——中国行政区划沿革》，上海书店出版社 2009 年版，第 2 页），表明作者对此有着清楚的考虑。

西安城市生命力的初步解析[*]

摘要： 依照历史顺序，西安城市发展史大致经过粮食短缺、巨大战乱、都城迁走、水资源不足四大难关，后者还于今为烈，而西安城市依然挺立，城市生命史已超过 3000 年。地理环境对西安的支撑作用是最基本的，不稳定因素主要是地下水超量开采引起的地面沉降和地裂缝大量出现，社会焦点则在于水资源不足与城市建设中形成的水需求之间巨大而难以统筹解决的矛盾。今日政府担负着城市发展命运和使命的崇高职责，就必须广开合理渠道，与广大市民相沟通，努力形成以关心城市前途为中心的政府—市民新型关系，依据城市历史和环境特点形成自身特色，共同为城市的可持续居住走出新路。

关键词： 西安；古长安；城市生命史；生命力；可持续居住

在从事中国历史地理，尤其是城市史研究的过程中，我们越来越真切地感受到，诸多城市如繁星、如锦绣，错落分布在中华大地上，不仅历史长，而且持续至今，构成了世界历史上引以为骄傲的东方城市生命史。我们想知道，这些城市的生命史为何如此之长，其生命力何在？其生存的奥妙何在？自然条件、社会条件在哪些方面起作用？我们曾试想，尽可能地从一个个城市的细节入手，就其城址、演变关节、延续和扩展的关键因素等展开连续性思考和研究，将一个个城市作为一个个生命体来看待，以生命力解析生命史，从中揭示出一些带有本质性的东西，就成为我们工作中的一种热切追求。

本文以古都西安为例，意欲初步展开揭示其城市生命力的解析工作。

---

* 原载《江汉论坛》2012 年第 1 期，第 13—19 页。

工作之初所怀有的一种预设和感受，就是应当采用拟人的方式，在细致描述城市为人类美好居住场所的同时，对其寄予人类精神生活上的无限关怀。

（一）西安城市发展史上曾渡过的四大难关

西安坐落在黄河支流渭河下游平原中部的南侧，在这一习称为"八百里秦川"的宽广土地上，西安小平原上渭河到秦岭沣峪口的南北距离为 30 千米，西安东南靠近秦岭山脚前向北延伸出去的白鹿原、少陵原、神禾原，形成很可靠的地理依托。历史上周、秦、汉、隋、唐诸王朝的都城就先后选建在这里。

西安的都城史及城市史都很长，由于早期历史纪年的缺乏，今人只知周文王在晚年（公元前 1042 年略前）建都丰京（沣河西岸），周武王时（公元前 1042—公元前 1021 年）建都镐京（沣河东岸），接续下来的都城有秦之咸阳（跨渭河两岸）、西汉西晋南北朝之长安（龙首原之北）、隋唐之大兴、长安（龙首原之南）等。包含都城史尤其是唐以后连贯的城市史，一直持续到现在的西安市，都城史逾千年，城市史超过三千年，这就是西安城市的生命史。西安数千年间经历过的磨难，难以备述，只能举其大端，略加申明。

1. 粮食短缺

秦国征伐诸国，多辟草莱，实行"农战政策"，兼修郑国渠，以达富国强兵的目的。西汉建都长安，皇帝百官加百姓人口二三十万，还有大量军队，消费极大，粮食吃紧，当地不能满足，主要靠从关东地区不断漕运粮食，如河东守番系所说"漕从山东西，岁百余万石"[①]。隋唐建都大兴及长安城，人口数又多于西汉，遭遇灾荒之年，粮食极为短缺时，还出现过皇帝"就食东都"洛阳的事情。唐中宗李显不愿意做"逐粮天子"，唐德宗李适赶到东宫对太子说"米已至陕，吾父子得生矣"的故

————————————

① 《汉书》卷 29《食货志》，中华书局 1962 年版，第 1680 页。

事，是尽人皆知的。关西地区自身粮食供应不足的困境①，断断续续的漕粮西运，支撑到唐末，连同中原王朝其他内外部环境发生的变化，国都就顺势向东迁走了。

2. 巨大战乱

国都所在，既然是全国的要害之地，一旦出现反抗王朝的势力，若控制不住，不断升级，就会出现兵临城下的危险境地。秦末、西汉末、隋末、唐末战乱之火烧及都城，立即导致王朝灭亡或走向衰落，就是这样的例子。魏晋南北朝时期长安的名声一直不振②，就在于天下动乱不宁，长安城深受其害。至于西汉历时近二百年、唐朝历时接近三百年间，所承受的兵荒马乱甚多，平日里人们多以生活在天子脚下、京畿之地为荣耀，战乱之时民众则迅即遭受战火涂炭，诸多辉煌的建筑也一道付之一炬。新的王朝建立，系一次次从废墟中再建，为西安都城史的一个特点。

3. 都城迁走

公元 904 年，在唐末战乱中崛起的朱全忠，勒逼唐昭宗李晔及宫人东迁洛阳，"令长安居人按籍迁居，彻屋木，自渭浮河而下，连甍号哭，月余不息"③，从此，封建王朝的都城迁离了长安。罗伯特·萨默斯深谙其中意味，他说"这是一个具有重大历史意义的事实，因为在唐代及其以前时代里，关中地区许多世纪以来一直是中国政治权力和权威无可争辩的所在地，它此后再也不能恢复其中心地位了"④。后唐对长安还有一些留恋⑤，也只能是千年帝都的一点余绪。都城迁走对当地人士的感情而言

---

① 可参考王培华《汉唐长安粮食供应与关中天地人关系》，《陕西师范大学学报》（哲学社会科学版）2009 年第 3 期。

② ［日］窪添庆文：《魏晋南北朝时期の长安》，東洋文庫中国古代地域史研究班编：《水经注疏訳注（渭水篇下）》，東洋文庫発行 2011 年版，第 3—14 頁。

③ 《旧唐书》卷 20 上《昭宗纪》，中华书局 1975 年版，第 778 页。

④ ［美］崔瑞德编：《剑桥中国隋唐史 589—906 年》，中国社会科学院历史研究所西方汉学研究课题组译，中国社会科学出版社 1990 年版（原版 1979 年），第 774 页。文中引文出自该书第 10 章，作者为罗伯特·萨默斯（密苏里—哥伦比亚大学历史助理教授）。

⑤ 《旧五代史》卷 150《郡县志》，中华书局 1976 年版，第 2013 页。

是一次很大的挫伤，多少年以后，还有不少人对此扼腕叹息，不胜唏嘘。

4. 水资源不足

历史上建都西安的朝代，充分依赖"八水绕长安"所形成的有利地形建造都城，尤其是隋唐长安城所利用的水源，主要来自秦岭山脉流出的河流和地下潜水层。关中平原的天然降雨具有夏秋多于冬春季节的特点，山区降雨也多于平川台塬，年降雨量的年际变化也很明显，冬春雪雨少会出现干旱现象，夏秋降雨多也会形成洪涝灾害。尽管如此，限于人口总量和城市性质，在 1949 年以前的长安（今西安），有过饮用水水质苦涩的记录，还没有出现城市建设中的水资源不足的问题。

西安出现"水问题"应该说是从 1949 年开始的①。当时从政治上考虑，政府要把西安从剥削阶级的消费性城市转化为劳动人民当家作主的生产性城市，1953 年制定并经国家正式批准开始实施的《西安市 1953—1972 年城市总体规划》《东西郊详细规划》《近期发展规划》等，目标是把西安建设成为"以轻型的精密机械制造和纺织工业为主的工业城市，国家工业基地之一"。经过这样的规划和坚持不懈的发展，到 1978 年西安建城区面积达到 131 平方千米，城区和郊县总人口从 1949 年的 227.33 万增长到 498.1 万，到 2000 年的发展速度更为惊人，市区面积达到 1964 平方千米，人口达 688 万。与此相对应，从 20 世纪 50 年代开始出现的自来水供需矛盾，一方面是城市需水量不断增大，另一方面就是尽力扩大生产，挖掘潜力予以满足，呈现的是旺盛的供需指标不断突破原有规模的趋势，而解决水源的主要方式就是超采地下水一条途径。到 80 年代，西安城市生产和生活出现严重的"水荒"，超采地下水引起地下水位的急剧下降，导致大范围沉降区和城市地裂缝的出现，成为当时最棘手的市政问题。1996 年投入使用的黑河引水工程为西安市区输水，通过工程手段引调客水进入西安，成为改善和及时解决西安供水不足问题的主要方式。之后十余年，西安城市化速度越来越快，经济新区不断建立，2010 年开展的第六次人口普查数据显示，西安市常住人口达到 846.78 万，人

---

① 包茂宏：《建国后西安水问题的形成及其初步解决》，王利华主编《中国历史上的环境与社会》，生活·读书·新知三联书店 2007 年版，第 259—276 页。

口激增意味着经济发展上了高速路,新一轮供水形势将更为严峻。

进入 2010 年,据西安市水务局工作人员介绍,西安人均占有地表水资源量仅 325 立方米,为全国人均占有量的六分之一,而且地表水受自然条件的影响很大。假如出现几年连旱,或者河流水源地萎缩,供水很可能会有危机。经过对西安市中长期供水需求情况进行分析,到 2020 年,即使将全市 26 亿水资源量全部开发利用,供需缺口仍有 19 亿立方米。为防患于未然,经过一系列的地质勘查和工程设计,陕西境内穿越秦岭隧道的引汉济渭工程已于 2011 年 12 月 8 日开始动工。待工程竣工后,关中地区的人民将要饮上汉江之水,关中和西安水供求紧张的矛盾要靠汉江之水加以化解,这正是在现代条件下政策、资金、技术诸种因素综合作用方能达到的目的。

从历史到今天,西安都城史在全国甚至在东方曾经独领风骚,唐以后西安城市史虽步履蹒跚,却步入寻常城市的行列,如今面对未来的发展蓝图,势必需要就地理环境对西安城市发展的支撑作用再做一番考量。

(二)地理环境对西安的支撑作用

西安的地理位置牢固如磐,有人在论述西安南面的山脉时说,"秦岭山脉由西向东逶迤,在这里却向南拐了一个弯,这个弯度的伟大之处,是在秦岭北麓亮出了一个巨大的怀抱"①,叙述极为有趣。从海拔 2802 米的牛背梁向远处望去,秦岭绕出的这个湾,正好是西安小盆地的展开地域。一个至为明显的事实是,唐末国都虽然向东迁走,五代和宋金时期的京兆府、元代的奉元路、明清时期的西安府,近代以来的西安市,仍然建在这里,说明历史上周、秦、汉、隋、唐诸王朝选建都址的地方具有极为有利的地理条件,不仅是一个区域中心,还是区际之间的重要枢纽,可见参与选址之人无不目光睿智。

西安市的气候属暖温带大陆性季风气候,在长期的人类生产等活动影响下,总的特点依然是温暖湿润,四季分明。西安的气候适宜于农作

---

① 陕西柞水牛背梁森林公园宣传片《牛背梁》解说词,见陕西柞水牛背梁森林公园网站视频材料。如果说秦岭山脉在蓝田东侧向北伸出了骊山支脉,在蓝田西侧分布了白鹿、少陵、神禾诸原,形成了一个可供城市据以兴起的怀抱,当更为准确。

物的生长发育，也为西安地区经济的发展提供了有利的条件，其寒暖适宜，一向宜于人类的生存居住①。最关键的降雨状况，记录上虽有月际和年际间的变化，每年 6—9 月降雨集中、年降雨量维持在 500—700 毫米之间的情况还是比较稳定的（2007—2009 年年均降雨量为 628 毫米）。在西安的气候历史上，既有连续多年的干旱天气，也有降雨量超常增加的年份，如 2011 年 9 月 1 日至 17 日，西安市降雨量即达 236.3 毫米，是常年同期降雨量 50 毫米的 4.7 倍，被称为 1961 年以来之最。如此稳定或增大的降雨量，正是西安城市环境中最基本的生态保障。

表 1　　　　　西安市 2007—2009 年月降雨量记录及其合计　　（单位：毫米）

年度	1 月	2 月	3 月	4 月	5 月	6 月	7 月	8 月	9 月	10 月	11 月	12 月	合计
2007	1.9	2.3	37.1	2.5	30.2	64.0	254.4	161.3	57.8	78.7	2.6	5.7	698.5
2008	19.1	7.5	21.7	55.6	22.0	59.8	83.7	87.3	83.1	73.1	12.3	0	525.2
2009	0	18.4	35.5	21.0	116.3	59.0	57.6	176.0	81.3	27.6	56.3	11.3	660.3

西安的地形地貌及其土壤物理化学性状也比较稳定。南部秦岭山脉海拔一般在 1500—2000 米，北部关中平原一般海拔为 400—600 米，地质构造不同，地貌景观互异，彼此界限清晰，形成良好的山地——平原间的气流和水热能量输送系统。西安小平原东西长为 140 千米，宽达 40 千米，自北而南依次为渭河河漫滩及渭河 1—3 级阶地，地势宽阔平坦，黄土物质覆盖深厚。自新石器时代以来不断开辟扩大的农田，长期施用农家肥形成的肥沃的耕作层，在现代各种农业技术的参与作用下，夏秋粮食产量一般保持在千斤以上。新征用的城镇及交通道路用地，承载着各式各样的高大建筑物群，呈现出日益繁荣的西部都市景象。

西安城市的外在表象，依然是平坦的八百里秦川，冬夏较长的四季，如果就此认为西安的自然状况一直稳定，没有什么问题，那也不完全符合事实。城市——"作为人类与自然之间对抗最为激烈的地点，作为

———————————

① 陕西师范大学地理系编：《西安市地理志》，陕西人民出版社 1988 年版，第 88 页。

'天然的智人库',作为威胁整个地球、最大量的污染的源头"①,自然界各个要素及其总体面貌绝对不会平静。据《西安市的颗粒物污染控制》报告介绍,西安的空气质量除本身受到天气诸种因素的影响外,还受到燃煤污染源、机动车污染源、城市逸散性粉尘源、城市垃圾颗粒物污染源、非燃煤工业源及远程自然粉尘来源的共同影响,可吸入颗粒物成为城市空气中的主要污染物②。因而,一年之内,尤其是到了秋冬季节,空气中多有悬浮的浮尘颗粒及有害气体,不是雨天雨水产生的裹挟作用的话,仰望西安天空终难见到蓝天白云的景象。此外,土地承载力、植被覆盖率等状况均不及细述,唯有河流水文的变化最为吸引人们的眼球,成为社会关注的焦点。

(三)水:维持西安城市生命的关键所在

2005 年初,经过一段较长时间的论证和修改,中共西安市委、西安市人民政府撰写了一份对西安城市建设具有指导意义的专题报告——《西安国际化、市场化、人文化、生态化发展报告》。这份以白皮书形式发布的报告不到 3 万字,但取材广泛,立意高远,意义重大。报告对西安城市发展的定位,归纳为"进一步提升城市的核心竞争力和经济的外向度,使之尽显其人文之都、科技之市、现代新城的魅力"这样生动的表述。当时新闻媒体的报道,采用的题目是"关注城市发展路线图:四化西安将这样打造",也是抓住了报告灵魂之所在。

我们尤其关注报告中第四章"生态化:西安发展的美好前景"部分的阐述。报告拟定今后生态化建设的目标为:通过系统持久的建设,使西安生态环境逐步达到自然、清洁、安全、协调、舒适、优美;城市绿化覆盖率达到 40% 以上,人均公共绿地面积大于 8 平方米;河流水系污染得到普遍治理;城市水域功能区水质普遍达标;全市普遍采取节水措

---

① [法]克洛德·阿莱格尔:《城市生态,乡村生态》,陆亚东译,商务印书馆 2003 年版(原版 1993 年),第 116 页。

② 联合国开发计划署、中国国际经济技术交流中心编:《中国城市空气污染控制》第四篇,中国科学技术出版社 2001 年版,第 222—234 页。

施，达到水资源供需基本平衡；城市生活污水集中处理率达到 60% 以上，工业废水基本全部达标排放，工业用水重复利用率达到 90%；城市空气质量到 2010 年好于或达到二级标准 282 天/年以上；城市噪声达标区覆盖率达到 90%；城市气化率达到 100%；公众对环境的满意率大于 90%。

报告整理出来的西安生态环境方面存在的四大问题，其中前三个都同水资源有关：（1）山地、台塬、丘陵植被破坏严重，水源涵养和水土保持能力降低；（2）水资源短缺和水资源浪费并存。地下水开发利用过度，地表水开发利用不足；（3）河流水系污染严重。西安境内有较大的河流 40 多条，其中中度至严重污染的超过总数的一半，地下水中度以上污染面积超过 200 平方千米。我们认为这些分析也是点中了要害，抓住了关键。

那么，今日西安城市建设究竟缺不缺水，如果缺水的话，究竟缺少到什么程度？关于水资源统计的这一笔账，计算和统筹起来的难度，很可能超过对任何其他稀缺或紧缺物品的统计。农业、工业各个行业建设需要水，市民生活需要水，房地产开发景观建造需要水，旅游业发展和世界园艺会举办也需要水……一个众所周知的事实是，历史上一直保留下来的浐灞、泾渭、沣渭汇合处，本来是西安周边的湿地所在，现在也逐渐纳入各个经济新区的开发计划内了。一个是以河流形式存储的水资源，为西安的需要作为客水被引走，一个是河流岸边的平整土地，为不断扩大的西安城区——囊括进来，西安周边河流生态的日趋恶化及西安城市向周边的大幅度扩张，均引起广大市民的焦虑和不安。总而言之，今日西安之大，已大大超过了历史上作为国都存在的周、秦、汉、隋、唐诸王朝的都城范围，西咸经济一体化的深度运作，已经将周、秦、汉、隋、唐诸王朝在西安小平原的所有都址，采用城市联结的方式连接在一起了。

对此，我们不妨重温一下 1972 年召开的联合国人类环境会议和 1992 年联合国环境与发展大会上的重要成果，为区域人口资源环境与发展如何协调的问题寻找一些确定性的原则。

1972 年在瑞典的斯德哥尔摩召开的联合国人类环境会议，通过了举世闻名的《人类环境宣言》，该项宣言申明了一个共同的信念："在使用地球上不能再生的资源时，必须防范将来把它们耗尽的危险，并且必须确保整个人类能够分享从这样的使用中获得的好处。"① 其中作为原则之一书写的条款是："现在已达到历史上这样一个时刻：我们在决定在世界各地的行动时，必须更加审慎地考虑它们对环境产生的后果。由于无知或不关心，我们可能给我们的生活和幸福所依靠的地球环境造成巨大的无法挽回的损害。"②

1992 年在巴西的里约热内卢联合国环境与发展大会上，通过了《里约环境与发展宣言》《气候变化框架公约》《生物多样性公约》诸多文件，第一份文件重申了 1972 年《人类环境宣言》的精神，提出了"可持续发展"概念及其思想，作为对以前有关环境问题认识的新观念。第三项原则的具体表述是："为了公平地满足今世后代在发展与环境方面的需要，求取发展的权利必须实现"③；第八项原则的具体表述是："为了实现可持续的发展，使所有人都享有较高的生活素质，各国应当减少和消除不能持续的生产和消费方式，并且推行适当的人口政策。"④

此外，我们也注意到 1992 年的春天，一群科学知识界的著名人士在德国海德堡的活动情况，他们面对自然保护主义者和政治生态学者所持意见，在里约大会之前采用《致各国国家元首及政府首脑的海德堡呼吁书》的形式，向联合国大会发出了自己的声音⑤，这种声音在维持人类社会进步和环境改善关系方面被认为具有特别深远的意义。这份《致各国国家元首及政府首脑的海德堡呼吁书》的最后一段文字集中地阐明了这些重要人士的看法，即"威胁我们的地球的最大问题是无知和压制，而不是科学、技术和工业，因为它们的手段是使人类能够由自己并为自己战胜人口过剩、饥饿和大流行病等灾难不可缺少的工具，只要这些手段得到恰当的运用"。学者

———————————————————

① 联合国人类环境会议文件：《人类环境宣言》，中国环境报社编译《迈向 21 世纪——联合国环境与发展大会文献汇编》附件，中国环境科学出版社 1992 年版，第 158 页。

② 同上书，第 157 页。

③ 联合国环境与发展大会文件：《里约环境与发展宣言》，中国环境报社编译《迈向 21 世纪——联合国环境与发展大会文献汇编》附件，中国环境科学出版社 1992 年版，第 29 页。

④ 同上书，第 30 页。

⑤ 这份由 425 位科学知识界人士签名的《致各国国家元首及政府首脑的海德堡呼吁书》，形成于 1992 年 4 月 14 日，是写给当年在里约热内卢召开的联合国环境与发展大会（又称"全球高峰"会议）的，全文刊克洛德·阿莱格尔《城市生态，乡村生态》，陆亚东译，商务印书馆 2003 年版（原版 1993 年），第 145—146 页。

们的思想已经阐发清楚，并在随即召开的里约文件中有明显的反映，问题是怎样做才算是"这些手段得到恰当的运用"，这是具体实践中最难的事情——特别是对利润或利益的追求脱离了科学知识界人士的期望的时候，而许多忧虑、不满甚至指责都是从这里产生出来的，远在亚太地区的中国西安城市建设之实际，遇到的也多是这样棘手的问题。

到了 21 世纪初，有谓率先提出环境可持续发展概念的著名学者莱斯特·R. 布朗，大概是受到他的同伴论著的启发，在《生态经济：有利于地球的经济构想》著作中写入了《为人民重新设计城市》一章①，在这一章的具体阐述中，他极力摒弃"以汽车为中心无计划延伸的城市"模型，提倡建立"城市铁路和自行车系统"，著作中的重要思想之一是在论述如何"为人民计划城市"。——莱斯特·R. 布朗阐述的"为人民计划城市"的思想，也许并不是新的发明，我们社会主义国家的城市也是这么做的，事实上我们的城建工作为人民不满意之处甚多，那就值得为"城市病"所困扰的诸方人士加以学习和体会。

举西安来说，实际工作中如何获知广大市民的基本意愿，工作方案或措施能够征求到最重要的意见或建议，是政府工作人员做好工作的关键一步。如今，西安作为一个资源性缺水城市的性质已经确定，西安水资源分布和储存总量不足已是基本事实，那么，"大水大绿"的期望与这种事实之间的差距该如何协调和扭转，有什么条件可以支持西安建设"山水城市"这样令人陶醉的说法，周秦汉隋唐和宋元明清哪个时期离我们更近，怎样缅怀前贤和敬仰王朝盛世才更加符合实际，能否尽可能减少城市周边水面的汇聚，采用多养花、养草、种树、培植绿地的方式，是不是更符合西安的自然条件和人民可持续居住之夙愿。

（四）究竟谁可以决定西安城市的命运？

论述至此，还有一个问题萦绕心头，即究竟是谁在决定西安城市的命运？许多人会自然而然地说理所应当地应该是政府，这是具有许多道

①　［美］莱斯特·R. 布朗：《生态经济：有利于地球的经济构想》，林自新、戢守志等译，东方出版社 2003 年版（原版 2001 年）。

理和符合以往和现在诸多事实的认为。但是，时至今日，我们还要继续询问和提出这个问题，究竟谁可以决定西安城市的命运？

一个城市的居民，从法律角度而言，都是国家的公民。从城市管理的角度来看待，则有市政府管理人员和市民之分。所有居民同住一个城市，有关这座城市的市政条件、福利安排同人们的学习、工作和生活利益休戚相关。最为重要的是，涉及基本生活条件的供水、供电、供气、道路建设等事项，无一不同资源环境要素紧密相连。我们处在一个居民总数在向千万大关靠近的时间段内，每一名市民自然拥有更多的理由关心和过问所居住城市的可持续居住问题。

在此，笔者非常愿意回顾一下1983—1985年西安市政府领导的那次得到人民群众热烈欢迎和响应的西安环城建设活动，因为那次活动可以称为政府和人民情感交融的蜜月期。据最新研究，从清乾隆四十六年至五十一年（1781—1786）整修西安城墙后①，又是一个200年左右，又要大力修整破败不堪的西安城墙了②。工程准备期间，就成立了省市等部门负责人参加的"西安环城建设委员会"，在开工典礼上，兼任西安环城建设委员会名誉主任的中共陕西省委第一书记马文瑞讲清楚了这一工程的修建方式和教育作用：

> 西安市委和市政府决定采取国家投资和多渠道筹集资金相结合，全面规划与分期实施相结合，专业队伍与发动群众相结合的办法，我看是正确的。"人民城市人民建""依靠群众自己动手谋福利"，不仅可以节约国家投资，而且有利于恢复和发扬党的优良传统，也是进行共产主义教育的很好课程，对于锻炼一支有理想、有道德、有文化、守纪律的朝气蓬勃的革命队伍，具有重大意义和深远影响。③

---

① 史红帅：《清乾隆四十六年至五十一年西安城墙维修工程考——基于奏折档案的探讨》，《中国历史地理论丛》2011年第1期。

② 西安市城墙管理所、莲湖区"三整顿"办公室：《关于西安城墙被破坏情况的调查》（1980年7月25日），西安环城建设委员会办公室编《西安环城建设资料汇编》第1辑，1984年版，第20—21页。

③ 马文瑞：《群策群力，为把西安建设成美丽整洁的文明城市而奋斗》，《西安晚报》1983年4月1日。

　　许多西安市民，包括在外地、外国居住的同古城西安有生活经历的人士，从新闻和报纸上获知将要修整西安城墙的消息，都无比激动，热情高涨，许多工作人员积极参加到义务劳动的行列中，不少市民也是自愿加入，出工出力，有的干部群众主动捐款，还有人写信为环城园林提出规划构想、提出修复城墙中应重视的抗震问题、桥坝结合问题、环城公路建设问题等。旅居美国科罗拉多的华裔人士龙英写信相告："我在万里之外的美国看到《人民日报》关于西安市人民动手兴修环城公园的报道，兴奋得不能入睡，当想到古城西安将围上绿色的'项链'，清澈的河水流绕城周，游人能够在林荫中沿河堤散步，这怎能不使人心潮起伏、思绪万千呢！"[1] 当时许多人已经意识到古城墙是西安的珍贵文物和重要标志，借助着还保留的时代激情参与其中，形成与政府倡导的"人民城市人民建"号召极为难得的共鸣，完成了一项非历史上历次城墙修缮活动可比的人民群众广泛参与的城建维修工程。

　　时至今日，与城市同呼吸、共命运的市民阶层，在城市文化的熔铸和熏陶中，已经日渐成熟，环境保护理念也更为深入人心，同过去相比，一句话，人民群众对政府的要求更高了。事实上，"人民群众"这种政治意味浓厚的表达，在不少方面已经悄悄让位于更有法律和民主意味的"市民阶层"之表达。市民这一阶层包含居民身上所有的社会性，包含在同一城市生活居住的所有人，他们生活中的种种意愿总会找到合适的诉求对象予以表达，这些对象可能是受到市民认可的某某报纸或某某团体，有时也会是某些市民自觉不能错过的机会。

　　许多西安人知道甚至不能忘记，这样的机会在西安公众媒体中已经出现并有过展露。2004 年 12 月 18 日那一天，西安的天气会是弥漫着浓密气溶胶颗粒的雾蒙蒙冬天景象，一名在"华商网"上开设"新西安论坛"的版主秦透社（市民田雨晴之网名），在西安的"华商网"等 3 家本地网站先后开展了"2004 年西安发展十大教训评选"活动。这一评选活动给网民留出的时间真是不长，刚刚两周，到 2005 年 1 月 1 日这一天评选就揭晓了，其结果是"西安宝马彩票案影响了政府公信力，损害了西

——————————

[1] 《龙英的信》，西安环城建设委员会办公室编《西安环城建设资料汇编》第 1 辑，1984 年，第 178 页。

安形象"等十条教训名列其中（有6条属于市政方面）。这一结果不仅在广大网民中产生了强烈反响，而且还惊动了政府部门。

据报道，评选活动发起后，立即引起了陕西省委、西安市委和市政府有关领导的重视，无论是做出的批示还是在网上的回应，都充分肯定了评选活动的意义。对于评选结果，西安市方面很快召开了专题会议，对评选结果进行了研究讨论，要求相关部门和区县针对网民提出的问题，积极改进工作，寻找差距和不足，并在一周内提出整改措施，而西安公安局交管支队率先在"华商网"上回应"十大教训"，提出整改意见。最后，3月4日那一天，西安市委、市政府正式约请参与评选活动的主要网民代表进行座谈，座谈的话题依然是那么直接而美好——即"西安咋样变得更美好？"

对于此次评选活动，舆论也给予了支持的声音。2005年的1月4日，人民网"强国论坛"首页发布了网评，认为西安的评选活动是"2004年中国最有价值的一次'十大'评选"。1月24日，《西安日报》发表题为《让教训成为推进发展的动力》的评论员文章，文章说"'十大教训'对全市所有的部门和企业都是一次警醒"。进入2月，《瞭望东方周刊》发表的文章题目就是"十大教训评选，网民参政试验"。网民就是市民，市民发表的意见就是民意，秦透社（网名）说"'十大教训评选'之所以引起广泛关注，之所以得到政府部门肯定，其意义就在于民意的真实有效表达"，还有人评论说"现在是网民通过网络，以后可能是市民更为直接、广泛地参与，这是一个政治文明的标志，也是一种必然"。

很明显，上述两个实例的实际意义各有不同，广大市民参与的西安环城建设活动，属于"人民城市人民建"的事例，时隔20年后一部分市民以网民身份展开的"西安发展十大教训评选"活动，属于"人民城市人民管"的事例，只是后者意欲参政的方式和途径都还远远未能达到应有的广度和高度。

我们认为，今日行使行政职权，甚至在相当程度上决定西安城市命运的主导力量还是政府，正因为政府担负的职责重大和崇高，任重而道远，才需要一届届政府公职人员殚精竭虑，服务市民，着眼长远，传好接力棒。为更好地调动广大市民当家作主、参与城市发展和管理工作的积极性，政府就必须广开合理渠道（如建立民意调查中心、赋予市民以相当的话语权、举行各种听证会、定期公布市政专项信息），与广大市民相沟通，广泛了解民意，努力形成以关心城市前途为中心的政府—市民新型关系，在全国尤其是历史文化名城城市中做出表率。在这中间，充分展开磋商和论证工作，依据西安城市历史和环境特点形成自身特色，同广大市民一道共同为西安城市的可持续居住走出新路。

一个城市的生命力支撑着一个城市的生命史，相对而言，满足今天的需要和管理好今天的城市还是相对容易的。在这里，我们不仅要考虑西安城市发展的今天，还要考虑到明天和将来，考虑到与世界上的希腊、罗马、开罗这些著名古都齐名的西安城市史的长久延续。在中国，西安是数百个城市中的一个很特别的代表，一个很耐人寻味的地方，需要整个社会和每一个市民认真地关爱她，保护她，也只有这样做，做得合情合理，恰到好处，西安才会享有"长安"之名的真实含义。

人物透视

历史地理实干家谭其骧先生[*]

摘要：谭其骧 1932 年初从燕京大学研究院毕业后，曾向导师顾颉刚先生提出自己的研究"志愿"和"计画"，却限于条件而搁置下来。1934年前因合作创办《禹贡半月刊》，顾、谭师生走到了一起。谭其骧撰写、顾颉刚作过修改的半月刊《发刊词》，其主体部分（尤其是中间的六项工作计划）当为谭其骧所写，其首尾部分为顾先生改过的可能性最大。1949 年后，谭其骧在复旦大学创立了历史地理研究机构，以主编八卷本《中国历史地图集》为中心，建立队伍，做了大量积极务实的历史地理研究工作，逐步实现着自己内心久已树立的理想。本文使用终生致力于沿革地理到历史地理学的工作事实及老师顾颉刚先生的评价材料，证实或反推出这些工作同谭其骧早年提出的"志愿"和"计画"，以及《发刊词》中六项工作计划之间存在相当一致的联系。谭其骧先生诸多实干工作所带来的杰出业绩，而使其成为学术界尊崇的我国历史地理学奠基人。

关键词：谭其骧；顾颉刚；历史地理学；实干家；学科奠基人

谭其骧（字季龙）先生 1911 年 2 月出生于辽宁奉天（今沈阳）皇姑屯火车站（两岁时随父母回到原籍浙江嘉兴），在年龄上小于他在燕京大学研究院的导师顾颉刚先生十八岁，差不多正是一代人的年龄间隔。这十八年的社会状况，在时代背景上容有许多不同，最重要的一点应该是谭其骧先生的求学和治学经历，受到了更多的近代教育体制和思想的影

---

* 原载复旦大学历史地理研究中心主编《谭其骧先生百年诞辰纪念文集》，上海人民出版社2012 年版，第 32—50 页。

响与塑造①。

（一）燕大研究院毕业后谭其骧的 "志愿"和"计画"？

1930 年，谭其骧大学毕业后进入北平的燕京大学研究院②，具体是文科研究所历史学部，开始专门学习中国历史，导师是顾颉刚先生③。基本情况是谭其骧选修顾先生开设的课程，时常到顾先生住所来请教。1931年 10 月上旬，师生之间有在《尧典》讲义上对汉武帝十三州的热烈讨论，相互间收益很大，顾先生将讨论信函拿到课堂上讲授，极大地鼓励了谭其骧在沿革地理方面的进取心。更难得的是，顾先生在 10 月 9 日的日记里特别写道："其骧熟于史实，予自顾不如。此次争论，汉武十三部问题，予当屈服矣。"④

到 1932 年 1 月 4 日（星期一）这一天，顾颉刚先生审查了研究生谭其骧的毕业论文，题目是《内地移民史》。两周后的 1 月 18 日（星期一，时为阴历十二月十一），为谭其骧毕业论文组成的考试委员会有洪煨莲（洪业）、杨开道（字导之）、李子通、邓文如（邓之诚）和顾颉刚（字铭坚）五人⑤。顾先生写的日记一般为简要记事，这一天的日记里并没有记入具体的考试情况。

有关毕业之后的去处，据谭其骧后来叙述，1932 年"寒假期间我的

---

① 参阅颜芳《近代学术转型视野下的燕京大学国学教育》，北京师范大学博士学位论文，2011 年。

② 为简略文字及符合本文所述时代条件下的人物实况，多数情况下对出场人物的尊称予以省略，请读者予以谅解。

③ 对于顾颉刚先生的全面了解，可参阅顾潮《历劫终教志不灰——我的父亲顾颉刚》，华东师范大学出版社 1997 年版；顾潮编：《顾颉刚学记》，生活·读书·新知三联书店 2002 年版。对于顾颉刚与谭其骧等学生的关系，可参阅王学典主撰《顾颉刚和他的弟子们》（增订本），中华书局 2011 年版。

④ 《顾颉刚全集·顾颉刚日记卷二》，中华书局 2010 年版，第 571 页。

⑤ 《顾颉刚日记》第二卷（1927—1932），联经出版事业公司 2007 年版，第 598 页。谭其骧在著作《自序》（落款时间为 1984 年 1 月 3 日）里说，大学毕业论文题目是《中国移民史要》（潘光旦先生指导），燕大研究院毕业前写成《中国内地移民史——湖南篇》，通过答辩后毕业，见《长水集》（上），人民出版社 1987 年版，第 4 页。

伯父把我推荐进北平图书馆当上了馆员"，又有一个偶然的机会，在春季开学时又担任了辅仁大学历史系的中国沿革地理课程教师。刚从研究院出来，谭其骧就有工作可做，工作本身对于走进社会、自食其力、自谋生路的毕业生来说都是极为重要的，可以说那么早的研究生佼佼者谭其骧的这个开局是比较理想的。谭其骧自己对这一段经历还有缅怀，他说："从1932年春到1934年底这三年，除教课外还得为北平图书馆做编目工作，1934年春以后又要为《禹贡半月刊》做编辑工作。并且教书往往不止一个学校，同时教上二三个学校；教的也不止一门沿革地理，还开过两门断代史。"① 仅阅读这样的叙述材料，感到谭其骧毕业后的工作虽然忙一些，生活状态却是平静的，不少大学高才生毕业后的工作情形大抵相似，下来就是不断努力，成家立业，在和谐的家庭气氛中，实现自身对事业和理想的追求。

顾颉刚先生记日记的习惯一如既往，1932年3月14日（星期一）这一天，顾先生同平常一样，又做了许多事情，记完当天日记后，他做了这样的补笔：

> 写其骧信，略云："一个人有了志愿，固然是一件很痛苦的事（因为决不能使事实与志愿符合），但也是一件很快乐的事（因为事实有一分的接近志愿时，就有两分的高兴）。"又云："能有计画，则一个人的生命永远是充实的，不会因外界的诱惑而变志，也不会因外界的摧残而灰心了。"因劝其以数年之力作西北移民之具体计画。②

我们看清楚了，这封信所述及的谭其骧之"志愿"和"计画"，在时间上距离他本人在燕大的毕业考试才两个月不到，这是顾先生的回复时间，若论起谭其骧写信给老师的时间，那还要早一些。这一次的书信内容，目前所见及的只有顾先生这一天的日记，透露出了谭其骧有着一个

---

① 谭其骧：《长水集》（上）"自序"，人民出版社1987年版，第6页。更详细的材料可参阅谭其骧《值得纪念的三年图书馆生活》，刊《文献》第14期，1982年，已收入《长水集续编》，人民出版社1994年版，第473—477页。

② 《顾颉刚日记》第二卷（1927—1932），联经出版事业公司2007年版，第619页。

"志愿"和"计画"，他向自己的老师提出了，但老师的劝告是尽量"以数年之力作西北移民之具体计画"。1931年我国东北地区发生"九·一八事变"后，国人尤其是知识阶层感受到了相当大的刺激和压力，顾先生劝谭其骧在撰写内地移民史毕业论文后，"以数年之力作西北移民之具体计画"，可能有当时的时代背景在起作用。谭其骧此时提出的"志愿"和"计画"究竟是什么内容，是否就不能完全包含顾先生提出的劝告内容于其中，由于目前尚不能见及1949年以前的谭其骧日记[1]，在此的确不能给予明确的答复。如果尝试对此做一点推测，谭其骧当时提出的"志愿"和"计画"很可能是相当学术的内容，甚至是比较宏大的面向，因为这较为符合当时谭其骧喜欢思考的学习特点[2]。

到了接近1932年年底的时候（12月14日），顾先生还给谭其骧写过一封信，对这位他十分喜爱和寄予厚望的学生做了许多劝告，这封信不仅在当天的日记里有撮要记录[3]，而且信函原件在谭其骧那里保存下来，后经葛剑雄提供，已收入《顾颉刚全集·顾颉刚书信集》卷二之中，我们今日方得以浏览全文。全文内容如下：

其骧兄：

大作《中国移民史要》兹送上，请检收。此书最好扩大至十五万字以上，因商务馆《大学丛书》条例如是也。此为史学要题，而研究之者绝少，兄不可不奋起成此事业！以兄之才，冠绝同辈，千万不可染江浙人之名士气，以生活舒适为目标。且时至今日，我们

---

① 葛剑雄编辑、文汇出版社1998年出版的《谭其骧日记》，包含了1949年后三个时间段的土改日记、京华日记、文革日记。据葛剑雄撰写的"前言"介绍，"现存先师的日记，最早的是1946年9月由贵州遵义复员回杭州途中所记的，但只有事后抄录的片段"，这样看来，本文所能依据的主要资料还是《顾颉刚日记》。

② 据《谭其骧先生简历》（刊《历史地理》第九辑，上海人民出版社1990年版，第1页），谭其骧先生1926年进入上海大学社会系，1927年转入暨南大学中文系，次年转外文系，旋转历史系，1930年毕业。大学毕业论文《中国移民史要》，得到了潘光旦先生的好评，"但我自己觉得由于题目太大，写得太简单粗糙了"，进入燕大研究院后，就"觉得要研究移民史，应该一个地区一个地区逐步搞，或一个时代一个时代逐步搞"（《长水集》"自序"，第4页），这是当时谭其骧先生的学习认识。

③ 《顾颉刚日记》第二卷（1927—1932），联经出版事业公司2007年版，第720页。此封信函仍以"写其骧信，劝其努力从事于移民史之研究"句起笔。

除了对于所业鞠躬尽瘁之外更有何道可走。故愿兄更以坚忍习苦自励，勿随环境流转，勿与人计较短长，勿因一时之挫折而灰心，则千秋之业固当仁不让矣。辱承相知，敬以肺腑之言奉达，幸恕之。《成都氏族谱》一册，新购得，敬以奉赠，未知有用否？

敬颂进步！

顾颉刚启。十二月十四日

从 1932 年的 3 月到 12 月，顾颉刚先生一直都在劝说谭其骧继续研究移民史，还希望从内地做到边疆地区，甚至寻找和提供出版机会，以商务印书馆出版《大学丛书》为由头，来做谭其骧的工作，可见他是非常重视这个题目和充分信任作者谭其骧的个人才能的。实际情况已经有所不同的是，谭其骧从大学做毕业论文《中国移民史要》，到研究院做毕业论文《中国内地移民史——湖南篇》，其间专业上的思想认识有了相当大的变化，也就是说，他已经从"全国"走向了"省区"，在做更加具体翔实而有说服力的研究工作。文字本出自作者的心田，作为指导教师的顾颉刚先生对此本应该是最清楚的，而 12 月 14 日的信函内容则表明，顾先生没有体察到谭其骧本人已不满意做太大的题目，写太简单粗糙的文字了，他已转向为做专深研究那样的学术追求了。如果承认这一变化是客观存在的，且是发生在顾、谭师生合办《禹贡半月刊》之前，那么，为什么还会有后来的《禹贡半月刊》合作之举呢？对此，顾颉刚先生已经有一些信函表达了自己的意思①，若归纳起来，本文认为原因在于顾颉刚太爱惜人才，非常希望通过办刊物来成就学生，再就是他处在导师的位置上，很想通过自己的工作方式来改变和影响谭其骧，为以后可以在一起做更多的学术工作奠定基础。

20 世纪二三十年代的顾颉刚先生，正是意气风发，勇于开拓，积极进取的阶段。在谭其骧向他表达自己的"志愿"和"计画"之时，作为"古史辨派"的领袖，他正在做的事情太多了，正如他本人在 1933 年 3 月 19 日（星期日）日记里所记下的自己"应做的工作"有：（1）《崔东

---

① 《致谭其骧》信函第 2—3 通，参见《顾颉刚全集·顾颉刚书信集卷二》，中华书局 2010 年版，第 551—560 页。

壁遗书》；（2）孟姜女故事；（3）吴歌；（4）《古史辨》；（5）中国通史；（6）《辨伪丛刊》；（7）谶纬集；（8）《尚书》学；（9）《史记》；（10）《燕京学报》；（11）地理沿革史；（12）学生工作的指导。这么多事情要一个人来做，连顾先生也不由得调侃起自己来了，"再加以应酬，我不该忙得两脚向天吗?"① 在此，需要注意的地方只有一点，即他所列前11条自己关心和著述的内容中，"地理沿革史"放在了最后一位②，即在它之前还有10项要顾先生分出时间和精力去做的事情，这不由得让我们想到了当时年龄为22岁的谭其骧，他具有科班的研究生身份，怀有的最大的治学兴趣是当时称为沿革地理所能包含的内容。他初出校门，在辅仁大学历史系等处讲授沿革地理，他是"在中学时代就对地理发生兴趣，特别喜欢看地图"的人，燕大研究院课堂上他对导师的讲义内容（汉武帝十三刺史部制度）提出异议，竟得到导师特别的鼓励和赞赏，"这就更加提高了我（谭其骧）研究沿革地理的兴趣和信心"，那么，他会不会就是为了沿革地理的内容列出了自己的一些"志愿"和"计画"，仍然期望这位导师为自己的"志愿"和"计画"提供或创造出一些具体的条件来呢?

至此，对于从燕大研究院毕业后谭其骧的"志愿"和"计画"究竟是什么的提问，我们还是没有得到明确的答复。经过上面的叙述和了解，我们又可以把推测的范围，缩小到谭其骧此时最为关切的沿革地理方面，

---

① 《顾颉刚日记》第三卷（1933—1937），联经出版事业公司2007年版，第25—26页。

② 对于自身在什么情况下开始着手钻研沿革地理，顾颉刚在《禹贡半月刊》第1卷第1期"编后"里做过陈述："颉刚七年以来，在各大学任'中国上古史'课，总觉得自己的知识太不够，尤其是地理方面，原为研究历史者迫急的需要，但不幸最没有办法。材料固然很多，但我们苦于不能用它！说要撷取一点常识来敷衍罢，这不但在自己的良心上过不去，而且就是这一点常识也不容易得到。我常常感觉，非有一班人对于古人传下的原料作深切的钻研，就无法抽出一点常识作治史学或地学的基础。因此我就在燕京和北大两校中改任'中国古代地理沿革史'的功课，借了教书来逼着自己读书。"辛德勇所撰《顾颉刚先生与中国历史地理学》一文对此的阐述是："众所周知，顾颉刚首先是以研究上古史并创立古史辨学派而驰名于学林的。由于在研究上古史和上古史文献特别是《尚书·禹贡》时，遇到很多古代地理问题，需要解决，同时也痛感当时历史学界对于历史地理知识的匮乏与需要，从而引发了顾颉刚研究古代地理的志趣"（刊《中国社会科学院院报》2003年5月20日）。顾先生所撰与地理有关的论著，参见王煦华、朱一冰编《顾颉刚先生有关历史地理的论著目录》，《历史地理》第二辑，上海人民出版社1982年版，第195—200页。

具体做又总是关乎到不同的著述内容。而顾先生关心和正在做的事情太多，抽身不得，所以劝学生先做几年移民史研究，属于那"志愿"和"计画"方面的内容，就只能是等待合适的机会，等待顾先生所说的那种"事实与志愿符合"的机会，来实现谭其骧的理想了。

（二）《禹贡半月刊》之"发刊词"为谁的手笔?

时间进入了 1933 年，顾颉刚、谭其骧师生之间的来往明显增多了，这其中的转机在什么地方呢？应该说，还是因为沿革地理在顾先生的繁忙工作中被提到前台来了。这一年的 10 月 20 日（星期五），顾先生记曰："谭其骧来，留饭及宿，讨论地理编辑事"，并嘱咐他在寒假中来校所绘地图，标点《方舆纪要》之历代州郡形势，合作古代地理书目，顾先生负责《禹贡》，谭其骧负责《山海经》《汉书·地理志》《水经》三书[1]。这些事项在顾先生日记里是作为确定的事项记录的，毫无疑问都是谭其骧同意和愿意做的。

时间又很快进入 1934 年，出版《禹贡半月刊》的事项被提到议事日程上来了。在顾先生撰写的 1934 年日记里，有一小段整理者的概括文字，为"二月。与谭其骧定出版《禹贡半月刊》计画，以成府蒋家胡同三号为禹贡学会会址"[2]。翻到当年的 2 月 4 日（星期天）日记，这一天的具体情况是：

> 谭季龙来，同游校印所。嗣禹约往海淀斌泰酒店吃饭。归……季龙来，留宿。
> 今晚同席：谭季龙　周一良　予（以上客）　邓嗣禹（泰初）（主）。席中定出版《禹贡半月刊》出版计画。
> 斌泰为海淀老酒店，卖黄酒，有百余年之历史。[3]

———————————

① 《顾颉刚日记》第三卷（1933—1937），联经出版事业公司 2007 年版，第 100 页。
② 同上书，第 142 页。
③ 同上书，第 157—158 页。

在随后的二月中下旬里，顾先生记录了《禹贡半月刊》编印过程中的一些具体细节：

二月十五号星期四

编《禹贡半月刊》第一期。……

此为编辑《禹贡半月刊》之始，想不到竟有些成就，延续至三年半，是则众人依附之效也。一九七五年五月记。

二月廿二号星期四

……改其骧《发刊词》毕。到校印所。

二月廿五号星期日

……校《禹贡半月刊》第一期毕，写《编后》一千五百言。

二月廿六号星期一

……到校印所两次，送稿。草禹贡学会章程，订阅单，封套，入会书等。

二月廿八号星期三

草《禹贡半月刊》广告章程。

《禹贡半月刊》第一卷第一期出版。①

在 1975 年 5 月的补笔中，顾先生写道"此为《禹贡半月刊》之始，想不到竟有些成就"，这该如何加以理解呢？当然是指在当时条件下能办刊三年半的时间，是很出乎意料之外的。这是 1934 年 2 月办刊时的想法呢？抑或是 1975 年补笔时添加的意思？笔者认可这是 1934 年 2 月办刊时的想法，到了 1975 年做补笔时顾先生还清楚地记得当时的想法（许多事情是在做的过程中逐渐成型，或成了气候，顾先生所说符合做事情的一

---

① 《顾颉刚日记》第三卷（1933—1937），联经出版事业公司 2007 年版，第 161—165 页。又，《顾颉刚全集·顾颉刚日记卷三》，中华书局 2010 年版，第 161—165 页。

般情形或规律）。

我们更为关心的是 1934 年 3 月 1 日出版的《禹贡半月刊》（第 1 卷第 1 期，编辑者为顾颉刚、谭其骧）上登载的 "发刊词" 究竟为谁的手笔？首先是这篇三千余字的 "发刊词" 极为重要，它是《禹贡半月刊》创办的基本理由所在，是禹贡学会工作纲领和计划的一次集中发布——今天看来则属于我国历史地理学术史中极为重要的文献资料。这样重要的文字，在葛剑雄撰写的《悠悠长水——谭其骧前传》中，无法做出一点删减，而全部录入书中[①]。简述之，《发刊词》所列的具体工作计划，一是整理一部中国地理沿革史，二是采用新式绘图方法绘成若干种地理沿革图，三是在考证基础上编成一部精确详备的历史地名辞典，四是考订校补历代正史地理志，五是辑录与地理有关的史料作各种专题研究，六是提出若干自然地理问题征求科学家们解答。工作计划自公布之日起，其中的各项内容等于是公之于众了。

葛剑雄在《悠悠长水——谭其骧前传》中写道："《禹贡》第 1 期所刊《发刊词》由谭其骧撰写，顾颉刚作过修改。"[②] 这是目前最有依据和最流行的表达[③]。2000 年 12 月，笔者曾发表文章说《发刊词》"由谭先生撰写，顾先生修改，视其文风，则像是顾先生手笔"[④]。现在看来，还需要根据新的研究取向及对文本的理解，对《发刊词》的文字主人再做一番判断。

《发刊词》全文一共 13 个自然段，系由基本宗旨（第 1—5 段）、工作计划（第 6—12 段）、所持立场（第 13 段）三个部分组成。实际上的写法，却是极其富有激情的阐发，业已意识到的充溢的社会和教育责任的宣示，这些正是顾先生的写作特点。其第一段文字，是最容易实际上也是常为学者引用的话，其表达为：

───────────

① 葛剑雄：《悠悠长水——谭其骧前传》，华东师范大学出版社 1997 年版，第 69—74 页。图 17（第 75 页）为《禹贡半月刊》创刊号封面。

② 葛剑雄：《悠悠长水——谭其骧前传》，华东师范大学出版社 1997 年版，第 69 页。

③ 又见程光裕《谭其骧季龙师的学术成就与学术思想（1940—1949）》一文，刊《纪念谭其骧先生百年诞辰国际历史地理学术研讨会论文集》，复旦大学，2011 年 5 月 28—29 日，第 11—16 页。

④ 侯甬坚：《"历史地理" 学科名称由日本传入中国考——附论沿革地理向历史地理学的转换》，《中国科技史料》2000 年第 4 期，第 307—315 页。

历史是最艰难的学问，各种学科的知识它全都需要。因为历史是记载人类社会过去的活动的，而人类社会的活动无一不在大地之上，所以尤其密切的是地理。历史好比演剧，地理就是舞台；如果找不到舞台，哪里看得到戏剧！所以不明白地理的人是无由了解历史的，他只会记得许多可佐谈助的故事而已。

谭其骧最早的论文写作在 20 年代末和 30 年代头几年，首先是求学期间撰写的《中国移民史要》《中国内地移民史——湖南篇》，然后是《新莽职方考》等篇，这一阶段谭其骧追求的是据实考证的严谨文章，还不是上段引文那样畅快淋漓表达的著述风格。然而，属于《发刊词》中间部分起骨架作用的六项工作计划，最有可能是谭其骧的手笔（当然也获得了顾先生的赞同）。这六项工作计划的写法，也有前后之不同，前面的三项为正面阐述，后面三项则采用渐次推出的方式在叙述中完成。前三项很可能也是经过了顾先生的文字润色，其表达也是酣畅淋漓，具有相当的感染力：

一、现在我们还没有一部可以供给一般史学者阅读的中国地理沿革史。

二、我们也还没有一部可用的地理沿革图。

三、我们也还没有一部可以够用的历史地名大辞典。

这完全是一种以深深的自责方式来提出最期待的研究著述任务。后面三项限于内容之不同，其写法就各式各样。第四项是先说清人考订校补历代正史地理志的成绩及不足，然后再托出意欲全面整理每一代地理志的愿望。第五项也是先说事由，再托出打算辑录地理书籍中的人口和经济史料，来做各种专题的研究的想法。第六项的表达最不完善，也最有眼光，即意识到沿革地理已有的局限，在诸如自然地理、社会、政治等方面的问题上，需要依靠科学家们和相关领域专家来做解答。

鉴于顾颉刚先生的气魄和做事风格，尤其是所处的学术地位，人们容易将《发刊词》内容看成顾颉刚的全部发明，如果是这样的话，1934年 2 月 22 日顾颉刚所写"改其骧《发刊词》毕"的日记内容就难以理解了。因之，既然《发刊词》原稿为谭其骧所撰，顾先生的工作内容仅仅是"改"①，我们就需尊重谭其骧撰写《发刊词》这一基本事实，加上对顾、谭师生工作风格和其时行文特点的把握，本文认为，谭其骧撰写、顾颉刚作过修改的半月刊《发刊词》，其主体部分（尤其是中间的六项工作计划）当为谭其骧所写，其首尾部分为顾先生改过的可能性最大。

（三）1949 年以后谭其骧先生的身体力行

1949 年 10 月初中华人民共和国成立时，按实足年龄，谭其骧接近 38 岁半；1954 年冬，谭其骧被推荐和聘为改编杨图委员会的编绘历史地图的主编时，正值 43 岁的绝佳年龄。先是借调北京工作一年（当为 1955—1956 年间），然后是有关续借或调动的商谈事宜，对此，谭其骧先生看得很清楚，他的具体叙述如下：

> 吴晗同志和杨图委员会诸公原来把改编《杨图》的工作看得过于简单了一些，所以预计只要借调我一年，顶多二年，就可以完工放我回复旦。工作一经开展就晓得不是那么一回事。首先是怎样搞法老定不下来。计划几经修改，很快一年就过去了，复旦催我回校……②

不意此事在时任中国科学院副院长的竺可桢先生 1956 年的日记里也有反映，这一天的日记是这样记录的：

> 七月廿一日　星期六　晨晴
> 晨 9 点至院。10 点至历史所，和谭其骧、钱宝琮、席泽宗等谈。谭其骧系历史所向复旦［大学］借用一年编图，现时期已到，而图

---

① 顾颉刚先生一向有制订研究计划的习惯［参见王学典主撰《顾颉刚和他的弟子们》（增订本），中华书局 2011 年版，第 49 页］，但此处已明确说明了谭其骧撰写的是原稿。

② 谭其骧：《怀念吴晗同志》，原刊《吴晗纪念文集》，北京出版社 1984 年版，此处引自《长水集续编》，人民出版社 1994 年版，第 478—490 页。

未完，地理所又要他专做历史地理研究，所以相持不下，拟与裴秘书长商请调用。①

进入新中国的建设时期，心系北京（认为研究历史的条件胜过他处）却应了复旦大学之聘做了教授的谭其骧先生，受到了中国科学院的格外重视，成为一名常居北京的外地教授。诸多事迹表明，谭其骧的治学条件和待遇比之民国时期是明显改观了。在他刚刚承担改编杨图委员会给予的重任的同时，在北京还校订了顾颉刚、章巽编绘的《中国历史地图集（古代史部分)》②，在历史地图编绘上又取得一些实际经验。

1957 年 1 月 13 日③，谭其骧先生回到了上海，从而把编绘历史地图的工作带回到了复旦大学的教学楼上。其后科研机构方面最重要的举措是，在谭其骧先生带领下，1962 年在复旦大学历史系成立了历史地理研究室，"文革"结束后，借助改革开放对各行各业工作带来的推动力，1982 年这个研究室又升格为历史地理研究所，成为校内的一个独立科研机构。但是，谁人也不能忘记，在"文革"的艰难时期，谭先生是如何以常人所难以具有的坚强意志和惊人毅力，坚持着历史地图的编绘工作。在谭先生所记的"文革日记"中，就可以看到这样的工作情形，下面撷取的时间片段为 1969 年 12 月的头几天：

12 月 1 日　上午工作。下午开会，传达协作会议决议及情况。四时后及晚6：30 后收听国际列车列车员反修斗争报告，至9：30。

12 月 2 日　上午工作。下午讨论唐图编例。晚 7：00—9：30 工作，结束明西北幅说明书提意见、明西北幅处理方案。

————————————

① 黄总甄主编：《竺可桢日记》Ⅲ（1950—1956），科学出版社 1989 年版，第 695 页。引文中"历史所向复旦［大学］借用"一句，原书作"历史所回复旦［大学］借用"，今据文意改"回"字为"向"字。

② 顾颉刚、章巽编，谭其骧校：《中国历史地图集（古代史部分)》，地图出版社 1956 年版。这部地图集为满足大学历史系教学需要而编绘，却因边疆民族方面图幅的绘制原因，仅作为参考用书在内部发行。笔者 1978 年春季入学，一年级学习中国古代史的过程中，全班同学集体借阅多册陕西师范大学历史系资料室的图书，就是这一种历史地图集。

③ 谭其骧客居北京的情况，可参阅《谭其骧日记》中的"京华日记"部分，时间起自 1955 年 2 月 11 日，终于 1957 年 1 月 13 日。

12 月 3 日　看唐图旧稿，摸安南情况，改明图小清河。晚学习，批公私融合论，嵇、赵等斗私批修。

12 月 4 日　劳动，挖防空洞，裱糊地图。下午四点讨论清东北幅编例。晚 7：00—9：00 校清图山东抄清稿一过，发现错误十余处。

12 月 5 日　办学习班，讨论今后工作。晚 7：00—10：00 校明山东幅。

12 月 6 日　天天读后讨论唐图编例，至十时许工作。明山东幅校水道结束。晚未去。

12 月 7 日　星期日。下午 4：00—5：45 到室补绘清图粤、越边界，五角场购烟。①

　　当时历史地理研究室在复旦大学大草坪西面的一座二层楼上，谭先生习惯于到研究室上班。日记中经常出现的"工作"一词，大多是指在单位里上班。具体工作情况因当时的政治活动很多，故而从中分出了开会、学习等事项，这些内容一读即明。属于历史地图编绘的内容，皆为谭先生心中的最爱，所以在日记中都记录的很具体，可以知道每天做了什么，也可以看出编绘工作的方式及其进度。尽管上引日记字里行间已浸透出那一时代明显的"政治化"特点，我们不得不说这还是属于"文革"期间稍有缓和的时期，谭先生还可以做一些编绘地图的事情，如果把时间提前到"文革"初期大字报覆盖教学楼、教授们人人自危的时期，那就根本谈不上做比较像样的业务工作了。譬如 1966 年 8 月 3 日的谭先生日记，记到"早八时开会学习，余发言后，□□□斥余'勤勤恳恳'之说。下午又去看大字报"。② 本来属于对工作的认真态度和做法，在政治可以冲击一切的特殊氛围中，也都变成被人加以训斥的什么罪行，如果对此没有较强的抗打击能力，势必会影响当事人对人生理想、价值和信念的追求。

　　到 1974 年，谭其骧主编的全八册《中国历史地图集》终告完成，次年即以中华地图学社的名义出版了内部发行本，以征求社会各方面的意

---

① 葛剑雄编：《谭其骧日记》，文汇出版社 1998 年版，第 199—200 页。

② 同上书，第 114 页。

见。1977 年中国社会科学院成立，恢复了地图集主办单位的地位，便于
1981 年组织人员修改增补定稿，1982 年由地图出版社向海内外公开出版
发行。直到此时，图集主编谭其骧先生的夙愿方获得最后的实现①。然
而，1982 年时的谭先生已是 71 岁的老人了，放眼历史，我们可以这样
说，如果 1949 年以后没有那么多的政治运动，《中国历史地图集》至少
会提前五年完成②。

那么，1934 年《禹贡半月刊》第一卷第一期《发刊词》里所披露的
六项工作计划，对于不断发展的我国历史地理学界来说，是否可以给出
某种衡量呢？到 2006 年，中国人民大学的华林甫（署名林颇）撰写问世
的《中国历史地理学研究》著作，其中设计的"学人、学派与学术队伍"
节目和撰稿文字，同这一点很有关系，他说：

在《禹贡》发刊词中，顾颉刚、谭其骧提出了宏大的中国历史
地理研究计划（见第二章第五节）。他们提出五个方面的研究内容，
第一项迄今为止已经出版了十多种历史地理学通论性著作，第二项
已编绘出版了《中国历史地图集》等，第五项的专题研究正在展开
（永无止境），第三项的地名辞典工作 21 世纪初刚刚完工，而第四项
的整理历代正史地理志工作，目前正在进行之中。以全国历史地理
专业队伍之雄厚力量，至 2004 年春已历经整整 70 年的漫长时间，而
犹未完成当年《禹贡》半月刊发刊词提出之任务，可见当时勃勃之
雄心。③

《禹贡半月刊》创刊号上的《发刊词》是写给参加禹贡学会工作的人
们的，以本文的撰写意图，以之来衡量《禹贡半月刊》创刊人的工作情

────────

① 从各册版权页得知，谭其骧主编的《中国历史地图集》第 1 至第 7 册，由北京的地图出
版社在 1982 年出版公开本，而第 8 册到 1987 年才出版齐全。

② 按谭其骧先生《自序》所述："从 1955 年春起，此后约二十年中，只开过两学年的中
国历史地理的课，除参加政治活动和十年动乱期间被迫停止工作三年外，全部力量差不多都放在
《中国历史地图集》的编绘工作上，能够挤出来写一些东西的时间甚至比教书为主的年代更少"
[《长水集》（上册），第 7 页]。

③ 林颇：《中国历史地理学研究》，福建人民出版社 2006 年版，第 334—335 页。

况，是其中最主要的考察路线，这里我们只是想以之来对照一下谭其骧先生的工作情况。

——对应《发刊词》里"现在我们还没有一部可以供给一般史学者阅读的中国地理沿革史"之任务，众所周知，由于一些具体原因，1935年谭其骧先生南下广州后，顾颉刚和史念海先生完成了一部《中国疆域沿革史》的著述工作①。谭先生于疆域政区方面意在专题研究上，所著论文收载于三册《长水集》之中②，借1991年《简明中国历史地图集》出版的机会，谭先生采取了"对每幅图附以一篇大致不超过三千字的图说"的办法③，形成了图集中的36篇、近10万字的图说文字，其价值非同一般。周振鹤教授师承谭其骧先生，新主编12卷本的《中国行政区划通史》④，成为目前为止最为科学详赡的一套行政区划通史著作。

——对应《发刊词》里"我们也还没有一部可用的地理沿革图"之任务，谭其骧及其合作者完成的八卷本《中国历史地图集》，上起原始社会、夏、商、西周、春秋、战国时期，中经秦、西汉、东汉、三国、西晋、东晋十六国、南北朝、隋、唐、五代十国、宋、辽、金、元、明时期，下迄清时期，成为迄今国内外最全面细致而权威的中国历史地图集著作。此外，谭先生对于古地图研究、历史地图编绘的重视和精深造诣⑤，也深得学术界的赞许和崇敬。

——对应《发刊词》里"我们也还没有一部可以够用的历史地名大辞典"之任务，1978年之前，谭其骧先生带领复旦大学历史地理研究室

---

① 顾颉刚、史念海：《中国疆域沿革史》，商务印书馆1938年版。

② 谭其骧：《长水集》（上下册），人民出版社1987年版；《长水集续编》，人民出版社1994年版。

③ 中国社会科学院主办、谭其骧主编：《简明中国历史地图集》"前言"，中国地图出版社1991年版。

④ 业已由复旦大学出版社出版的有周振鹤、李晓杰著《总论·先秦卷》（2009年），施和金著《隋代卷》（2009年），李昌宪著《宋西夏卷》（2007年），李治安、薛磊著《元代卷》（2009年），郭红、靳润成著《明代卷》（2007年），傅林祥、郑宝恒著《中华民国卷》（2007年）等。2017年，周振鹤先生主编《中国行政区划通史》13卷18册，已由复旦大学出版社全部出齐。

⑤ 如谭其骧先生对曹婉如等开展的《中国古代地图集》研究工作十分关心，为最终成果撰写了《序》（1986年7月3日），见《中国古代地图集》1—3册，文物出版社1990、1995、1997年版，第1—3页。

对《辞海》的历史地名等内容进行了修订。1978 年，由中国社会科学院发起，组织了中国历史大辞典编纂委员会，郑天挺、谭其骧先生出任这一委员会的委员和主任，谭先生同时担任大辞典中的历史地理卷编纂委员会的主编，《中国历史大辞典·历史地理》卷于 1996 年由上海辞书出版社出版，《中国历史大辞典》则于 2000 年正式出版。[①] 史为乐研究员师承谭先生，另主编有《中国地名语源词典》[②]《中国历史地名大辞典》（谭其骧先生担任顾问）[③]。

　　——对应《发刊词》里"考订校补历代正史地理志是有清一代学者对于地理沿革学最大的贡献"之语，谭其骧先生历来重视对正史地理志的释读工作，如 1957 年撰写的《〈汉书·地理志〉选释》[④]，早已脍炙人口，且流传颇广。谭先生晚年主编的国家重点图书"正史地理志汇释丛刊"十六册[⑤]，已出版张修桂、赖青寿编著《辽史地理志汇释》（2001年）、吴松弟编著《两唐书地理志汇释》（2002 年）、郭黎安编著《宋史地理志汇释》（2003 年）、周振鹤编著《汉书地理志汇释》（2006 年）、胡阿祥编著《宋书州郡志汇释》（2006 年）、钱林书编著《续汉书郡国志汇释》（2007 年）诸册。这套汇释每册前面刊出的"丛刊前言"，系谭先生与张修桂先生合作[⑥]。

　　——对应《发刊词》里提出的辑录与地理有关的史料作各种专题研究，谭其骧先生从移民史研究起家，30 年代发表的《湖南人由来考》《晋永嘉丧乱后之民族迁徙》已成为史学名篇。以后葛剑雄、曹树基、吴松弟教授师承谭先生，90 年代初先有《中国人口发展史》《简明中国移

① 中国历史大辞典编纂委员会编纂：《中国历史大辞典》上下卷，上海辞书出版社 2000 年版。

② 史为乐主编：《中国地名语源辞典》，上海辞书出版社 1995 年版。

③ 史为乐主编，邓自欣、朱玲玲副主编：《中国历史地名大辞典》，中国社会科学出版社 2005 年版。

④ 谭其骧：《〈汉书·地理志〉选释》，侯仁之主编《中国古代地理名著选读》第一辑，科学出版社 1959 年版。

⑤ "正史地理志汇释丛刊"系由安徽教育出版社统一陆续编辑出版。

⑥ 葛剑雄：《编后记》，谭其骧《长水集续编》，人民出版社 1994 年版，第 493 页。

民史》的出版①，至 1997 年有葛剑雄主编六卷本《中国移民史》的出版，
2000—2002 年有葛剑雄主编六卷本《中国人口史》的陆续面世。经济、
文化等方面的史料爬梳研究，则有《中国历史人文地理》②《中国历史文
化区域研究》③ 等著作问世。

——对应《发刊词》里"提出若干自然地理问题征求科学家们解答"
的工作设想，跟随时代发展和历史地理学的进步，谭其骧先生开始主动
探索历史自然地理领域中的重大问题，撰写了诸如《何以黄河在东汉以
后会出现一个长期安流的局面——从历史上论证黄河中游的土地合理利
用是消弭下游水害的决定性因素》《历史时期渤海湾西岸的大海侵》《西
汉以前的黄河下游河道》等论文④。70 年代参与中国科学院《中国自然
地理》编辑委员会的工作，同史念海、陈桥驿等诸多专家学者一道，完
成了《中国自然地理·历史自然地理》分册著作的撰述工作。邹逸麟、
张修桂、满志敏教授师承谭先生，向学术界先后推出了《椿庐史地论
稿》⑤《中国历史地貌与古地图研究》⑥《中国历史时期气候变化研究》⑦
等历史自然地理论著。

无论怎么样去考察谭其骧先生的治学经历和人生坐标，1949 年总是
一个简单而重要的识别年头，随着年龄的增长，对出版个人著作已变得
颇有心动的谭先生，将《长水集》按照 1949 年前后很自然地分为上下两
集，也预示着其中所包括的时代背景方面的诸多深意。1949 年以后的中
国历史地理学已经走过了一段很不平凡的路程，谭其骧先生已经处在当
年顾颉刚先生所在的学术权威位置上了，他经常做集体性的工作，与时
俱进，不断选择新的研究题目，开拓新的领域进行研究，有如上述，谭
其骧先生和他的同事为此做了许多工作，其学术水准已超过了前述《禹

①　葛剑雄：《中国人口发展史》，福建人民出版社 1991 年版；葛剑雄、曹树基、吴松弟：
《简明中国移民史》，福建人民出版社 1993 年版。

②　邹逸麟主编：《中国历史人文地理》，中国人文地理丛书之一，科学出版社 2001 年版。

③　周振鹤主著：《中国历史文化区域研究》，复旦大学出版社 1997 年版。

④　上述 3 篇论文最早分别发表于《学术月刊》1962 年第 2 期、《人民日报》1965 年 10 月
8 日、《历史地理》创刊号，上海人民出版社 1981 年版。

⑤　邹逸麟：《椿庐史地论稿》，天津古籍出版社 2005 年版。

⑥　张修桂：《中国历史地貌与古地图研究》，社会科学文献出版社 2006 年版。

⑦　满志敏：《中国历史时期气候变化研究》，山东教育出版社 2009 年版。

贡半月刊》时期的预期。学无止境而人生有涯，谭先生身体力行的工作影响了他身边的诸多同事，培养了许多杰出的学生，历史地理学的学术事业有这许多同事和学生继承并继续向前推进，谭其骧先生真是一位幸福的老师！

（四）谭其骧先生一生精神
所寄的历史地理学

无论我们怎样分析和判断，最了解谭其骧求学治学特点的人，还是他的导师顾颉刚先生。1952 年 10 月 7 日这一天，身在北京的中国科学院历史研究所的顾先生致书于复旦大学谭其骧，谈论的是当时有的大学在聘请教授，也涉及顾先生自己，自然就会谈到自身的近况，顾先生强调说："更以刚自身学业言之，一生所治乃史料学而非史学"①，这是又一处顾先生对自己治学方向和特点的归纳，同时也是一种表白。

对于谭其骧治学特点的评价，在 1972 年 11 月 19 日这一天，顾颉刚因事致函谭其骧，其中说道："历史地理，是你一生精神所寄，只有你才能成此综结之业，亦才能将自郦至杨历千余年之弘著作一彻底之整理，不负各代专家之苦心。"② 这些话当然是在期望弟子帮助自己完成一件事情的情况下说出来的，其内容却是顾先生内心的认可。顾先生对谭其骧的才能一直有很高的评价，他教过的燕大史学系学生中，他"以齐思和、翁独健、冯家昇、谭其骧四君为出类拔萃之人物"③，甚至在资财不丰的情况下，勇于创办《禹贡半月刊》，也是因为有了学生谭其骧等人的参与。

1973 年 5 月 26 日，中国科学院副院长竺可桢先生收到来自上海复旦大学谭其骧教授的一封信函，次日，竺先生在日记里记录了这件小事④：

---

① 《顾颉刚全集·顾颉刚书信集卷二》，中华书局 2010 年版，第 564 页。

② 同上书，第 566 页。

③ 《顾颉刚日记》第二卷（1927—1932），联经出版事业公司 2007 年版，第 718 页。

④ 黄总甄主编：《竺可桢日记》Ⅴ（1966—1974），科学出版社 1990 年版，第 595 页。引文中"他估价如此之高"一句，原书作"他作价如此之高"，今据文意改"作"字为"估"字。

五月二十七日　星期天　晴

　　……昨接谭其骧自复旦来函，"读大著，每读一遍，都使我觉得，这篇文章功力之深，分量之重，实为多年之少见的作品，无疑应列于世界名著之林"。他估价如此之高，使我惊奇。因他不是泛泛之交，也不是肯随便称道人的。当然这篇文章，我自己估价也是尽了毕生之力，积累了三、四十年的深思，而写出来的。所以人家估价那么高，似乎不是偶然碰巧之事。……

　　信函中所说"大著"是指竺可桢先生在《考古学报》1972 年第 1 期上发表的《中国近五千年来气候变迁的初步研究》一文，谭其骧先生究竟把这篇论文读了几遍，这并不清楚，能够觉察的是谭先生非常看重这篇论文，以至于到了要把自己阅读这篇论文的感受相告于作者的程度（竺可桢先生是谭其骧 40 年代在浙江大学任教职时的校长）。这一事例说明，1949 年以来的谭其骧先生一直在钻研历史自然地理，即便是历史气候学这样很讲求研究方法的领域，所以，当他读到《中国近五千年来气候变迁的初步研究》这样重要的论文时，其内心自然是难以平静的。

　　学术界探讨近代以来我国传统的沿革地理演进到历史地理学的过程及契机已经有一些论著了，这里面如何更进一步考察历史地理学先驱人物的内心世界，还是一个有待深化的题目。结合本文的论述，前面提到的 1932 年初谭其骧从燕京大学研究院毕业后向导师顾先生提出的"志愿"和"计画"，究竟是什么内容？1934 年 2 月顾、谭师生合办《禹贡半月刊》时，为什么要安排谭其骧来撰写《发刊词》？《发刊词》中最有实际意义甚至是未来中国历史地理最富有研究价值的六项工作计划，究竟为谁的手笔？是否这《发刊词》六项工作计划中就包含若干前两年谭其骧致顾先生信函中所提出的"志愿"和"计画"内容？或者这《发刊词》六项工作计划本身就是自顾、谭师生二人共同的设计？目前，这些提问因资料原因而不能给出明确的答复。然而，这些"志愿"和"计画"，乃至六项工作计划，只要是出自当事人或参与者的内心世界，那么，通过对当事人或参与者此后工作经历的全面考察所做的判断，就有可能接近给予上述提问以明确回答的位置或状态。

　　我们对 1949 年后谭其骧先生身体力行数十年工作过程的考察，感受到了因对事业的不懈追求，而得以体现出来的专业成绩和个人魅力，加之谭先生老师顾颉刚先生评价材料的使用，可以证实或反推出这些工作同谭其骧早年提出的"志愿"和"计画"，以及《发刊词》中六项工作计划之间存在相当一致的联系；甚至可以说，谭先生早期"志愿"和"计画"的雏形可能就是《发刊词》中的六项工作计划，谭先生数十年如一日的辛勤工作，就是对《发刊词》中六项工作计划的实践活动。

最后，我们想表达的意思是：谭其骧先生诸多实干工作所带来的杰出业绩，已经成为我国历史地理学专业领域的宝贵财富，而谭先生本人也因此成为学术界尊崇的我国历史地理学奠基人。

住在杭州城的乡贤教授

——陈桥驿先生之心境[*]

从《陈桥驿先生年表简编》得知[①]，1954 年春，32 岁的主人翁"到浙江师范学院任地理系讲师"，三年后"任浙江师范学院地理系经济地理教研室主任"，1958 年学校更名为杭州大学，这位主人翁一直居住在杭州，继续担任讲师一职。1978 年晋升副教授时，他的年龄为 56 岁；1983 年晋升教授时，年龄已到 61 岁。及至 1998 年浙江大学合并杭州大学等学校时，本文的主人翁又成为浙江大学地球科学系的教授。虽然学校的名称甚或校址有过改变，他本人却从未有过调动，一直住在省会杭州城里，距离绍兴故里的路程约为 60 千米。

在 32 岁之前的事迹，因有《八十逆旅》自传体著作的出版问世方为人所知[②]。概而言之，主人翁 5—7 岁在家乡绍兴城里受的是传统家庭式教育，10 岁进入小学，13 岁开始学习英语，14 岁高小毕业，其后在承天中学、省立绍兴中学、花明楼高中读过书，15 岁时接触地图，喜欢背读地名。1941 年绍兴沦陷后，流亡中去过嵊县和柯桥（今绍兴市柯桥区，原绍兴县之大部），当过小学校长。1943 年，随逃难人群沿浙赣铁路一线到了江西的上饶，读完高中三年级。次年至赣州龙岭，就读于 1940 年创建的国立中正大学社会教育学系，不久即投笔从戎，参加了政府组织的

———————————

[*]　原载《中国历史地理论丛》2015 年第 2 辑，第 20—23 页。

[①]　陈桥驿编、范今朝补：《陈桥驿先生年表简编》，罗卫东、范今朝主编：《庆贺陈桥驿先生九十华诞学术论文集》附录一，浙江大学出版社 2014 年版，第 406—416 页。

[②]　陈桥驿：《八十逆旅》，中华书局 2011 年版。亦参阅颜越虎《乡贤故园情　学者爱国心——陈桥驿先生的人生与治学》，冯建荣主编《稽山青青鉴水长——庆贺陈桥驿先生九十华诞暨学术研讨会文集》，学林出版社 2011 年版，第 207—211 页。

"青年远征军"，到过宁都、横峰，接受训练考试，之后分配到武夷山麓的黎川。当年日本军队投降，作为"青年远征军"的一员，到过福建福州、浙江德清，复员后在嘉兴青年职业学校教过英语，在新昌县立中学教过地理。到此时为止，可以说除了籍贯地之外，主人翁足迹较远、滞留时间较长的地方是邻省江西。

为主人翁最熟识的地方只能是杭州湾南面这一片鱼米之乡——浙东地区的宁绍平原，历史上文风颇盛，端赖当地耕读传家传统形成的影响。这里抗战中以绍兴为出发点，颠沛流离的流亡生活予人印象至深。2013年10月18日，已是91岁高龄的主人翁回忆当年在花明泉读高中的情景，很有些陶醉地写道：

> 从绍兴到会稽山北麓的航船终点娄宫埠头，然后登岸行走，经过名胜地兰亭入会稽县境而至枫桥，这是一条当年可行黄包车的大路，从枫桥东折走上小路，不过十里即到花明泉村。故自娄宫至此，总共约四十里，大半天时间就到新迁校址。这年秋季我就在此续学，因为我们是初秋三，即初中毕业班，学校照顾，以老祠堂的正厅作为我们的教室。当年我重视图书馆甚于教室。即去离校本部不到一里的另一座大祠堂察看，见馆内一切已安顿就绪，韦勃斯特大字典也已安置在原来的铁架上面。音乐教室设在此处，在搬运中或许是最为笨重的钢琴，已经擦得净亮，令人欣慰。①

在《吴越文化论丛》中，作者还收录了一篇《重游花明楼》之文，当时处于年轻人朝气蓬勃、求学中更加懂事明理的高中阶段，又身处走出绍兴后的新天地，所以作者的记忆尤深。《怀念新昌中学》的文章也是一样的，这里是作者1954年春进入浙江师范学院前的工作地点，1952—1954年问世的《淮河流域》《黄河》《欧洲资本主义国家地理》《祖国最大省份新疆省》等书籍，应该都是在这所学校写就的。

---

① 陈桥驿：《陈桥驿先生早年经历自述》（编者注：本文为陈桥驿先生专为本书而作，写于2013年10月8日；题目为编者所加），罗卫东、范今朝主编《庆贺陈桥驿先生九十华诞学术论文集》，第3—4页。

　　接续 50 年代不停手的写作，60 年代作者在国内专业期刊《地理学报》上发表论文，而且是历史地理学的专题探讨，显示了作者在专业领域的积极进取态度，并由此取得了历史地理专业学者身份。作为一名历史地理学者，主人翁从 1962 年发表的《古代鉴湖兴废与山会平原农田水利》、1965 年发表的《古代绍兴地区天然森林的破坏及其对农业的影响》、1980 年发表的《历史时期绍兴地区聚落的形成与发展》、1983 年发表的《历史上浙江省的山地垦殖与山林破坏》这些重要论文，均是以宁绍平原为研究对象，有的扩展至浙江全省的山地垦殖过程研究，极其自然地展现了作者的生活经验和学术优势，在学术界获得很高的评价。北京大学阙维民教授称这一类型的研究，为渗透在科研中的"绍兴因素""绍兴烙印"，为业师"学术研究的绍兴之根"[①]。

　　2011 年 11 月 12 日，我们许多同行在杭州参加浙江大学举办的"陈桥驿先生九十华诞庆贺会暨历史地理学发展学术研讨会"后，又赶往浙东名城绍兴，于次日参加了绍兴市人民政府举办的"庆贺陈桥驿先生九十华诞祝寿会"。当天，一个重要的活动议程就是参观位于绍兴仓桥老街上的"陈桥驿史料陈列馆"。这座古色古香的绍兴老式民宅，铅灰色的大门、镂空的窗户、明亮的天井、宽敞的回廊和排满书籍的书柜，无不散发着浓重的历史气息。从陈列馆走出，我对同行的西北师范大学李并成教授很有感慨地说："我有两个体会，一个是陈先生写的书真多啊，再就是服务桑梓的工作太突出了！"李先生闻之表示赞同。

　　2007 年 8 月，绍兴市开始筹建这个纪念馆，两年后的 12 月 10 日（此日为陈先生诞辰日），纪念馆开馆了。据介绍，"陈桥驿史料陈列馆"是绍兴市文化精品创作生产规划中的一项重点工程，为目前省内首个为在世文化名人建立的陈列馆舍。仓桥老街早已辟为历史文化街区，绍兴市政府非常认可这位"绍兴乡贤"，身为大学教授的本文主人翁，为什么能把服务桑梓的工作做得这么好？这其中的心路历程有哪些？对此，我们很想知道和了解。

---

　　① 阙维民：《陈桥驿先生学术研究的绍兴之根——贺陈先生九十华诞》，引自浙江大学地球科学系、浙江大学社会科学研究院编《古越之子·水经传人·史地名家——陈桥驿先生九十华诞庆贺纪念册》，2011 年，第 199—203 页。

据主人翁自叙，"我从青年时代起就留意绍兴乡土文献，直到1983年才完成和出版了我在这方面的专著《绍兴地方文献考录》"①。这个"青年时代"确切地说是"初中阶段"，在《为学的教训》一文中，主人翁说"我在初中时就读了鲁迅的《会稽郡故事杂集》，而且颇受影响，到此时才开始整理越地资料"②，说的是24岁在新昌中学担任教务主任时的事。《绍兴地方文献考录》这部著作1983年由浙江人民出版社出版，作者亲笔书写"前言"，出版后即成为研究探讨绍兴地区历史文化人们的必读书。

明白了，一切皆因为文献，鲁迅早年即对故里沿革、山川、湖泽、物产、古迹、风俗等感兴趣，将兴趣浓缩在文献上，于1915年6月汇成二十册木刻印行本问世③，影响到后来者；本文的主人翁，1953年欲撰文谈论绍兴的名胜古迹，更加体会到鲁迅的"会稽古籍零落"感慨之深，遂有心发奋将《会稽郡故事杂集》发展到《绍兴地方文献考录》，同样是因为这些研究中须臾不能离开的文献。将书中十八类上千种书目文献及文章篇目一一考录出来，等于是开出了研究绍兴地方史的书单，提供给有兴趣、有工作任务的人们方便使用。

然而，由于多方面原因，今人阅读和使用这些古籍已经面临许多困难，甚至费力寻找到这些书籍也需要克服不少困难。此时此刻，引用一回1997年版、五大册540万字的《绍兴市志》总编任桂全先生的回忆文字，尤有必要：

> 陈先生对于绍兴市志，更重在质量上的把关。地方志因为内容十分广泛，涉及自然科学和社会科学的诸多领域，这对我们这些阅历不多，知识有限，又无修纂志书实际经验的人来说，实在有点勉为其难。而陈先生不仅学识渊博，学术成就卓著，而且又和蔼可亲，

---

① 陈桥驿：《〈江南人才名镇——陶堰〉序》，引自陈桥驿《吴越文化论丛》，中华书局1999年版，第483页。

② 陈桥驿：《为学的教训》，引自《古越之子·水经传人·史地名家——陈桥驿先生九十华诞庆贺纪念册》，2011年，第11页。

③ 绍兴市鲁迅纪念馆：《鲁迅关注历史档案——〈会稽郡故事杂集〉辑录》，《浙江档案》2001年第9期。

处事雷厉风行，这就自然而然地成了我们的依靠对象，凡是碰到什么困难，或者有什么不懂的地方，就虚心向他请教，或者请求帮助。他也常常真诚相待，有求必应，甚至不惜放下自己手头的科研工作，全力以赴，严格把好各个环节的质量关。①

受到主人翁帮助的地方人士是很多的，1985年主人翁访问日本国立大阪大学，终于写出了催稿已久的《怀念新昌中学》一文，作者顺便写道："在国内时实在挤不出时间，倒是到了国外，每天接待客人的时间比在国内不知节省多少，所以就写了这一点东西。"经常与地方人士交谈来往，就给人们的心目中留下了很深的印象，对此曾有人做过这样的解说：

> 在陈先生身上，有一种挥之不去的永恒的乡土情结，他生在绍兴又出生书香，受过中西方文化的熏陶，在绍兴度过了青少年时代。对他来说，乡就是故乡、故里、故人，土就是乡音、乡谊、乡贤，就是祖祖辈辈生活的这片热土。所谓在绍言绍，知我绍兴，爱我绍兴，兴我绍兴。而乡土文化就是指区域文化，这种文化如清溪山泉，潺潺不息。在中华文化的共同价值取向下，自己的独特个性支撑着，引领着本地经济与社会发展。②

20世纪80年代，我国各地出现了新一轮编修地方志的热潮。1987年，一篇《绍兴修志刍议》的长文在《绍兴师专学报》发表，这是主人翁专门为地方修志工作的深入进行而撰写的，其中首先论述了绍兴在地方志修纂历史中的不同凡响之处，又着重说明主修人、主纂人（今习称总编或主编）的态度、职责和具体做法等，之后又以绍兴为例，集中论证了地方志的理论和编著方法等问题。按照侯慧燊老师的细致介绍，这

---

① 任桂全：《陈桥驿方志思想引领我们修纂一代新志》，引自《稽山青青鉴水长——庆贺陈桥驿先生九十华诞暨学术研讨会文集》，第14页。
② 何信恩：《智者的胆识》，引自《稽山青青鉴水长——庆贺陈桥驿先生九十华诞暨学术研讨会文集》，第18页。

位主人翁对修志工作的关心和参与从 70 年代末就开始了①。古往今来，随着时间的推移和世事景物的变化，地方志形成了连续编修记载的特点，熟悉旧方志和关心新方志在本质上具有相通之处，但唯有似主人翁这样的心境和情愫的大学教授，才"不惜放下自己手头的科研工作"，富有热情，且长期投入。1990 年 7 月，浙江省乡土教育研究会在舟山市成立，主人翁被推举为会长，为了这次会议，他事先撰写了《乡土教育与乡土研究》一文②，将很不平静的心情诉诸笔端，更加率真地表达了自己的心声：

> 乡土教育是一种最务实的教育，因为一切从乡土出发，以乡土为教材，人人看得见，触得着，所以感染力特别强。而且对每一个人来说，从他的启蒙开始，就随时随地地接受乡土教育。良好的乡土教育，可以使人们从孩提时代就铭记在心，终生不忘。……

笔者在以前的本科教学中，尝试采用乡土地理方法来引导学生靠近历史地理学③，教育部师范教育司组织评审的全国中小学教师继续教育教材——《乡土地理教学研究》，则强调对于学生素质教育方面和教师素质提高方面的多重意义④。而乡土教育的提法，实际上更符合和对应这里所表达的多重意义，为了搞好乡土教育，势必需要不断地进行乡土研究，促使参与者把更多丰富感性的材料挖掘出来，充实到乡土教育之中。针对这一点进一步予以归纳提炼，还可以把主人翁的思想揭示得更加全面和透彻。

每个人都有一个属于自己的心灵港湾，许多人的心灵港湾或许就是自己的家乡故里，如钱穆先生在台北思索良多的无锡县七房桥那样，或

① 侯慧燐：《陈桥驿与地方志》，引自《古越之子·水经传人·史地名家——陈桥驿先生九十华诞庆贺纪念册》，第 67 页。

② 陈桥驿：《乡土教育与乡土研究》，原载《浙江教育科学》1990 年第 1 期，引自《吴越文化论丛》，第 220 页。

③ 侯甬坚：《目标：迈向历史地理学门槛——历史系 8802 班"乡土地理报告会"对课堂教学的正反馈》，《教学研究》1991 年第 4 期（陕西师范大学教务处编辑刊物）。

④ 王静爱主编：《乡土地理教学研究》，北京师范大学出版社 2001 年版，第 5—6 页。

如吴宓先生人生归宿地的泾阳县安吴堡那样，再如陈桥驿先生心中回映
的绍兴城车水坊状元台门那样。拥有这样的心灵港湾的人士是幸福的，
将自己的学识运用到这一心灵港湾的人士更是幸福无比。初唐诗人宋之
问吟诵"近乡情更怯，不敢问来人"，那是自己离乡太久了，而晚年的陈
先生每年会有四五次回到绍兴的机会，他说过："回到绍兴太好了，我可
以畅快地讲绍兴话了"，可见在杭州城里所讲带有绍兴腔的普通话，还是
没有那么放松自如。经过长期的酝酿和思索，到1996年，我们的主人翁
终于写出了神采飞扬的文字，文字中显示了豪情万丈的乡土精神①：

> 绍兴是有悠久历史和光荣传统的著名地方。我们有传说中的大
> 禹，他为我们驱走第四纪海进，让我们获得一片肥沃的土地。我们
> 有越王句践，他为我们在公元前490年建起这个古都。历史上的许多
> 贤牧良守领导绍兴人民，把一片被中原大国宰相视为穷山恶水的劣
> 地改造成为青山绿水的美地，为我们积累了优越而雄厚的旅游资源。
> 现在轮到我们这一代，我们一定要继承大禹三过家门而不入的忘我
> 精神和越王句践卧薪尝胆的卓绝意志，发挥我们祖宗创造的各种旅
> 游资源的优势，把我们的家乡建成一个名扬四海的国际旅游城市。

按照这样一种思路，乡土的人文价值和历史研究的创见竟然合为一
体，对于许多不折不饶地做学问的人来说，是否可以认为这就是学问存
在的价值和意义？在广大中小学生身上，因家乡情感和乡贤事迹影响所
滋生的爱国主义情愫，该不会因缺乏基本的素材而显得很空洞吧。回到
陈先生本人那里，面对前贤和民众诸多勇敢而为的事迹，估计已经不会
再选择1965年发表论文时的"绍兴地区天然森林的破坏"那样的文字表
述了。

本文主人翁的确是一位治学严谨的著名学者，他的学术名著为四集
《水经注研究》。第一集出版于1985年的天津古籍出版社，第二集出版于
1987年的山西人民出版社，时隔1年；第三集还是出版于山西人民出版
社（1992年），时隔了4年时间；第四集则出版于2003年，时隔了10

① 陈桥驿：《绍兴的旅游资源与旅游业发展前景》，引自《吴越文化论丛》，第559页。

年，出版单位为作者所在城市的杭州出版社。第四集"序"文中，作者于第一段就表明了一种心境："……现在出版第四集，或许也是我有生之年出版的最后一本《水经注》研究文集。由于这一集是为了纪念家乡绍兴环城河与古运河的整治成功而整理付梓的，所以这是我对蒸蒸日上的家乡水利事业的一点心意；也是我学郦数十年，对家乡父老朋友们的一番交代。"言语文字间，透露出主人翁的内心深处一直惦记着故乡。

一年有 365 天，可以记入个人"年表"的事迹是很多的，那份为主人翁自撰的"年表"截止时间为 2008 年，这里谨取后几年"年表"内容，以观作者取材意向：

2003 年　81 岁

《水经注校释》获第三届中国高校人文社会科学优秀成果一等奖

《水经注图》（校释）由山东画报出版社出版

《水经注研究四集》由杭州出版社出版

2004 年　82 岁

在《学术界》第 3 期发表《论学术腐败》

发表《我校勘〈水经注〉的经历》，载《杭州师范学院学报（哲学社会科学版）》第 5 期

2005 年　83 岁

《关于创建世界第一流大学》，收入《黄河文化论丛》第 13 辑

《从商、入仕、做学问——读杨守敬学术年谱》，载《学术界》第 6 期

2007 年　85 岁

8 月　绍兴筹建"陈桥驿先生史料陈列馆"

《水经注校证》由中华书局出版

2008 年　86 岁

《中国运河开发史》（主编）由中华书局出版

《水经注论丛》由浙江大学出版社出版

2006 年，作者 84 岁这一年，"年表"中竟然只字全无，甚至连"2006 年，84 岁"这样的字都省去了，也就是说类似"年谱"的"年

表"里空缺了一年。这一年作者多有序文和散记文字问世，却没有自己认可的学术论著填入其中，于是便采用了空缺一年的方式来述"年表"，作者心中之鹄的在哪里是很清楚的，那就是只能是学术！

2月15日清晨，我从西溪河边的浙大人文主题酒店——圆正·西溪宾馆走出来，顺着河边向北走。空中弥漫着淡淡的雨雾水气，是否撑伞处于可与不可之间。这是保俶北路东侧，浙大西溪校区西墙就在这条路的西侧，陈宅就在这里面。2月11日，陈先生与世长辞了，这里的鸟儿不惊水未喧哗，如同先生生前之格调，做事重在奉献，为人特立独行，不卑不亢，稳重如山。今天就要和众人一起送别先生了，我感到作为浙江大学的终身教授，意味着一生都要"继续研究，继续著作"，与代表绍兴民众的政府所相当认可的"绍兴乡贤"称誉相比，"绍兴乡贤"来得更有人情味，更富有社会意义。

来自家乡绍兴的徐霞鸿记者说得好，"爱学问让他永远年轻，爱家乡让他永远温暖"，我们很是羡慕陈桥驿先生所享有的这么一种温暖。

2015年3月4日于西安南郊写讫

李约瑟先生留在长安孔庙的畅想[*]

  李约瑟先生（Joseph Needham）是为世人所熟悉的英国近代生物化学家和科学技术史专家，他倾心数十年自著和组织撰著的多卷本《中国的科学与文明》（即《中国科学技术史》）之巨著，于中国科学技术史的挖掘、阐发和建立事业厥功甚伟，对现代中西文化交流影响极为深远。1994年，在中国科学院当选为首批外籍院士。再者，李约瑟先生关于中国科技发展史认识上的"李约瑟难题"曾引起海内外各界的广泛兴趣和关注，其论证之说，争执之声，至今仍在较大的范围内余音缭绕，绵延不绝。2009年，英国人文森森所著《李约瑟：揭开中国神秘面纱的人》一书中译本面世[①]，成为我们了解李约瑟先生一生追求的最新读物。可是，至今还有许多人不知道李约瑟先生以前四次来到西安，三次莅临长安孔庙院落，摩挲那坚硬发凉的碑石，着力理解和解构构成中国古代文明的各种事实和因素。本文谨对与此有关的史事予以初步论述。

（一）李约瑟先生曾四次来西安，三次到孔庙

  依据近时所收集到的资料，得知李约瑟先生曾来过西安四次，其中有三次莅临孔庙。

  第一次，时为1945年，处于抗日战争时期的艰难岁月。

  据许立言、叶晓青合撰的《李约瑟在华考察的路线（1943—1945

  [*] 原载《碑林集刊》第20辑，三秦出版社2015年版，第8—19页。

  [①] ［英］文森森：《李约瑟：揭开中国神秘面纱的人》，姜诚、蔡庆慧等译，上海科学技术文献出版社2009年版（原版2008年）。

年)》一文①，其中有如下述道：

> 由于战争，中国的科学界几乎与世界隔绝了。在这个被封锁的时期，英国著名科学史家李约瑟作为中英文化合作馆的一员，自愿地承担起战时中英文化交流的重任。在 1943—1945 年短短的几年中，足迹遍及了中国西南、西北、东南十个省，行程 8000 公里。在此期间李约瑟访问、参观了我国的学术机构 296 所（表 20—1），在各地作过多次的通俗或专题演讲，如"战时英国科学及大学生活情况"、"中西方科学史"、"科学与社会"；并帮助中国学者向国外输送科学论文以及传递其他各种出版物。与此同时，又设法从国外引进各种有价值的图书资料，包括著名的《自然》杂志。

此文所述与陕西及西安有关的一段文字是这样的：

> 最后，1945 年秋天李约瑟以第二次西北之行结束了他的整个行程。10 月抵宝鸡。该地是河南大学最后的迁校地点。这所大学曾被日军包围、一些学生与教师被害，许多教授曾经被俘。李约瑟此行到过的地点有汉中②、武功、西安、天水等地。

在宝鸡的活动情形，据于茂世所撰《"河南大学百年风云"系列·抗战篇之四》所记：1945 年 8 月 15 日日本投降，学校决定年底返回开封。10 月，英国著名科学家李约瑟到了宝鸡，造访河大并发表《科学与民主》演讲。当夜，与李俊甫教授彻夜长谈。几年后，李约瑟在其《中国科学技术史·序言》中这样写他的此次河大之行：

> 有一些巧遇简直是传奇式的。在陕西宝鸡时，有一天我乘坐铁

———————————

① 许立言、叶晓青：《李约瑟在华考察的路线（1943—1945 年）》，《中国科技史料》1981 年第 1 期，第 55—58 页。此 2 位作者还合作有《抗战时期李约瑟在中国的科学活动》一文（刊《自然杂志》1981 年第 4 卷第 9 期，第 647—650 页），所附图 2 "李约瑟 1943—1946 年来华考察行程简图"（陆正言绘制），颇具参考价值。

② 原文作"江中"，今据资料改为"汉中"。

路工人的手摇车沿着陇海路去卧龙寺，这是当时河南大学最后的疏散校址。河南大学利用一个很精美的旧道观作为它的一个校舍。……

这一天的时间实际为 10 月 7 日。李约瑟日记记曰："通过卧龙寺站，又上行走了 12 公里之后，在真武寺停了下来"，这里是河南大学当时最后的疏散地①。有的回忆文章记述不是叫真武寺，而是武成寺②，实际上都有误，正确的名称是武城寺③。可见李约瑟先生不仅到过宝鸡，还被人沿途引到了河南大学，具体地点是在武城寺等处，而且对刚搬迁来的、尚未解捆的成堆图书进行了查看。《河南大学校史》对迁校宝鸡过程有过叙述：奉教育部命令，学校西迁宝鸡。师生由西安乘火车西上，在宝鸡附近的武城寺、石羊庙、姬家店等处暂时安居。这时，学校仅有文、理、农三个学院 600 多人，教职员及眷属 500 余人。此时，医学院尚在汉中，为便于管理，后将医学院迁至渭河南岸的姬家店，与校部隔河相望。

上述许立言、叶晓青论文中所列表 20—1，表名是"李约瑟访问的学术机构"，内容是按照到达的学术机构（名称）来列出所及城市的名称。在西北地区的表格中，只列出兰州一个城市名称，列出"西北传染病防治所防疫菌苗制造研究所""甘肃科学教育馆"两家机构的名称，既没有列入宝鸡、河南大学这样的城市和大学的名称，也没有列出西安之名，似乎李约瑟此行与西安的科学教育机构没有发生关系。

实际上，在当时激烈而紧张的战争状态下，西安的许多科学教育机

---

① 李约瑟、李大斐编著：《李约瑟游记》，余廷明等译，贵州人民出版社 1999 年版，第237 页。

② 张邃青：《河南大学片断的回忆》里记述："在抗日战争中，河南大学曾由开封迁移到五个地方，那就是鸡公山、镇平、嵩县潭头、淅川荆紫关和陕西宝鸡。"最后的两段迁移，在"创痛之余，南迁淅川荆紫关，不到一年，又迁到陕西宝鸡武成寺。……到了一九四五年八月，日寇无条件投降，十二月底，河南大学由宝鸡返回开封。"此说为武成寺，引文见政协开封市委员会主办"议政网"。

③ 据民国十一年（1922）陕西印刷局铅印本《宝鸡县志》卷 7 所记本县"祠祀"，其中记载"卧龙寺在县东二十一里，旧志相传唐明皇幸蜀宿此。武城寺在县东三十里底店镇西，旧志林柯阴翳，石齿流泉"。得知正确的写法为"武城寺"，其余写法都是口耳相传或书写有误引起的。

构已经搬迁，如果说东部地区的迁移活动属于西迁，而西安临时大学等
院校就属于南迁了①，南迁到了汉中地区的城固、南郑等地。1945 年 9 月
15—18 日，李约瑟和夫人李大斐博士（Dorothy Needham，1896—1987）、
曹天钦博士、邱琼云女士来往于南郑、城固之间，15 日、18 日参观西北
大学，16—17 日参观西北工学院，在两校分别做了《科学与民主主义》
《原子能的利用》学术报告，西北大学教务长杜元载、西北工学院潘承
孝、张国藩分别负责接待，李约瑟先生则代表中英科学合作馆向西北大
学捐赠了数百册图书和期刊杂志②。

此外，根据李约瑟先生 1964 年亲笔撰写的《在长安孔庙中》诗作，
1945 年的西安之行中他还到过长安孔庙（当时这里是 1944 年政府成立的
陕西省历史博物馆所在，同时负有监管孔庙的职责），具体时间应该是 10
月 14 日或 15 日③。《在长安孔庙中》里开篇两句话即为"我四十四岁那
一年初次来到这里，那正是封建地主和外国军队压迫的年代"④。李约瑟
先生生于 1900 年 12 月 9 日，写作此文时年龄应该是 64 岁，回忆自己前
一次来孔庙的时间是 1945 年，到这年年底，实足年龄为 45 岁，当时是
10 月份在孔庙观摩，所以记述自己的年龄为 44 岁。因之，李约瑟先生第

---

① 1938 年 3 月 16 日，西安临时大学迁往汉中城固，4 月 3 日改为西北联合大学，1938 年
到 1939 年相继独立为西北大学、西北工学院（今西北工业大学、天津大学、中国矿业大学、东
北大学工学院前身）、西北农学院（今西北农林科技大学前身）、西北医学院（是西安医科大学
的前身，至 2000 年又并入西安交通大学）、西北师范学院（今北京师范大学、西北师范大学之
前身）。

② 尹晓冬、姚远：《1945 年李约瑟博士访问西北大学初探》，《西北大学学报》（自然科学
版）2013 年第 43 卷第 4 期，第 670—676 页。据此文，对李约瑟先生此次访问活动的记述，西北
大学方面藏有的主要原始文献资料是《英国李约瑟博士来校访问》[《国立西北大学校刊》1945
（复刊15）：7]。

③ 据《陕西南部旅行日记摘录（包括在宝鸡的各项参观及对秦岭林区管理局的考察）》
（1945 年 10 月）所记，10 日为周至之行，11—12 日在楼观台和秦岭林区管理局，14—15 日缺
记，16 日离开宝鸡南越秦岭而去（参见李约瑟、李大斐编著《李约瑟游记》，第 239—243 页），
推测缺记的 14—15 日李约瑟先生一行去了西安，因为除此之外就找不出其他时间了。

④ 李约瑟：《在长安孔庙中》，收入《四海之内——东方和西方的对话》，劳陇译，生活·
读书·新知三联书店，生活文化译丛 XXⅢ，1987 年，第 110 页。据《中英科学合作馆第二年与
第三年的工作（1946 年 2 月）》资料，1945 年秋季的"北方之行"，李约瑟先生的同行人员除了
夫人李大斐博士，还有曹天钦先生、邱琼云小姐（参见李约瑟、李大斐编著《李约瑟游记》，第
65 页），他们可能一起参观了长安孔庙。

一次在西安孔庙观摩的时间为 1945 年 10 月，时年 44 岁（按中国人的算法，也可以说是 45 岁）。

第二次，时为 1964 年夏秋之际，是在新中国建立之后。

1949 年 10 月 1 日，中华人民共和国宣告成立。之后仅 3 个月，英国就宣布承认新中国，成为第一个承认新中国的西方国家。但由于经济因素、香港问题、国际冷战大背景以及苏联和美国政策的影响，中英关系没有得到正常发展，相互之间实际上处于一种"半外交"关系状态[①]。而李约瑟先生与英国政府不一样，他已经与中国政府和民众有了相当多的联系，1950 年他发起成立英中友好协会，亲任会长直至 1964 年，长时间内为协会做了许多非常重要的工作。到 1964 年 7 月 3 日，李约瑟先生偕夫人李大斐及助手鲁桂珍访华，一般认为这是他本人第三次访华了。1964 年 9 月 30 日，毛泽东主席在北京会见了李约瑟先生和夫人，并留下了亲切会谈的照片，有关报道介绍这一对高个子客人的身份是英国著名科学家。

李约瑟先生一行这次来西安的情况，我们从陕西省人民对外友好协会公布的记录资料中，找到了一点文字材料，遗憾的是其中没有交代当年来西安的具体时间[②]，我们猜想可能是在 1964 年的夏秋之际：

> 1964 年接待外宾 31 批 177 人，其中以省"和大"名义接待 7 批 19 人，"对外文协"名义接待 23 批 147 人，其中英中友协会长李约瑟博士，由副省长傅子和会见并宴请。……从外宾的愿望上看，想学革命经验，要求到革命圣地延安去的多，要看历史文物的多；一部分想通过参观座谈和专访，了解陕西的工农业生产、市场供应、文化生活等情况。

尽管省对外友协的总结材料没有说出李约瑟先生一行在西安活动的

---

① 孙艳飞：《对新中国成立前后中英建交问题的历史考察》，硕士学位论文，安徽大学，2011 年。

② 李约瑟《在长安孔庙中》有"天是晴朗的天，中国炎夏的阳光普照"诗句，透露是1964 年夏季前来参观，但也可能是初秋季节。

细节，我们依据《在长安孔庙中》一文的写作时间，知道了李约瑟先生此次又来到长安孔庙院落之中，并且仔细观摩了里面的珍贵文物，而这里此时已更名为陕西省博物馆，孔庙所在早已扩充为馆区，馆内的石刻艺术对外开放了，展览的内容分别为陕西历史、石刻艺术和碑林。这一次，李约瑟先生在孔庙院落伫立长久，思绪万千，写就了诗作一篇①，表达自己的心迹，这篇题为《在长安孔庙中》的诗作②，由题句和三段长短诗组成，全部内容兹抄录如下：

在长安（今陕西省西安市）的孔庙是全中国最壮丽的孔庙之一，在庙内广场上的"碑林"是现存的中国上古和中古时代的石碑最伟大的汇集场所。

我四十四岁那一年初次来到这里，
那正是封建地主和外国军队压迫的年代。
壮丽的殿堂周围荆棘遍地，茅草丛生；
就象绿色的林海中飘浮着一叶孤舟。
屋顶上斗拱坠落；平台上楼座倾圮。
浊臭弥漫玷污了圣洁的芳馨。
矗立的古代石碑，就象周围待耕的荒土上
生长出来一片茂密的森林。
老子说得好："师之所处，荆棘生焉。"
我在一家穷铺子里买了几片景教碑的拓本，
又喝了一杯酒，怀念着昔日古长安的光荣。
踏上了机件残损的破旧救护车，

---

① 据海外华裔教授李学数先生介绍，1942 年李约瑟来到中国，认识了新西兰诗人路易·艾黎，并从中国人那里学到古典诗词，非常欣赏中国优美之文字。1991 年，他和胡菊人谈他在战时及以后访问中国时，都写过一些诗。很多人大概都会写诗，是因为中国有那种境界和气氛会使人写诗。就像自己在 1943 年到四川时，有了"在我半睡半醒的朦胧时刻，心头涌现的却总是四川弯弯曲曲的路径"的念叨，于是就想写诗了（参见李学数《李约瑟——科学、宗教、历史、哲学、艺术的搭桥者》，新加坡南洋大学校友业余网站）。

② 李约瑟：《在长安孔庙中》，收入《四海之内——东方和西方的对话》，第 110—112 页。

越过秦岭山脉去支援反法西斯战争。

十四年后重又来到这汉代的古都①，
发生的变化真不小——整个民族已经站起来了。
我们的杰勒德·温斯坦利在科磐山的梦想已经实现，
"一切掘地者，现在站起来吧！"这正是他的歌声。
正如释迦牟尼所说"种善因必得善果"，
（那并不是消极厌世的思想，而恰恰相反）。
现在，我看到一切都有条不紊；牌坊重又树立，
园林清扫，修葺一新，文物古迹恢复原型，
学术重又受到尊敬，正是孔夫子的愿望。
所以我写道：石刻碑林恢复了生命，
凤凰麒麟又回到了长安城。
有一位西方客人引用了我的热情诗句。
（虽然他由于信仰不同，不免带点嘲笑的口吻。）

如今，我已是六十岁的老人，白发苍苍，
（感谢永恒的"道"），我又回到这孔子的文庙。
我已经写了不少作品，为祸为福，我自己也不知道。
但是我怀着虔诚的心情，要医治这民族的创痕。
我是否再会到关中去？谁知道。
天是晴朗的天，中国炎夏的阳光普照，
但是我的心中不能平静，
国际风云险恶，危机日盛——人们不知道控制自己的力量。
我希望，我希望，我的中国朋友们，
要保持孔夫子对人的信念，正义的信念。
一切为了公平和正直，一切为了仁爱和学问，
我祈求，我相信，人们会埋葬弹药，不再挑起战争，

———————————————

① 此句讲"十四年后"有误。第一次到长安孔庙是 1945 年 10 月，第二次是 1964 年，当为 19 年之后。汉唐长安城的位置彼此靠近，在很多人看来，它们是同一个地方。

在遥远的将来，公输般的子孙，会做出更多的实验，

彼此相互交流，产生许许多多创造发明；

考验着人们的肉体和灵魂，甚至会毁灭一切众生。

因此，我们必须求得最终的平衡；

水和酒融合在圣餐杯中；"阴"和"阳"完全对称，

实现全人类的人道主义精神；

不太理性化的理性；不太不合理的信仰。

到那时候，全世界可能依靠中国的传统得救。

"人之初，性本善。"

让中国大声疾呼！人民文化万岁！

万流归海，让友好的精神遍满全球。

在这部作品中（就中文译本而言），先后出现了老子、杰勒德·温斯坦利、释迦牟尼、孔子、公输般（鲁班）的名字，而且孔子的名字出现了三次，一次是孔子，两次称为孔夫子。长安的名字出现了两次，一次是古长安，一次是长安城。引用的名句有三处：第一处是老子所说："师之所处，荆棘生焉"，下句接的是"大军之后，必有凶年"，典出老子《道德经》第三十章；第二处是 17 世纪英国农民领袖杰勒德·温斯坦利曾发出的号召："一切掘地者，现在站起来吧！"第三处是中国传统启蒙读物《三字经》中的前两句"人之初，性本善"，那是十分美好而很有高度的人性归纳。全文予人印象最深刻的就是作者对新中国建设所持赞赏和友好的态度，尤其是在国际局势异常复杂纷乱的年代里，对于中国历史文化和中国人民寄予的深切而热烈的希望！

附带一提的是，李约瑟先生此次还参观了位于西安北面乾县的唐朝永泰公主墓，为这位年仅 17 岁的可怜公主也写了首诗——《在公主墓前》[1]，抒发了由这个"黑暗时代的牺牲品"，到目前千千万万个中国姑娘意气风发地在各条战线上工作身影的联想，赞颂了当前时代的巨大变化。

---

[1] 李约瑟：《在公主墓前》，收入《四海之内——东方和西方的对话》，劳陇译，生活·读书·新知三联书店 1987 年版，第 118—119 页。

第三次，时为 1972 年 7 月 27 日，全程活动情况不详，仅知道当时作为英国皇家学会会员、英国剑桥大学冈维尔及凯厄斯学院院长、英中了解协会会长的李约瑟先生及夫人李大斐博士、特别助手鲁桂珍等 3 人，又一次访问了西北大学，学校李中宪和吴养增（生物系）、陈运生（化学系）、曹居久（化学系）、傅庚生（中文系）、江仁寿（物理系）等教授接受学校安排，参加了一个座谈①。上文所引述的《在长安孔庙中》，有一个"我是否再会到关中去？谁知道"的诗句，未曾想到，不到十年，李约瑟先生就第三次莅临关中，来到西安。

第四次，时为 1984 年 9 月 10 日，是因西北大学科技史学术交流而来。

此次访华，李约瑟先生等人的主要目的是在北京参加第三届国际中国科学史讨论会（8 月 21—25 日），会后专程前往西北大学——以陕西省科学技术史研究重镇著称的校园，进行学术交流。与李约瑟先生同来西安的客人有：长期与李约瑟先生合作的鲁桂珍博士、香港大学的何丙郁教授夫妇和美国科学基金会的黄兴宗博士。据当时的报道，李约瑟博士在报告会上介绍了自己的工作情况，之后由何丙郁教授作了题为《李约瑟的治学方法》的专题报告②。报告会之后，据何丙郁教授的记述③，大家一起外出参观了西安的兵马俑、半坡博物馆、碑林、华清池、清真寺等名胜景区。刚好是这一年，碑林所在被更以新名——西安碑林博物馆，孔庙之名的确已经很少有人提及了。但是，这是李约瑟先生第二次重游

---

① 尹晓冬、姚远：《1945 年李约瑟博士访问西北大学初探》，《西北大学学报》（自然科学版）2013 年第 4 期，第 671 页注②。文中提到的李中宪、吴养增、曹居久等教授名字，系姚远教授为本文做的补充。

② 姚远：《著名科学史家李约瑟来我校访问》，《西北大学学报》（自然科学版）1984 年第 4 期，第 28 页。何丙郁所撰《李约瑟的治学方法》一文，刊于《西北大学学报》（自然科学版）1984 年第 4 期，第 1—5 页；又收入《何丙郁中国科技史论集》，辽宁教育出版社 2001 年版，第 373—379 页。兹篇首页页下注有"本文系作者 1984 年 9 月与李约瑟博士等访问西北大学期间所做的专题报告"句。十分有趣的是，当时由李约瑟先生介绍下面由何丙郁教授报告后，就和鲁桂珍立刻要离开会场，何丙郁教授的夫人问李老为什么不留下听讲，李老回答说："与其留下听他拿我来开玩笑，不如跑到外面多看一看校园"（见何丙郁《如何正视李约瑟博士的中国科技史研究》，《何丙郁中国科技史论集》，第 407 页）。

③ 何丙郁：《民国以来中国科技史研究的回顾与展望：李约瑟与中国科技史》，《何丙郁中国科技史论集》，第 370 页。

故地，在他的心中，可能依旧叩念这里为"长安孔庙"。

2014 年 2 月 21 日（星期五）22：04，笔者于撰稿中，对西北大学科技史专家姚远教授进行了电话咨询（姚远随即又电话采访了 1972 年、1984 年校方两次主要接待人刘舜康研究员）。姚远教授介绍说，李约瑟先生此次访问西北大学，系由西北大学党委书记兼校长巩重起教授、曾在英国伦敦大学取得物理学博士学位的姜仁寿教授、地理学史专家王成组教授、科研处处长刘舜康、数学史学科带头人李继闵先生等和他本人参加了接待。李约瑟在何丙郁教授作报告时，亲往西北大学图书馆参观，当在一部线装书中发现有价值的史料时，随即伏在窗台上抄录起来。令人惋惜的是，那次见面之后五年（1989 年），李约瑟先生于 1945 年赠送西北大学的外文图书，大部分毁于一场火灾之中。

表 1 　　　　　　李约瑟先生与陕西有关文化单位的交流事宜

时间	地点	同行人员	文化单位	单位接待人员	另行参观事项
1945 年 10 月	城固、宝鸡	夫人李大斐	流亡中的西北大学、西北工学院、河南大学	西北大学杜元载、西北工学院潘承孝、张国藩等	长安孔庙（时间推测为 10 月 14 或 15 日）
1964 年 夏秋之际	西安	夫人李大斐、助手鲁桂珍	陕西省人民对外友好协会	（不详）	长安孔庙、乾陵及永泰公主墓
1972 年 7 月 27 日	西安	夫人李大斐、助手鲁桂珍	西北大学	西北大学李中宪、吴养增、陈运生、曹居久、傅庚生、江仁寿等	（不详）
1984 年 9 月 10 日	西安	夫人李大斐、鲁桂珍、何丙郁夫妇、黄兴宗	西北大学	西北大学巩重起、姜仁寿、王成组、刘舜康、李继闵、姚远等	兵马俑、半坡博物馆、碑林、华清池、清真寺等

（二）李约瑟先生第二次到长安孔庙的畅想

李约瑟先生 1964 年夏秋之际再次莅临西安，参观碑林，留下了《在长安孔庙中》这一作品，至今已是半个世纪了。《四海之内——东方和西方的对话》一书，据译者劳陇所述，是李约瑟先生"二十五年来所做论文、演讲稿的选编。书中探讨了东西方文化的异同之点，阐述了中国古代文化对世界哲学、科学、技术等方面的巨大贡献，中国传统文化对现代文化的影响，并推测今后世界文化发展的道路，提供不少宝贵的资料和精辟的见解"。[1] 也就是说，阅读此书是了解和理解李约瑟先生思想特点的重要途径。

组成《在长安孔庙中》作品的三段长短诗，文意甚明。第一段是对前次（1945 年）初访孔庙的回忆，大致是景物凋落、破败不堪，对那时的印象非常清晰，随后就"踏上了机件残损的破旧救护车，越过秦岭山脉去支援反法西斯战争"，到陪都重庆去了。第二段是描写此次故地重游的真切感受，因新中国的成立和社会百业的恢复和建设，长安孔庙的景象显然已大为改善，令人欣喜。第三段则结合严峻的国际局势，借助参观孔庙所激起的心灵振荡，写出了自己跨越国度和超越地域及民族文化观念后产生的愿望，希望"中国朋友们，要保持孔夫子对人的信念，正义的信念"，祈求"人们会埋葬弹药，不再挑起战争"，呼吁"让友好的精神遍满全球"。整个作品的中心思想，是借立足于长安孔庙这一神圣之地的机缘，表达自己对于全世界人民的和平主义主张和理想。

长安之名，启用于汉高祖刘邦即位第五年（公元前 202 年，设置京兆尹长安县），成为一个美好的城市名称，此后沿用朝代甚多，沿袭时间甚长，故而史称汉唐等朝代国都为长安城。至公元 904 年，即唐哀帝李柷天祐元年迁都洛阳，这座城市就不再为国都了。尽管京兆府长安县之名在五代及其后多个朝代仍然存用，历史上已习惯称此处为宋代京兆府城、元代奉元路城了。又至明太祖朱元璋的洪武二年（公元 1369 年），废掉了元朝的奉元路，改用西安府名称以代之，这座城市就有了西安之新名，

---

① 李约瑟：《四海之内——东方和西方的对话》，译者前言，第 1 页。

而且沿用至今。

长久以来，不仅许多士人乐于从文化意义上沿用长安或古长安之名，如李约瑟先生这样的国外人士也是一样，喜欢用极为享受的心情来叙述长安或古长安的故事以及身临其境的思绪与想象。再如，1984年9月初曾陪同李约瑟先生前来西北大学开展学术交流的海外华裔学人、中国科技史专家何丙郁教授，于1986年11月再度来西安交流时，曾这样开始他的专题讲述："唐代诗人骆宾王的《帝京篇》说：'山河千里国，城阙九重门'。又说：'秦塞重关一百二，汉家离宫三十六。'每读此篇，对于古代长安，不禁心向往之。今天的西安，虽非汉唐旧都，但位置仍在唐长安城的范围之内。能到长安，也可以说是慰藉情怀的了。"① 作者如此的心境，很容易使人体会到科技史学者的史家风范了。

《四海之内——东方和西方的对话》中译本的扉页上，印着"君子敬而无失，与人恭而有礼，四海之内皆兄弟也"两行字，落款为《论语》颜渊篇，点出了书名的由来和用意。李约瑟先生极为珍视人间的真情实感，时常揭露那些"种族优劣论"的荒谬说法，鄙视以各种借口发动的侵略战争，即便是基于"基督教文明的狂妄自大"而产生的看不起东方人的偏狭，他都采用自己的方式发表演说，阐明己见，据理驳斥。对于普通民众，尤其是下层人民，他却表现出格外的怜悯之情，深具圣人一样的胸怀，并将这样的心情诉诸笔端②：

> ……
>
> 在河边站着船家孩子，
>
> 在大沿帽子下，目光灼灼，笑靥迎人，
>
> （想当初米迦勒面对着混沌的王子，
>
> 也正是这般神情。）
>
> 还有满面皱纹，和蔼可亲的老乡们，

———————————————

① 何丙郁：《三十五年的科技史研究生涯》，《西北大学学报》（自然科学版）1987年第1期，第1—9页；收入《何丙郁中国科技史论集》，第380—394页。

② 李约瑟：《赠路易·艾黎诗（效其诗体）》，收入《四海之内——东方和西方的对话》，第96—99页。

说话一本正经："自从光绪十六年，
没见过这样的大水，直至如今。"
塔楼上两个老道士，在晚霞里捏塑泥桃，
还有地质学家们，绑着裤腿，骑车满山跑。
那么多的好人啊！怎不教人相爱相亲？
难道我们是被羁留在这里吗？
不，我们是被热情挽留，在这里多耽几天吧！
（试问：一个人会象恋人般热爱一种文化吗？）
也许，我们确实要在这里长期停留；
也许，我们（象乔治一样）要在这里了此一生，
葬身于棕色或红色的土壤之中，
葬身于锤声叮当的岩石之下，
葬身于流水潺潺的长河之畔，
葬身于青青山麓的松林之中。
归根到底，生命总要结束，不论在何时何地，
尽了自己的力所能及，就与世长辞吧！

这是抗战岁月里，李约瑟先生等人行走在四川北部的道路上，距离著名的关隘——剑门不太远，在涪江沿岸看到和感受到的人物形象，不少老百姓的姓氏、话语、动作和影子都留在了他的作品里。而这正是李约瑟先生思想里的一项重要内容，这也是他从 30 年代开始学习中国文化后逐渐增进认识的一个部分，即"仁爱"思想。后来，他在 1955 年的英中友好协会上曾发表演讲，在讲述"民主与官僚政治"一题时，他表达了自己的理解："所谓仁爱就是自愿的以同情和体谅的态度对待普通老百姓，并保证一切资材都用于这一目标而没有任何浪费、这种仁爱精神就是世界的和平希望所系。只有真正把人民需要放在第一位的人才能具有这样的仁爱精神。"[1] 他是多么希望一个政府能够把这一点做好啊！如果一个政府的官僚政治具有了较多的人民性，那么，也就可以逐渐蜕去其官僚主义的外壳了。如果这种对于政府的期望是一种奢望的话，那么，

---

① 李约瑟：《东方和西方的对话》，收入《四海之内——东方和西方的对话》，第 17 页。

李约瑟先生本人则一直都在身体力行，而且是兴致不减地做着自己喜欢做的事情。

对于来自东方中国的消息，身处英伦三岛的李约瑟先生时时关心。他认为，在古代历史条件下，"沙漠和丛林的屏障，雪山和汪洋的屏障，掩藏了二千年汉、唐的皇朝，从过去到现在，彼此难得有什么来往"。[①] 而当中华人民共和国建立，他视之为一种亚洲国家的独立姿态，他赞同《泰晤士报》发表的看法，即"伟大而崇高的中国文化代表着全人类将近四分之一人民的生活方式，是今天国际关系中决不可轻视的一个重要因素。中国已经不再是一个离奇古怪的国家，不再是一个陈旧古老，无足轻重，落后于时代的国家了"。[②] 若以这样的时代和思想背景来阅读1964年李约瑟先生的夏季作品《在长安孔庙中》，就不难理解这位经历过两次世界大战的仁爱和智慧之士，既了解又痛恨原子弹、细菌战及各种现代武器在战争中对人的生命的摧残作用，当伫立于西安这座古老孔庙时，对人类未来发出的饱含深情的期望和祈求了。

古老的西安，因一位中国人民的老朋友两度到来，欣欣然赋诗作文，非常有助于提升和增加古长安的文化意义。这位英国朋友的名字是李约瑟！撰文至此，笔者思忖：李约瑟先生留在长安孔庙的那些畅想，属于自己从事中国科技史研究、中国古代文化认知多年后的独特表达，乃为自从地球上有了人类、世界历史上有了思想迄于今日最高尚的理想和追求！是赋予整个人类最崇高的情怀！

"全世界可能依靠中国的传统得救"吗，这很值得有此心情的各方人士思索。

---

① 李约瑟：《赠中国友人诗》（作于1946年），收入《四海之内——东方和西方的对话》，第135页。

② 李约瑟：《友谊的芬芳——1965年5月15日在英中了解协会成立大会上的演说词》，收入《四海之内——东方和西方的对话》，第124页。

如何着眼于长远和未来：
钱学森院士部分论著思考

本文系由三个部分组成。第一部分是笔者写的，未曾正式发表。第二部分是别的同志根据笔者写的第一部分改写的（署名侯甬坚、秦阿幼），这两部分撰写的中间人是内蒙古自治区政协的郝诚之同志。第三部分是笔者最近新写的，新写的直接动因是为参加本单位 2012 年夏季的基地会议，有前两个部分作为基础比较好完成，最主要的考虑则是因为钱学森院士（1911 年 12 月 11 日—2009 年 10 月 31 日）生前，对全国尤其是包括西部、西北地区的论述涉及面宽，着眼点重要，并关乎长远，我们历史地理学专业对此应当有所呼应和讨论。

我同郝诚之同志是 2005 年夏天认识的。那年暑假中，他同一名蒙古族干部到陕西师范大学校园找我，相互介绍后认识了，他希望我多研究鄂尔多斯高原，我表示接受。那次送了我一本他写的书《瀚海凭栏——郝诚之作品集》①。我们单位 2007 年 9 月在银川市的北方民族大学主办了一次学术讨论会，会后出版了鄂尔多斯高原研究的论文集②，可视之为我们工作的一种努力。2010 年 3 月，郝诚之和内蒙古政协多位同志来西安，又送我一本《钱学森论沙产业、草产业、林产业》的厚书③，嘱我写一篇

---

① 郝诚之：《瀚海凭栏——郝诚之作品集》，内蒙古人民出版社 2003 年版。作者赠书签名后的落款时间为 2005 年 7 月 18 日。
② 侯甬坚主编：《鄂尔多斯高原及其邻区历史地理研究》，三秦出版社 2008 年版。
③ 内蒙古沙产业、草产业协会、西安交通大学先进技术研究院合编：《钱学森论沙产业、草产业、林产业》，西安交通大学出版社 2009 年版。

书评文章①。后来打电话催促我，因其忘我的工作精神和情绪很感染我，我方写了《着眼于长远和未来——读〈钱学森论沙产业、草产业、林产业〉》一文发给他。差不多半年后收到他寄送我的资料，包括一册内部交流的《政协经济论坛》2010 年第 1、2 期合刊，翻看后知道，我写的书评文章已经刊登了，只是被改写了（详本文第二部分）。对此，我觉得很有意义，因为有那么多人都在研究钱学森院士，研究中还需要增加分析的成分②，我愿意再事写作。

[第一部分]

着眼于长远和未来

——读《钱学森论沙产业、草产业、林产业》

侯甬坚

由内蒙古沙产业、草产业协会和西安交通大学先进技术研究院合编的《钱学森论沙产业、草产业、林产业》一书，2009 年 12 月在西安交通大学出版社出版，经过编者的用心编辑，把钱学森院士在沙产业、草产业、林产业方面的论述，非常集中地展示出来。在阅读中，我们感觉到这部书籍涉及的内容其实很广，还有社会主义大农业、国家铁路建设、气象工程、西藏地质地理特点、黄河水文条件改变、地理科学建设等方面的论述。

---

① 后来才知道，内蒙古热心沙产业、草产业建设的同志为介绍这部书做了不少工作，见杨劼、郝诚之、周延林《沧海横流方显出英雄本色——〈钱学森论沙产业、草产业、林产业〉读者反映综述》，《草业科学》2010 年第 6 期，第 1—5 页。

② 荣正通、汪长明：《有关钱学森研究论文（1980—2010）的统计分析》，《辽东学院学报》（社会科学版）2011 年第 6 期，第 9—11、16 页。该文结论之一是：钱学森研究论文的成果尚处在以介绍型为主的阶段，最能体现学术创新能力的分析型论文的比例还有待提高。一旦实现从介绍为主到分析为主的转变，对钱学森科学思想的发展和深化也将成为新的潮流。

（一）全书的特点

全书的编排是有经验的，第一部分是一篇题为《钱学森沙产业、草产业、林产业主要思想精髓》的文章，仅 2 页；第二部分是"钱学森论沙产业、草产业、林产业文章、讲话"的文章，有 6 篇；第三部分是"钱学森论沙产业、草产业、林产业书信"，共 417 封，这是最主要的部分，占全书 14/15 的篇幅。

钱学森院士的书信摘录，起自 1983 年 11 月 4 日，止于 2003 年 4 月 18 日，最后一封是写给"中国沙产业草产业网站的寄语"，落款是 2007 年 3 月 21 日，反映他对中国沙产业、草产业、林产业工作的关心，前后持续时间达 20 余年，最集中的时间是 21 世纪前十多年。

采用撰写书信的方式来表达个人的看法，对于一位出生于 1911 年的老人来说，应当是极为适宜的。这样做的好处在于，书写及时，内容直接，字数可长可短，不大受文体的约束。正因为如此，在这部书信集里，我们直接了解到钱学森院士的许多看法和建议。

（二）具有战略意义的前瞻性看法

阅读之余，所获得的一个突出感受是，全书字里行间洋溢着一种积极向前、永不停歇的意志，似作者所经历过的复杂而曲折的人生，对于社会、国家和人民，竟然有那么大的责任感和事业心，对于未来，总保持着一种乐观向上的态度和情绪。

当论及国家的发展，作者持有"在人民中国建国 100 周年，将消灭三大差别"的看法，或者说"能在 21 世纪的社会主义中国消灭三大差别"，别人认为他过于乐观，他说"让事实来证明吧"（分别见该书第 37、51 页）。

当论及青藏高原的自然条件限制，他说"在 21 世纪，我们应该让这个地区的藏族人民大大发展，并和全国其他地区一样过上富裕的生活。这里可以有三亿人口，年总产值达万亿元以上！现代科学技术要征服这个中国国内的'南极洲'！"（第 100—101 页）

当论及"黄河水清"问题，他说："还是那句话：'黄河水清'是可以办到的；社会主义中国要实现这个千百年来人民的愿望。"（第279页）具体做法是，通过造林治沙，草原养畜，使入黄河的泥沙减少60%—80%，使黄河在下游水清（第311页）。

当论及我国的林业状况，他说："现在我国全部森林面积是国土面积的14%，太少了。未来改良我国生态环境，森林面积应占国土面积的30%以上。所以我国林业远远落后于农业，必须尽快赶上去。"（第285页）林业种类分为山林、农田林（平原林）外，还有草原林、黄土高原林、防沙林和海岸林，"我国认真抓了这六种林，那森林覆盖率就不是现在的百分之十几，而可以达到国土面积的百分之四十"（第171页）。一个基本做法早就提过的，即"三十年兴建三亿亩丰产林"（第159页）。

当论及中国的戈壁沙漠，他说："中国的沙荒、沙漠、戈壁是可以改造为绿洲的，草原也可以改造为农畜业联营等等；这样，就是中国的人口发展到30亿，也可以丰衣足食！"（第406页）。

那么，上述钱学森院士的乐观态度是从何处而来的呢？个人以为，一是来自他对科学的信念；二是来自对社会主义制度的坚信；三是因为他看问题、看事情具有一种常人所不及的战略眼光。

（三）前瞻性的看法皆有依据

其实，钱学森院士的前瞻性看法都是有依据的，而这些依据又都是算出来的，所以，他持论甚坚，其精神在感召着别人，其依据在说服着对方。

譬如说，在讨论消灭三大差别时，他的依据是"能使农业人口人年均产值达到万元以上，也就能在21世纪的社会主义中国消灭三大差别"（第37页，写作时间是1983年11月4日）。按照改革开放三十年的实践经验来判断，中国的三大差别比之改革开放初期，已经是大大地缩减了，这就使他提出的看法有了很大的说服力。

又譬如说，一个地区或国家的人口承载量，可以按照以色列在沙漠上的投入结果来计算，也可以按照人年均产值来计算，此外，还可以有其他方法。钱学森院士根据最新的生物圈试验，还推出一种算法，即：

"美国正在搞一个称为 Biosphere Ⅱ （生物圈 Ⅱ ）的试验（意思是 Bio-sphere Ⅰ 是我们习惯的地理环境），实是一个大密闭的温室、占地 1.27 万平方米，4 男 4 女不靠外界供应要在其中生活。如试验成功，那就说每平方公里的地面土地上可以养活 428 人；我国 960 万平方千米国土上可以有60 亿人口！"（第 235 页，写作时间是 1991 年 11 月 2 日）出于简略写作的需要，钱学森院士省去了很复杂的计算内容，只是把计算的结果告诉了大家，如果予以深究，他都是有其依据的。

当然，事物总是在不断发展的，即便是钱学森院士提出的看法，也是要经受实践的检验的，对此种态度，人们当然都会认可，也可以积极投入，在实践中去加以检验和完善。

（四）一位有胆识的科学家

钱学森院士是一位物理学家，在他的晚年，从他的书信集等作品可以看出，他并不以自己的专长为限，时刻关心着国家的长远发展，很谦虚地发表自己的看法，而这些看法是否属于真知灼见，对于他来说，首先是发表出来，再请专家和众人来评议和理解。

钱学森院士晚年谈话的核心思想是系统论，在他的思想里，系统论是包括运筹学、控制论、信息论等技术科学（应用科学）在内的、与自然科学"平起平坐"的大部门。在实践中，他十分重视典型例证，不允许有关负责同志犯物理学的常识错误，因为他是在物理世界来讨论产业兴替、行业发展等大题目的。

1984 年 5 月 15 日，钱学森院士写给武汉一位同志的信函里，表现了他说真话、有胆识的特点。他说："我对生态经济学也还有点不同意的地方；感受到资本主义国家的影响太深，眼光短浅，调子低沉。如讲'人与生物圈'，其实何止生物圈！如讲'环境保护'，为什么不讲环境改造？人就不能创造出前所未有的良好优美环境吗？"（第 54 页）这就是战略学家、系统论专家讨论问题的特点和禀赋。我们在实际工作中经常看到的情形是，环境部门讲"环境保护"，其他生产部门搞大规模生产，像是两张皮，最终还是要出现对于自然环境的种种利用和改造活动。那么，从一开始就将环境保护的要求和各种生产计划放在一起来考虑，而不是拿两个脱节的方案各做各的，结果应当会更好。加之人们的客观努力，环境保护事业的工作也会越来越具有可操作性，并取得实效性。

2009 年 11 月 13 日，第二届中国绿色发展高层论坛授予钱学森"中国绿色贡献终身成就奖"，除了这是对钱学森院士有关沙产业、草产业、林产业具体论述的肯定外，应当说，他的学说和思想对我国未来社会的影响，是更为人们所看重的。

2010 年 4 月 25 日（周日）写于西安

［第二部分］

钱学森谈中国百年后①

侯甬坚　秦阿幼

《钱学森论沙产业、草产业、林产业》一书，由内蒙古沙产业、草产业协会和西安交通大学先进技术研究院合作，2009 年 12 月在西安交通大学出版社出版。经过编者精心梳理、重点注释、背景呼应，把钱学森院士第六次产业革命思想的重点沙产业、草产业、林产业的理论做了浓缩。依据是代表性讲话、重要文稿、已公开信函、对高层"奏章"和学界讨论等。由于条分缕析，纲举目张，左右逢源，做到了宏观与微观呼应、战略与战术统一、现实与未来结合。

我们感到了"三维"优势："既有系统领域研究的深度，又有跨领域、跨学科的广度，还有跨层次的高度"（于景元《综合集成，大成智慧——钱学森的系统科学成就与贡献》）（原题和出处为《集大成　得智慧——钱学森的系统科学成就与贡献》，《航天器工程》2011 年第 3 期—侯注）。什么是学贯中西、视野开阔？什么是醍醐灌顶，力透纸背？这

---

① 本文刊于内蒙古政协办公厅、内蒙古政协经济委员会、内蒙古沙产业、草产业协会主办：《政协经济论坛》第 1、2 期合刊，"新书点评"专栏，第 116—123 页，2010 年 6 月 30 日印制。第二作者是内蒙古大学中国沙草产业研究中心副主任，研究员，《政协经济论坛》专家编委。本文又见"中国沙产业、草产业网"的"大家书评"窗口（电子版），2011 年 3 月 8 日传上。这里的转载，作者仅就纸质本文字表达及资料出处做了 5 处必要的夹注（采用—侯注表示，仿宋体）。

就是。

（一）关键是继承大师的精神财富

全书的编排是老道的。如第一部分，题为《钱学森沙产业、草产业、林产业主要思想精髓》，仅有三段导读语，但言简意赅；第二部分，是"钱学森论沙产业、草产业、林产业文章、讲话"，虽收6篇，要言不烦；第三部分，"钱学森论沙产业、草产业、林产业书信"，以408封通信为依据，逻辑勾连，分类命题，系原生态式的集大成并做了必要的注解，匠心独运。这是最难得的部分，占全书14/15的篇幅。

钱学森院士的书信摘录，起自1983年11月4日，止于2003年4月18日；最后一封是写给"中国沙产业草产业网站的寄语"，落款是2007年3月21日。真实反映了大科学家晚年对迎接第六次产业革命挑战的深刻研究和百年后思考，前后持续时间达20余年，最集中的时间是世纪之交的十多年。

采用书信讨论、观点交流的方式来表达对全球战略、对中华未来的关注，对于一位出生于1911年的老科学家来说，应当是既难能可贵又极为适宜的。这样做的好处在于，纵观历史，横陈利害，书写便捷，内容直接，字数可长可短，无需受文体的约束。正因为直抒胸臆，信马由缰，在这部书信集里，我们管窥到了科学泰斗（末字原文作"平"字，误——侯注）的许多站在前沿的独特的治学方法和立足"三个面向"的高端思考。深入到大师的思维层面来研究人物的价值取向、终极追求，这是对钱老精神财富的最好继承。

（二）战略科学家的战略思考

阅读之余，所获得的一个突出感受是，全书字里行间洋溢着一种志在天下、自强不息、积极向前、熊熊燃烧的报国激情，似作者所经历过的丰富而罕见的人生，（原文此处作句号，误——侯注）对于社会、国家和民族，对于地球、世界和未来，竟然有那么宏大的责任和担当，对于新世纪、新挑战，永远保持着那么一种达观向上、唯旗必夺的乐观情绪，让人肃然起敬。

据钱学森之子钱永刚教授披露，早在 2002 年，钱老的研究工作目标就定到了 2049 年，那时正好是新中国建国 100 周年。钱老说，我"没有时间考虑过去，我只考虑未来"（《信息时报》2008 年 12 月 12 日《钱老的工作目标定到 2049 年》）。当论及国家的发展，作者的看法是"在人民中国建国 100 周年，将消灭三大差别"，或者说"能在 21 世纪的社会主义中国消灭三大差别"。别人认为他过于乐观，钱老只说"让事实来证明吧"（见《钱学森沙产业、草产业、林产业》西安交大出版社 2009 年版第 37、51 页）。

当论及青藏高原的自然条件限制，他说："在 21 世纪，我们应该让这个地区的藏族人民大大发展，并和全国其他地区一样过上富裕的生活。这里可以有三亿人口，年总产值达万亿元以上！现代科学技术要征服这个中国国内的'南极洲'！"（见《钱学森沙产业、草产业、林产业》西安交大出版社 2009 年版第 100—101 页）。当论及"黄河水清"问题，他说："还是那句话：'黄河水清'是可以办到的；社会主义中国要实现这个千百年来人民的愿望。"（同上，第 279 页）具体做法是，通过造林治沙，草原养畜，使入黄河的泥沙减少 60%—80%，使黄河在下游水清（同上，第 311 页）。当论及我国的林业状况，他说未来改良我国生态环境，森林面积应占国土面积的 30% 以上（同上，第 285 页）。林业种类除分为山林、农田林（平原林）外，还应有草原林、黄土高原林、防沙林和海岸林。"我国认真抓了这六种林，那森林覆盖率就不是现在的百分之十几，而可以达到国土面积的百分之四十。"（同上，第 171 页）当论及中国的戈壁沙漠，他说："中国的沙荒、沙漠、戈壁是可以改造为绿洲的，草原也可以改造为农畜业联营等等；这样，就是中国的人口发展到 30 亿，也可以丰衣足食！"（同上，第 406 页）

钱学森院士的乐观自信是从何而来的呢？我们以为，一是来自于对（此"对"字为衍字——侯注）他对"科技是第一生产力"的信念；二是来自于社会主义制度的坚信；三是因为他看问题、看事情具有一种常人所不及的特殊经历、世界坐标、时代把握、战略眼光。

钱学森院士的前瞻性看法都是有定性、定量相结合的科学依据的。所以，他持论甚坚，践行自笃。那种一往无前、敢为天下先的精神，感召着别人；那种深邃缜密的思维，无懈可击的依据，折服着对方。

譬如说，在讨论消灭三大差别时，他的思路是超常规，新技术，物尽其用，变废为宝，循环增值。把传统的农、林、牧、禽、渔五业，发展延伸为包括"虫（蜂、蜜、蚕、蚯蚓……）、菌（食品菌……）、微生物（沼气、单细胞蛋白藻……）、工（加工业）的九业"；通过"搞光合作用产物的深度加工，创造出'第二个农业'、'第三个农业'。这就能使农业人口人年均产值达到万元以上，也就能在21世纪的社会主义中国消灭三大差别"（同上，第37页，写作时间是1983年11月4日）。

又譬如说，一个地区或国家的人口承载量，可以按照以色列在沙漠上的投入结果来计算，也可以按照人年均产值来计算，此外，还可以有其他方法。钱学森院士根据最新的生物圈试验，还推出一种算法，即："美国正在搞一个称为 Biosphere II（生物圈 II）的试验（意思是 Biosphere I 是我们习惯的地理环境），实是一个大密闭的温室、占地1.27万平方米，4男4女不靠外界供应要在其中生活。如试验成功，那就说每平方公里的地面土地上可以养活428人；我国960万平方公里国土可以有60亿人口！"（同上，第235页，写作时间是1991年11月2日）。虽然出于简略写作的需要，钱学森院士省去了很复杂的计算内容，只是把计算的结果告诉了大家，但如果予以深究，他都是有充分依据的。

正因为如此，钱老对中国人民带头迎接第六次产业革命挑战，带头吸收、转化太阳光能，带头变沙漠为绿洲，向科技要财富，为人类谋福祉，充满信心。早在1984年7月，他就在《创建农业型的知识密集产业——农业、林业、草业、海业和沙业》一文中预言："从天文学的观点来说，站在遥远的星球上看我们，好像没有什么变化，地球接受的太阳光能量还是通过生物，通过人，最后通过大气以低温辐射的形式返回星际空间。但在地球上的中国，变化可大咧，这将使中国人民生活得好得多！"（同上，第9页）

（三）百年之策贯穿着一条红线

钱学森院士是闻名遐迩的物理学家、力学权威，但他并不以自己的专业为限，而是以战略科学家的非凡胆识和闻一知十的才智，做出了跨领域、跨时空的贡献。中科院黄秉维院士谈到钱老提倡建立的地球表层学时赞扬说："他不是专门研究天、地、生的科学家，却是见闻甚广、博学多思的科学家。我觉得他有点像在天地生领域上回旋的苍鹰，具有搜索追击移动目标的本领，一发现目标，即疾下猎取。他不受天、地、生行业的束缚，看问题比我们株守于一学科的人更敏锐、更准确。"（钱学森著《论地理科学》，浙江教育出版社 1994 年版，第 47 页）中国航天科技集团知名专家于景元先生研究指出，钱老一生有过三个创造高峰。从20 世纪 80 年代初到钱老逝世前这一阶段，是第三个创造高峰。"这一时期，他学术思想之活跃，涉猎科学之广泛，原创性之强，在学术界是十分罕见的。他提出了许多新的科学思想和方法、新的学科与领域。"（金振娅《追记钱学森与他的沙产业理论》，《光明日报》2009 年 11 月 23 日第 10 版）比如钱学森院士晚年的一大贡献是超越还原论、整体论，完善了解决复杂巨系统问题的新型系统论。在他的思想里，系统论是包括运筹学、控制论、信息论等技术科学（应用科学）在内的、与自然科学"平起平坐"的大部门。

1984 年 5 月 15 日，钱学森院士写给华中农学院一位专家的信函里说："我对生态经济学也还有点不同意的地方；感到受资本主义国家的影响太深，眼光短浅，调子低沉。如讲'人与生物圈'，其实何止生物圈！如讲'环境保护'，为什么不讲环境改造？人就不能创造出前所未有的良好优美环境吗？"（《钱学森论沙产业、草产业、林产业》第 54 页）1991 年 11 月 7 日，钱老收到某创作团体赠他的《生命之源的危机》等宣传品，说他们要和国家环保局及北京电视学院拍摄一部大型保护地球资源和生态环境的专题片。他马上回信："有一点我提请您注意：千万不要弄得像马尔萨斯人口论和罗马俱乐部那样，只唱悲歌。我们要看到现代科学技术使人类认识事实并采取措施，不但保护我们生存的环境，而且能改造它，使它让人类活得更好！"（同上，第 236 页）钱老 2005 年 3 月 29 日对他学术助手涂元季说："今年我已 90 多岁，想到中国长远发展的事情，忧虑的就是这一点。"（陈华新主编《集大成　得智慧──钱学森读教育》，上海交大出版社）（此书出版于 2010 年 12 月──侯注）

1995 年 1 月，钱老向中央领导建言："每一个关心国家和民族未来发展的中国科技工作者，都应关注和思考如何迎接 21 世纪的问题。不仅要研究在这段历史时期科学技术可能出现哪些重大的突破和发展，而且还要探索这些科技作为第一生产力，对现代中国将发生哪些重大影响和作用，从而使我们对迎接 21 世纪有充分的思想准备。"1995 年 3 月，作为全国政协副主席的他，在一封书信中说："不能只想到五年、十五年，要考虑五十年、一百年！"

看来，钱老关于中国百年后的思考和忧虑，始终贯穿着一条醒目的红线——把自己的科研与祖国和人民的利益紧密相连，为祖国的需要而攻关，为人民的未来而思索。

[第三部分]

加入三个着眼点讨论钱学森论著观点

侯甬坚

钱学森先生自 1955 年从美国归来后，他在新中国的科学事业上就不曾有过中断，即使是历次政治运动时期，由于他的工作是同国家的国防事业联系在一起的，也都保持着最大的精力和最多的时间于国家层面的重要工作之中。自 1956 年 3 月，中共中央、国务院在制定新中国第一个科学技术发展远景规划纲要（1956—1967）期间，钱学森担任了综合组组长，除了主持起草建立喷气和火箭技术项目的报告书外，他又开始思考如何推动新中国的科学技术、工业、农业、国防发展的诸多问题①。从此，他对国家各行业诸方面的关心越来越广，不时发表许多富有建设性的建议和意见。但究竟应该怎样看待和分析这些建议和意见，尤其是面对全世界和我国环境保护事业的主题之时，以下加入三个着眼点来展开讨论。

---

① 参见《钱学森同志生平》，《人民日报》2009 年 11 月 7 日（新华社专稿）；《今日科苑》2010 年第 1 期，第 18—20 页。

（一）科学家在提出专业见解的同时，
又要讲清楚应用时的注意事项

钱学森院士有一种论述习惯，即根据论题的性质，确定物理条件和做出物理学计算，然后设想在社会生活中的应用，并寄予很有豪情的展望。当论及青藏高原的自然条件限制，他说"在21世纪，我们应该让这个地区的藏族人民大大发展，并和全国其他地区一样过上富裕的生活。这里可以有三亿人口，年总产值达万亿元以上！现代科学技术要征服这个中国国内的'南极洲'！"（1985年10月21日第100—101页①）当论及中国的戈壁沙漠，他说："中国的沙荒、沙漠、戈壁是可以改造为绿洲的，草原也可以改造为农畜业联营等等；这样，就是中国的人口发展到30亿，也可以丰衣足食！"（1995年3月12日，第406页）。初读这样的文字，不禁陡然一惊。因为从物理世界产生的见解，无论多么高明和令人向往，若要在现实社会中实现，必须取决于相当的现实条件。

我国著名科普作家叶永烈著述《钱学森》一书时②，给自己确立了三条准则，一是担负起"考证"史实的任务，能够清除社会上对传主虚构、胡编的污垢；二是以广大年轻读者为主要阅读对象，让他们了解传主、"两弹一星"和载人航天以及我们的共和国是怎么走过来的；三是用明白而流畅的语言，使每一个读者都能读懂"两弹一星"和载人航天涉及的种种艰深的科学原理。这些相当正面的"准则"，让作家叶永烈做得相当不容易。

如何看待在1958年的"大跃进"声浪中，钱学森有关粮食亩产量上万斤文章的发表及其影响，就是作家叶永烈面对的一个难题，为此，他专门写了《钱学森"万斤亩"公案始末》一文（下面的图21—1、图21—2采自该文）③。他在这篇文章里讲，"在采访中，在火箭、导弹专业

---

① 这样的夹注方式仍然是指内蒙古沙产业、草产业协会、西安交通大学先进技术研究院合编《钱学森论沙产业、草产业、林产业》一书（西安交通大学出版社2009年版）。

② 叶永烈：《钱学森》，上海交通大学出版社2010年版。

③ 叶永烈：《钱学森"万斤亩"公案始末》，《南方周末》2011年3月3日D24版"往事"专栏。

方面，我几乎没有听到对于钱学森的任何非议。钱学森在他的专业范围之内，是名副其实的权威。……然而，专家毕竟只是在专业范围之内的行家里手。钱学森在专业之外的种种见解，有的引发争议，甚至遭到激烈的批评……"

幸亏有了叶永烈的调查和采访，人们才知道1958年甚至之后钱学森围绕"粮食亩产量"的问题，发表了哪些文章①。据叶永烈说，一共有七篇，1958年就有四篇，即：

> 第一篇，1958年4月29日《人民日报》的《发挥集体智慧是唯一好办法》；第二篇，1958年6月《科学大众》杂志第6期的《展望十年——农业发展纲要实现以后》；第三篇，1958年6月16日《中国青年报》的《粮食亩产量会有多少？》；第四篇，1958年6月《农业科学》第12期的《可以实现的理想》；第五篇，1959年2月《科学通报》第3期的《谈宇宙航行的远景和从化学角度考虑农业工业化》；第六篇，1959年9月25日《知识就是力量》第8—9期合刊的《农业中的力学问题》；第七篇，1993年4月21日钱学森致海外友人孙玄先生的信。

> 通常人们所知只有一篇，即1958年6月16日发表在《中国青年报》的《粮食亩产量会有多少？》；对这一问题稍有些研究的人，知道多一点，能举出《人民日报》、《中国青年报》和《知识就是力量》上的三篇文章。

叶永烈调查和采访的结论在《南方周末》发文时配写的"编者按"已经说明了，即"钱学森早在《人民日报》放第一颗'高产卫星'之前，就已开始研究粮食亩产问题，发表了若干篇文章，但他的研究只是针对农业发展远景所做的科学展望或理论推算，将钱学森的理论推算与'高产卫星'联系起来、引起毛泽东注意的，是《中国青年报》发表的一篇文章，但这篇文章并非钱学森亲笔所写。在调查过程中，钱学森之子

---

① 可参阅宋振东、董贵成《钱学森著作系年（一）》，《辽东学院学报》（社会科学版）2012年第2期，第13—20页。

图1　钱永钢提供父亲钱学森保存的5份关于"万斤亩"文章的剪报

图2　叶永烈保存的1958年6月16日《中国青年报》
刊登署名"钱学森"文章的复印件

钱永刚教授向作者提供了钱学森保存的关于'万斤亩'的剪报以及1993
年钱学森谈论'万斤亩'的一封从未公开发表的信件，这封信表明，钱
学森一直到1993年仍然坚持他当年对粮食亩产的推算"。——作者这样

的结论写出来后，会认为对钱学森一生争议最大也是最突出的"被视为1958年浮夸风'推手'的所谓'万斤亩'公案"应该偃旗息鼓了。

1958年，钱学森时年47岁。作为一名科学家，在新中国初期粮食奇缺的情况下，喜欢计算粮食单位面积的产量（这是想为国家所想的事例），当然是很自然而然的事情，甚至到1993年钱学森给海外友人孙玄写信，还在讨论"粮食亩产量"，包括计算中的算式是算少了的说法等等，都是同样自然而然的事情。问题是在1958年这个十分特殊的年代，钱学森的计算结果在多种报刊发表出来了，从领袖到人民群众都看见了，于是，就产生了谁也预料不到和控制不住的社会效果，这才是讨论"万斤亩"问题的关键所在。

一个很特别的细节是，叶永烈找到了当年担任《中国青年报》科学副刊编辑的当事人，询问后，当事人说《粮食亩产量会有多少斤？》一文"是我根据钱学森在一次会议上的发言整理的。整理稿让他看过，征得他同意，就署上他的名字发在《中国青年报》上了"。叶永烈随之就把这名当事人看作《粮食亩产量会有多少斤？》一文的"操盘手"，指明他在文章中添加的三个内容是：江西井冈山农民的一首民歌、6月12日《中国青年报》第一版上发表的一个动人的消息、总结式口号。

《粮食亩产量会有多少斤？》里有一段讲产量的文字，说的是"科学的计算告诉人们：还远得很！今后，通过农民的创造和农业科学工作者的努力，将会大大突破今天的丰产成绩。因为，农业生产的最终极限决定于每年单位面积上的太阳光能，如果把这个光能换算农产品，要比现在的丰产量高出很多。现在我们来算一算：把每年射到一亩地上的太阳光能的30%作为植物可以利用的部分，而植物利用这些太阳光能把空气里的二氧化碳和水分制造成自己的养料，供给自己发育、生长结实，再把其中的五分之一算是可吃的粮食，那么稻麦每年的亩产量就不仅仅是现在的两千多斤或三千多斤，而是两千多斤的20多倍！"作为《粮食亩产量会有多少斤？》一文的核心部分是谁写的呢，叶永烈说：

我对照了《粮食亩产量会有多少？》的核心段，惊讶地发现，与钱学森在1958年第6期《科学大众》杂志的《展望十年——农业发展纲要实现以后》的第7段《农业生产还远远没有碰顶》几乎完全一样!

在下文，叶永烈注意的总是那位当事人"移花接木"的做法和给钱学森带来的影响，我们则注意《粮食亩产量会有多少斤?》一文的核心部分仍然是钱学森文章里的文字，当事人并没有去做丝毫的改动。当事人所说"是我根据钱学森在一次会议上的发言整理的。整理稿让他看过，征得他同意，就署上他的名字发在《中国青年报》上了"，这一番话中对钱学森本人应有的尊重（也是一种职业习惯），及背后的报社工作流程，也都没有引起叶永烈的重视。叶永烈欲以说明的就是他文章前面说过的话，——"严格地说，《中国青年报》1958 年 6 月 16 日发表的这篇文章，不能算是钱学森的文章。这在后面将会述及。然而，引起激烈争议、使钱学森蒙尘半个多世纪的，恰恰是这篇短文!"——他想做的是，把这篇文章不算在钱学森身上，为钱学森"洗尘"的目的就达到了，但显然这不是关键所在。

关键在于 1958 年那个特别的年代，为解决社会主义同资本主义谁战胜谁的问题，社会主义制度的优越性必须在经济建设上体现出来，于是，多、快、好、省的发展速度已经提出来了，全国各地从上到下到处都是激扬的革命热情，粮食——这是那个时代喊得最响、整个社会最为缺乏的物质，不在粮食生产上取得突破，在政治路线上就通不过。就这样，粮食成为整个社会的聚集点，导弹专家钱学森也在找时间计算粮食的最高亩产量，各地干部也都在想办法，中共党史专家罗平汉在专著里这样写道：

> 毛泽东在这几天的视察中，最为关注的是粮食的产量和乡社合并问题。这一年风调雨顺，又正值秋季作物长势最旺的时候，他所到之处确实是一片丰收在望的景象。这里有一个值得我们讨论的问题，就是毛泽东真的相信这些高产"卫星"吗？据曾担任过毛泽东兼职秘书的李锐回忆，毛泽东本来对那么高的粮食产量也不怎么相信，但自从看了科学家有关粮食高产的论证后就有些相信了。……[1]

———————————

[1] 罗平汉：《问路——1961 年全党农村大调查》，中央文献出版社 2009 年版，第 16 页。

　　毛泽东主张和支持农业合作社大发展，"大跃进"的做法扫除了客观经济发展的"缩手缩脚"，地方上才放起了粮食产量上的卫星，这是整个社会中最重要的场面和内容，而钱学森院士讲的粮食亩产万斤是"今后"的事情，也就是在未来具有可能性，在当时人们却不去细究，看重的只是自己需要的内容。

　　历史前进到今天，我国农业生产上的粮食亩产量还在一点点增长（有的年头甚或有反复），钱学森院士生前的亩产量计算延续的时间也比较长，这些事情的变化都不太大，变化最大的只能是时代风云。故此，我们感觉到，科学家在提出专业见解的同时，又要讲清楚应用时的注意事项，尤其是可行性和利弊所在，这对于非常看重这些专业见解的实际作用的人们来说，是更为需要的。

（二）在自然科学和人文社会科学间有很好的结合

　　对于人类历史发展中以科学技术为基础产生的产业革命，钱学森院士有过长时期的思考。1984 年 5 月他就说过，我的看法"与国外的说法不同，是试图用历史唯物主义的观点来分析问题的"（第 53 页）。至 1992 年 11 月 22 日他给中国社会科学院郁文副院长致函说了许多具体意见，我们方才了解到他的看法的针对性在哪里——原来是在苏联。他认为列宁生前看到了"超出自由资本主义的垄断资本主义"，却"没有能深入总结这一社会发展，看到这实际是又一次由于生产力的发展所引起的经济基础、以至上层建筑的变革，是一场革命——产业革命"。列宁是这样，"而在苏联，当时由于斯大林水平不高，头脑僵化，理论家都死抱着经典著作不放，完全脱离了客观实际。他们看不到这次新的产业革命带来了全世界范围的市场经济，所以在苏联树立了国家严格控制下的计划经济"。钱学森院士对被称为"他们"（以"他们"对应"我们"）的理论家使劲地批评（第 276 页）：

　　　　在社会历史的发展问题上，这些脱离实际的理论家，也未能总

结人类历史，按马克思创立的历史唯物主义，树立科学革命、技术
革命、产业革命、文化革命、社会政治革命的系统观念。他们死抱
住马克思研究过的工业革命这一次产业革命，不提还有其他产业
革命。

在 1991 年前，钱学森院士思考了第一到第六次产业革命的内容①，
1991 年后，他又根据科学技术发展的征象和势头，提出了第七次产业革
命的内容（表 1）。

表 1　　　　　　　钱学森院士主张的七次产业革命内容及其划分

分次	内容简称	扼要说明
第一次	农牧业出现	农牧业的出现和兴起，公元前七八千年
第二次	商品交换	商品生产的出现和发展，公元前一千多年
第三次	工业革命	大工业生产，18 世纪末 19 世纪初
第四次	市场经济	国家以至跨国大生产体系，19 世纪末 20 世纪初
第五次	信息革命	电子计算机、信息组织起来的生产体系
第六次	生物科学技术引起	①高度知识和技术密集的大农业，农、工、商综合生产体系 ②通过农产品、林产业、草产业、沙产业的产业革命
第七次	纳米技术为基础	纳米技术（纤技术）为基础的产业革命

资料来源：《钱学森论沙产业、草产业、林产业》，第 53、276—277 页。

说到人类历史上产业革命的认识及其划分，是一个说法相当多而歧
义不小的论题，譬如说，一种说法认为：人类历史上称得上"工业革命"
的共发生过三次，第一次是蒸汽机技术革命（18 世纪 60 年代—19 世纪
中期），第二次是内燃机与电力技术革命（19 世纪下半叶—20 世纪初），
第三次是计算机与信息技术革命（约在第二次世界大战之后），今天的人
类正面临"第四次工业革命"——新能源革命。以工业革命（The Indus-

————————

①　参阅刘恕、涂元季编《钱学森论第六次产业革命通信集》，中国环境科学出版社 2001 年
版。

trial Revolution）指称产业革命，在马克思主义经济理论上是有充分依据的。工业革命是以机器取代人力，以大规模工厂化生产取代个体工场手工生产，这是政治经济学理论中采用"产业"二字的基本依据，有的历史学家故而称这个时代为"机器时代"（The Age of Machines）。

如何划分人类历史上的产业革命，中国科学院研究生院副院长杜澄认为：这首先是一个研究的尺度问题。研究尺度"是在几千年范围内呢，还是几百年的范围内。从大的尺度来谈问题，可能比较稳妥、比较全面，但与目前的联系又较少。如果从中等尺度，也就是近代社会以来来讨论问题，我们发现产业革命是一轮一轮、层层迭起、前后相继、互相孕育的，因而很难界定究竟经过了多少次产业革命。因为我们的重点是讨论未来新的产业革命，所以也可以姑且称为第 n + 1 次产业革命，到底 n 是多少，并不是实质性问题"①。如果真要讨论苏联革命领袖和理论家的观点乃至理论著作，其论述也不是那么样简单。

从 1981 年开始，年满七十高龄的钱学森院士开始步入老年阶段，他把自己更多的精力放在了对于国家各部门的联系和交流上，择时发表自己的最新看法。他非常重视科学技术在社会发展中的作用，曾经说"我认为今天科学技术不仅仅是自然科学与工程技术，而是人认识客观世界、改造客观世界的整个的知识体系，而这个体系的最高概括是马克思主义哲学"。他每天要阅读大量的文件及会议、报刊资料，时间安排得非常紧，却能很积极主动地思考问题。他的思考有一个特点，即对于既往考虑不多，如他自己所说，我"没有时间考虑过去，我只考虑未来"。②

我们写作此文，也有一个目的，那就是希望凡是关心国计民生的科学家、社会科学家，甚至是最一般意义上的知识分子，在运用自己所长为国家献计献策的时候，能在自然科学和人文社会科学间有很好的结合。只因为在我们国家，论说"人文科学与自然科学同样重要"的时间来得

---

① 杜澄：《产业革命的三个特征》，杜澄、李伯聪主编《工程研究》第 1 卷《跨学科视野中的工程》，北京理工大学出版社 2004 年版，第 40—41 页。该文认为对于未来将会出现的新的产业革命，应该关注三个方面的特征：第一是技术上的特征，第二是经济学上的特征，第三是社会的特征。

② 《钱老的工作目标定到 2049 年》，《信息时报》2008 年 12 月 12 日。

甚晚①，而且在事实上还有许多"重理轻文"的现象，既然如此，那只能提请读者重视"文科"，并做出有利于"文理结合"的实际工作。

（三）怀有对自然和人类命运负责任的崇高使命

在科学技术越来越彰显实力的当今世界，我们也越来越感受到现实生活里的经典情形：搞建设需要的是科学家，说环境保护和生态文明重要性需要的是人文社会科学家。

电影《不见不散》借剧中主人公刘元（葛优饰）之口，说的那个把喜马拉雅山炸开一个宽五十千米的口子，让印度洋上的暖湿气流经尼泊尔吹进青藏高原，彻底改变那里恶劣的生态环境，摘掉那里的落后帽子，把青藏高原变成美丽富饶的鱼米之乡的故事②，在现实生活中却并不是开玩笑的话，而是正在加紧推进的科研设想和工程计划。

据"期刊网"信息，1999 年年底，中国海洋石油总公司高级工程师冯正祥、刘春兰联名在《决策与信息》期刊上发表文章——《向江泽民主席献策：炸开喜马拉雅山 修筑青藏大运河》③；2001 年 4 月，《中国西部》记者郝晋发表了一份采访稿——《用核爆炸开喜马拉雅山 再造三个四川盆地——访中国工程院彭先觉院士》④；此外还有署名春涛的作者发

---

① 指 2001 年 8 月 7 日中共中央总书记江泽民同志在北戴河会见部分国防科技专家和社会科学专家时的讲话内容，"在改造世界的过程中，哲学社会科学与自然科学同样重要；培养高水平的哲学社会科学家，与培养高水平的自然科学家同样重要；提高全民族的哲学社会科学素质，与提高全民族的自然科学素质同样重要；任用好哲学社会科学人才并发挥他们的作用，与任用好自然科学人才并发挥他们的作用同样重要"，为学术界明确的"四个同样重要"（记者储召生报道：《首届北大论坛：人文科学与自然科学同样重要》，《中国教育报》2001 年 11 月 3 日第 1 版）。

② 冯小刚：《把喜马拉雅山炸开一道口子》，《杂文选刊》2010 年 11 月（中旬版），第 27 页（选自冯小刚《我把青春献给你》，长江文艺出版社 2003 年版）。

③ 冯正祥、刘春兰：《向江泽民主席献策：炸开喜马拉雅山 修筑青藏大运河》，《决策与信息》1999 年第 12 期。

④ 郝晋：《用核爆炸开喜马拉雅山 再造三个四川盆地——访中国工程院彭先觉院士》，《中国西部》2001 年第 4 期。

表的文章——《核爆炸的和平利用和我国西北沙漠的改造》①，等等。因此，如何考虑国家的刚性需求与生态安全之间的关系，这是一个摆在所有人面前的思考题。

本文所叙述的科学人物——钱学森院士，更是有着独特的海外工作经历和极不平凡的归国历程，他对以美国为代表的西方资本主义国家有着极为清醒的认识，这在日常生活学习中就多有表现。1984 年 5 月 15 日，钱学森院士写给武汉一位同志的信函里，直率地表达了他的一种意见："我对生态经济学也还有点不同意的地方；感受到资本主义国家的影响太深，眼光短浅，调子低沉。如讲'人与生物圈'，其实何止生物圈！如讲'环境保护'，为什么不讲环境改造？人就不能创造出前所未有的良好优美环境吗？"（第 54 页）在环境保护方面，他对西方国家的做法也保持着清醒的头脑。1991 年 11 月 7 日，钱学森收到某创作团体赠他的《生命之源的危机》等宣传品，说他们要和国家环保局及北京电视学院拍摄一部大型保护地球资源和生态环境的专题片。他马上回信说："有一点我提请您注意：千万不要弄得像马尔萨斯人口论和罗马俱乐部那样，只唱悲歌。我们要看到现代科学技术使人类认识事实并采取措施，不但保护我们生存的环境，而且能改造它，使它让人类活得更好！这种看法才是马克思列宁主义毛泽东思想的。"（第 236 页）

从上述观点来看，钱学森院士对全世界包括中国的未来环境的态度是很鲜明的，即表现为乐观的态度，因为他相信科学技术是因需要而发明，特别是为了解决生产中的一些实际问题而发明，那么在针对这些实际问题克服困难时，科学技术就能发挥明显的作用。故此，钱学森院士的看法在这方面是有代表性的。另一方面，我国从 20 世纪 70 年代的做法，采取"全面规划，合理布局，综合利用，化害为利，依靠群众，大家动手，保护环境，造福人民"的做法，奠定了环境保护最初步的基础②。进入 21 世纪之前，国家又一再强调，必须坚持"保护优先，预防为主，防治结合"的生态环境保护与建设工作方针，并要求加强对自然

---

① 春涛：《核爆炸的和平利用和我国西北沙漠的改造》，《未来与发展》2008 年第 2 期。

② 解振华：《做好环保工作，实现周恩来总理夙愿》（1998 年 2 月 28 日），收入解振华《为了人与自然的和谐》上册，中国环境科学出版社 2006 年版，第 561—564 页。

资源开发的生态保护监管,①,至 2002 年 10 月第九届全国人大常委会第
30 次会议通过《中华人民共和国环境影响评价法》,这个生态保护的监管
力度又得到明显增强,对于这些规定和做法,钱学森院士则是积极赞同、
支持和响应的。

在我国,"科学无国界,科学家有祖国"(Science knows no borders,
but scientists have their own homeland)是一句概括许多科学家海内外科研
经历之心声的一种表述②。许多科学人物在国外的切身遭遇,似乎都在说
明"科学没有国界,但科学家却有自己的祖国"这两句质朴话语的最为
简单的含义。钱学森院士传奇的一生,也相当典型地印证了这一点。

2005 年 2 月 26 日,北京大学国际政治系潘维教授(原任美国加州伯克
利大学国际政治系副教授)应邀在中国科学院研究生院工程硕士开学典礼
上做了一个演讲,他演讲的题目是"科学工作者的祖国"③,里面通过"科
学工作者的国家认同""在悲剧的祖国""在成功的祖国""什么是科学工
作者的祖国?""作为结尾的四个故事"五个部分,完成了这次极为成功而
精彩的演讲,因为其中所引用的事例都具有相当的感染力,抒发的情感也
相当真实。潘维教授一个新的补充表述是"科学无国界,但高科技有国
界",这在钱学森院士一生的经历中,也是有很好的事例可以加以说明的。

我们在思考,作为一名科学家,在自己的具体工作和思考中,该如
何怀有对自然和人类命运负责任的崇高使命,去透彻了解科学家名称本
身所包含的全部意义,去践行社会所赋予的职责。许多时候,当国家利
益受到国外影响的时候,我们需要"科学无国界,科学家有祖国"的信
念及其这种信念支持下的勤奋工作,而当国家对外开展科技文化交流时,
我们就应该在对自然和人类命运负责任的崇高使命召下,为各国人民
多做力所能及的实际工作。

---

① 解振华:《构筑 21 世纪生态安全新防线》(2000 年 12 月 3 日),收入解振华《为了人与
自然的和谐》中册,中国环境科学出版社 2006 年版,第 905—911 页。

② 可参阅何祚庥《科学无国界,科学家有祖国》,《科技文萃》1995 年 4 期;葛庭燧:《科
学无国界 但科学家有祖国——真挚纪念吴有训师长百年诞辰》,《物理》1997 年第 7 期,第
441—442 页;网络转载文章《科学无国界 科学家有祖国——清华大学教授赵玉芬院士自述》
(转自《光明日报》)等。

③ 潘维:《科学工作者的祖国——在中科院研究生院工程硕士开学典礼上的演讲》,《民主与
法制》2005 年第 3 期,第 6—11 页。

序文一束

从古埃及尼罗河流域出发

——王尚义、张慧芝《历史流域学论纲》代序*

曾有两位名人评价古埃及尼罗河的话，都成为了名言。一位是古希腊历史学家希罗多德，他说"埃及是尼罗河馈赠的厚礼"，这一享誉早就超出了历史学界；一位是无产阶级理论家马克思，他说"计算尼罗河水的涨落期的需要，产生了埃及的天文学"，盛赞实际工作对于理论探讨的重要性。

古埃及产生在纵贯非洲大陆东北部的尼罗河流域之上，保存在西西里岛上巴勒莫城博物馆里的巴勒莫碑，其碑文有过《上古埃及年代记》之称，从古王国开始，在记录国王祭祀和巡游活动、王子出生、人口清查、军事出征事项的同时，还要记录尼罗河水位的高低。水位的记录单位是肘（Cubits）、掌（Palms）、指（Fingers）、指距（Span），如第一王朝第1年记录的水位是"六肘"，第5年是"五肘，五掌，一指"，第二王朝第7年记录的水位是"三肘，四掌，二指"，等等。人所皆知，尼罗河涨水的季节，与西亚的底格里斯河和幼发拉底河一样，都是在夏季涨水，溢出河床，冲淤着土地。

希罗多德在自己的游历中采取了向埃及的祭司们询问打听的办法，采用了有闻必录的方式，撰写出了《历史》（又名《希腊波斯战争史》）巨著。他记录和发表这部巨著的立意甚高，即"为了保存人类的功业，使之不致由于年深日久而被人们遗忘"。尼罗河水泛滥后，埃及人如何种地呢？希罗多德如此记录①：

---

* 原载王尚义、张慧芝《历史流域学论纲》，科学出版社2014年版，第1—6页。

① ［古希腊］希罗多德：《历史》上册，王以铸译，商务印书馆1959年版，第115页。

……现在必须承认，他们比世界上其他任何民族，包括其他埃及人在内，都易于不费什么劳力而取得大地的果实，因为他们要取得收获，并不需要用犁犁地，不需要用锄掘地，也不需要做其他人所必须做的工作。那里的农夫只需等河水自行泛滥出来，流到田地上去灌溉，灌溉后再退回河床，然后每个人把种子撒在自己的土地上，叫猪上去踏进这些种子，此后便只是等待收获了。他们是用猪来打谷的，然后把粮食收入谷仓。

希罗多德这段文字内容显得太轻松了。与希罗多德《历史》书中其他部分的记录相对照，还不能说埃及人的种田方式就如此简单，里面还有许多细节需要补充，或结合起来进行叙述，但这些描述统统可以作为希罗多德所说"埃及是尼罗河馈赠的厚礼"一语的背景材料，尽管他的原话是这样说的——"希腊人乘船前来的埃及，是埃及人由于河流的赠赐而获得的土地"①。古希腊之后，古罗马的学者又接续着讲述有关尼罗河的见闻，具有理论学家和哲学家之称的辛尼加在《自然科学诸问题》里这样讲述尼罗河②：

尼罗河在自然界一切河流中是最有益的河流；大自然所展现于人类眼前的也正是这样。在埃及，灼热的焦土深深吸收着水份，而每年的干旱，使泥土尽量吸收那么多的水量以满足它的需要。在这个时候，大自然便安排好使尼罗河的水每年及时地灌溉埃及。就因为向着埃塞俄比亚的那些埃及地区，或者完全不下雨，或者下一点儿雨，就使得不习惯于天空水气的土地没有什么用处。埃及的一切希望都寄托在尼罗河。

尼罗河发源于非洲中部的布隆迪高原，自南而北蜿蜒而来，流经世界上面积最大的撒哈拉沙漠一侧，最后注入地中海。靠近河口的下游三

① ［古希腊］希罗多德：《历史》上册，王以铸译，商务印书馆1959年版，第111页。
② ［苏联］波德纳尔斯基编：《古代的地理学》，梁昭锡译，商务印书馆1986年版，第149—150页。

角洲，为尼罗河最重要的冲积平原所在，从上游的上埃及到三角洲所在的下埃及，河床两岸为田地分布区，也是古埃及人的村庄和城市分布地，经过许久的适应过程和各种水资源利用活动（如修建人工引渠等），全埃及土地和民众的富庶程度是以下埃及为最高，法老时代著名的都城孟斐斯就修建在这个河口三角洲的顶端之上。可是，作为一个依赖上游来水泛滥冲淤的三角洲地区，在水量的需求上，大自然并不可能做出那么颇具人情味的安排，在随后的古罗马作家大普林尼的《自然史》著作里，记录了更细致的尼罗河水位情形：①

　　世人都知道，当水位上升的时候，国王与地方长官们是不许在尼罗河内航行的，人们借助于设有特种标符的井穴来判断水位上升的高度。它通常上涨十六个肘节，如果水小一些，它就灌溉不了全部的土地；如果水大一些，就会退落得迟一些。

　　当土壤为水分浸透以后，播种的良好时期便来到了，及至土壤干涸，就没有播种的条件。这两种情况都被人注意到了。水位的高度为十二个肘节，就是荒年的预兆；若仅十三个肘节，则外省仍不免受饥馑之苦；若达十四个肘节，则带来喜讯；达十五个肘节时，可保无饥馑之虞；倘为十六个肘节，则有余粮。自革老丢在位时迄今曾有过最大一次的泛滥，水位高达十八个肘节。在法萨罗斯战争时期，最低的水位为五个肘节。这令人可能想到：河流以某种奇迹躲避一个伟大人物（庞培）的杀害。……

　　这里终于现出了有关尼罗河水位测量方式的记录，但具体的测量数字与前述巴勒莫碑上记录的水位数字，大致有 10 个肘节之差，其原因尚待探讨。据加拿大著名水文学家比斯瓦斯撰写的《水文学史》一书介绍，尼罗河流域用于测量水位的水尺有三种：第一种只是简单地把水位标刻在河流的岸壁上，第二种是利用伸入河中的阶梯作为标示水位的标记，第三种则是通过导管把尼罗河水引入竖井或水槽中，水位标记则刻划在

———————————

　　① ［苏联］波德纳尔斯基编：《古代的地理学》，梁昭锡译，商务印书馆 1986 年版，第 333 页。

井壁上或水槽中央的立柱上①。后一种即大普林尼记述的"人们借助于设有特种标符的井穴来判断水位上升的高度"的方法（这种井穴式水尺在开罗附近的罗德岛上还有保存），这一种方法在测量上最讲究，类似于后世建在河流边上的水文站。

不仅古代历史上是这样，甚至一直到近现代的埃及尼罗河流域，其水位也是经常变化的，在观察结果上呈现的是不稳定性。据联合国教科文组织负责组织编写的多卷本《非洲通史》，其首卷第 28 章的作者 J. 韦库泰（法国的古埃及考古学研究专家）这样来记述和分析近现代史上的尼罗河：②

> 河水泛滥是差异很大的：往往不是太大，就是太小，很少恰到好处。例如，1871 年到 1900 年，尼罗河每年的泛滥情况是：3 次泛滥成灾，3 次中平，10 次有益，11 次水量过大，3 次险些酿成洪灾。在这 30 次河水泛滥中，真正令人满意的只有 10 次。

> 因此不妨说，尼罗河流域文明的历史，是人类"驯服"该河的历史。在驯服河流的过程中修建了水坝、土堤或大堤——有些是同河流的航道平行的，有些则拦腰截断。因而也就有可能在河两岸修建水库以拦蓄洪水并浇灌河水泛滥不到的土地。

> 这种灌溉制度是通过长期的经验积累发展起来的，而且只能逐步形成。为了使水库真正发挥效益，就需全国加以周密规划，至少是各大区的周密规划。这意味着事先要在一大批人中间达成协议，才有可能共同努力。这就是尼罗河下游第一批社会制度的起源：首先围绕着一个地方农业中心形成一些种族集团，然后几个中心联合起来，最后形成两个比较大的政治集团，一个在北，一个在南。

北面的是下埃及，南面的为上埃及，这是早王朝时期（前 3100—前 2686 年）之前南北两个政权对峙的局面。及至约公元前 3100 年，上埃及

---

① ［加］Asit K. Biswas：《水文学史》，刘国纬译，科学出版社 2007 年版，第 11 页。
② ［上沃尔特］J. 基－泽博编辑：《非洲通史》第 1 卷，《编史方法及非洲史前史》，中国对外翻译出版公司 1984 年版，第 527—528 页。

的美尼斯国王统一了全埃及，自此开始国王改称法老。也就是说，以前碍于长长的、南北走向的尼罗河自然走势及其呈现狭长地形的流域特点，在南北双方政治集团的各种交流和争夺中，逐渐增强了经济文化上的一致性，减弱了来自局部利益的各种阻力，最终导致埃及王国政治局面上的统一。

前述那些被尼罗河水泛滥所冲淤的大片田地，并不是无主土地，等到河水退却之后，原来的地界已经看不出来了，于是，就会出现如何确定新的地界的问题，这一点是许多作家都没有注意到的。还是希罗多德从埃及祭司们那里了解到这一问题的处理方式，其实并不复杂，就是土地的持有者可以到国王那里报告，自己分得的土地被河水冲跑了，国王便派人前去调查并测量损失地段的面积，今后所缴纳的租金就按新测量的实际面积来计算。于是，希罗多德表示："我想，正是由于有了这样的做法，埃及才第一次有了量地法，而希腊人又从那里学到了它。"所以，《水文学史》一书的作者比斯瓦斯认为："尼罗河每年泛滥的最大受益者之一可能是几何学，因为每次洪水过后都需要重新丈量土地，从而推动了几何学的兴起。"

对于尼罗河流域发生的历史事件，英国历史学家阿诺德·汤因比晚年在《人类与大地母亲——一部叙事体世界历史》著作中，在论述了两河流域冲积盆地开发中创立的苏美尔文明后，提出了自己对这一地区的看法，他说：[1]

> ……我们可以认为，法老时代的埃及人在开发尼罗河下游河谷及三角洲的丛林沼泽的过程中，创立了第二个最古老的地域文明。
>
> 这一回，埃及人也生产出了多于其基本生存需求量的剩余农产品。如同在苏美尔一样，在埃及，伴随这一经济成就而来的是阶级分化、文字的出现、不朽的建筑、城市定居点、战争以及在宗教领域出现的关键性变化。

---

[1] ［英］阿诺德·汤因比：《人类与大地母亲——一部叙事体世界历史》，徐波等译，上海人民出版社 2001 年版，第 47 页。

还有享誉国际历史学界的《泰晤士世界历史地图集》，值其 1999 年出版修订第 5 版时，径直采用了《泰晤士世界历史》著作名称，在前 3100—前 30 年的"古代埃及文明"部分给出了如下提示词："埃及文明之所以能延续 25 个世纪之久，得益于利用尼罗河每年一度泛滥的洪水灌溉两岸的田地。虽然埃及国家的历史是一连串的统一与分裂的时期，但埃及的语言、宗教和文化却表现为一个连续的整体，这在近东是独一无二的。"① 而中国的世界史学者早已指出，连埃及人种族特征的历史性存留，也主要是得益于埃及独特的地理环境②。这一独特的地理环境就是第二至第六瀑布的河谷地区及其以下东面为努比亚沙漠和东部沙漠、西面为撒哈拉大沙漠及其西北的利比亚沙漠所包围的尼罗河流域。

埃及人在尼罗河流域的生存和发展，开启了许多人类历史上的新篇什。天文学、量地法、几何学等知识的产生，生产关系、语言、宗教和文化等生活附着物的积累，还有关于尼罗河水源、泛滥季节等涉及其起源问题的关注及探讨，曾令希罗多德等智慧人士花费了许多精力和心思去询问和归纳，从而引发了更多的关于自然界初始问题、演变问题的探讨，其间所表现出的人类对未知事物的进取心，对自然界所保持的清醒意识，以及关心同类（不同于自己所属）生存样式的品质，感慨系之，不由得使人掩卷长思。

只要回溯历史，就能够感觉到提倡历史流域学研究的价值，而从事历史流域学的研究，是应当从古埃及尼罗河流域出发的。因为从这里出发，可以接触到有关古埃及独特而细致的历史材料，触及历史演进中的一系列问题；若向前追溯的话，还有早王朝之前和早王朝时期考古手段揭示的内容；若向四周和往后延伸的话，可以扩大人类文明与河流之间关系研究的时空范围，多方探求，进而推进以往的认识。因此，将人们的视线聚焦到过去的流域上，将自然科学和人文科学密切地结合到过去的流域上，结合使用人类生态学、地理信息系统等研究方法，当会产生富有创新意义的科研成果。

---

① ［英］理查德·奥弗里等：《泰晤士世界历史》，希望出版社、新世纪出版社 2011 年版，第 56—57 页。

② 马世之主编：《世界史纲》上册，上海人民出版社 1999 年版，第 36 页。

　　学术研究视角的转换和长期关注，往往有着奇异的效果和特点。在学术界，在大气科学、海洋科学、极地科学卓有成效的研究之后，最近半个世纪不断开拓出来的山地科学和流域科学研究领域，又呈现着兴盛的研究态势，其实质是在同一类型的地质地理单元中开展系统综合性的研究事业。借助这种研究态势，给予历史地理学专业和学科的关注和构思，加入历史研究性质的理解力和洞察力，必会形成学术研究的新的助推力，从而促进相关学科学术研究及与现实工作结合的程度和高度。

地方性知识和力量

——王宏雷、王智真《统万城研究文集》代序*

上月，接着靖边县文物管理所原负责人王智真同志电话，希望我为他撰写的有关统万城遗址调查和研究的系列论文，写一篇类似序言一样的文字，我随即答应了。放下电话，就想起数年前他送我的一本书《赫连夏简史》[王智真著，陕内资图批字（2005）EY40号，2006年6月第1次印刷]，扉页还有题款，写的是"敬赠侯教授斧正　恳求批评　王智真　2007.3.26"，下面还有用铅笔写下的联系电话（号码）。——有关此书的各种出版信息是：2005年主管部门批准印刷（系靖边教育印刷厂承印），次年印出，32开，印数1000本，字数6万（前面有彩图8页），定价18元。出版这样一本书，中间的过程、其中的艰难，当然只有作者本人最清楚。

在此之前，我还获得靖边县文化局原局长姚勤镇同志编著的《靖边人读统万城》一书，书的开本及出版形式也大致差不多，反映出这就是地方从事文化工作同志的出书方式。当然，还有一种方式，就是自编自印，以满足本地工作的迫切需要，在靖边县就有统万城文管所编印的《统万城简介》（2001年9月）、原县委书记马乐斌主编的《统万城历史文献选编》（2002年1月）、原县长尤鹤洲主编的《统万城文献资料》（2003年2月）等。

全国重点文物保护单位——统万城遗址，位于陕西省靖边县红墩界镇北面无定河北岸的蒙陕交界处，这是历史遗留下来的一个真实。这一种客观存在，对于刚巧在靖边县工作的同志来说，就成为一种机缘，即

---

* 原载王宏雷、王智真《统万城研究文集》，中国文化图书出版社2013年版，第1—6页。

有可能与这座古代城址发生某种联系。1992 年，王智真同志接受文化局
的安排，成为统万城文管所的临时负责人，他开始住在遗址边的文管所
院子里，与同事们连续十年管理着遗址的每一处，成为这座著名古都遗
址的守护人。1982 年 10 月开始设立的这个小小的文物管理所，其中的每
一项工作内容都是具体得不能再具体了，对此，他有一段自白：

> 当时一个人在统万城文管所办公室（位于统万城东郭城外的统
> 万城文管所院子）里值班，睡觉是极不踏实的，夜半时分，钢管大
> 门被风吹动，与铁锁链碰撞叮当作响，好像有人在急促敲门，和衣
> 而起，四下无人，如是再三，我也再无睡意，于是踏着轻柔的月光，
> 漫步于统万城的断壁残垣中，倾听着一代枭雄赫连勃勃低沉的倾诉，
> 抚摸着龙墩马面，感受着昔日金戈铁马的惨烈，我在城中寻找着夏
> 皇留下的气息，寻找着自己的梦想。

一座偌大的古代城址被历史遗留在茫茫大地上的某一个位置，似乎
具有一种历史的必然性，可是，对于生活和工作于此的人们来说，却是
具有很大的偶然性。最大的偶然性，可能还是来自政府部门的人事安排，
随着一纸调令的发出，一个人的工作内容马上就发生了改变——这位喜
爱读书、对工作认真负责的王智真同志就开始跟统万城遗址结下了不解
之缘。从那时到现在，也许与遗址所包含的那一个特别的十六国时代有
关系，建立大夏国的匈奴族贵族赫连勃勃很有个人才能和魅力，是他督
促建立的统万城国都太精彩，也可能与王智真成长的那个赞扬"干一行
爱一行"的毛泽东时代有关联，他每日围绕遗址开展工作，很快就全身
心地潜入进去，碰到问题就思索，遇到专家就讨教，看到有用的图书就
收集，逐渐成为了当地有关统万城遗址的土专家。2006 年，他出版了
《赫连夏简史》一书，出于对写作质量的不满足他又写出了《铁弗赫连夏
始末》书稿，忘记了自己早已是一名离职退休人员，可以不再为这么一
座土遗址忙个不停。

统万城遗址的独特性是那么鲜明！在大夏国短暂的岁月里，赫连勃
勃"以叱干阿利领将作大匠，发岭北夷夏十万人，于朔方水北、黑水之
南营起都城。勃勃自言'朕方统一天下，君临万邦，可以统万为名'。阿

利性尤工巧，然残忍刻暴，乃蒸土筑城，锥入一寸，即杀作者而并筑之"①。这"蒸土筑城"四字出现在史书之后，许多人都在思索和猜测其中的含义，虽然意见往往不相一致，但考古学者所持建筑材料为人工合成的三合土（粘土、砂子和石灰三种材料）的说法这么多年来明显占据着上风。

统万城城垣的独特之处，主要在于其材料的特殊性，为了弄清楚这一点，王智真同志积多年思考，写出《统万城城垣土的来源分析》一文。在文中他首先概算当年修筑统万城过程中所需要的土方量，为数达230万立方之巨，之后他明确表示："根据笔者多年调查踏勘，认为这种三合土是天然而成，人工合成的可能性不大。"为此，他踏遍了统万城周围，在当地村民的引导下，在统万城西二三公里的地方发现了一个白粘土层，分布在沙丘之下，其厚度在七八十公分，村民们管它叫查哈圪台，这是蒙语的读音，译成汉语的意思是白泥滩。为了进一步考察白粘土的存在范围，他还到巴图湾北边的八一牧场、沙而利滩考察，听到当地牧民说，沙而利镇及其以西，直到鄂托克前旗，这片广袤的草原上，都有白色粘土存在。最后，他得出的研究结论是：统万城城垣所用之土，都是就近所取湖相沉积的白色粘土，并非人工合成的三合土。

无独有偶，上面已提到的编著过《靖边人读统万城》一书的姚勤镇同志，也对统万城建立过程中的"蒸土筑城"细节很留意，多年来也是不停地思索、询问和探讨，最后得出了自己的解释②：

> 选用砂、粘土和石灰三合土作为筑城材料，按严格比例配方，经认真筛选过滤，运作在城池版筑模中，加水先闷，搅拌使之粘黏粘结在一起，有水坠土之功效；待水分蒸发到一定程度，加压使之更加坚固。待基本干却再浇水浸透，一则层面水平，二则如同水泥、沙、石子渗水促进再凝固，使之更结实。在城池四角、城门、拐折

---

① （唐）房玄龄等撰：《晋书》卷130《赫连勃勃载记》，中华书局1974年版，第10册第3205页。

② 姚勤镇：《追溯大夏之魂　彰显统万魅力》，收入姚勤镇编著《靖边人读统万城》，陕内资图批字（2004）EY26号，2004年，第102—103页。

处、马面、角楼基等处都使用木筋，现在看到7—40厘米各处厚薄不
一，则是根据地段、位置、连接等具体情况而确定的，我把它简短
称为用三合土泥浆沉积加压凝固垒砌筑城。

很明显，这是赞同统万城修建中使用了三合土意见的看法。我们认
为，尽管两位人士的看法完全不同，但在建筑史专业人员长期缺席的情
形下，他们不约而同地探讨着这么一个相当重要的问题，实属难能可贵，
其思路和研究结果，对于专业人员来说，不仅可以作为借鉴参考，而且
还是一种重要的提醒和鞭策，因为身居高等院校和科研机构的研究人员，
更应该面对有关统万城建筑史上的种种问题，克服有关困难，在研究中
予以逐步的推进。

由此例我们联想到，对于地方政府工作人员来说，从事地方性文化
保护、宣传和研究的工作，也属于"守土有责"的当然内容，充分调动
大家的工作积极性，大家就可以做许多相关的工作。如果试将这些工作
做一个区分，其工作内容就有属于直接的保护性质的工作、间接的协助
性质的工作、文化普及性质的工作、文化研究性质的工作。作为基层组
织和部门，这些工作实际上是互有关联的，即便是放在一个人身上，这
些工作也是经常交替展开、互为促进的。

据姚勤镇同志介绍，2004年10月的某一天，他第128次来到统万城
遗址，当时是为协助中央电视台拍摄《走遍中国·榆林》的节目，在节
目制作中他介绍了自己对统万城建筑材料的所有看法，尤其是那种自觉
的主人翁姿态和谦逊的态度，给予读者以深刻印象[1]：

> ……我是代表靖边县统万城工作人员们向世人宣布这一踏勘研
> 究成果的，这并不是说我们比专家学者高明，而是因为我们距统万
> 城近，有得天独厚的条件，有机会有时间经常去踏勘研究，希望能
> 得到学术界同仁志士的认可和确定。

这就是地方性知识和力量的一种典型体现！这就是所有身为主人翁

---

① 姚勤镇：《统万情深　大夏意绵（二）》，姚勤镇编著《靖边人读统万城》，第93页。

的靖边县人应有的表态！其意义就在于从自己的关注点出发，运用独特的地方性知识，甚至包括经常性地与研究对象相接触中产生的直觉、敏感，来提出问题，反复思索，不断地调查和积累，来表达出自己的想法和见解，为学术研究贡献自己的心得和结论。

在靖边县，除了上面提到的王智真、姚勤镇同志外，还有郭正都、李丰业、马金钟、田铎、郭延龄、鲍登发、李炅旻、高朗宁、杜旭东各位①，在榆林市当然还有更多的文化人士，他们对地方文化的热情极高，积累甚深，对当地景物十分熟悉，具有研究地方文化的明显优势，其基本建议、学术见解都理应得到政府主管部门的重视。至于学术界方面，那是最善于学习的一部分人，只要他们了解到相应的地方性知识，都会从中汲取和吸收营养，用以丰富自己的研究工作，并根据实际条件和具体情形，将这些地方性知识推进到更高的层面上。

2013 年 5 月于西安

---

① 姚勤镇：《靖边人读统万城》，姚勤镇编著《靖边人读统万城》，第56—60 页。

张维慎《宁夏农牧业发展与环境变迁研究》序言[*]

  2002 年 6 月 3 日，维慎博士的这篇《宁夏农牧业发展与环境变迁研究》学位论文，在培养单位——陕西师范大学西北历史环境与经济社会发展研究中心的答辩会上获得通过。时隔八年，这篇博士学位论文即将出版，其题目依旧，内容和篇幅并没有明显的改变，我想这就是维慎的性格，一开始做得就很认真，思考成熟，遂奠定了论文的基本格局和写作基础。

  作为史念海先生的一位"关门"弟子，维慎博士谨记先生教导，在学习和研究中自觉加深对先生学术成就的感知，这在论文写作中多有体现（如第一章讲新石器时代先民对居址的选择、第八章讲宁夏森林的变迁都是非常明显的）。维慎博士的论文选题，是对先生倡导的"历史农业地理"研究事业的积极响应。多年之后，在先生倡导的"历史农业地理"研究事业中，于我国西北五省区的行政地图里，维慎博士为之再增添了一册论证著作。

  一篇博士学位论文实际上就是一部学术著作。本书按照自身的理解，拿出了属于自己的"三篇结构"，即"上篇"：水利建设与农地的垦殖、"中篇"：五业生产部门的发展与地域变化、"下篇"：宁夏农牧业发展的自然条件及农牧业发展等因素与环境变迁的关系，每一篇都由三章组成。其中，最引人之处是将"环境变迁研究"置于相当重要的位置上，以前的历史农业地理著作多是设立专章来加以论述，此书则析为三篇之下篇，所占据的重要性是非常明显的。

---

  * 原载张维慎《宁夏农牧业发展与环境变迁研究》，文物出版社 2012 年版，第 1—5 页。

　　过去曾经接触到一种说法，主张研究历史地理的题目，要直接进入地理层面，譬如说研究历史人口地理，就要直接进入一个个时代的人口地理分布上，接着再研究其变化过程。我想，这样说和这样做，当然很好，实际上却有相当大的难度。如果想把这个题目做出色，首先就要把人口史研究清楚。学界已经有的研究实践告知我们，只有把"史"的内容做好，再进入"地理"层面去，这是历史地理学开展研究工作的一个基本"路数"。

　　为什么我们的研究需要采用"先史后地"的做法和步骤呢？其一，"史"的开展即为历史演进的过程。凡事按照历史演进的顺序梳理一遍，研究者就会眉目清楚，材料处理方便而自然，顺着朝代来叙述，这也是读者最容易接受的写作方式。其二，"史"的研究所展开的工作，必然会揭示制度层面的重要内容。如若有关的历史人口情况，不从制度层面上加以揭示，人口数据背后的历史原因就会永远搞不清楚，弄出来的所谓历史人口地理的内容，仅仅是干巴巴的数字显示，不成其为真正的历史地理学研究。所以，不是历史兴趣浓厚的学者擅长于此就如此去做，而是这样的工作对于任何有关过去地理的研究，都是一种基础性的工作，是一份历史背景重建的工作。

　　现在再回过头来看本书上篇、中篇各章的写法，就是按时代进程来展开的，这符合历史地理学专业"先史后地"的客观规定性，甚至可以这样说，欲先求"地"而实难得，"地"的内容是包藏在"史"里面的，在"史"的流动中，"地"才会更多地显示出来。研究实践中可见，善于把握住这一点的历史学者，也能做出很不错的历史地理研究工作，这也是历史地理学研究的精妙之处。如今更多的历史地理学同行都看清楚了——先有过程的叙述，再做分布变迁的梳理——这是历史地理学研究的基本"路数"。对于撰写学位论文的研究生来说，这甚至具有引人跨入门径的作用。

　　历史农业地理研究领域里讲的农业，无疑是指广义的农业，即包含农林牧副渔各业的"大农业"，也就是本书作者所称之为的"五业"。在人民的生活中，五业各有其不同的作用，在历史上，五业却有着相互关联的变化关系，其中最主要的是农业发展成为最重要的产业，作者的表述是"在秦汉至清代的历代大一统王朝中，宁夏境内土地垦殖面积呈现了不断上涨的总趋势，换句话说，也就是牧业用地和林业用地呈现了不断下降的总趋势"，自然影响到了其他产业的经营和分布状况。宁夏的自然条件，本来是兼有山地、高原、平原等不同地貌单元的地区，其南部黄土山区和六盘山脉、北中部的银吴（银川、吴忠）平原和卫宁（中卫、中宁）平原、边缘的贺兰山脉、屈吴山脉和河东沙地，各具其经营特色，尤其适宜于搞多种经营。本书揭示出历史上本区各地的经营特色，以及畜牧业先盛后衰的现象，在历史和现实中相互比照，可以对今日农业生产中合理利用土地、为农村尝试开辟新的增收路子，提供一个历史的视角。

垦殖土地，开展农业生产，属于过去时代最典型的人类活动，这种活动会对自然环境产生影响。本书作者认为，秦汉、唐宋、明清三个重要时期内，宁夏的"森林、草原遭受重大破坏以后，由于土壤失去了庇护，所以在宁夏南部造成水土流失，沟壑发育，而在宁夏中北部则造成了土壤沙漠化的加剧，因而自宋元以来各种灾害较多发生，至明清时期更为频繁"。这就是将环境变迁的视角放在农业生产上，本身是不错的。近些年来，学术界研究环境变迁的一个新取向，即不仅着眼于过去历史条件下环境趋于恶化的一方面，还注重考察环境出现优化的内容，在宁夏回族自治区各个自然区域内，基于自然环境的特殊性和差异性，银川平原就更多地体现了环境优化的内容，成为一个令人刮目相看的"塞上江南"，即为一个显例。2007 年 9 月在银川召开的"鄂尔多斯高原及其邻近地区历史地理学术讨论会上"，北京师范大学王培华教授提出的《宁夏"塞北江南"之称由来考》论文，对于这个显例多有揭示（侯甬坚主编《鄂尔多斯高原及其邻区历史地理研究》，历史环境与经济社会发展研究丛书 005，三秦出版社 2008 年版，第 73—84 页）。而河东地区靠近毛乌素沙地，地质时期已存在由大量沙物质组成的地层条件，所以一旦遭遇历史上人类的垦殖活动——当时尚缺乏合理利用土地资源的社会条件，就会影响环境的基本面貌，出现土地沙漠化现象，成为北方土地沙漠化的主要地区。因此，基于不同地区的实际情况，深入研究宁夏地区五业发展反映的社会变迁、在自然过程和人类活动作用下的环境变迁研究内容，仍然是需要继续坚持的研究方向。

从 20 世纪 90 年代以来，业内有心做历史农业地理选题的人明显少了。究其原因，可能有三：一是现在的求学者对农村、农业、农民问题缺乏兴趣，也缺乏了解，不仅城市里的青少年没有多少机会接触农业生产，就连在农村长大的青少年，也是以在学校念书为主，家里的农活都是父辈去做了，自己很少参与农业生产劳动；二是在学术界出现了许多新的研究选题，甚至包括这些选题的做法，都吸引了年轻人的注意力，再像以前那样做历史农业地理的题目，反而感觉不那么新颖了；三是即便要做这类题目，所涉及的农业生产的农田、人口、作物、水利等非常具体的资料，是要一条条整理和排列出来的，需要足够的耐心细致和毅力，对此，不少求学者却视若畏途。我以为，从事学术研究的客观条件会因时而异，主要趋势当然是越来越先进、高明和体现前沿性，但属于基础性的题目不仅不会过时，而且还是那些先进、高明和体现前沿性的学术研究绕不过去的"基石"，有心做学术研究的人对此须保持清醒的头脑，在自己的成长阶段，就勇于挑选基础性的选题来锻炼和成就自己。

维慎博士本科是在陕西师范大学历史系求学的，硕士阶段却是在宁夏大学度过的，为攻读博士学位他又回到了母校，其时他已任职于陕西历史博物馆。历史学者最善于博览群书，因而多为博学之人。博学的好处在于，对于过去的历史过程或面貌，总是通过大量事实的叙述，来接近还原为一个历史的原貌。这是一项基本的工作方法，看似近于琐碎，却是治史之正途，也是治史者的基本功。因为如果没有这样的基本事实的叙述，那么就难于感受到过去历史的模样，尤其是过去历史的丰满程度。所以，我体会大量事实性的陈述是有意义的，因为它可能预示着事实本身的面貌和或要发生的变化。

学术研究的道路，说千道万一句话，没有哪一个不是靠自己走出来的。维慎博士求学期间一边工作一边写作，时间抓得很紧，写作也得心应手。他为人谦逊，做研究时十分重视和尊重前人的工作，他擅长胪列最直接的材料，并在这种工作中逐步形成自己的学术观点，其习惯表述为"笔者赞同第几种观点"，之后是自己的理由的详细阐述。他在陕西历史博物馆工作所得到的收获，是受到了考古专业的熏陶和影响，在本书中自然地表现为对考古资料的重视，及主动使用考古资料来说明和论证历史地理问题。在求学期间和本书即将出版之前，他做了两次很有针对性的实地考察工作，自然增加了对研究对象的理解和认识，在最近考察中所得出的新认识，即"改变传统的畜牧生产方式，可以实现生态效益与经济效益的双赢"的看法，已写入这部著作里。这部著作通过作者自己的研究，印证了前人的不少看法，也提出了自己的学术见解，我们在思考和研究宁夏农牧业发展及其同环境变迁关系等问题时，需要借助这部著作作为重要的参考文献，这就是本书的学术贡献。

2010 年国庆节期间，西安

马国君《历史时期金沙江流域的经济开发与环境变迁研究》序言*

  去年十一月，马国君博士从贵阳告知我，他撰写的博士后流动站出站报告《历史时期金沙江流域的经济开发与环境变迁研究》，经过修改充实，将要正式出版了，相约 2010—2012 年间作为合作导师的我，能为之撰写一篇有所介绍的序言。我当下感到不仅需要考虑马国君这位苗族学者的殷切期盼，还觉得这是他提供给我的表达一番学术见解的机会，当即很自然地应承下来。

  及至准备写作时，自己才突出地感觉到对金沙江流域并不熟悉。翻阅历史地图所见，民国时期的金沙江流域，河源区是在青海，下面是流经西康省，再流入云南和四川省。清代是在巴塘司（今四川甘孜州巴塘县）以下称为金沙江，巴塘司以上的河名为布垒楚河，布垒楚河两岸多有藏族土司分布。明代金沙江上中游地区属于朵甘都司管辖，金沙江时称"折曲"，元代这一带归宣政院辖地下的吐蕃等路宣慰司管理。两宋时有的"折曲"之名，一条金沙江从吐蕃诸部流出，向南流经大理国的善巨郡，又向东流入宋朝的国土。隋唐时期并无金沙江之名，其下游有"泸水"之名，沿岸分布着有关州郡，上中游地区则人烟稀少，居民点零星。

  金沙江之上的通天河我见过，那是在青海玉树，1985 年问世的《川西滇北地区水文地理》考察报告所以才说——穿越海拔 4500 多米的青藏高原至直门达的这条河始称金沙江。金沙江自玉树的巴塘河口顺流直下，

---

  * 原载马国君《历史时期金沙江流域的经济开发与环境变迁研究》，贵州大学出版社 2015 年版，第 1—7 页。

左边是四川省甘孜藏族自治州，右边是西藏自治区的昌都地区，蜿蜒上千里的金沙江是作为川藏两省的界河存在。金沙江南流到昌都地区芒康县的大海龙后，又进入云南省的迪庆藏族自治州和丽江地区。那座扼据滇、川、藏交通要道的边境小镇——丽江古城、著名的哈巴雪山下的虎跳峡我也去过，却都不能表明对金沙江流域有多么了解。全长2308千米的金沙江，流到最后一站的归宿地是四川宜宾，有种地理知识说长江全长落差的95％都在河源至宜宾之间，那是够神奇了，可是金沙江一路上与寂静山谷、入云高山相伴的经历，汇合沿线诸多支流后增添流域土地的气势，自己因缺乏实地考察而没有多少切身的体会。

马国君博士学位论文题目为"清代至民国云贵高原的人类活动与生态环境变迁"，修改后已于2012年出版。2010年9月他进入我校历史学博士后流动站时，已经有了研究金沙江流域的设想，其中的变化是将范围缩小到流域之上，触及的是经济开发活动，但研究时限却增长了。

这部著作是以"经济开发与环境变迁研究"为基本思路和研究考虑，在做的时候实际上会涉及相当具体的研究内容，这样的研究思路和方式在学术界已经流行了20多年，所问世的不少研究论著，对于历史上多个区域开发活动及随之引发的地理环境变化，给予了较多的关注和揭示，在学术界属于历史地理学及相关学科较为常见和成熟的研究路径。

时至今日，如"经济开发与环境变迁研究"思路所展开的研究内容，在深入研究过程中，须应有更为细致的考虑。

第一，充分考虑研究区域在自然界中的位置、地形条件及其自然特点和历史特点。如果所选择的研究区域范围仍不小，则应分区进行，如果是以流域为范围，最合适的分区方案就是分河段研究。

第二，把握研究区域在不同历史时期特定条件下的惯常表现及新动向。研究时段越是到了晚近时期，研究内容因资料较多而增加，研究中分时段或朝代进行最为可取。

第三，在环境变迁研究方式方面，过去区域性的环境变迁研究因顾及面多而笔触分散，难于深入，为深入研究，势必转向以某种自然要素为主的研究方式，研究中当然包括了其他相关要素的综合分析。

第四，人类活动方式的研究也不能过于笼统，需要分解为具体的对应自然环境条件的、人类产业方面的、技术水准方面的、政策方面的各种活动，考虑对当地民众的生产和生活内容，给予全方位、长时段的关注，研究中注重从民众的基本需求出发，达到真实理解生存环境表象和本质特征的目的。

第五，跨越学科界限，在各种区域尺度上充分考虑环境变迁对于自然界和人类社会的意义，即被各种人类活动利用或影响了的自然资源和环境面貌，对于人类社会发展所具有的支撑作用和历史价值，其利用和影响的具体路径和程度又尤为紧要，因为没有哪一个社会的形成发展是可以脱离自然界支撑的。

在此需要着重予以说明的是，上述如"经济开发与环境变迁研究"思路的研究，一般又是以"环境变迁"为主要研究目标的。我国是在20世纪80年代出现"环境变迁"概念的，这一概念的流传及其运用在当时是很快的，成为学术界的一个突出现象。这可举出1984年11月19—23日，由中国地理学会组织，在重庆北碚主办的全国首次"环境变迁学术会议"。这次会议主要讨论了我国北方存在的干旱化趋势，沙漠化，历史时期黄河的变迁及其环境后果、黄土高原的水土流失及环境变迁、海平面变迁对过去的自然环境影响等议题，其后在学术界和社会上产生了广泛的影响。这里，环境变迁研究的学术意义是相当明显的，即开始了对于人类社会与自然环境之间关系的探讨，对人类活动引起的环境变化的作用予以强烈关注，这是以前自然科学、哲学社会科学之间未曾达到过的相互结合的研究态势。

环境变迁研究中欲以揭示出人类社会与自然环境之间存在的这么一种交集情形及其方式，事实上是相当不容易的。以历史地理学科的工作方式为例，大多是在历史文献考证基础上，引入地理学的研究方法加以论述和揭示。早在1962年，侯仁之先生在《北京大学学报》（自然科学版）上发表的《历史地理学刍议》论文，就此提出了历史地理学的复原工作方法。对此，他相当清晰地阐述道：

> 那么，为什么要研究历史地理呢？简单地说：历史时期的地理既然处在经常不断的变化之中，那么只想了解它的今天，而不过问它的"昨天"和"前天"，显然是不够的。因为只有了解了它的"昨天"和"前天"，才能更好地了解它的今天。

若以一个特定时间的地理面貌为例，理论上是随着时间的流逝，处于自然系统之中的任一地区的地理面貌是会有变化的，但其变化之幅度，则会依据其位置、性质尤其是边界条件之不同而有程度上的差别。对于下一步的工作方法，侯仁之先生紧接着阐述：

> 那么如何才能了解它的"昨天"和"前天"呢？这首先就是要把过去时代的地理进行"复原"，一如考古学家把已经破碎了的或甚至是残缺不全的古器物进行"复原"，或者像古生物学家把早已绝迹了的某种动物的遗骸化石进行"复原"一样。但是更重要的是还得把不同时代的已经复原了的地理按着历史发展的顺序，联系起来进行研究，寻找其发展演变的规律，阐明今天地理的形成和特点。这一研究对于当前地理科学的进一步发展，是很有关系的。

侯仁之先生的阐述异常清楚，这一复原方法系由两部分组成或由两个步骤来完成，先是在时间断面上的地理复原，然后是探讨时间顺序中的地理演变，将两个部分或两个步骤结合在一起，才能"阐明今天地理的形成和特点"。囿于论文撰述时的政治背景，侯仁之先生没能在论述中写出自己的外国老师——达比教授（H. C. Darby）的姓名，这是今日之我们可以深切体会到的，但其中仍旧写出了西方现代历史地理学家达比教授的思想精髓，用以指导中国历史地理学界的研究实践，可以说时至今日仍然在发挥着学术指导的影响和作用。

在前述 80 年代的"环境变迁"思潮研究中，侯仁之先生一如既往地在北京大学这所著名高等学府中发挥着学术引领作用。1983 年，侯仁之先生很快组织成立了"北京环境变迁研究会"。次年 10 月，研究会会刊《环境变迁研究》第 1 辑在北京出版面世，侯仁之先生作为主编为之撰写了一篇十分重要的"发刊词"。研究会取名与 1981 年北京的海洋出版社出版的英国地理学者高迪的著作《环境变迁》（Environmental Change）相一致，也与长久以来国人叙述事物的变化转移习惯用语相一致（这可举 20 世纪 50 年代及后李六如所著《六十年的变迁》三卷本长篇小说、2011 年中国社会科学院启动的"当代中国社会变迁研究文库"的编辑出版工作为例）。在自然科学研究中，习惯使用的则是演变、变化、演化等中文词组。

当历史地理学者在坚持过去地理的复原研究过程中，地质学、古生物学、地理学界与环境变迁研究有关的领域，又出现了"环境重建"的概念及其表达，尤其是实际工作部门运用这一概念的事例极多，涉及的领域担当广泛，这些动向驱使着我们需要对"环境重建"的概念展开一些认识。

学术界面对的过去环境的复原工作，与实际工作部门面临的各类灾后重建的任务，从发生时间到工作目的是有一些差别的。但是，就研究或实际工作展开的条件和过程而言，在研究条件有所欠缺、新的研究方法开展使用的场合，尤其是在体现交叉和借鉴的环节中，它们之间又是有交集、相关联的。因此，地质时代我国叶肢介（节肢动物门）生活环境的探讨被表述为重建或重塑，过去未曾有过的研究认识产生出来（如过去2000年温度变化重建结果）也是一种重建，至于实际工作中强调遵循客观规律，合理选择，应用先进、成熟、适用的技术与产品，精心设计和施工，那更是一种重建性质的工作。

对比"复原""重建"这两种工作方式，我们得到的初步看法是：

第一，历史学性质的研究工作提出和强调恢复原状或还原式的"复原"要求，以形成客观真实的研究基础，是出于对自然和人类社会的尊重，符合最基本的人性要求和追求，具有鲜明的科学意义，自当继续加以坚持和坚守。

第二，"复原"是下一步"重建"工作的基础，而"重建"属于重塑或再造性的工作，具有归纳、提高和创新的性质，是研究和实际工作走向深入的表现。但挑战中的机会和风险并存，任何重建结果都是要经受有关工作的验证和评价。

随着学术研究工作的深入进行，有关环境变迁研究工作的难度越来越大。2004年的仲冬时节，华中师范大学的张全明先生为自己的心血之作《中国历史地理学导论》撰写"前言"，颇为真诚地写下这么一段话：

> ……人们在最近十数年中虽然注意到人类社会历史的发展与地理环境的关系问题，但在评价中国历史上的生态环境状况时多人云亦云地认为，中国古代的生态环境早已出现恶化的局面。但是，我

一直无法化解的疑问是：这种恶化的生态环境状况，究竟具体是出现在什么时候或者是在哪个朝代？是环境的整体恶化还是局部恶化？是生态环境要素某个方面的恶化还是局部地区某个环境要素的恶化？诸如此类，至今似乎还没有谁提出一个明确而详细的结论，更没有人对此有系统和深入的论证。

苏联地理学家 C. B. 卡列斯尼克早在 1957 年就写过：由于地理学（reorpaфия）一词作为单数名词使用，因此看起来它好像表示一门学科。实际上它表示一组自然科学和社会科学，前者研究地球表面的自然特征，后者研究人类社会在各个国家和区域的经济活动的配置和发展的条件和特征。——温习这一段话时，就应该想到，关于地理方面原因的探讨，其看法不会是常常一致，其结果更可能是多解的。

马国君博士著述于前，我在这里提出关于环境变迁研究的一些新的思考，为的是在我们的研究中取得更好的讨论和借鉴效果。这部新出版的著作再次体现了作者的一贯追求，即在尊重各民族传统生态知识的基础上，掌握好生态知识的使用办法，以有效地抑制已经有所表现的自然环境中的生态退化现象，我认为这是生态人类学给予环境变迁研究的重要启示和揭示。

从大的方向上，我相当赞同马国君博士参与撰写的《美丽生存——贵州》一书中，民族学暨生态人类学者、吉首大学的杨庭硕、罗康隆先生留在该书扉页上措辞优美、内涵丰富的题签文字：

> 生存本身就是一种艺术。生存之美在于能精妙地应对千姿百态的环境，并能顺应环境的剧变做出创新。在漫长的历史岁月中，贵州各民族的传统生计早就做到了这一点。同时又在历史长河中得到不断地强化，最终表现为人与自然的和谐共存。这种和谐之美不仅属于贵州各族人民，而且属于整个中华民族。对贵州各民族而言，他们针对自然与生态环境的特质建构了千姿百态的生存艺术，这些千姿百态的生态生存艺术，在即将到来的"低碳经济时代"，必将成为可资借鉴和发扬光大的发展蓝本。对中华民族而言，这种和谐之美，即是建构了一个可以长期依赖的"生态屏障"。

　　马国君博士的求学和治学经历，已经使他处于一种多学科交叉和交融的位置上了，在这个位置上他会有焦灼及烦躁的心情，也会有兴奋和幸福的感受，无论他向前追求到哪一步，我们都将与他交流和互勉，共同体会生态过程中的见识，分享学术研究中的新知。

2015 年元月于陕西师范大学雁塔校区

吴俊范《水乡聚落——太湖以东家园生态史研究》序言[*]

看到吴俊范博士新著《水乡聚落：太湖以东家园生态史研究》（以下简称《水乡聚落》）打印稿，不由得想起 2005 年 8 月参加在南开大学举办的"中国历史上的环境与社会国际学术研讨会"，会上自己的报告题目是《人类家园营造的历史：初探云南红河哈尼梯田形成史》（会后刊于王利华主编《中国历史上的环境与社会》，生活·读书·新知三联书店 2007 年版，第 126—151 页），这是一个让人十分心仪的题目，甚至是一个可以长期坚持做下去的研究方向。

那些年里，在自然地理学、第四纪地质学的学习中，越来越感到地质地理学家们非常关注不同时期的人类活动，经常思虑此种活动对于地理环境的影响和作用究竟达到了什么程度？并将如何区分环境和生态演化中自然和人文因素的作用归结为一个基本的科学问题。我理解这是出于专业领域研究的要求，即在地质年代以来的自然演化中，到了距今 180 万年以来的第四纪、距今 1 万年以来的全新世，由于人类的进化出现和其智能及制造能力的不断增强，逐渐成长为一种对地球生态系统有所影响的新的营力，必然会对这种营力展开全面的研究探讨。——然而，由于笔者自身本科出身历史专业的缘故，却时常提醒自己不能忘记人类在地球表面上展开生活，首要的问题是如何安营扎寨、站稳脚跟、勇敢地生存下来，如何克服乃至战胜求生过程中所遇到的种种艰难困苦，然后才有如何发展的内容可言。有鉴于此，便自行推断从旧石器时代开始，

---

* 原载吴俊范《水乡聚落——太湖以东家园生态史研究》，序二，上海古籍出版社 2016 年版，第 3—9 页。

人类的生存与发展的关系问题就紧紧地联系在一起了。

于是，在先前一年发表的《环境营造：中国历史上人类活动对全球变化的贡献》论文里（刊于《中国历史地理论丛》2004 年第 19 卷第 4 期，第 5—16 页），我写下了这么一段话：

> 中国历史上的人类活动究竟改变了什么？人类活动的目的在于改善生存条件，中国人从大禹治水、女娲补天、精卫填海、愚公移山的时代走过来，是一个具有自己民族特性的国家，在人民及其组织者的身上，既有"天人相关"、"天人合一"的思想，也有"天命不足畏"、"制天命而用之"的"人定胜天"精神。由于环境适宜，文明早熟，人民富有追求性，人的主观能动性可以发挥，所谓逢山开路，遇水搭桥，战天斗地，志在必得的故事，史书所载，源源不绝。

顺着这样的思路，我走入了云南红河哈尼族彝族自治州的元阳县，在哈尼族文化学者卢朝贵先生的引导下，走进远看似一朵朵蘑菇盛开的菁口哈尼村民居，再立于高处观望环绕在一架架大山周身的一层层梯田，情不自禁地联想到自己应该做的工作：

> 对此，我们预想的工作目标是：
> 什么样的人类家园是美好的？怎样建造人类的美好家园？
> 在历史上业已出现过哪些美好的人类家园？它们又是怎样建造出来的？取得了什么样的地方经验，可以供其他地方汲取或参考学习？

怀着这样的理想，自己写就了《人类家园营造的历史：初探云南红河哈尼梯田形成史》一文，这一段文字自然就成为树立起来的一个"悬鹄"，被置于元阳梯田形成史的专题探讨之前。十年来，围绕工作中触及的一些事例，主要是开展了一些个案研究，因之也得到了某些新的认识。

首先是人类家园的表达，通俗易懂，包容性强，具有词语使用上的不可替代性，举凡自然环境方面和人类社会方面的诸多内容，只要是在历史上曾经涉及或参与进来的，皆有相互关系可以探讨。最重要的是，这样的探讨可以非常好地对应诸多民族和国家的发展历史及其结果，因而在现今的日常生活和社会管理中越来越成为引人注目的高频词。

其次是人类家园的营造，本身就是一个内容极为丰富的漫长历史过程，即便是具有明显的移民社会特征的研究事例，也因具有别样的研究价值和珍贵记录而引起研究人员的强烈兴趣，并予以持续性的关注和投入。毫无疑问，任一家园营造本身都是以土著或非土著参与者的劳动为基础的，而人力劳动的组织方式，必然会涉及诸如经济社会各方面的细节，即便是自发性地自然村落的形成过程，也隐含社会组织和控制方面的管理内容。家园营造的成功与否是以其在地域展布和时间历程上的延续性为识别标示的，而因地制宜、就地取材及"用智甚于用力"的民居建造特点，首先映入观察者的眼帘，无不从材料、形制和使用功能上透露出地域风格的色彩。总体来说，类似的研究不失为地域整体历史研究中的一种可取路径。

再次为人类家园研究的价值和意义，这些方面在阶段性划分和对比性实例研究中最易得到认识上的提升。对任一家园的考察和研究，皆不能失去其来龙去脉角度的专心体味，从而转换为对被研究对象的一种认识深度，归结为对人类共同的生存和发展之路的深情关怀。在这样的人文关怀下，的确需要中国不同地域的、外国不同国家和地区的众多的个案研究，汇成人类家园思想和理论的研究基础。现在，新出版的《水乡聚落》一书，就是一种个案研究，一个来自江南水乡的研究事例。

论及江南史，顿觉这是一个耕耘深透、博大精深的研究领域，前人、近人和今人在这个领域内致力已多，论著也可说是成千累万了，年轻的学者如何在这一领域内有所开拓，奉献颇有新意之作，确非易事。去年三月，华东师范大学历史学系牟发松教授寄赠他和陈江教授主编的《历史时期江南的经济、文化与信仰》一书（华东师范大学出版社 2014 年版），"序言"为王家范先生亲笔，"后记"则为牟兄所书，其中第五段文字，此处不能不加以引述：

> 历史研究的重心正在由古代而近代而现代甚至当代次第推移，历史研究正越来越成为现实研究，古代史在历史研究版图上的收缩

和学术地位上的式微，似乎已不可逆转。但历史长河的过去与现在总是本能地自相连接在一起，罔顾任何人为的分割。《禹贡》九州中被列为"下下"之地的江南（扬州）何以能够支撑"六代帝王国"的偏安政权和"三吴佳丽城"（李白诗）的人物风流，何以在中唐一跃成为全国的财富重地并成就南宋的繁荣，何以在明清时期成为全国的财富、人文渊薮及至今日其地位仍无可摇撼（查两院院士籍贯可知）？江南又何以成为向古代扶桑输出文化的重要基地，近代欧风美雨东渐的桥头堡，我国近代经济文化转型发展的策源地？特别是上海开埠以后，迅速成长为江南乃至全国的经济中心，中国乃至世界著名的近代都会，更是当今中国引领改革开放的样板区，成就长江三角洲经济起飞的发动机，从而引来国际学界对江南历史频频关注的目光。如果这些问题过去宏大，那么，从秦汉的"江南卑湿、丈夫早夭"（《史记》）何以一转而为唐朝"人人尽说江南好，游人只合江南老"（韦庄诗），甚至"人生只合扬州死"（张祜诗）？江南那自古以来就"接天"的"莲叶"，"映目"的"荷花"，何以到了宋代就"无穷碧"、"别样红"（杨万里诗）？今天包括上海在内的江浙人以文质彬彬、吴侬软语示人，可知先秦"吴粤（越）之君皆好勇"，至汉代还是"其民好用剑，轻死易发"，"民皆处危争死"（《汉书》、《淮南子》），及至数百年后的东晋南朝，三吴士大夫已然"褒衣博带，大冠高履"，"体羸气弱，不耐寒暑"，"性既儒雅"，"见马嘶"以为"正是虎"（《颜氏家训》）……本课程将通过专题研究，从长时段全方位地把握江南地区的发展历程及趋势，并力图为今天江南地区的可持续发展提取可资借鉴的历史信息。

这一段思绪飞扬、表述张扬的牟兄之问，一反他平日里的论述风格，是因为一脉相承的中国古代史与近代史、现代史、当代史之间的关系，内涵丰富的江南地域史与全国局面的关系在胸中激荡，此处断不能再使用习惯了的论文体来书写，而是在编辑"后记"里频频发问，落成的这段生花妙笔，可作为平日里我对研究生所说"谁说学者写作中没有激情，谁说写作激情只属于文学作家"之显著实例。

从古至今的江南地域为什么会有这么大的变化？其变化的基础在哪

里? 我个人首先愿意把目光放在往日民众对这个地区地理环境的开发利用上, 其中自然包括往日民众对江南湿热的气候环境、河湖地貌环境的熟悉适应过程, 尤其是因地制宜创造出来的圩田等开发方式, 在农业生产中所起到的粮食显著增产作用, 在社会发展中起到的对物质生活支撑作用。历代士人所指江南地域, 会有不同的地域偏重, 其核心所在当然是太湖流域了, 今日南京、上海、杭州三个城市, 不仅可以看作江南地域最突出的三个地理坐标, 而且也象征性地指示了江南地域的大致范围和形状。

按照牟兄的设问, 近百年来的江南地域史研究论著难道还没有涉及这些内容吗? 明显不是这样, 我自己设想, 应该是还缺乏更具有针对性、创新性、显示度的学术论著, 因为过去的研究已经形成了相当不错的基础, 通过提出明确的指向, 托付给学术界, 则有益于学者们集中精力、对准目标, 做出更加富有宏大叙事风格、论证缜密谨慎出色的论著。

现在回到吴俊范博士《水乡聚落》这部新著来观察, 得到的第一个印象, 就是作者将着眼点放在了水乡聚落之上。诚如作者所述, "本书所谓的'水乡聚落'类型, 是以人地关系的历史过程为出发点, 旨在揭示太湖以东平原人居生态的传统特点、形成机制及未来趋势", 展示的是一种长时段的研究格局。

聚落研究, 在地理学领域内有聚落地理的研究路径, 在历史地理学界也是这样。多年以前, 王妙发教授对此做过评介: "聚落地理学, 是人文地理学的一个分支, 是以聚落(居民点)为研究对象的一门学科。历史聚落地理学, 顾名思义, 是研究历史学范围之内(包括'史前时期', 其前提是考古学属于历史学范畴)的聚落地理现象的学科。这门学科, 应该说在我国是开展得很不充分的、缺乏系统的理论, 也缺乏较大规模的研究实践。"(《黄河流域聚落论稿——从史前聚落到早期城市》, 知识出版社 1999 年版, 第 3 页) 后来的研究实践, 在项目研究和学位论文选题中确有加强, 其工作不断地积累, 已经构成了历史地理学领域的一个分支学科。

《水乡聚落》这部著作并没有采取历史聚落地理学的路径, 但是确有历史地理学的方法, 确切地说是环境变迁的研究取向。其论述的内容与建筑史学者的聚落研究也是有区别的, 因为全书对聚落的内部结构或聚落之间的相互关系，以及水乡聚落的名称、民居自成的风格，触及甚少。总体而言，这部著作依托的是生态史或环境史领域及其研究方法，考察重点是放在了聚落生成及演变的客观条件——江南水网在历史上的演变状况，即非常看重自然背景和条件对于水乡聚落构成及变化所起的作用。因之，对于水乡聚落这种当地居民的生活标志，自古代以来至于近现代的演变过程，作者做出了尽可能周全的解读和归纳。

太湖以东地区在历史上有一个不断成陆的细微过程，因而作者采取长时段的研究视角复原了该区聚落在古代的发育条件和拓展过程、所经历的生态环境变化，以及在晚近的城市化时期发生的生态转型。就太湖平原的地理环境基础而言，人们对水资源的利用方式决定了其家园建设的基本方式，所以在多条人地关系的线索中，作者非常恰当地选择了水环境与家园生态变化的关系作为全书的研究主线。最后所得出的结论——维持符合长江三角洲水文规律、上下游排水通畅的水网，是这一区域良好人居生态的基本前提，水环境的变化与家园生态的变化始终并行。我想，这一结论因来自长时段的生态史研究，因而是令人信服的，对于比以往任何时代都更加追求生态文明的现代社会，将具有很明显的参考意义。

长时段研究以其独有的跨时代魅力，吸引着学人们的治学方向，但其本身对于每一个时代材料的详明要求，则为最大的难度所在。如何以明清和民国时期的水乡聚落为一个基本的认识水准，借助前面时代的有限材料做出一段一段地追溯，尤其是如何通过典型圩田区传统民居与田地之间关系的复原研究，来深化更为简单抑或更为复杂的人地关系。再就是全方位地开展研究的难度，同样是不亚于长时段研究的，需要作者同时具备实践经验、学科基础和理论素养，才有可能进入研究之佳境。犹如享有"中国稻作科学之父"的丁颖先生于 1957 年发表的《中国栽培稻种的起源及其演变》论文，付出的是几十年的精力，涉及学科分别为植物学、地理学、历史学、人类学、语言学、考古学等，最终取得的是"中国种稻的历史早于印度"的结论（参见俞履圻《读〈印度农业史〉，评普通栽培稻种起源问题》，《作物学报》1989 年第 15 卷第 1 期，第86—93 页）。

对于今后的研究，王家范先生赐序《历史时期江南的经济、文化与

信仰》一书，谈到"在已经取得如此丰厚的成果之后，江南史研究如何
再向前走，开出新境界？"这位学界前辈最终是把希望放在两点上，第一
点是需要有后生不断接力赛跑，第二点是需要有永远不知足的求实精神、
孜孜不倦探索的好奇心。华东师范大学的学子是幸运的，可以通过历史
学系开设的"江南史专题"课程，学习和了解本系"江南区域史研究中
心"老师们的治学理念、方法和最新的研究论著，但先生的希望是面对
所有学子和所有学者的，所有学子和学者，包括《水乡聚落》的作者，
大家只要具有不断开拓、积累、坚守之恒心，就必然会创造出独具特色
的江南史研究论著。

2016 年 2 月于西安

陈隆文《中原历史地理与考古研究》序言[*]

那是 2000 年春季的某一天，我住在陕西师范大学家属区 40 号楼时，校研究生处的一名干部找上门来，递给我一张表格和几份刊物，让我通过刊物论文的水准，判断一下跨了专业的作者，是否具有攻读我校历史地理学专业博士学位的能力（今天称为"潜质"），我一看论文，知道了论文作者的姓名是：陈隆文。

当时给我留下较深印象的是《管子学刊》杂志上刊登的《〈管子〉地学思想初探》一文（1996 年第 3 期）。作者就《管子》一书各篇中的基本论述，先是按照现今的地理学知识体系加以解说，一步步考察《管子》著作中的地学思想，并引述了多种相关的今人论著，以达到充分论述其地学思想的目的。自己感觉作者对古代文献的解读已有一定的基础，全文有七页之长，主题之下，前后呼应，并在分析中能够得出自己的看法，表明作者对于论文的写作技巧已有了一些经验，于是填写了那张审查表格，同意作者报考我校的历史地理学专业博士生。

等到陈隆文考生录取到我校以后，我才知道他是河南大学历史地理学专家陈昌远先生的爱子，因为自己藏有陈昌远先生的一部主要著作《中国历史地理简编》（河南大学出版社 1991 年版），自然就有其爱子会有不错的学术素养之联想。一直到 2004 年陕西师范大学召开史念海教授逝世三周年暨诞辰九十二周年的纪念会，吴宏岐、王京阳两位编辑纪念文集时，我看到陈昌远先生撰写的《缅怀恩师史念海先生》一文，才知道了隆文和父亲皆为史念海先生弟子的动人故事。

---

[*] 原载陈隆文《中原历史地理与考古研究》，中国社会科学出版社 2016 年版，第 1—5 页。

昌远先生在回忆文章中是这样记述 1956 年在史念海先生身边学习的情景：

> 按照当时先生的学习指导思想，一方面随堂聆听先生为本科四年级讲授"中国历史地理"课程，同时还要求我去旁听地理系的一些课程，如"中国自然地理"、"地图学"等。听完课后才阅读古典地理文献，写出读书笔记，首先阅读《尚书·禹贡》，然后读《史记·货殖列传》与《汉书·地理志》等。我们师徒每周至少见一次面，讨论读书中的一些体会心得和问题，各抒己见，滔滔不绝，甚为欢畅，使人难忘。……

在这一篇回忆文章中，昌远先生披露了一封与自己有关的史念海先生的亲笔信函，这是"几十年我们都有书信往来"中很特别的一封，就是因为里面有爱子隆文的内容，所以就抄录下来公之于世。昌远先生的说明文字是："尤其是我的小儿子隆文，想要投师先生足下学习中国历史地理时，他欣然同意，并回信一封表示欢迎。该信全文如下"：

昌远兄台左右：

大札及尊著十一篇皆已奉到，尊著容——拜读。

此项撰写工作，至为辛劳，须细读全书，而所写的只千字上下，费力不会很少。不过全书条目是许之多，不全部写就，难以出版。甚盼在可能范围内，继续撰写，以便早观厥成。撰写虽费事，总是能传世的，深盼继续努力。

前日令郎来此，说是有意从事历史地理的研究，可见兄台家教的淳严。

已嘱好好作准备，海在此培训博士生，惟每年只有一个名额，若有多人报考，便当显出高下，故宜多加准备。回顾历年考试，外文尤其重要，不宜稍事含忽。

耑此，顺颂

著祺

史念海拜上　　四月廿三日

接下来叙述这个故事的主人，只能是隆文本人了。2012 年 10 月，已在郑州大学历史学院任教多年的陈隆文博士，收到了母校将要举办"史念海先生百年诞辰历史学学术研讨会"的邀请函，他百感交集，随即写下了饱含深情的《筱苏师引领我走上历史地理学研究的道路》为题的纪念文章。在文章中他叙述了自己的心绪，在 1999 年 6 月 17 日那个阳光灿烂的日子里，自己又一次见到了筱苏恩师。在书房里，老人的书桌上放着一套崭新的《四库丛书目录提要》，筱苏师告诉我他正在给中国历史地理古籍撰写提要，而且父亲也参加了这项工作。到 2000 年，自己经过严格的考试，终于有幸忝列先生门墙，成为先生门下的最后一届博士弟子。回想这些年来的经历，自己是在曲折中前行，是在逆境中登攀，幸有先生相助，始得踏上正路。自此开始，自己才算是全身心地走上了历史地理学研究的道路。

隆文在陕西师范大学完成的博士学位论文——《春秋战国时期金属铸币的空间特征与地理基础——以北方刀、布币为主的研究》，经过修改后，简化为《春秋战国货币地理研究》书名，于 2006 年在北京的人民出版社出版。这是隆文博士面世的第一部著作。以"货币地理"为论题展开研究，在学术界似应属于第一回，这是作者基于自己的兴趣和积累，在历史地理学相关理论的指导下，做出的一种积极探索。从古代货币的材质、形状和铸造地诸项进行具有地域特点的研究，再进入货币流通区域相关问题的探索之中，作者都尽可能地进行了扩展性的探讨，而且对于货币经济因素在消融黄河流域从事农耕经济的华族和从事游牧经济的戎狄两大族类之间的相互对立，作者也给予了不少关注，认为货币因素曾起过相当积极的作用。如今看来，这一选题是有一些绝妙之处的，因为也只有从春秋到战国时代，各国的货币最具有地域性特征，可以展开具有探索性的历史地理学研究，及至秦国统一天下后，改用圆形方孔的秦半两钱统一了全国的货币，货币的地域性特征也就大为减弱了。博士论文出版后，历史货币地理研究显然仍然是隆文博士不断坚持的一个研究方向，因而到 2008 年 6 月，他又在科学出版社推出了一部新著，书名为《先秦货币地理研究》。

2007 年 8 月，署名"陈昌远编著，陈隆文修订"的《中国历史地理简编》第 2 版在河南大学出版社出版了，这是前述动人故事的延续，表达的是隆文继承父业后陈氏两代学人在历史地理学教学和研究中齐心向前的敬业精神，这里面一定有许多磋商研讨的合作细节。新版比第1版的篇幅明显增加，最主要的还是结构的调整和内容的更新及补充。新版"绪论"给出了一个醒目的标题，即"历史地理学与中国古代史研究"，第1版的六节内容设计被调整为三节，题目分别是："什么是历史地理学""历史地理学著作与中国古代史研究""历史时期地理环境与中国古代史研究"，所强调的是历史地理学与中国古代史研究的关系，这是昌远先生自1956年跟随史念海先生研习历史地理学以后一直在坚持的学术追求。昌远先生1954年7月毕业于四川大学历史系，随即分配到位于河南省新乡专区的河南师范学院二院的历史系任教，次年又回到位于开封的河南师范学院（今河南大学）历史系任教，再一年前往西安学习历史地理学，那完全是出于在历史系讲授中国古代史课程的需要。对于这一点，著作第1版里保存的四川大学历史系教授、著名的历史学家徐中舒先生亲笔题写的"序一"，不仅清楚表明了"写历史、讲授历史是离不开历史地理学"的认识，而且十分赞许作者"试图把历史地理的研究与中国古代史的研究紧密结合起来，不断探研中国古代史上的有关问题，为历史研究开辟一条新途径"的种种尝试和努力，新版毫无疑问是更为加强了这一方向的认识和探研力度。我们注意到新版"绪论"中有这么一段阐述（第12页第2段），比之第1版更为清楚地阐述了自己的观点：

> 每一个历史时代都有不同的地理环境，如果我们在研究那个时代的历史时，离开那个时代的地理环境，那就不可能真正了解那个时代的历史。历史地理学的任务，就在于恢复那个历史时期的地理环境的面貌，研究不同时代社会发展所处的具体地理条件，这对阐明许多重大的历史事件无疑是有重要意义的，它使历史发展有了具体的空间位置，从而更好地说明历史发展的客观规律。基于以上的观点，我们完全可以看到，在历史发展过程中，特殊的地理条件，在重大历史事件中无不显示出它的影响和后果。如果不懂得这些地理环境对历史事件所产生的影响，那是无法说明历史发展客观规律的。

　　作者在这里将此一学术观点清楚地阐发出来，对于中国历史学或者历史地理学来说都是颇有意义的。为什么这样说呢？其意义所在就是相对于强调历史地理学属于地理学科的看法，表明还有与之不同的另一种看法的存在，那就是历史地理学不仅属于地理学科，而且一直都没有中断过的与历史学的密切关系，因为这是历史研究中不可缺少的内容，许多历史事实的发生和进行都有具体的地理环境方面的内容，形成历史研究中必须涉及和考虑的问题，所以就有不少历史学者出于研究历史的需要，方才产生了对历史地理学的兴趣和研究兴致。

　　按照这样一种认识来阅读陈氏两代学人的历史地理学论著，可能就可以更贴切地理解其论文选题、研究意向和所采取的研究方法方面的考虑了。在学术界，我们姑且以陈氏两代学人的历史地理学论著为代表，认为他们很可能代表了在这里没有被论及的其他许多学者的类似风格的论著。这些历史学者，他们或无意自称为历史地理学者，其所做的实际工作却是包含了不少历史地理学的内容。

　　除了已有两个版本的《中国历史地理简编》，属于最为体现"把历史地理的研究与中国古代史的研究紧密结合起来"的论著外，还可以举出的著作是隆文博士的第二部个人著作《郑州历史地理研究》（中国社会科学出版社2011年版）。该书以专题论述的方式分别论述了郑州古都与中国古代文明起源、郑州与中国商业文明、郑州古城与古国、郑州古代水系与湖泊、郑州古代交通、郑州行政区划等专题，在历史地理学实践上遵循的是父亲的研究理念、研究区域和著述风格。从奔赴郑州大学担任教职的时候开始，隆文博士就意识到"郑州在中华文明起源中的历史地位，地理条件在郑州城市兴起、发展中的作用，是郑州历史地理研究中不能回避的两个重大问题"，短短数年，勤勉治学，就为学界和郑州奉上一部有关郑州地域的专题著作，自然是很值得同人予以称道的。

　　最后要举出的著作就是隆文晋升教授后出版的这一册新著——《中原历史地理研究》。全书系按六个部分编排和展开，它们分别是古文字、古文献与中原古代文明；《水经注》研究与中原古代水环境；中原古都古城与古国研究；中原经济区、交通、移民、地理学思想；缅怀与纪念。因为这部书属于论文结集的形式，所以这样一种编排方式最为可取。中原地区比之郑州的地域范围大了许多倍，涉及和需要研究的问题更多，作者对上述诸方面的论题，提出自己的研究论著，供学界参考和讨论，自然会受到有关方面的欢迎。

隆文教授上述著述，也包含了一部分父亲及他人的作品，这可以看作对父亲学问的继承，对家人培育之恩的感激，他著述勤奋，做事执着，为人谦逊，温文尔雅，孝顺双亲，关爱他人，颇有君子之风。

有感于隆文教授对历史地理学的热爱之情，对恩师史念海先生之浓情厚谊，故而尤其期望无论遇到什么困难，都能坚持立于中原大地，砥砺文字，激荡思想，拓宽思路，培养新人，在历史地理学的追求中再续动人的故事。

2014 年 12 月 1 日润色完成，西安

吴朋飞《历史水文地理学的理论与实践——基于涑水河流域的个案研究》序言[*]

　　回顾改革开放前的历史地理学界，所做工作的一个主要方面，是在历史自然地理研究上。这种状态的形成，可能有这么几个原因：深受中国地理学界的影响，以自然地理研究为主要任务，以有用于国家经济建设为自觉自愿的行动；以野外考察为手段、以地理描述为特点、以自然演变规律为研究宗旨的自然地理研究，客观上容易形成研究时限上的追溯，进入历史自然地理研究的范围内；依据室内的历史文献记录和室外的各类历史遗存，可以作为地理环境演变研究的可靠证据。因此之故，那一个时代问世的若干历史自然地理研究篇章，就成为历史地理学的经典著作，本书作者吴朋飞博士多次提出和讨论的"历史水文地理"概念，正是历史地理学经典著作中的重要表述。

　　历史地理学界之所以提出"历史水文地理"这一概念，在于人类历史与水体之间业已发生过的密切关系。举一个最常见的事例，即世界各国的城市有许多就坐落在当地的河流岸边，如尼罗河岸边的开罗，泰晤士河岸边的伦敦，塞纳河岸边的巴黎，湄公河岸边的万象，利根川岸边的东京，黄河上中下游的银川、洛阳、郑州、开封和济南，长江沿线的重庆、武汉、南京和上海，皆属于颇具象征意义的城市和河流关系之代表。这些城市自兴起后居民的生活方式、城市布局风格、农业生产、资源禀赋、交通运输等内容，皆可以从所依傍的河流地貌、水文、气候等

　　* 原载吴朋飞《历史水文地理学的理论与实践——基于涑水河流域的个案研究》，科学出版社 2016 年版，第 1—4 页。

地理要素加以研究解释。于此可知，中国学者提出"历史水文地理"概念，其史实来自中国，其意义确属于全世界。

既然历史地理学界较早提出了"历史水文地理"概念，何以围绕这一分支学科具有理论色彩的论述相当缺乏呢？这不是学界在这方面的研究实践不足，而是恰恰相反，学界在这方面所做的研究工作是相当丰富而出色的，譬如说 1982 年版《中国自然地理·历史自然地理》分册、2013 年版《中国历史自然地理》中所包含和论及的内容。前部著作"前言"介绍"本分册讨论我国历史时期的自然地理概况，各章分别对气候、植被、水系、海岸、沙漠等自然地理要素，在历史时期发展变迁的过程及其规律性作了初步的探讨"。后部著作"内容简介"介绍本书"是在 1980 年（应为 1982 年）出版的《中国自然地理·历史自然地理》一书的基础上重新编写而成的"。前部著作奠定的著述结构，后部著作一如既往地加以继承，并在实践中不断拓展和超越，显示了历史地理学家顽强的科研精神和工作作风。

吴朋飞博士很有兴趣、有耐心地对"历史水文地理"概念予以细微阐发，这是我表示支持的。自然地理学强调综合研究的一个积极结果，是建立了综合自然地理学，对于正在逐步建立的历史地理学体系而言，从环境变迁的视角展开的区域环境演变过程及其规律的探讨，却因相关要素太多、资料缺口太大、可借助的研究参照太少，而难以毕其功于一役，所以我主张围绕一个重要的自然要素展开深入地、拓展式地选题研究。2008 年 5 月，吴朋飞博士在陕西师范大学西北环发中心完成了历史地理学专业博士学位论文《山西汾涑流域历史水文地理研究》，之后就职于河南大学黄河文明与可持续发展研究中心，成为该中心一名科研人员，这似乎意味着他的学术研究必定离不开黄河这条浩荡大河了。不过，我没有料到，今年暑期他发给我的书稿不是原来论文那样的题目，而是这册《历史水文地理学的理论与实践——基于山西流域的个案》，这个题目说明吴朋飞博士将研究范围缩小了，内容更集中到"历史水文地理"研究所对应的内容上了。

现在我们所面对的山西流域个案，是指晋西南地区由东向西、独自流入黄河的涑水河。涑水河在《水经注》里称为"涑水"，《水经注》记述涑水岸边的安邑，乃"禹都也。禹娶涂山氏女，思恋本国，筑台以望之，今城门南台基犹存"。夏代文化属于涑水河流域的一个精彩历史片段，把吴朋飞博士这部著作阅读下来，我们可以看到更多出现在这一流域上的历史故事，尤其是这一流域环境变迁的过程及其结果的详细分析文字。

涑水河这条黄河一级支流，现在显然比不上上游的湟水、中游的汾河、渭河那样的名气，本书既然是以涑水河作为"山西流域的个案"，也就程度较深地挖掘了涑水河流域的历史资料，凸显了这一方水土的历史价值。从阅读中我们得到了这么一个鲜明的印象：涑水河流域作为中华民族较早辛勤劳作的一片土地，地理位置居中，河流长度、流域面积适中，独自流入黄河，具有相当的独立性；人们长期居住于此，善于利用自然资源，熟中生巧，变废为宝，河湖相连，河渠交融，人地关系深厚，俨然一方乐土，其中的历史和自然价值并不取决于河流称谓的知名度。

很明显，本书作者对于一个人类文明相当成熟地区的环境变迁过程，也倾注了极大的注意力。一方面吸收国内外学术界的思想，即以人类需求为切入点展开研究，为研究人类活动在全球变化中的作用提供有效路径，另一方面是对以往水资源环境演变研究中，一些预设的结论性词语如"水资源匮乏""生态环境恶化"等，进行翔实的辨析考察。其认真做学问的态度乃至行动，如坚持历史地理学的复原方法，首先复原《水经注》之涑水水道（本书图 2—3），及第三章所完成的涑水河 6 次河道复原工作及其图件，堪值称赞。

研究人类活动所引起的水文环境变化，这是由历史地理学（包括历史水文地理）学科性质所决定的。在环境变迁、环境科学、资源科学、历史流域研究等学科的影响下，作者紧紧抓住"水资源""水灾害""水环境"三个核心词汇，探讨人类活动对涑水河原生水资源环境的改造利用，并逐渐演变为人工次生水资源环境的过程，以及次生水资源背景下的流域灾害和环境变化，提出新的综合判断，属于这部学术著作的重要贡献。

近日我从"短文学网"（短篇原创文学）里，读到了瑶台望月所撰《抱愧涑水河》一文，如同北方诸多河流从清到浊、从好到糟、从水多到水少一样，今天的涑水河已经成了一条源头无水、沿线接入许多生产废水和生活污水的排污河。作者倾诉了自己对家乡河流的无限感受，最后一段是这样写的：

> 　　一条旖旎秀丽的清亮河，一条盛满河东历史的涑水河，一条备受我们摧残折磨的母亲河！何日在涑水的源头上，我能再听泉水叮咚之声？何日我从源头直奔黄河时，一路上能再现"涑水清波哗啦啦"的欢畅？令人欣慰的是，在涑水河的呻吟中，我们终于开始反省了，觉悟了，行动了！也许不久，小浪底的黄河水，将被引入涑水河，清水复流不再是昨天的梦！保护母亲河，恢复它的美丽，安抚它的伤痛，这是我们的期待和愿景，更应是我们的努力和担当……

　　怎么才能让这样美好的愿望不落空呢？那就是要找到问题的症结，通过政府实施行之有效的政策和措施，通过每一名居民自觉地表现出环境保护的行为，树立"河流再生"的思想，不断地坚持下去，逐步达到改善身边的环境质量和恢复河流健康面貌的目的。

　　通过研究，我们越来越明确地认识到，"我们是龙的传人"这句富有感染力的话语，在环境变迁领域内具有的含义是：前人创造的业绩应由我们来继承，前人的未竟之业将由我们来完成，前人做下的具有负面环境效应的结果须由我们来改善，而且是责无旁贷！

2016 年暑期于西安

张小永《明朝对河套地区经略研究》序言*

2015年5月17日上午8点30分，按照研究院办公室事先的安排，张小永博士生站立在陕西师范大学雁塔校区崇鋈楼思齐堂的答辩席前。他的博士学位论文题目是《明代河套地区汉蒙关系研究》，答辩委员会主席是来自重庆西南大学的蓝勇教授，其他四位委员分别是本市西北大学的吕卓民教授，和本院的李令福、刘景纯、卜风贤三位教授。那一天的答辩程序、会场布置并没有什么特别的地方，作为答辩人的张小永博士生立于答辩席前，却是他盼望已久的事情。一个很自然的原因是他今年40岁，目前是陕西省一所高校的专业教师。

以鄂尔多斯高原作为论文选题，缘自我主持的一项教育部项目——"明清以来鄂尔多斯高原地区农牧业生产相互关系及演替形式研究"，参加这一项目的师生自愿在清代以来的时段内确定题目，余下明代的部分没有人选做，就成了我的一块心病，一直到张小永博士生入学进来，我就请他考虑做明代鄂尔多斯高原的研究。

历史学研究的一项基本功能，实际上就是利用各种可靠的文献资料，把历史事实叙述清楚，这样的工作可以称之为"阐发史实"。作为历史学门类的学位论文，当然还需要在阐发清楚史实的基础上分析有关问题，来推进学术界已有的认识，这样的工作因其重要而被学人誉为"生产知识"。在我的印象中，身边有些研究生对"生产知识"十分看重，对"阐发史实"却看得较轻，究其原因，只能是受各种因素影响，觉得"生产知识"具有创造性（接近满足管理部门所要求的创新性），做起来很光

---

* 原载张小永《明朝对河套地区经略研究》，世界图书出版公司2017年版。

荣，也就觉得"阐发史实"并没有什么创造性，做起来很一般，也就很自然地看轻了它。应该说，这是一种认识上的误区和盲区，尤其不符合历史学研究的特点。

张小永博士毕业于陕西师范大学历史系和古籍整理研究所，以前的求学经历，都可以理解成是在为攻读博士学位奠定基础。在确定明代鄂尔多斯高原研究的选题之后，《明实录》《明经世文编》《明代蒙古汉籍史料汇编》等著作，就成为他置于桌前案头经常阅读的书籍。

"河套"作为历史上的习惯性表达，其地域范围与地理上的鄂尔多斯高原相当契合，其原因在于黄河河身犹如一条粗大的、收缩性和坚实性兼具的锁链，将鄂尔多斯高原这片土地套在了里面，口子是开在了南面，仅从这一层地理因素进行考察，就可以做出地形上有利于南面的农耕民族向北推进的判断。在历史地理学辞书中，还有"前套"（指银川平原，又称"西套"）、"后套"（指土默川平原，又称"东套"）的地域名称，合称为"河套平原"，则是前人借助"河套"名称，对在沿黄冲积平原基础上建立的农业地带的一种赞誉性称谓。张小永博士的著作《明代河套地区汉蒙关系研究》出版后，将会列入中国民族关系史的书系之中，这是殆无疑义的，而其中的历史地理内容作为"民族关系"主题展开的基础部分，亦将引起有关学人的关注。

时至明代，距离最为典型的汉代和亲时代已经有一千多年了，这时的汉蒙关系处于什么状态呢？在张小永这篇博士学位论文里，专门设计了从"设卫"到"弃套"、蒙古部落渐次进入河套、明蒙对峙格局的形成、河套蒙古诸部在边外的牧地及寇路、汉民入套及其对明蒙双方的影响、明军在边墙附近的主动出击和防守、河套马市与边地和平七章，使用大量的明代史料，对上述章节进行了较为详细的阐述。在全文的"结论"中，做出了地理环境是影响汉蒙关系的重要因素、明蒙双方对北部边疆的争夺经历了一个较长的历史过程、蒙古诸部的牧地经历了一个逐步靠近边墙的历程、汉蒙双方人口的流动对促进民族交流与融合意义重大、建立和平的边疆环境是民族交往的趋势等判断。我在阅读明朝官员王士琦所著《三云筹俎考》一书中，看到卷二记载的文字："掩答初受顺义王封立下规矩条约"，其中曰："我虏地新生孩子长成大汉，马驹长成大马，永远不犯中国。若有那家台吉进边作歹者，将他兵马革去，不着他管事。散夷作歹者，将老婆孩子牛羊马匹尽数给赏别夷。叫誓毕，焚纸抛天，立定后开条款。"这是一条颇有探讨意味的史料，即蒙古族首领是基于什么样的原因或考虑，给自己的下属立下了这样严明的"规矩条约"，其坚持的程度如何，是否可以从中透见一千多年来，汉蒙民族在邻近的边疆地区，相互间有了比过去更加明显的经济依赖性，和文化上的关联性，似乎可以予以更为深入细致的探讨和归纳，以揭示河套等各个地区汉蒙民族关系发展的历程及其特点。

由于有关明代河套境内水环境状况的记载缺乏，本书作者在受到前面研究者论文的启发下，采用了以后代资料推论前代环境状况的方式，这是一个值得注意的研究内容，即在前朝缺乏某种自然要素材料证据的情况下，后朝的同种要素的记录材料能否参用到前朝去。在本书"附录1"之"明朝河套地区水域和草场的复原"篇章里，作者提出："康熙《大清一统志》是在康熙朝收集地方资料汇编而成，这时鄂尔多斯高原农业开发伊始，对水系影响可以忽略不计，因此此时水系情况与明代没有多少变化，由此推知即使嘉庆《大清一统志》反映的水体实际是对康熙朝水体情况的补充，即与明代此地水系极为接近。故本文大胆利用嘉庆《大清一统志》为底本，以《蒙古游牧记》为辅助材料，系统整理鄂尔多斯水系情况并做了一定的考证工作。"其结果就是"附录2"所列出的鄂尔多斯诸旗境内的河湖状况。

上一段的论述使我们联想到生活·读书·新知三联书店1981年版《河山集·二集》中，史念海先生撰写的著名论文《历史时期黄河中游的森林》，在论文的引言部分，史先生就对"由于文献阙略，或取材不周"情况下所采取的"补阙"办法，做出了说明（此处摘录第二点）："在历史时期各个时代中，某些地区前一时代虽未有森林记载，但后一时代却有证据可以证明当地确有森林，而此森林若非这一时代新发展的，则应该视为前一时代的孑遗，以之填补空白。"这一说明有两个限定，一是把研究时限确定在前后两个相接续的时代，二是后一时代的森林并不是"新发展的"。

张小永博士采用嘉庆《大清一统志》及《蒙古游牧记》来整理鄂尔多斯诸旗的河湖状况，推论这也是明代的河湖状况，乃是目前自己在别无他法的情况下，为满足研究的需要，所做的一种具有历史地理学复原性质的工作。我判断，这种工作的合理性在于：1）欲以探讨的对象为在自然界具有相当持续和稳定性质的自然要素；2）为同一地域的自然要素；3）时间上为前后相连的两个朝代。然而，历史地理学坚持历史学研究的基本准则——极为重视使用资料的时间性，方能从根本上保证所复原事物的可靠程度，据此对上述工作需要提出如下要求：1）继续阅读明清汉籍文献史料，从中寻找研究线索；2）发掘和扩大资料源，诸如更早朝代的文献资料和民族文字资料，用来佐证研究结果；3）既然复原的对象为自然要素，就应当关注和参考相关的自然科学领域内的研究结果，用来验证研究结果。

作者所研究的鄂尔多斯高原，乃是一片辽阔而神奇的土地。复旦大学历史地理研究中心庄宏忠博士曾给我提供过一段珍贵的文字，是讲 19 世纪后半叶的比利时圣母圣心会传教士，从优渥的欧洲城市来到异域生活——气候恶劣、地势辽阔崎岖的鄂尔多斯传教区，对他们来说是一种畅游和解放，他们给家人写信说道：

> 我们怜悯生活在今日文明一切舒适之中的人们，他们生来就如此软弱，因而承受不了逆境，得永远在一个被文明双臂怀抱着的小圈子里活动。另一方面，我们却像鸟一样自由飞过广大的世界，游过每一片水域，从而获得了恢复力和意志力，最终活出自己的生命。

这段话为 1898 年 2 月 24 日南怀义写给家人的信，转引自 Patrick Taveirne 所著《汉蒙相遇与福传事业》。我在想，如果我是一名入住高原的汉人，会有什么样的想法？如果我是一名牧人，又会怎么想？面对已经累积了数千年人类文明史的高原，对于这一片经行过无数马匹、车辆和人流的土地，我们该有怎样的认知？汉蒙关系即农耕民族和草原民族关系之浓缩和代称，基于现今我们阅读张小永博士这部著作的同时，对此能够产生更多的理解，讨论更细致的问题，再写出自己的好文字来，则会是作者的最大幸福。

后　记

　　顺排下来，这是笔者文集第三集。按照文章的内容，分为理论探索、环境史审视、山地寻踪、长安城初探、人物透视、序文一束六个部分编排。其中只有 2 个附录、一位人物（钱学森院士）的写作未曾正式发表，其余均属于已发表文章的结集。因结集起来的文章格式需要统一，所以就将文中夹注、文末参考文献都归于页下注，因研读钱学森院士那篇文章有些特别（指文中夹有不少页码数，还有夹注），属于例外，而其之所以例外，还是以读者读起来方便为基本考虑的。

　　学术论文在写作时，摘要、关键词与正文的写作是齐头并进的，这已是写作人的习惯，当结集出版时，又都是要拿掉的，这也是出于习惯。对此，我一直不大舍得，原因是摘要和关键词属于论文的"天眼"或重要组成部分，尤其是经过反复推敲和打磨、高度浓缩文意之"摘要"，具有快速了解全文内容以决定读者是否阅读下去的功能提示作用，更是一篇论文的"阅读指南"，拿掉会有殊为可惜之叹。而属于"笔谈"短文类文章，或人物散论稿，是没有摘要的（本书中有第 2、5、6、19、20、21 共六篇，"序文一束"八篇也没有），在此予以说明，此点甚望得到出版社的采纳和读者的理解。

　　出于尽可能追求整齐划一效果之需要，从文章中拿掉的有基金项目标注、文末致谢文字这两部分内容。我们经历过的本校"211 工程"三期建设项目"西北地区人文社会与资源环境的协调发展"之难忘岁月，乃是树立人与环境关系新认识的重要阶段。参加中国环境科学出版社组织的"中国环境通史"五卷本的集体撰稿工作、参加南开大学王利华教授主持的国家社会科学基金重大项目"多卷本《中国生态环境史》"的集体撰稿工作，一直督促我们前行，获致教益良多，必将是所有参与者可以见证之研究磨砺。至于许多大学活跃的教学研究机构、项目负责人和中国地理学会历史地理专业委员会组织的学术研讨会，有若"逼迫"所有应允者按时提交会议交流论文的"助推器"，对此，笔者自当表示感激之意！

一篇论文的撰写过程，实地考察中会得到当地人士的帮助，撰稿过程中或论文发表后会得到同行朋友的指教，会议交流中会有同行专家的评议和讨论，绘图、英译等事项也需要年轻人的协助，此外还有许多间接的助益，都成为论文生产的相关要素。可是这里无法写出襄助过自己的许多师长、同人、学生的姓名，只能在此谨致谢意，在心中感念不忘。

南京大学历史系胡阿祥教授接受请求，惠赐《序言：一而再，再而三》，生花妙笔书写出文士之"茂才"与"恒情"，传递着学人间的友谊，虽不及一言却隐约于胸的则是那一直期许的学术追求。就此，本人心领了。

侯甬坚

2018 年 3 月 15 日于陕西师范大学雁塔校区，

6 月 29 日补笔，10 月 10 日再补，

12 月 18 日三补